秦晖—著

秦漢史講義

自序

从"周秦之变"到"汉魏之变"：我的秦汉史教研

1995 年我经张岂之先生介绍，到清华大学历史系任教授。清华历史学本来名气很大，但 1952 年院系调整后变成苏联式的工科大学，这门学科在清华就中断了。我到清华时，该系恢复创设未久，主要人员都是原社科系中国革命史和近现代史基础课教师。所以，那时系里搞过中国古代史教研的，基本就我一人。当时历史系还没有招收本科生，我除了带过两届研究生外，主要是开设全校性的中国社会经济史和农民史选修课。到了世纪初历史系开始招收本科生，上面也要求开设"成套的"历史系专业课，包括中国古代史的各个断代史专业课。当时历史系已经有了唐宋明清的教师，但仍然没有秦汉这一"断代"的专家，所以上面就要求我来"补缺"，开设秦汉史专业课。这样一直到 2009 年侯旭东教授入职清华、我向他交棒为止，我在清华大约教授了七八年的秦汉史课程。这本讲义的雏形就是那个时候形成的。

在中国传统史学的"二级学科"分类中，我是属于"专史"而非"断代史"出身的。研究生时期跟随赵俪生先生治土地制度史和农民战争史，当时的重点也放在明清这一时段。20 世纪 90 年代我主要研究的是农民史和农村改革问题。秦汉史本不是我的专业方向，但是在我的学术生涯中曾经多次"听从组织安排"去从事并非我"专长"的工作，比如参加陕西通史项目承担宋元卷和这次去教授秦汉史，这倒也并不全是出于"集体主义"或"团队精神"的考虑。因为我本身兴趣比较广泛，而且在专史研究中也涉及过这些时段，觉得还是有一得之愚可以贡献，或者更不客气地说，对该"专业"中流行的一些看法也有些不吐不快的意见，所以还是"义不容辞"或者说是"趣不容辞"地接受了。

我们这一代史学工作者是从所谓"五朵金花"的时代过来的。由向达先生首创的"五朵金花"之说，指1949年后中国史学界集中讨论的五个问题：古史分期、土地制度、农民战争、资本主义萌芽和民族融合。这些讨论具有众所周知的意识形态背景，但即使在这个范围内也未必一直能够自由讨论，在"文革"时期一度万马齐喑、"金花"凋零之后，改革初年又重新绽放，并且发展到最高潮。而随着思想的进一步解放，进入20世纪90年代后，"金花"讨论就已经不再是史学研究的主流。但是如今回头看，这种史学作为五四以后传入的"新史学"中最有影响的一支，在其演变成经学化、神学化的"官史学"之前，曾经确实带来了中国史学的一大进步。至少在两个方面，它的突破和后继影响是不可否认的：第一，它把中国历史纳入了全球化的视野，突破了传统史学除了大中华就只有"四夷传"的狭隘眼界。第二，它打破了单纯叙述王朝兴衰、铺陈人事，而不作制度分析的模式，尤其是打破了"二十四史非史也，二十四姓之家谱而已"的传统"断代史"格局，而把制度逻辑、社会演变作为历史的主线。我以为，我们的思想解放，在摒弃经学化、神学化、官学化的同时，当然不应该再回到"二十四姓家谱"的模式去。如果考虑到当年"新史学"还可以出现"十批判书"这样的作品，"官史学"就一度只能歌颂"千古一帝"，即便后来学界"告别革命"而回归"保守"，淡化意识形态而转趋西方"学术前沿"，还是盛行"子路颂秦王"与新瓶装旧酒，就能够感到一种深深的遗憾。

我早年所治的土地制度和农民战争史属于典型的"金花"史学，而在这派史学无法回避的"古史分期"问题上，我当时持明确的"魏晋封建论"观点，视秦汉为"前封建"的"古典"社会（我从不用当时流行的"奴隶社会"概念),因此发表过若干以秦汉横向比较罗马、纵向比较隋唐的考证著述。在调入清华前,我在陕西师范大学还开过"古代社会形态学"和"封建社会形态学"两门选修课。即便20世纪90年代以后,"世道与心路"都已发生重大改变,我现在的研究早已不再是"金花"模式,也不再以社会形态的概念分析周秦、汉魏之别,但至少在上述两个方面,当年新史学的影响是不会消灭的。我后来使用的"大共同体"与"小共同体"等概念,也明显带有当年新史学的烙印。所以在清华开设秦汉史课时,这些学术经历便起了很大作用,使我的秦汉史课程与一般"断代秦汉史"有很大区别。

我假设学习秦汉史专业的学生应该具备通史阶段的秦汉史知识,没有必要花时间再讲一遍这四个王朝(我认为前后汉完全是两个王朝,中间的新朝亦非"僭逆",加上秦应为四个朝代)的兴衰概要,所以绝大部分课时都用来讨论这四朝的制度和观念演变。尤其是分析"周秦之变"和"汉魏之变"。前者要讲清楚中国是何以从"三代"走进帝制的,这对此后的中国产生了怎样的深层次影响。而后者则要说明这一由四个王朝组成的"第一帝国"如何发生了不同于一般王朝更替的深刻危机,导致秦制后来发生了不同于一般所谓"合久必分"的长时段紊乱,但周制却复兴无望,最终在经历数百年"中间期"后又走向了秦制框架下的第二帝国。换句话说,我不想花时间给学生讲一套"四姓之兴亡"的故事,只想在有限时间内梳理一下中华第一帝国时期的"世道与心路",以给今人提供进一步思考的津梁。我一向认为,中华文明数千年,最深刻的变化就是走进帝制的"周秦之变"和走出帝制的"三千年未有之变"。而且对两者的认识紧密相关。对前者认识的深浅,关系到后者的成败;对后者的体验亦能加深对前者的理解。而在这两者之间次一等的变化,就是所谓的汉魏之变了。如果本书能够促进人们对这些变化的讨论,我的愿望就达到了。

我在清华讲授秦汉史虽然年头不算很长,但当时"超星图书馆"

做了全程视频录像，据说流传甚广，至今海内外仍有不少受众。当时只是做了课程 PPT，并没有成书的讲义。后来我不再讲授这门课，也没有想到要出版讲义。但是，近年来好几位有心的读者却分别根据课程录像，整理成几个不同版本的全文本惠寄给我，并与书界的朋友一起，极力鼓动我出版。浙江财经大学的刘志先生还花了大量时间校对引文，去除语病，划分章节。他们的热心和奉献令人感动，也使我觉得出这本书不仅有它的价值，也还要对得起学生、读者和听众朋友们的厚爱。

当然，从我过去写的秦汉相关论文，到课程开设期间乃至视频传播中，各种评价也都存在。赞同的声音就不说了，批评的意见林林总总，常见的就是说我的秦汉史不合常规，有"以论代史"的色彩。对此我这里做一点回应：

过去我们的史学界有过"论从史出"还是"以论带史"的争论。改革时期由于对过去史学官学化的不满，"论从史出"受到肯定，而"以论带史"则被讥为"以论代史"。这是可以理解的。但实际上，那时用以"代史"的"论"其实只是一些由"信仰"支持而未经论证的理论教条，而把中国历史削足适履地塞进教条编织的框框里，还要不断根据上面的需要而改变叙事（比如因"十批不是好文章"的指示而对嬴政先生从大批到大赞），这固然不是合格的"史"，但难道这能叫"论"？其实这种思维不改变，即便换了一套意识形态氛围，比如不再讲"五种社会形态"而改为追随"国际学术前沿"的"后现代理论"，或者从"反传统"变成"颂传统"的"保守主义史学"，那种"教条多而论证少"的弊病也还是存在的。

我们讲"史"和"论"的关系，其实就是史料和史论的关系，更一般地说其实就是论据与论证的关系。不光是史学，任何一种实证研究，即既非文艺创作也非单纯的价值弘扬，而是一种以事实判断和逻辑推断为基础、讲究知识增量的研究，无论自然科学、社会科学还是"人文学科"，都是论据和论证的结合。无据而论，固然是不着边际的空言，有据无论，也会变成不知所云的废话。有人说"史料就是史学"、"有几分史料说几分话"，我是不同意这些说法的。史料不等于史学，就像数据不等于数学、实验室不等于科学家一样。但要强调的是：论证是一种自己的合乎逻辑的思维，它不等于引述理论。我们看过去"金花"时代的某些著述，往往看起来也是旁征博引，不仅史料要"掉书袋"，理论更要"掉书袋"。一篇文章几十个注，史料引证不多，"经典作家语录"引证倒是不少。有人说这是"以论带史"，有人嘲曰"以论代史"。其实这并不是"论"多了，而恰恰是"论"极其贫乏的表现。史学不是神学，也不是经学。离开经典作家，你就不会思考了？

说实话，我受"经典作家"影响也很深。但是除了某些事关知识产权的前人具论外，我是不主张理论上掉书袋的。我的论证主要是自己的思考，当然思考并非凭空，接受各种启发非常重要。除了"经典作家"的启发，我认为现实生活的启发其实是不可少的。例如本书中关于商鞅"坏井田"究竟是国有化还是私有化的问题，关于"乡举里选"是怎么回事的问题，等等，我的一些新见其实都来自生活经历。看到青川秦《田律》，就使我想起亲身经历过的"山水林田路综合治理"。而我关于小共同体具有"温情的等级制"的看法，除了"经典作家"的启发，其实也来自常识。我相信人同此心，心同此理。很多问题其实并没有想象的那么复杂，而是"大人物忽视常识却迷信教条"造成的。当然常识不一定对，"证伪常识"往往是重大科学发现的突破口，哥白尼就是把"太阳东升西降，显然围着地球转"的常识证伪，而开创了近代天文学。但是常识可以证伪，却不能无视。实证研究者哥白尼和一个无视常识而高叫"太阳就是从西边升起"的妄人，根本区别就在于此。

当然，研究历史要靠史料，史料的书袋必须得掉。但是秦汉史在这一点上也不同于其他"断代"，因为这一时期存世文献较宋明以后要少得多，没那么多书袋可掉。这一时期的研究比近古时期更加倚重考古，但考古资料与文献相比恰恰是"不自明"的，其意义更加有赖于论证。再就是秦汉史既然很难发现新史料，对前人研究推陈出新就更重要，而与"多一分史料多一分话"相比，对前人研究无论推陈还是出新，也更需要论证。所以秦汉史研究相对于宋元明清而言，其实就是一个论据相对有限、而更倚重论证的领域。当然，作为一个并非治"断代史"出身的学人，我在秦汉史方面的论证对不对，还是要敬请方家赐正。

这本书在朋友们的催促和鞭策下，以刘志先生整理的《秦汉史》课程实录视频文稿为基础写成。但从课程录制到现在，已经过去了大约近20年，期间秦汉史研究，尤其是考古资料又有了长足的进展。尤其是张家山竹简《汉律》的发表、里耶秦简的发现，以及陇东秦西早秦遗址的发掘，都有重大价值，也出现了许多新问题。我当年授课时这些都还没有。我历来主张旧作再版一般不修改，以保存写作的"时代坐标"。但是这本书不同。一是它过去未出版过，是作为新书出版的。二是当初作为讲义是面对学生，现在可能也有这方面的读者，对学生我应该给他们以与时俱进的知识，而不是提供一个"时代断面"而已。当年授课时，我的讲义是每年都要修改的，现在出书也应该如此。所以这次成书我做了较大的修改补充，篇幅也比视频记录稿多了近一倍，至于成效，就期待读者的批评了。

目　录

绪　论　中国文明史上的秦汉时代
第一节　秦汉：中国第一帝国 …………………………… 3
第二节　秦汉史授课的重点 ……………………………… 5
第三节　秦汉史的史料 …………………………………… 6
第四节　秦汉时代的重要性 ……………………………… 12

第一章　周秦之变：从族群社会到编户齐民（上）
——小共同体本位的周制与儒家思想
第一节　对周秦之变的评价 ……………………………… 27
第二节　周秦之变何以名之 ……………………………… 36
第三节　周制的特征 ……………………………………… 41
第四节　周制的经济基础 ………………………………… 66
第五节　儒家与周制的价值体系 ………………………… 72
第六节　周制的危机 ……………………………………… 91

第二章　周秦之变：从族群社会到编户齐民（下）
——法家的兴起与"百代都行秦政制"
第一节　法家的兴起及其主张 ………………………… 107

第二节　法家改革瓦解小共同体本位的周制 ………… 129
第三节　"百代都行秦政制"——秦制的主要特征 … 150
第四节　秦制的危机 ………………………………… 157

第三章　法道互补："儒表法里"之下的强权与犬儒

第一节　从"儒道互补"到"法道互补"：汉初的黄老
　　　　之术 ……………………………………… 165
第二节　儒表法里的形成 …………………………… 186
第三节　"周表秦里"：由汉武帝到王莽 …………… 217

第四章　盐铁论战：帝国经济中的"干预"与"放任"

第一节　"大夫"与"贤良文学"争什么？ ………… 242
第二节　盐铁论战与北宋的"王马党争" ………… 252

第五章　强国弱民：秦汉帝国的政治制度

第一节　秦汉的乡里制 ……………………………… 261
第二节　"五口百亩之家"与"闾里什伍之制"：规定与
　　　　现实 ……………………………………… 274
第三节　唯上、弄权、枉法的酷吏与循吏及豪强 …… 282
第四节　连续的历史，循环的怪圈 ………………… 298

第六章　汉魏之变：儒表法里中的"儒里化"阶段

第一节　东汉以后宗法复兴 ………………………… 325
第二节　以礼入法：法律的儒家化 ………………… 330
第三节　官员选拔标准的道德化 …………………… 338
第四节　社会组织变化：小共同体的复兴 ………… 348
第五节　政治逻辑变化 ……………………………… 358

第六节　经济现象的变化 ……………………………………361
第七节　汉魏之变不如周秦之变深刻 ………………………372

第七章　秦汉经济：中国古代第一次商品经济高潮

第一节　集约农业的起源 ……………………………………405
第二节　秦汉的水利工程 ……………………………………414
第三节　秦汉"名田宅"制度 …………………………………423
第四节　贱商制度下的"伪市场经济" ………………………431
第五节　千古奇文"货殖列传" ………………………………440
第六节　汉唐商品经济之比较 ………………………………446
第七节　汉代的古典借贷关系——兼与古希腊-罗马的
　　　　比较 …………………………………………………463
第八节　古典租佃制——汉代与罗马的比较 ………………482

余　论 ……………………………………………………………505

绪 论

中国文明史上的秦汉时代

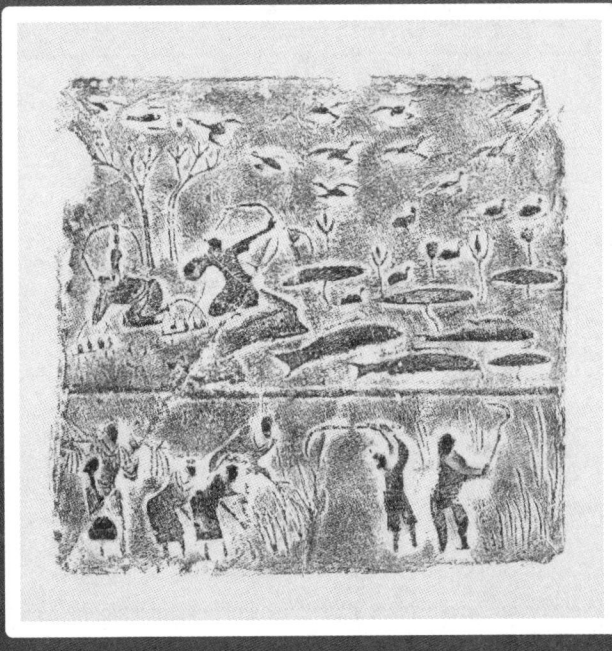

第一节　秦汉：中国第一帝国

在中国的历史长河中，秦汉是一个独特的阶段。

在世界历史研究中，很多人对一些重大的文明都会划分时段。这个时段往往具有这一时期最突出的一些特征，比如古埃及的历史，人们就把它划分成古王国、中王国、新王国这几个阶段，❶每个阶段各包含若干王朝。古王国和中王国之间、中王国和新王国之间，分别叫作第一中间期和第二中间期，也各自包含若干分裂、混乱中的小朝廷。古王国之前还有前王国时期。实际上这样划分的依据就是古埃及时期的许多王朝中，古、中、新王国这段时间内统一帝国存在的时间比较长，是一种常态。到了第一中间期和第二中间期，虽然也有王朝，但是就像我们的五胡十六国一样，短暂且比较混乱，没有形成那种比较稳定的帝国。

其他文明也是如此，包括玛雅文明、欧洲文明也是这样。人们往往说古希腊－罗马属于古典时期，或者说古代，后来到了中世纪怎样怎样。其实"中世纪"这个词，它的真正的词义跟所谓"中间期"基本上就是一回事。很多人认为"中世纪"较之"古典时代"是一个"低落期"，是比较混乱的时代，是介乎古希腊－罗马和后来的近代民族国家之间的一个比较有特色的阶段，现在有人对"中世纪"持有不同的评价，发现有许多亮点，不再认为是"黑暗时代"，这当然可以讨论，那是另一个话题了。总之，古典时代之后有一个中世纪。而到了启蒙运动以后——有的人说甚至是从文艺复兴以后，欧洲就进入了一个新时期，逐渐形成民族国家，在此基础上，出现了一整套近代文明。

因此，这个所谓的中世纪、中间期和前面的古典文明以及后来的近代文明也成了一个分段的标志。很多人还用所谓的第一帝国、第二

---

❶ 也有别的划分法和阶段，如第三中间期、晚期王国等。

帝国，第一共和、第二共和这种称呼。总而言之，我们也可以按这种观点去看中国历史。

中国历史的分期是一个扯不清楚、非常复杂的问题。很多人都注意到秦汉在中国历史上占有很重要的位置，之所以重要就在于它是中国历史上第一次从三代的诸侯林立变成了一个大帝国。在秦汉之前的春秋战国，就是一个多头并进相互争霸的时期，可以看作"三代"到秦汉之间的一个过渡吧。

而秦汉这个大帝国取得了比较长时期的稳定。虽然秦汉之际、前后汉之际也有两次"鼎革"之变，但时间都较短，不影响大帝国的制度连续，也奠定了中华帝国后来诸多方面的基础。而从汉末以后，具体地说就是从"黄巾之乱"以后，中国历史又进入了一个漫长时段的混乱期。秦汉王朝作为一个比较稳定的大帝国存在的历史就此结束，中国又进入了一个所谓"合久必分"的阶段。

一开始是诸侯割据，然后形成三国鼎立，三国又变为三家归晋，归于一统的时间只有短短几十年，马上又是八王之乱、五胡入华，中原陷入一场起伏不断的征战乱象。一直到公元581年隋文帝创立隋朝，之后重新统一。隋唐这一段时间，有人说是中国作为一个大帝国发展的第二个时期，除了隋唐之际短暂的乱世，帝国稳定了约三百年，到了唐末五代又走向分崩离析。其实从安史之乱以后就开始动荡，统一的唐王朝基本上是名存实亡，各地都是藩镇割据，你方唱罢我登场，后来发展成为五代十国。

后来北宋虽然统一了，但是统一是不完整的，长期都是所谓的宋辽夏金并峙，还有大理等国家并存，因此有人说这是中国的第二个"中间期"。直到元统一，元明清三代才又出现了统一帝国的复兴，而且应该说元明清三代帝国的范围要比前两个范围还大，它自身处在一个扩展的过程中。

纵观中国历史，我们把秦汉这个阶段，看成是中国历史上的第一帝国时代，是有根据的，主要就是依据现在研究一个文明的历史通常用的那种角度。其实，相对于版图的分合而言，我自己更重视制度的演变。就制度而言这个阶段的特点也是鲜明的。与之前的"三代"而言主要就是"周秦之变"，与之后而言就是"汉魏之变"。这是我们关注的重点。

第二节　秦汉史授课的重点

秦汉这个第一帝国本身是一个建构的过程，从前帝国时代也就是从三代到诸侯林立的这一时期，中国由一个乱世逐渐演变产生出一种帝国下的社会形态。这个帝国自然有一整套维护自身稳定的制度安排。这套制度后来又产生了很多问题，以至这些问题不断积累，使它最终垮台。

中国历史上有很多王朝垮台了以后都出现战乱，因此有研究者认为中国的历史是一种以王朝更迭为基本内容的"治乱周期"。从《三国演义》讲的"天下大势，合久必分，分久必合"，到现在有些人讲的"乱极生治，治极生乱"，他们认为每一个王朝就是一个周期。但是如果宏观地看，除了这个周期以外，还有一些更长时段的变化：第一就是这个周期本身并不是一样的，像我们刚才讲过的几个中间期，往往帝国的稳固性就比较差，这些王朝都比较短，而且幅员也在缩小，内部也不够稳定。

前述的这三段：秦汉时期，隋唐时期，元明清时期，就显得比较稳固，它们和其他的朝代就不太一样。更重要的是，每一段大帝国赖以建立的制度安排和它的一些凝聚力产生的基础，即使在有继承的情况下它也有一些不同的特征，秦汉在很多方面是不同于隋唐的，隋唐在很多方面也不同于元明清。

因此，我们把握秦汉这一段历史，很重要的一条就是探讨第一帝国作为它基点的那些最基本的制度安排是怎么形成的？它包含了哪些主要内容？这个制度在运作过程中产生了哪些弊病？这些问题的积累又如何导致了第一帝国的解体。

这就决定了我们课堂探讨的重点是放在两头——"周秦之变"和"汉魏之变"。就像一个扁担挑着两个筐。我们并不会像一般的中国史讲述那样，政治、经济、文化罗列摆开抑或疏理一个个帝王的继承关系，而是要探讨秦汉这个第一帝国的兴衰，这个稳定的而且强大的帝国是怎么建立起来的，后来它又怎么垮掉了。至于这个帝国本身的制度运作，我想不论它的合理性还是它的弊病，都可以明显地从这两端中看出来。它的合理性，那就是周秦之变何以完成的理由，它的内在弊病，也就是后来发生汉魏之变的理由。

第三节　秦汉史的史料

对于秦汉时代，无论历史研究发展到什么阶段，无论技术手段如何更新，所谓的"前三史"，或者"前四史"，即《史记》《汉书》《后汉书》以及《三国志》，大概都没有办法改变它们是研究这段历史的基本文献的事实。

因为这段时间基本上没有保留下来的野史，或者说很稀少。地方志我们看不到，私家文集基本上也没有，我们看到的私家文集其实是断简残篇辑起来的，比如清代严可均汇辑的《全上古三代秦汉三国六朝文》，大部分也是从正史中一段一段辑录出来的，实际上并不是真正意义上的文集。秦汉时代很少有个人文集传世，也没有地方志，当然也不可能有我们在明清史研究中非常重视的档案资料。明清档案在故宫中保留下来很多，主要是清档，明档都很少，秦汉更不可能留有档案。类似于档案材料的，就是后面要讲到的在考古中发现的秦汉简牍这一类的东西，其中有些材料（如里耶秦简、走马楼吴简等）可以被认为是具有档案性质，但它的随机性太强了。

老前辈陈援庵先生说史学家对史料要下"竭泽而渔"的功夫。而如果研究明清史，仅仅从文献角度讲，要"竭泽而渔"是非常非常之难的。明清史料不仅"浩如烟海",而且明清又和民国年间不一样,晚清民国印刷术比较发达,虽然史料很多,但是由于有印刷术——不是指雕版印刷,而是现代印刷,致使这些书绝大部分流传面也比较广,研究近代或民国历史,很少存在所谓的孤本、善本、珍本问题,因为当时印刷术已逐渐普及,存世的文献资料相对多一些。当然个人资料是有"孤善珍"的,比如说蒋介石日记,张学良、阎锡山、何应钦等等都有日记留存,这种"孤善珍"就比较丰富。

我可以讲一点,就是民国时期的书虽然多,但是它的主要文献对图书馆的要求并不严。但是明清就不一样了。明清第一是书多,第二那个时候没有现代印刷术,很多书都是以善本、孤本、珍本、稿本的方式存在的,研究明清史,不跑大图书馆就很难办,因为很多史料都只有孤本、善本,仅在全国不多的几个图书馆藏有。所以有人说研究明清史如果不在北京的话就很麻烦,因为其他地方都不可能看到这些史料,要跑到北京来查一趟资料也很难,"善本"的范围越划越大,我们当研究生时"泡"图书馆能看的资料,现在很多都收藏进入"善本室"看不到了,看微缩胶卷又容易导致眩晕,我在北图(今中国国家图书馆)连续看微缩胶卷一久,就有严重的晕车感,只能歇歇看看。

有人说,研究宋元史搜集阅读史料,穷一个人一辈子之力,"竭泽而渔"是可以做到的。但是研究明清史是做不到的,当然针对某一个具体的小问题另当别论。由于史料太多,不仅阅读不完,全面检索你都做不到,因为没法录入那么多东西,现代电子检索手段也没法对付。所以明清史研究任何人恐怕都可以找出新材料,只要你肯下功夫。

但研究秦汉史,文献相对来讲要少得太多太多。不要说比明清,比唐宋都要少得多。根本谈不上浩如烟海,"竭泽而渔"很容易做到,因此提出新的见解就很重要。

秦汉史研究也不是说就没有新材料,这些新材料主要是来源于考古,来源于地下出土材料。曾经有一度吵得沸沸扬扬,说某人家里藏着一个《孙子兵法》的珍本,说是世代相传的。如果是埋在地里,两

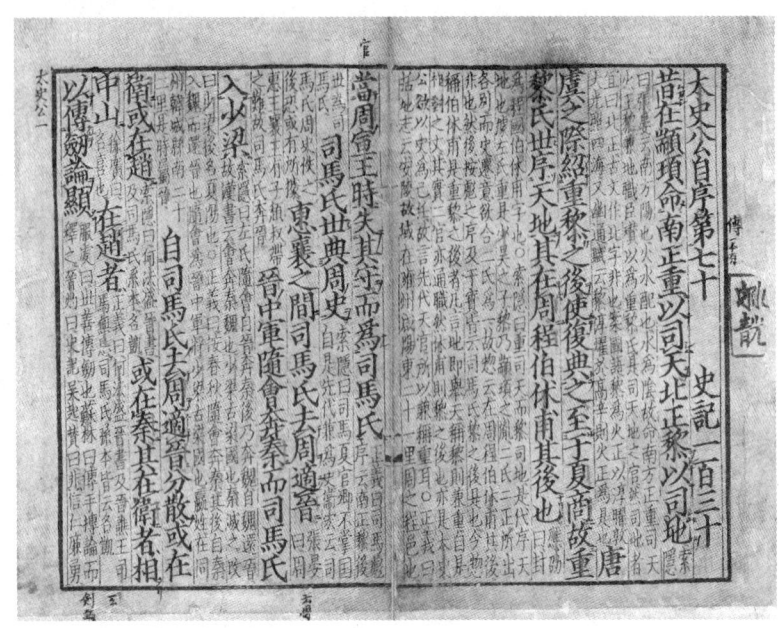

《史记·太史公自序》书页

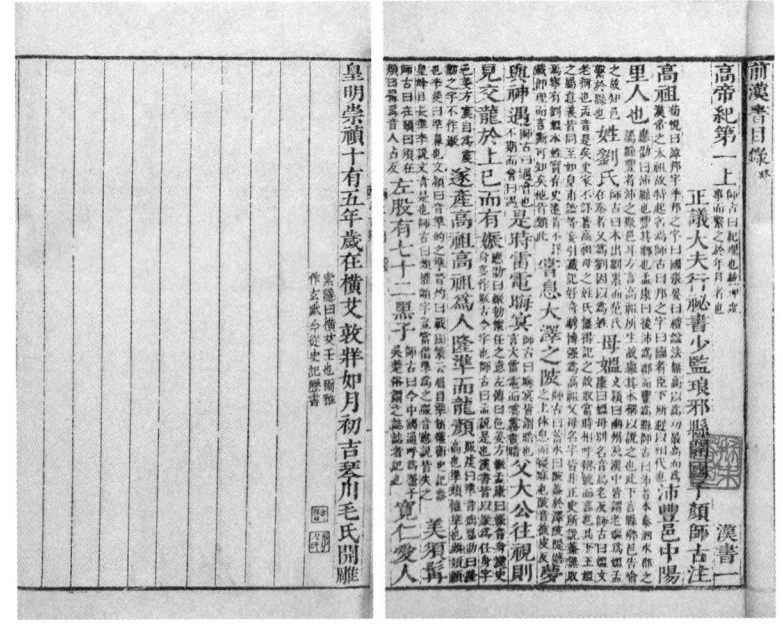

《汉书·高帝纪》书页

《后汉书·光武帝纪》书页

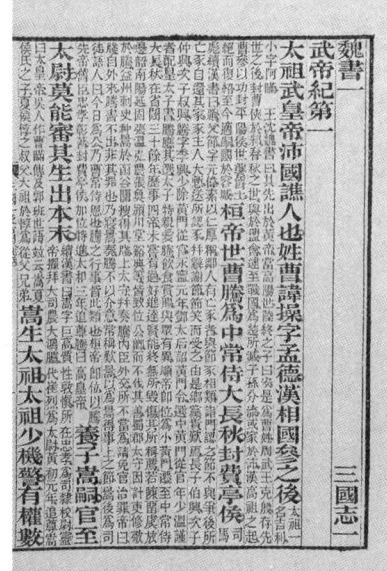
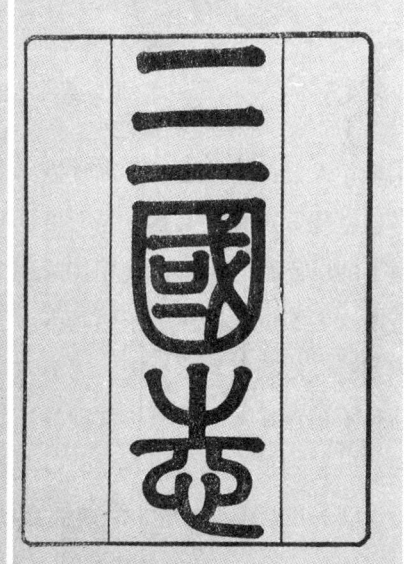

《三国志·魏书·武帝纪》书页

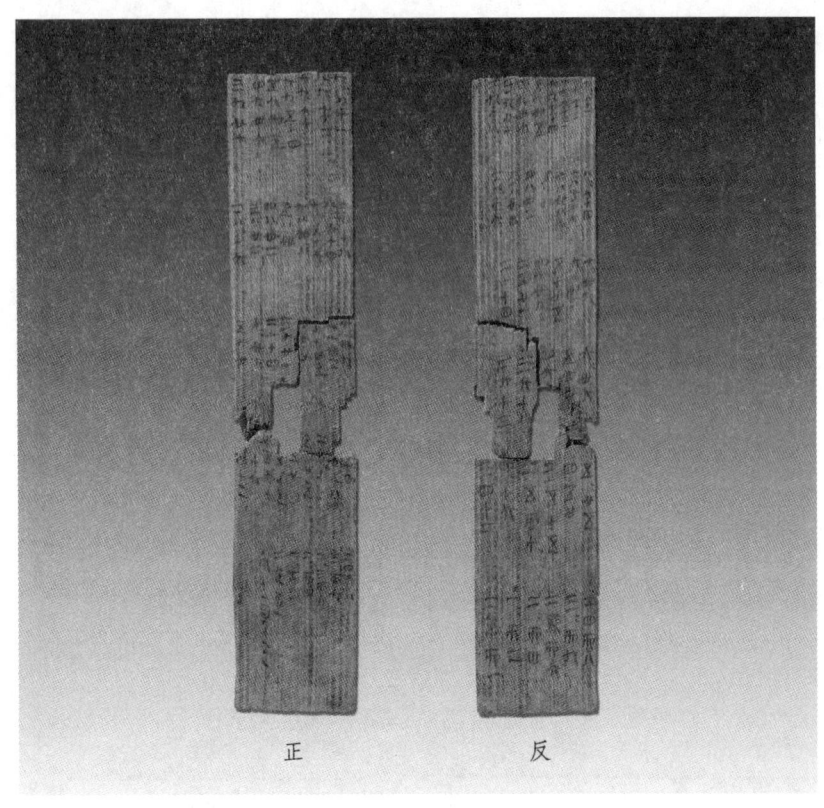

正　　　反

里耶秦简·九九乘法表

千多年人们都不知道，后来发掘出来了，那就另当别论，比如说开发秦始皇陵发现什么文献，是有可能的。但是这个人说，它不是埋在地底下的，而是他们家世代相传的一个《孙子兵法》的珍本，或者说是传本。老实说，这样的东西基本上没有多少人信，别说专家了，从常识判断可信程度有多少呢？因为像秦汉时代的典籍，保存了两千多年而且不是埋在地下后来被发现的，而是一直保存在民间但又不为人所知，以至到现在有人说我藏着一个什么孤本，这几乎是不太可能的事情，早十几辈子，在唐宋时期都算是大事，何以能存到今世无人知晓。

因此，秦汉史研究的史料基本上不太依靠所谓的珍本、善本、孤本、稿本这一类的文献，除非专门做版本校勘，而且版本目录学和史学根

张家山汉简

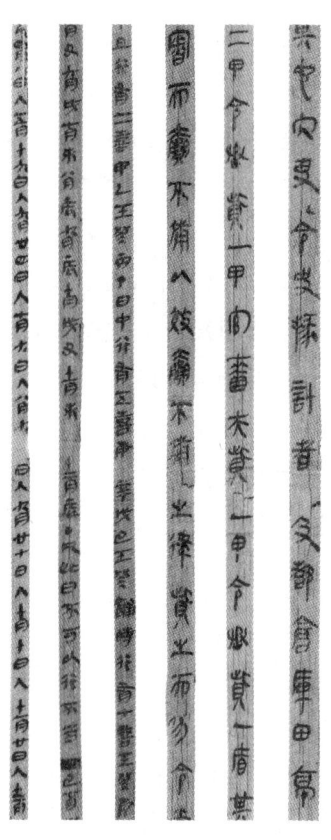

睡虎地秦简

本就是两种学问。秦汉史的新材料主要在于地下的材料。应该说这些年来地下的考古挖掘屡次有很惊人的发现,而且往往是一次发现就相当于以前所有发现的总和。像走马楼吴简,出土了十万多枚,一次就超过了此前出土所有简牍的总和。前些年发现了里耶秦简,这一次发现的秦简三万多枚,也超过了以前的睡虎地、青川这些地方出土所有秦简的总和。❶

这种大规模出土的简牍最近相当多,当然还有最近成为清华骄傲

---

❶ 从书写材质而言,写在竹片上的为"简",写在木片上的为"牍",连称"简牍",还有写在帛上的,主要是典籍,故称"帛书",又有"简帛"之连称。四川省青川县出土的是木牍,一般称为"青川木牍"。

的"清华简",一批楚简入藏清华大学,不过这个和秦汉史扯不上什么太大关系了。真正和秦汉史关系比较大的,有民国年间出土的河西汉简,基本上就是甘肃西部地区的,包括疏勒河流域的,额济纳河流域的,后者以前叫作"居延汉简"❶,就是汉代河西军屯地区的这些简牍。其次就是20世纪70年代以后发现的睡虎地、凤凰山、张家山、银雀山这一批秦汉时期的简牍,其中尤其是张家山汉简,它基本上是法律文书,对于汉律研究的作用很大,有了张家山汉简,我们就基本上能了解汉代的法律制度。❷ 从这个方面来讲,大家对秦汉史有兴趣还是一定要有跟踪的精神,因为这些出土文物往往会带来比较重大的发现,同时这也是考验我们耐心的一件事。所以研究秦汉史和机遇也很有关系,近几十年秦汉史每一次研究高潮几乎都是围绕这些考古发现兴起的。

第四节　秦汉时代的重要性

我们之所以重视中华文明史上的秦汉时代,原因之一就是它在中国以及汉民族国家认同和民族认同方面占重要地位。大家都知道现在西方把中国叫作"China","China"这个词很多人都认为是"秦"谐音过来的,当然此说还是有争议❸,但是现在大部分人是这样说的。因此,

---

❶ 额济纳河流域(包括今甘肃金塔县和内蒙古额济纳旗地区),为古居延地区(汉代设张掖郡居延县),故此处发现的汉简称为"居延汉简"。1972—1986年此地又出土近2万枚汉代简牍,称为"居延新简"。

❷ 2018年荆州胡家草场墓地出土了一批西汉简牍,共4642枚,是迄今单座墓葬出土简牍数量最多的一次,也是出土汉律种类和数量最多的一次,约3000枚,并首次发现汉令典。这批汉简将继张家山汉简后进一步推动对汉律的研究。

❸ 例如,著名语言学家郑张尚芳先生就认为梵文Cina(支那)、英语China等,源自北方草原民族对春秋时期北方晋国之"晋"音译,类似下文提到的俄罗斯将中国称为"契丹"。郑张尚芳:《"支那"真正的来源》,载《胭脂与焉支》,上海:上海教育出版社,2019年,第1—5页。

我们这个国家实际上是在秦以后被世界认识到的，当然这是指的英文，像俄语中称呼中国完全就是另外一个说法，叫作"Китай"，很多人说这是和契丹有关。"Китай"是不是契丹也是一个问题，但是很多人认为它和"China"完全是两回事，反映了很多中亚国家、斯拉夫国家对中国的了解。这个词的来源其实也有一定问题，可能有的人知道，莫斯科克里姆林宫所在地，传统上俄文就叫作"Китайский город"——中国城。可是这个地方怎么会叫"中国城"呢？那里不仅现在没有华人，古代也没有华人聚居的记载。所以它的词源说法也很多，都没有定论，到底和中国有什么关系也是说不太清楚的一个问题。

但至少在英语世界中、在世界上的绝大部分地方，中国被叫作"China"，"China"又被大部分人认为就是"秦"的转音。而我们中国的主体民族到现在还被叫作汉族，这个汉族显然也是从秦汉帝国时期的汉帝国形成的。

中国人经常以这些历史上形成的王朝作为自己的族群识别标志。在国外，很多中国人被叫作唐人，中国人聚居的地方叫唐人街。但是在国内叫唐人的就比较少了，大部分还是自称为汉族的。我们周边的一些国家还有另外一些说法，比如越南按照他们的官方定义，共有五十四个民族，其中华人分为三类（社会主义国家都不太承认跨境民族，比如我们不把境内的越南人叫越族，而叫京族。越南也一样，不把在越南的汉人叫汉族）：一类叫作华族，这是很晚才移民到他们那里去的；一类叫作艾族，实际上指的是客家人；一类叫作山由族，是明朝末年开始从中国广东逐渐迁入越南的人的后代（有人说他们与畲族有渊源关系）。越南历史上还有一个称呼——"明乡人"，指的是明代到越南去的一批中国移民及其后代（主要是汉人）。但是不管怎样，至少我们自己，最常见的称呼、自称还是汉人。因此，秦汉时代在我们民族和国家认同形成的历史中是占有很重要地位的时代。

三千年来中国的历史发生了很多变化，而其中最大的变化在哪里呢？又是在什么时候呢？

学术界有一个共同的观点，就是认为近代以来中国面临的变化是前所未有的，所谓"三千年未有之大变局"（李鸿章语）。我们现在面临的变化的确是前无古人，这一点是应该成立的，但是这个变化到现在也没有结束，我们还不知道它最终会变成个什么样子。

在此之前，中华文明曾经有相当的稳定性，而在这之前的另外一个变化发生在什么时候呢？曾经有过一个时期，尤其是晚清，河南殷墟的甲骨出土以后，很多人觉得看到了一个新天地，于是王国维先生有一句话，叫作"中国政治与文化之变革，莫剧于殷周之际"❶。他非常强调殷周之间的这个变化，而且认为这个变化是最根本性的变化，殷周以后，所有的其他变化都比不过它。

以王国维先生为代表的一些研究殷商史的人，他们经常讲殷、周有多大多大的区别，比如说周人主要是拜祖先的，但是殷人鬼神的观念就很强烈。甚至曾经有人一度认为殷和周干脆就是两个文明，两个民族，甚至有人说是两个种族。❷有些人就把"小邦周克大邑商"这样一个过程，类比为西方罗马帝国末期的蛮族征服，认为西周是一个蛮族，它灭掉了类似于罗马帝国一样的殷商帝国，引起了一场非常大的

---

❶ 王国维：《殷周制度论》，《观堂集林》第10卷，见谢维扬、房鑫亮主编：《王国维全集》第8卷，杭州：浙江教育出版社，2010年，第302页。

❷ 傅斯年在《夷夏东西说》这一名文中就提出，夷与殷商属于东系，夏与周属于西系，见傅斯年：《民族与古代中国史》，上海：上海三联书店，2017年，第67页。著名考古学家张光直先生对商人人种与起源的探讨，见张光直著，张良仁、岳红彬、丁晓雷译，陈星灿校：《商文明》，北京：生活·读书·新知三联书店，2019年，第361—388页。关于商周的族群起源，历来众说纷纭，参见张国硕：《夏商周三族起源研究述评》，载《中国史研究动态》1996年第10期。通过考古发掘，人骨体质类型、古DNA的研究对于商周人的族属、人种提出了一些新的解释，例如：朱泓：《关于殷人与周人的体质类型比较》，载《华夏考古》1989年第1期；贺乐天、刘武：《殷墟青铜时代人群颅骨表型的数量遗传学分析》，载《科学通报》2018年第1期。

变革。大家知道，蛮族入侵毁灭了罗马帝国，这是西方历史上非常重要的篇章，也是古代和中世纪的分界线。因此有些人就说，这个变化的意义非常大，甚至认为这就是"奴隶社会"和"封建社会"的分界。所谓的"西周封建论"就来源于此。以前经常有人说西周是封建制的，殷商是奴隶制的。❶

这种说法随着甲骨文的出现曾时兴一时，在此之前人们并没有这种概念，在这以后人们也逐渐不这样认为了。以前人们经常讲的是"三代（夏、商、周合称）"如何如何，尤其是中国的儒家一直把三代看作是比较相近的一个时代，就是所谓的"殷因于夏礼，所损益可知也；周因于殷礼，所损益可知也"❷。直到春秋战国，有些人认为社会不行了，于是礼坏乐崩，"高岸为谷，深谷为陵"❸，出现了一个很大的变化，以至到了以后，这个观念仍然根深蒂固，人们认为三代是一回事，三代之后又是一回事。而且很多人都怀念三代，说那才是中国的一个理想时代，以后就一代不如一代了，认为后世人心不古、世风日下。显然这些人认为"周秦之变"是一个关键点。

所谓"殷周之变"十分重要，大概是王国维先生开创的一个观念，虽然后来还有很多人附会，但是这个说法到了改革开放以后就逐渐淡化消散了。很重要的一个原因是，20世纪70年代出土了很多周原甲骨。以前我们只知道殷商有甲骨，西周好像我们只看到有金文，而且我们看到的金文往往时间比较晚，"后母戊"（以前误写为"司母戊"）那样的殷金文没见过。周原甲骨更不知道。一看殷甲骨，确实与周金文大不同，有点"剧变"的样子。

---

❶ "西周封建说"的首倡学者为吕振羽，参见吕振羽：《史前期中国社会研究》，石家庄：河北教育出版社，2000年。其他赞同并主张此说的学者有：吴玉章、范文澜、翦伯赞、杨向奎、徐中舒、王玉哲等。

❷ 《论语·为政》。

❸ 《荀子·君子篇》，语本《诗·小雅·十月之交》。

甲骨文·祭祀牛骨刻辞

周原甲骨

但周原甲骨发现后大家的看法就改变了。周原甲骨大部分是先周的甲骨——所谓"先周"就是灭殷之前、与"商朝"并存作为诸侯的"周"。人们往往有这样的分期，就是到了周灭掉殷以后，作为一个王朝的周，就分为早周、晚周；类似秦、汉被视为一个"朝代"。但是它们的王室在统一以前作为一个诸侯国就存在了，比如"先秦"就有秦国（其实"先汉"也有汉国，就是项羽把刘邦封在汉中当个诸侯，当然时间很短、地方又小，历史上基本不提这个"先汉"）。而产生周原甲骨的这个国家，我们一般把它叫作先周，就是没有灭掉商以前，作为一个诸侯国或"方国"的周。现在我们看到的周原甲骨就是那个时候的。

对于周原甲骨的认识，人们有一点是明确的，就是这些甲骨是周人刻写，并非殷地移来。而与殷墟甲骨相比虽然片小字少，不够"发达"，但文字相同，并非"外文"，所以殷周其实文化上是一体的，文字系统完全是一样的，基本上不能视为两个文明。这当然就不存在周克商是蛮族征服的问题，和日耳曼人与罗马人的关系完全不能等同。

简单说，现在研究者们认为殷周之间的差异，比我们以前想象的要小，尤其是比王国维那个时候想象的要小。其实早在周原甲骨发现之前，甲骨学家、古史学家胡厚宣就撰文指出："盖今人每以中国文化之变革，莫剧于殷周之际，中国一切传统的文化礼制，大半皆由于周公之制礼。据吾人观之，周起西土，在早期几无文化之可言，及入主中土，乃全袭殷商之文化，几乎无所变革，故殷与西周实为一个文化单位，其剧变不在殷周之际，乃在东周以来。"❶ 但后来郭沫若引入苏联"奴隶社会"之说并指殷墟人殉为奴隶社会之证后，有人又想起了王国维的"殷周剧变论"，便把奴隶社会和封建社会的界线划在殷周之

---

❶ 胡厚宣：《甲骨学商史论丛初集》，石家庄：河北教育出版社，2002年，第79页。

间。但现在一边是周原甲骨支持殷周文化一体,一边是"五种社会形态"论式微,所以现在古史分期讨论中,强调商代是奴隶社会、西周是封建社会的观点的人也比较少了。

而强调周与秦的区别,强调春秋战国之交中国发生了非常深刻的变化,这个说法古已有之,现在影响还是相当大。尽管变化的内容有不同的理解。在以郭沫若为代表的那个史学年代,人们把这个变化套入了"五种社会形态依次演进"的意识形态框架中,说春秋战国之际中国出现了从奴隶社会到封建社会的演变,这个说法的意识形态背景现在很少有人提了。但是凭直观的感觉,学术界多数人仍然相信,春秋战国之交中国发生了一个很大的变化——把它叫作什么社会变成什么社会、给一个形态学的称谓,可以见仁见智。但有一点应该还是靠得住的,那就是三千年内,中国发生的最深刻的变化大概也就是周秦之变。经此一变后,接下来再一场可以与之相比拟的剧变,可能就是从晚清到我们现在面临的这个时代,除此以外没有哪个时代能有这样巨大而深刻的变化。当然,汉—魏之变、(北)魏—隋之变、唐—宋之变也是有的,但都没有周秦之变那么厉害。

很多人都说,世界历史上有三大轴心文明,经过百家争鸣逐渐形成文明的主流价值观,大致上一个是古希腊时代,一个是所谓印度的列国时代,还有一个就是中国的春秋战国时代。经过一段各种学派的交流和争鸣,最终进入到一个比较稳定的时期,就是独尊某某的时期,于是便构成了以后文明的基本框架。秦汉显然就是由轴心文明过渡到一个比较稳定的文明的这样一个时期。因此在中国的纵向历史发展中,秦汉帝国具有一个特殊地位,它的一些标杆性的实质内容在今天仍能看到。

在世界文明中,现在人们也往往公认,在公元前后的这几百年中,世界各地存在着各种各样的文明,但是其中对后世影响最大、辐射力也最强的就是欧亚大陆两端的,以秦汉帝国和同时期的罗马帝国为代表的这两大帝国。因此在世界史的范围内,做秦汉史和罗马史的比较研究一直是一个很热门的领域，尤其是所谓的"魏晋封建论"❶这一支，更是把秦汉和罗马当作"等值"的两个对象。在社会经济层面，人们发现的共同点就更多了，比如说城市的兴起，货币制度的演变，甚至还有人得出了这么一个研究结果：有人曾经统计过罗马帝国的黄金拥有量和汉帝国的黄金拥有量，据说两者几乎一模一样，大概都是一百七十多吨。❷ 而且这两个国家在经济发展中也的确出现了一些可以类比、十分相似的问题，比如罗马帝国一度使用黄金作为货币，成为一个很突出的现象，但是到了中世纪早期，出现了一个悬而未解之谜——"黄金消失之谜"，或者说"金币消失之谜"，中世纪初期这些黄金好像一下子都不见了。汉代其实也有这样的现象，也有所谓的"汉金消失之谜"，汉代大量使用黄金，但是汉以后黄金好像不见了。尤其从称呼上，汉代提到黄金一般都是说多少斤，汉以后就变成多少两了，这也是很有意思的一个对比。❸

但值得注意的是，现在罗马文明在地面上的遗迹到处都有，不要说罗马都城那规模宏大、至今林立的竞技场、凯旋门、万神殿、输水道，就是在罗马帝国疆域所及的中东、北非，甚至莱茵河、达西亚、两河

---

❶ 持"魏晋封建论"主张的学者有尚钺、王仲荦、何兹全、唐长孺、赵俪生等。关于中国古史分期的争论，可参阅：詹子庆主编：《中国古代史参考资料》，北京：高等教育出版社，1987年，第485—490页；朱绍侯：《中国古史分期讨论与中国史研究》，载《史学月刊》1998年第6期；赵文亮、雷戈：《改革开放年代的中国史学》，长春：吉林人民出版社，1999年，第118—125页；张广志：《中国古史分期讨论的回顾与反思》，西安：陕西师范大学出版社，2003年。

❷ 货币史学家彭信威曾比较："公元初前后中国和罗马这两大帝国的黄金财富。王莽死时政府所储黄金以七十匮计算，计七十万斤，约合十七万九千二百公斤，这数字可以代表中国政府在第一世纪的储金量。罗马帝国的贵金属储备量据估计约值一百亿金马克。其中金银数量大约相等，这样就可以算出罗马帝国的黄金储量是十七万九千一百公斤。和中国可以说完全相等。这是一个有趣的巧合。"彭信威：《中国货币史》，上海：上海人民出版社，1958年，第85—86页。

❸ 可参阅秦晖：《汉"金"新论》，载《历史研究》1993年第5期。

流域北部乃至不列颠那样当时在罗马帝国算是非常边远的地方，凡是历史比较悠久的城市里都可以看到古罗马时期神庙的遗迹、大剧场的遗迹、各种各样公共建筑的遗迹。❶

但是汉代的公共建筑，现在我们基本上都见不到了，大概只有四川、河南、山东还保留下几个所谓的汉代石阙，这是我们现在唯一能够看到的在地面上留下来的汉代建筑。而且似乎不仅现在如此，从著名唐词《忆秦娥》所谓"西风残照，汉家陵阙"等语看，唐宋时汉代地面遗存就已经不过如此。应该承认在建筑技术上恐怕秦汉帝国和罗马帝国差距是非常大的。我们虽然是文明古国，但是明清之前地面上的建筑保留下来的非常少，或许也与建材的石质和砖木之别有些关系吧。至于其他原因我们在这里就不展开了。我们的文明遗存主要表现在坟墓等地下发掘出来的东西。

但如果单纯就农业文明本身而言，我觉得中国秦汉时代应该远远超过当时的希腊-罗马，如果我们以土地利用率，或者是复种指数来衡量的话。罗马时代的农业文明应该说也相当发达了，但如果跟同时期的中国相比的话，至少土地生产率就不会比中国高。当然，劳动生产率就不一定。中国农业一直有精耕细作的传统，这一点就是从秦汉时期开始的，后来也一直延续。即使在中国被认为是"东亚病夫"所谓落后了的近代，我们的土地亩产量也还在世界上数一数二，只不过人均占有量很少，劳动生产率那时已经远远落后了。

有人曾经做过这样的对比，说汉朝最盛时，也就是西汉末，有近六千万人口，当然这是户籍统计数字了，加上"浮游无籍""不书名数"

---

❶ 近年流行"西方伪史"说，称那些惊人的大石头建筑都是近代西方伪造的假古董，甚至若干"教授"也宣讲这种无稽之谈。其实在今天土耳其、叙利亚等奥斯曼故地，希腊-罗马时期的石头古城废墟星罗棋布，很多都籍籍无名，或者近年才渐出风头。"西方"能花如此力气造这些无名之物却不加宣传？更何况谁不知奥斯曼帝国与西方为敌五百年，西方何能在敌国境内大兴土石，搞这么多、这么大的"伪史"工程？

古罗马竞技场

渠县汉阙

的黑人黑户，实际人口应该超过这个数字。而罗马帝国兴盛的时候，就是在图拉真、哈德良的时代，现在比较流行的说法是，罗马帝国的人口达到峰值，有一亿左右。❶ 考虑到两边统计都有模糊，应该说大体相当。到了中世纪，两边人口当然就都掉下来了。中世纪在前罗马帝国盛世疆域内的人口，早期大概在六千万左右。东汉以后中国人口（汉朝疆界内）也明显下降，此后一直到宋朝很长一段时间，至少在户籍统计上中国人口都没有恢复到西汉末的水平。

汉代与古罗马的城市都有过很大的发展。汉长安城的人口，据有些研究者说，大概有三十多万。在西方，对罗马城的一个通常的估计是，罗马帝国和平时期的人口一度达到过一百万。与许多估算出来的古代数据一样，这些都有争议。没有争议的是城墙内面积，由于遗址清楚，一量便知：汉长安城内有 34.39 平方公里，罗马（奥勒留城墙）内面积为 13.86 平方公里，只有汉长安的 40%。

但是作为典型的"秦制"城市，考古和文献都证明汉长安城内 70%以上的地面都是大型宫殿和官署，居住密度很低，民居与市场多在外郭。而罗马城内大都是民居、商业设施和公共建筑，人口密度要大得多。西汉末年人口最盛时户籍统计，长安人口有 24.62 万，❷ 有人认为这只是城内纳税民户，加上不纳税也不计入户籍的宫廷及其服务人员和军人等，应当有四五十万。这是有道理的。不过长安城内既然绝大部分面积都是宫殿，其余最多不过 10 平方公里的空间不可能容纳 24 万平民，所以这个数字应该是包括了郭外郊区（但不含陵邑、属县）的总人口。古罗马的数字则是根据当时严格的贫民粮食配给制度（Cura Annonae）按比例推算，也有相当可信度。但同样，不到 14 平方公里的奥勒留城墙内即

---

❶ Scheidel, Walter. "Population and demography". Princeton/Stanford Working Papers in Classics (April 2006). p. 9.; Hanson, J. W.; Ortman, S. G. "A systematic method for estimating the populations of Greek and Roman settlements". *Journal of Roman Archaeology*. 30 (2017): 301-324.

❷ 《汉书》卷28上《地理志》，北京：中华书局，1962年标点本，第1543页。

便没有大型宫殿，也容不下百万居民，所以应当也是包括了郭外郊区。

换句话说，不同的统计方式换算成可比口径，罗马的城市规模还是明显大于汉长安。当然，重要的区别还不在于规模，长安的森严空阔与罗马的热闹繁华，完全是两种截然不同的城市类型和人文景观。

秦汉和罗马帝国之后，这两个地方都出现了城市衰落的现象。一直到了隋唐以后，中国才出现了二度的大城市崛起。而在欧洲，罗马帝国之后，就大城市而言，显然西方是远远不能望中国之项背的，像唐长安、宋开封那样的超级城市在西欧中世纪是没有的，即便中国之外，像萨珊波斯的泰西封、阿拉伯帝国的巴格达这些东方帝国的大城市规模也远超中世纪西方。但是关键在于，这种东方帝国城市与西方城市的类型差异，早在秦汉—罗马时代就存在了。

还有人做过秦汉和罗马的农书的比较，秦汉时代出现了几本农书，比如《氾胜之书》《四民月令》等，罗马也出现了所谓三大农书，就是加图、瓦罗和科路美拉写的，翻译过来都叫《论农业》，英文都叫"On Agriculture"。这三本书有人曾经分析过，说它们有一个共同的特点，就是都谈到农业经营方式的盈利性，尤其是科路美拉，关于不同作物的最佳经营规模、地租利息和利润的比较都有涉及。而秦汉农书趋向于精耕细作的技术方面，却不太谈盈利。

当然，第一帝国的历史地位，不仅可以从横向比较，也可以从纵向比较来看。"上古"世界的秦汉与罗马帝国，似乎很难比谁更"发达"。但是"中古"的世界上，欧洲中世纪在大部分时间内明显不如中国的唐宋帝国，无论就农业和城市规模，还是就当时旅行家的观感，这都是不争的事实。但是唐宋与秦汉相比如何？这就有点微妙。国外（包括西方和日本）有所谓"唐宋变革论"，认为宋较之于唐是个大进步。就直观来看，宋代城市不仅人口多，而且性质进化。熙熙攘攘的"街市"与唐代森严的"坊市"相比，确实有点"近世"和"中世"之差的感觉。但是汉唐之比就不那么好说。至少就商品货币关系的发达而言，汉代的"古典商品经济"高峰，"盛唐"似乎并未超越。本书最后一章要讨论这一点。

秦汉与罗马帝国如果各有高下，隋唐帝国又明显比同时期的欧洲发达，但与汉相比却很难说有什么超越。这在逻辑上就意味着：同一时期的欧洲，尤其是西罗马帝国故地发生了大倒退，以至于并不明显超过汉帝国的隋唐，却明显地超过了中古早期的欧洲。这本来是传统的欧洲中世纪"黑暗时代"说也认可的。

但是近几十年来西方的中世纪史发生了"革命性变化"，主张与罗马帝国连续性的"罗马派"取代认为"蛮族征服"带来"黑暗时代"的"日耳曼派"成为主流，晚期中世纪领域的"早期近代化"和"早期工业化"之说也方兴未艾，这么一来，中世纪"黑暗时代"之说似乎已经过时。但是，这与我前面说的逻辑推论又是相矛盾的。所以我觉得，无论中国、西方还是其他地方，发展进程都需要有个全球视角。西方的"中世纪史革命"能不能站得住脚，恐怕还得进一步在全球视野中验证。研究中国"第一帝国"历史的意义，也就不限于中国史，更不限于所谓"断代史"领域了。

因此，不管是相同还是相异，我们文明的框架实际上在秦汉时代就已经基本奠定了，所以认识中国，认识我们这个文明，秦汉是一个绕不过去的重要的时代。

第一章

周秦之变：
从族群社会到编户齐民（上）
—— 小共同体本位的周制与儒家思想

第一帝国秦汉时代很重要,前面讲过对于它的重要性以前有过争议。孔子乃至孔孟以后的儒家传统一直认为,周秦之变很重要。孔子说"殷因于夏礼,所损益可知也。周因于殷礼,所损益可知也",而如今则是"礼崩乐坏"。"三代"为盛世,此后则求"小康"而不可得,这是儒者主流的看法。到了晚清民国之际曾经有过一段时间人们好像不以为然,认为殷周的变化更大,但是,现在这种说法已经式微,又回归原来的说法了。因此,我们还是相信中国变革莫剧于周秦之际,除了我们当代面临的变革以外。

第一节　对周秦之变的评价

即使人们都承认这个时期发生了很大的变革,然而无论就事实判断还是价值判断,在承认这段时间社会发生了剧变的人们中间,也有很多不同甚至截然相反的判断。

不说别的,就政治立场而言,在当时很多方面都比较接近的人中,对周秦之变的判断也往往是截然相反的。比如晚清的康有为和谭嗣同,这两个人是戊戌变法时期的"战友",谭嗣同"绝命诗"讲"去留肝胆两昆仑",他自认为两人(或者去留的两拨人)是肝胆相照的。但是他们对秦汉开创的时代,评价几乎截然相反。

在戊戌变法以前,谭嗣同的观点是"二千年来之政,秦政也,皆大盗也",说秦以后就是强盗政治,秦以前中国还是一个比较君子的时代。"二千年来之学,荀学也,皆乡愿也。"[1]什么叫"乡愿"呢?

---

[1] 谭嗣同著,加润国选注:《仁学——谭嗣同集》,沈阳:辽宁人民出版社,1994年,第70页。

大家都知道《孟子》中经常提到乡愿，而且孟子认为乡愿是最坏的一种人。❶这个"乡愿"，当时是作为"乡绅"的对立面而言。所谓"乡绅"就是正直知识分子，比较有自己的价值追求。荀子说这种人应该是"从道不从君"❷。即我们有我们的道德标准，我们不是以君主的好恶作为标准的。我们遵循自己的道德标准，并不盲目服从君主，一旦君主无道，我们当然可以起来反对他。

而至少在思孟学派❸看来，荀子这一派的人，就是没有自己的道德立场，上面左他也左，上面右他也右，"墙头草两边倒"，缺乏自己的独立人格，趋炎附势，完全是一种奴才式的人。这些人叫作"乡愿"。如果按照谭嗣同的说法，秦以后简直就糟透了，政治变成了强盗政治，做学问的人变成了御用文人——就是那种揣摩上意，趋炎附势，上面想听什么就说什么，完全没有自己立场的人。而且这两者互相利用，按照他的话说："惟大盗利用乡愿，惟乡愿工媚大盗，二者交相资"❹，于是就把孔孟的这些精神彻底给颠覆了。

康有为应该说是谭嗣同的老师，也是戊戌变法时候的同道。十几年以后，康有为曾在民国初年讲了一番话，几乎和谭嗣同讲的完全相反。按照康有为的说法，秦汉以前是一个封建社会，也就是人有贵贱之分，有些人是贵族，有些人是贱人，总而言之那个时候是有身份等级之分的，秦汉最明显的标志就是废封建。

> 吾中国自汉世已去封建，人人平等，皆可起布衣而为卿相。

---

❶ 例如，孟子说："阉然媚于世也者，是乡原也"（"原"通"愿"）；"同乎流俗，合乎污世"；"恶乡原，恐其乱德也"，见《孟子·尽心下》。

❷ 《荀子·臣道》《荀子·子道》。

❸ 《韩非子·显学》："故孔、墨之后，儒分为八，墨离为三，取舍相反不同，而皆自谓真孔墨。"《史记》卷74《孟子荀卿列传》说，孟子"受业子思（孔伋，孔子之孙）之门人"。《荀子·非十二子》："子思唱之，孟轲和之，……是则子思、孟轲之罪也。"因此，后世将子思、孟子这一支儒学流派称为"思孟学派"。

❹ 谭嗣同著，加润国选注：《仁学——谭嗣同集》，第70页。

虽有封爵，只同虚衔；虽有章服，只等徽章；刑讯到案，则亲王宰相与民同罪；租税至薄，今乃至取民千分之一；贵贱同之，乡民除纳税诉讼外，与长吏无关；除一二仪饰，黄红龙凤之属，稍示等威，其余一切，皆听民之自由。凡人身自由，营业自由，所有权自由，集会、言论、出版、信教自由，吾皆行之久矣。近者疍丐、乐户、倡优、皂隶，并与解除，奴婢亦禁买卖矣；专制之朝，龙凤黄红仪饰之等，又皆免除矣。法大革命后，所得自由、平等之权利，凡二千余条，何一非吾国人民所固有、且最先有乎？❶

大家知道，此"封建"的概念跟我们后来讲的"封建社会"，完全是两回事。我们后来讲的封建社会是按照意识形态的说法，说这个社会存在着地主，地主剥削佃户，租佃关系很发达，这就叫"封建社会"。反封建要搞土地改革，废除租佃制。古汉语中的"封建"则完全是另外一个意思，指的就是"封邦建国"。那时社会上有很多领主，每个领主都有自己的依附者，八百诸侯、万国来朝，天下不太统一。每个诸侯国当然都是各有其主，诸侯下面都有家臣、国人。

欧洲的中世纪，我们也把它翻译成"封建"，实际上就是feudalism，feudalism在这一点上倒真是和古汉语讲的那种状态有点相似。欧洲中世纪有一句谚语，叫作"没有一个人没有主人"，当然反过来说，对主人也是这样，"没有一个主人没有附庸"。或者对于附庸来讲，所有的人都有主人；对于主人来讲，所有的人都有附庸。也就是说欧洲中世纪是一个有很多主人，每个主人各拥有一批附庸的那样一个时代。其实中国封邦建国的周代也是这样。

可是按照康有为的说法，秦汉以后就不是这样了。贵族制、封建制

---

❶ 康有为：《中华救国论》，《不忍》第1册，1913年，第16—17页。其实，民国之前，康即有此论："吾国久废封建，自由平等已二千年，与法之十万贵族压制平民，事既不类，倡革命、言压制者，已类于无病而学呻矣。"明夷（康有为号）：《法国革命史论》，载《新民丛报》第4年第13号，1905年，第24—25页。

被取消了,变成了大一统的专制帝国,皇帝以下所有的人都平等,都是臣民。因此他说"自秦汉已废封建,人人平等,皆可起布衣而为卿相"。❶这的确是秦汉以后的不同点,秦汉以前号称世卿世禄,权力需要有家世渊源,贵族掌权。到了秦汉以后贵族制就变成了官僚制。所谓"官僚",就是皇上喜欢就可以提拔,不喜欢就可以罢黜。用我们今天的话讲,就叫作"国家雇员",既然是雇员了,我可以用,也可以不用,这完全和以前的贵族不一样。"皆可起布衣而为卿相,虽有封爵,只同虚衔;虽有章服,只等徽章;刑讯到案,则亲王宰相与民同罪"等等,他讲了很多秦汉之后如何如何平等。最后讲到什么地步呢?说除了皇帝要管的地方以外,其他一切听民自由,凡人身自由,营业自由,所有权自由,集会、言论、出版、信教自由,秦汉以后都有了。法国大革命所得自由平等之权利,凡两千余条,所有的我们以前都有了,而且都是秦始皇带给我们的。同样都是对秦汉开创的时代,怎么会有这么大的评价差异呢?

其实这种差异是一个价值立场,就事实判断而言,很多人都认为发生的变化事实是一样的,只是有的人认为这是好事,有的人认为这是坏事。对同样的事实判断,人们可以得出不同的价值评判,或者说即便同样的价值评判,人们也可以基于截然相反的事实。大家知道毛泽东对秦制也是高度评价的,在这一点上他和康有为是一样的,都认为秦始皇了不得,是千古一帝。❷毛泽东与康有为一样对秦始皇评价很高,但是他们的理由是截然不同的。康有为看到的秦制好就好在实现

---

❶ 与前引文字略有不同,可能版本有异,参见钱基博:《现代中国文学史》,上海:上海书店出版社,2004年,第264页。"自秦汉"更为准确。

❷ 这从1973年8月5日毛泽东发表的《七律·读〈封建论〉呈郭老》可见一斑:"劝君少骂秦始皇,焚坑事业要商量。祖龙魂死秦犹在,孔学名高实秕糠。百代都行秦政法,十批不是好文章。熟读唐人封建论,莫从子厚返文王。"中共中央文献研究室编:《毛泽东年谱(1949—1976)》第6卷,北京:中央文献出版社,2013年,第490页。毛泽东曾多次称颂秦始皇比孔子伟大,还提出要"马克思与秦始皇结合起来",参见:胡松涛:《秦始皇加马克思》,载《毛泽东影响中国的88个关键词》,北京:中国青年出版社,2016年,第261—264页。

了所谓自由平等,和法国大革命以后的情况差不多。到底是不是,我们姑且不论。毛泽东欣赏秦始皇,欣赏什么呢?欣赏秦始皇敢于搞"先进阶级专政"和"镇压反革命"。康有为也欣赏秦始皇,欣赏秦始皇搞的自由平等,而毛泽东恰恰相反,他欣赏的是秦始皇的"革命专政"。而这又恰恰是谭嗣同最反感的。可见,同样欣赏秦始皇的两人,欣赏的理由相反。而同样看到这一理由的两人,却一个因此欣赏,一个因此厌恶。

我们看到一个很有趣的现象,同样的事实判断可以得出截然不同的价值判断;同样的价值判断,也可以依据好像是截然相反的事实。但是我们可以想一下这些截然不同的东西,是不是背后也有一些共同性呢?讲得简单一点,康有为说秦始皇开创了一个自由平等的时代,而谭嗣同说秦始皇开创的是一个暴力的时代,或者说是一个强盗的时代。这两者是不是同一件事的两个方面呢?我们可以设想在先秦所谓封建时代,它的主要特征就是社会上有很多主人或者说是领主、封建主,或者说是"小邦君"。每个主人都有自己的一批依附者,显然这个主人是贵的,依附者是贱的,这个时候是有等级制的,是有尊卑之分的。而秦制的确做到一件事情,就是把所有的领主都给消灭了(至少理论上如此),把领主制变成了官僚制。

从秦始皇以后,可以这样讲,贵族和平民的差异性缩小。即使不能说完全消失,但至少是贵族下降了,以后的贵族也不是原来意义上那种贵族。所有人都成了皇帝的奴才,奴才有时甚至成了一种资格。比如像清朝,在现存清宫档案中有大量的奏折,谁能够对皇帝自称"奴才",这是要有规定的。一般的汉族大臣向皇帝上奏,只能说"臣某某",比如林则徐,他就要说"臣林则徐启奏皇帝陛下",只有满族亲贵琦善、穆彰阿这些人,他们给皇帝上奏才可以说"奴才琦善启奏皇帝陛下""奴才穆彰阿启奏皇帝陛下",敢称"家奴"者一定是满人而且是关系很亲密的人,不是谁想当奴才都可以当上的。如果不是满族亲贵,哪怕像林则徐那样官至正二品，即使是颇受重视，也颇有权力的人，也不配当"奴才"。能够当奴才，那要有一定的资格。不是满族人，要当奴才，人家还不认，你只能当臣。的确可以说，从皇帝之下皆奴才这一点讲，是平等了。

秦汉以后的制度基本上就是以官僚制取代了贵族制，这一点是比较明显的。把周代所谓的"天有十日，人有十等"（语出《左传·昭公七年》）那样一种贵贱分层的制度变成了一种"尔等皆为奴"这样的制度。从这个角度讲，说实现了一种"平等"，至少相对而言比以前毫无疑问是平等了。虽然彼是一个宰相，尔是一个引车卖浆者流，至少在一点上是平等的，那就是皇帝要杀你和杀他是一样的，想杀就杀了，没有什么两样。皇帝要提拔谁也没有人能阻拦，比如百里奚、吕蒙正，皇上一旦看重，就可以做到"布衣卿相"。

但是这样的一种平等，是使大家都变成贵族了，还是使大家都变成附庸了呢？答案应该是明摆着的。我觉得康有为的说法最大的问题，大概就在于这一点。法国大革命所追求的平等，是秦始皇治下那个样子的平等吗？是追求皇帝不管对宰相还是引车卖浆者流都想杀就杀，想赏就赏的这种平等吗？当然不是。秦始皇所要追求的无非就是把所有的人都变成他的奴才，在这一点上是没有贵贱之分的。秦制使人无尊卑，都隶属于"大盗"，在这一点上讲，是很"平等"的。

可以说秦制的成功也在这里，如果没有这样的"平等"，它就不可能有强大的对人力、物力的动员能力，先秦时代哪一个领主能够做到？每一个领主只能调动依附于自己很少的人，可是秦始皇就不同了。最直观的，就是周王陵与秦始皇陵相差悬殊。周王陵规模小到难以辨认，而始皇陵仅一个兵马俑坑就号称"世界第八奇迹"。统一至秦亡不过十余年，长城、始皇陵、阿房宫这些重点工程一个接一个，动辄70万人、50万人齐上阵，什么人间奇迹都可以创造出来。这的确是前无古人的本事。

在诸侯时代，小领主和自己的附庸往往是有直接的人际关系，是互相认识的,有直接交往的,甚至是有血缘关系的。比如河北出土的一件兵器上刻有一个家族世系,一共四代20人的名字被记录在上面。它毫无疑问是个熟人社会,主人和自己的附庸之间是一种小共同体的依附关系。可是到了秦始皇时代就不是这样。

西周时期,按照周制,即所谓封建制,虽然周天子不认识下面一班臣民,实际上他也管不到下面的一班臣民,下面的一班臣民有自己的领主,领主又有上一级的领主。庶人之上有士,士之上有大夫,大夫之上有诸侯,诸侯之上是周天子,是一种身份性的即固定的等级关系,下两层的人是不可能越级与上面的人发生联系的。

周天子当然不可能认识庶人,但至少在理论上,他应该是认得诸侯的,因为这些诸侯,从理论上来讲,都是西周宗法制度中的大宗和小宗之间的关系,相当于一个大家庭内的嫡长子和其他兄弟,或者类似于父子这样的关系。同理,诸侯一般都是认得卿大夫的,一直下来,每个人和他的主人之间都有一种比较固定的附庸关系。

可是秦始皇他怎么能认得全国人民呢?他也没有办法直接管理全国几千万臣民。因此所谓的秦制,它和封建制真正的区别在哪里呢?封建制是很多的主人各自管束着自己的属下附庸,而且附庸至少在理论上是固定的,是一种长时期相对稳定的人际关系。而秦始皇有无数的附庸,他根本认不得也管不过来,因此他只能用一些他看中(提拔)的奴才去管理其他奴才❶。理论上讲,这些人都是秦始皇的奴才,从宰相到农民,对于皇帝而言都是臣下之奴,没有什么本质区别。只不过

---

❶ 本文这里用"奴才"一词指事实上的人身隶属关系,与常识中的"奴隶"(不是史学理论中"奴隶社会"定义的"奴隶")同义,而不带褒贬之别。这是因为在古语中"奴隶"比"奴才"更具贬义,所以清代满官对皇帝自称奴才而绝不称奴隶。但是现代受"奴隶社会"理论影响,"奴隶"作为"被剥削被压迫者"享有同情,"奴才"变得更具贬义。但秦制下的"君臣"关系原则上就是主奴关系,至少在法家看来,臣民中只有受宠与否之别,作为皇上之奴身份上是"平等"的,即所谓"编户齐民",不应有褒贬之分。本文为表述方便都用"奴才"称之。

宰相受宠，皇帝给他很大的权力。

秦制的"好处"就是通过这样一种办法，可以实现中央集权，可以有很强的对人力、物力的调配能力。但是，我们通常从人之常情讲，受宠的奴才管理不受宠的奴才，往往要比主人亲自管理奴才更糟糕，对奴才的怜惜和照顾的程度恐怕要更差。因为道理很简单，就算奴才不具人格只被视为财产，而个人的奴才不管怎么样，"产权明晰"是你自己的，这个所有权是很清楚的。比如你有一匹马，这一匹马既然是你的，你总不会无缘无故把它虐待死，杀了它对你有什么好处？你的"财产"不就损失了吗？大家都知道"兔子不吃窝边草"这个道理，那是因为窝边草是它自己的，它更愿意去吃别人的草。

但是受宠的奴才不太可能对不受宠的奴才产生一种"己物"爱惜照顾之心。因为他们本来就是陌生人，没有什么依附关系，这些人不是他自己的人，而是皇帝的人，他本人也是皇帝的人。对于他来讲，最重要的是怎么能够巩固皇帝对自己的宠爱，而不是怎么争取更多的人依附于自己——像我们经常讲的招降纳叛，吸引更多的人来投奔自己——在秦制下这可是大忌，要杀头的。

秦以前不是这样的，秦以前每个领主都要标榜他对下面很不错，然后才会有"良好口碑"，使很多人投奔他。所谓"毛遂自荐""冯谖弹铗"就是这种口碑。因为，首先他们处于熟人社会；其次，持久依附关系要考虑长期性；第三，隶属关系边界比较明确。如果反之，那就会造成一种现象，受宠的奴才整不受宠的奴才往往比主人整奴才还要凶狠，他们有狐假虎威之横暴，而无损及己物之顾惜。这种现象应该说是人之常情，即使在官僚制内部也有这样的现象。

在秦以后的历史中，被士大夫最痛恨的是什么人？就是宦官。为什么宦官最遭痛恨？因为宦官是皇帝身边的人，的确是比一般的官僚更可能得宠的奴才。皇帝与宦官接触最多，往往很信任宦官，所以他们最得宠，或者说最容易得宠，最有机会得宠。而皇帝如果给宦官赋予很大的权力，让他去管理他人，宦官的残暴往往比朝官更甚。

这是因为与朝官相比，他更是名副其实的受宠奴才。取得皇帝的宠信是他唯一的目标。如果说朝官还略微顾及考虑一些别的因素，宦官因自身的条件限制除了"争宠"没有其他了。宦官用以前阶级分析的方法可以说基本上都是出身"苦大仇深的老贫农"，绝不可能是贵族出身——哪一个贵族会愿意"净身"自宫为奴？秦始皇宠信的赵高，现在有人考证说他不是阉奴，至少没被阉净。❶但是他出身"世世卑贱"❷是史有明载，从无争议的。

然而无论出身如何卑贱，宦官一旦被皇帝宠信，权倾一时，就常常会忘乎所以，做出一些糟糕透顶的事。对此，当然不能用"阶级分析"说事：因为他们是穷苦出身，就会为穷人维权。宦官如此，朝官亦然，程度不同而已。"布衣卿相"绝不是"代表布衣的卿相"。从常识判断，皇权爪牙对无缘皇宠的百姓（"布衣卿相"对一般的"布衣"），比贵族对自己的附庸更无情，这不说是规律，也应是大概率现象。

我们可以说，谭嗣同讲的暴力或者说是"大盗"之制，和康有为讲的"平等"，用官僚制取代贵族制后的这样一种结构，也就是说用受宠的奴才管理不受宠的奴才这样一种制度——就是同一事物的两面。皇权之下，大家都是奴才，"朝为田舍郎，暮登天子堂"❸，这是好的说法；"朝为座上宾，暮成阶下囚"，这是坏的说法。朝贱暮贵者有之，朝不保夕者有之。但是两者都一样，个人的命运是完全托之于皇权的，不像欧洲中世纪的贵族，包括先秦时代的那些贵族，甚至也不像我国历史上汉族以外少数民族地区的那些世袭土司，官僚群体没有自己的领地、属民和其他独立依凭。"君要臣死，臣不得不死"，"平等"与"大盗"，都是这么一回事。

---

❶ 李开元：《说赵高不是宦阉》，载《史学月刊》2007年第8期。
❷ 《史记》卷88《蒙恬列传》，北京：中华书局，1982年标点本第2版，第2566页。
❸ 杨梓：《承明殿霍光鬼谏》，载关汉卿等撰，宁希元、宁恢校点：《元刊杂剧三十种新校》，南京：凤凰出版社，2023年，第409页。

第二节　周秦之变何以名之

像这样一种变化，显然是从所谓的封建演变而来的。这种封建我们把它叫什么？古汉语中的"封建"，在1949年以后我们就经常把它叫作"奴隶社会"，我们一般讲西周宗法制是奴隶社会；到了"废封建、立郡县"以后，我们反而说那是进入了"封建社会"。这个用词可以说和古汉语中的用法是截然相反的。古汉语讲的"封建"，肯定不可能有中央集权和皇帝专制，有君主专制就不是"封建"，反过来讲，有"封建"，就不可能有君主专制。所以说，我们后来讲的所谓"封建社会"和古汉语中讲的"封建"完全是两回事，甚至是相反的。但古汉语讲的先秦时代，或者说周秦之变所要变的那套东西，到底是什么呢？

从晚清以来，很多人给这种社会形态或"阶段"加了各种各样的名称，比如梁启超先生认为，周秦之变就是从"封建时代"到"统一时代"，或者从"贵族时代"到"无阶级时代"。[1]原来是有贵族和平民的区别，现在没有了，所有人都成了皇帝之下的"走卒"，所以叫作"无阶级时代"。所谓"无阶级"，在政治上他们都是皇帝的臣民、奴婢。严复说先秦时代是一个"宗法社会"，那个时候主人就像家长，附庸就像家属，彼此之间有一种温情笼罩的血缘情感关系。可是后来就顾不得温情了，因为春秋战国要打仗，打仗就得靠严刑峻法，就得集中人力物力统一调配。这个国家就得有最强的控制和汲取能力，把整个国家凝聚起来，就逐渐变向"军国社会"。

这里讲一下"军国"一词的演变。自从日本和中国打仗了以后，"军国主义"成了一个贬义词，我们经常讲日本军国主义者如何如何。可

---

[1] 梁启超：《论中国与欧洲国体异同》（1899年），载《梁启超全集》，北京：北京出版社，1999年，第312—315页。

是在晚清后，曾经有很长一个时期，军国主义，是一个褒义词。当时有识之士尤其是从日本的明治维新中看到一些中国应该学习的方面，这些人往往张口闭口都把军国社会当作他们追求的目标。"军国社会是我们的未来"，很多人都是这样说的。❶ 后来日本人打我们了，当然就是另外一回事，但是在此之前"军国社会"是中国人羡慕的。因此，严复说这样一种变化是宗法社会向军国社会的演变。❷

　　陶希圣是蒋介石的笔杆子，是国民党的主要理论家、改组派历史学家。其实国民党的理论很大程度也是受到马克思主义影响的，因为他们都是革命党，而且也曾经"以俄为师"。当时这些说法都是很流行的，在国民党中也很盛行。陶希圣讲社会形态的演变，说先秦时期是贵族的封建制度，到了秦以后就不是封建制度，可以统称为"前资本主义"。因为按照古汉语的说法，秦始皇肯定是废封建。废了封建以后怎么样呢？如果按照康有为的说法，几乎已经是资本主义了。因为人人平等，甚至是法国大革命以后的那种状况，好像就和秦始皇那个时候的状态差不多。但是陶希圣当然不这样看，陶希圣看到秦以后不是封建社会，也不像康有为讲的那样就是资本主义，因此他起了一个名字，叫作"前资本主义"官僚制，他说这既不是封建社会，也不是资

---

❶ 严复就曾提出中国需要"沛然变为军国之制，而文明国家以兴"，见严复：《政治讲义》，载《严复集》第5册，北京：中华书局，1986年，第1265页。再如，著名学者刘文典（1897—1958，字叔雅）民初就曾在陈独秀主编的《新青年》上撰文鼓吹德意志式的军国主义。刘叔雅：《军国主义》，载《新青年》第2卷第3号，1916年11月1日。关于新文化运动时期国内对军国主义的推崇，可参阅毛明超：《早期〈新青年〉杂志中的德国想象》，载《中共党史研究》2019年第11期。"一战"后追求和平成为一种世界潮流，国内有声讨军国主义者，但仍有人主张军国主义，可参阅［英］方德万（Hans J. van de Ven）著，胡允桓译：《中国的民族主义和战争（1925—1945）》，北京：生活·读书·新知三联书店，2007年，第79—86页。

❷ 严复：《〈社会通诠〉译者序》，载甄克思著，严复译：《社会通诠》，上海：商务印书馆，1917年，"译者序"，第1—2页。

本主义社会。❶

　　这里我们可以看到，即使像陶希圣那样的国民党理论家，还是有很浓的社会发展阶段论的意识。他总认为封建社会和资本主义社会两者好像有某种承继关系。如果有一个既非这也非那的，好像就没有恰当的别的名称，要叫作"前资本主义"。"前资本主义"似乎在他的语境中，就是已经离开了封建社会，但是又没有进入资本主义社会。只不过这个过渡期怎么会长达两千多年，就成了一个很大的疑问。这也是后来人们总要讨论中国古代资本主义萌芽为什么"萌而不发"、不能成长的原因之所在，其实这种命题是国共两党当时共同面临的解释难点。

　　而郭沫若则把西周那样一种制度说成是奴隶制。那时"五种社会形态"之说兴盛，一讲"奴隶社会"就联想到古罗马。记得那时有个电影《屈原》，就有模仿古罗马"奴隶角斗"的场面。郭沫若自然知道那时的中国不会有这种东西，为了解释中国的"奴隶制"不同于西方，他认为这种奴隶制的特点是宗族奴隶制，也就是血缘起的作用很大。比如周灭殷后，"殷民七族""怀姓九宗"被征服受奴役，在他看来这就是奴隶制了。这种说法把族群之间的征服都看成奴隶制，如果按此逻辑，英国征服了印度岂不是英印都变成"奴隶社会"，英国人都是"奴隶主"，印度人都是"奴隶"？可见生搬硬套"社会形态"的问题之大。

　　不过，至少郭沫若也看到西周社会的血缘共同体性质，他说这是宗族奴隶制，废除了这种奴隶制（亦即去宗族化、"编户齐民"化），按照他的说法就是封建制了。当然郭沫若是所谓"战国封建论"者，强调春秋战国之交礼崩乐坏就是社会形态的转变，春秋可能还是周的东西多一点，到了战国越来越向秦靠拢，因此他认为到了战国就是封建社会了，到了秦当然就更不用说，那是第一个"封建王朝"。郭沫若

---

❶ 陶希圣：《中国社会之史的分析（外一种：婚姻与家族）》，北京：商务印书馆，2015年。

说周秦之变是宗族奴隶制到封建制的演变。

范文澜先生则相反，他是"西周封建论"者，他认为西周就已经是封建社会。❶ 这一点很可能是因为西周的分封制和中世纪欧洲的"封建"（feudalism）确有类似之处，都是由领主和他的附庸构成的，有很多领主，每个领主各有自己的附庸，而且有层层的分封。现在我们翻译西方中世纪的概念，经常用中国先秦时代的公、侯、伯、子、男这些称呼，尽管英语中并没有这个说法。但是我们仍把 duke 翻译成公，公下面一级翻译成侯（marquess），侯下面一级翻译成伯（earl），以及子（viscount）、男（baron）等等。那是因为按《周礼》的说法，西周的时候就有这样一套天子下面是公、侯、伯、子、男"五等爵"的制度。当然正如我后面要说的，《周礼》是后人宣传中央集权的作品，实际上并非真正的周制。甚至欧洲中世纪也没有真正规范化的"五等爵"。但这仍然反映了人们以西周"封建"对应欧洲中世纪的观念。

因此以范文澜为代表的一派学者说，西周就是"封建社会"。但范文澜也看到西周的制度和秦汉的制度区别还是非常大的，所以他说西周是"宗族领主"的封建制，到了秦汉就是所谓地主的封建制。也就是说虽然西周与秦汉都是封建，但是他很强调西周的封建是以宗族或者宗法制度为基础，到了秦汉就完全不一样了。

这是西周封建论的说法，当时还有魏晋封建论。在当时的"古史分期"讨论中，把中国的"封建社会"说得最晚的就是魏晋封建论，郭沫若居中，是战国封建论，范文澜更早，是西周封建论。持"魏晋封建论"的代表人物是尚钺先生（1902—1982），字健庵，是中国人民大学历史系的开创者，也是中国共产党的一位元老学者。尚钺先生认为，曹魏才是真正封建的开始。这就是我前面讲到的，人们往往也把"汉魏之变"理解得很深刻，认为好像"五胡入华"就相当于罗马帝国

---

❶ 参见詹子庆主编：《中国古代史参考资料》，北京：高等教育出版社，1987年，第485—487页。

灭亡那个时代的"蛮族"入侵。这一点上"魏晋封建论"和"西周封建论"是很类似的，他们都很强调"蛮族"征服。只不过魏晋封建论者把五胡十六国时代的五胡当作带来封建制的"蛮族"，而西周封建论者把周族当作带来封建制的"蛮族"，周族征服殷，他们认为是"蛮族"征服。而尚钺先生认为匈奴、羯、氐、羌、鲜卑这些人征服中原王朝，才是"蛮族"征服。

在尚钺看来，秦汉时代才像罗马帝国一样，是真正的奴隶社会。实际上真正的奴隶，有明确主人的、可以买卖的、完全被物化的奴隶，秦汉时代倒真是比先秦时代多得多。因此持尚钺这种观点的人把秦汉叫作奴隶社会。这里我要讲，即使把中国先秦说成是奴隶社会，它也的确完全不同于古希腊－罗马时代那种情况，就是存在着作为自然人（而不是族群）的奴隶主，而"产权明晰"的奴隶也是像商品买卖一样，从市场上可以买来。像这样的状态，中国在先秦时代肯定是没有的，在秦以后也不是说有多发达，但确实比先秦更多。

前述那部电影《屈原》，因为当时官方认可的郭沫若学派坚持楚国是奴隶社会，影片就安排了像罗马角斗士那样的表演，其实这是非常荒唐的。中国先秦时代不管是什么"社会"，肯定不是希腊－罗马那个样子。但是到了秦汉的确是有了更多的奴隶（官私奴婢）买卖，秦代那些大规模的国家"重点工程"（长城、阿房宫、骊山墓等）役使巨量无自由的劳改犯（刑徒）的现象更是西周从未有的。尽管不可能造成所谓"奴隶劳动"超过小农劳动成为"主要生产方式"的状态，但西周和"三代"的族群式生产就更谈不上"小农"了。所以尚钺先生认为西周比"奴隶社会"更落后，其时处于氏族社会末期。那时的血缘关系，他把它叫作"氏族"。到了秦汉时代，才算是真正的奴隶社会了。❶

显然，所有这些学者尽管"分期"的节点不同，但都受"五种社会形态说"的影响，以希腊－罗马社会作为参考的范本。现在我并不

---

❶ 关于魏晋封建论，参见詹子庆主编：《中国古代史参考资料》，第489—490页。

认为所有这些人讲的哪一个就是全对，也不想再用这种"五阶段"来套中国历史。但是我注意到一个很有趣的现象，什么现象呢？所有上述说法都很重视周秦之变在历史发展上有一个很重要的特征，不管把这个特征叫作奴隶制还是封建制，抑或氏族社会。他们都描绘了一个共同点，这可能是一个事实，因为所有人都承认这一点，那就是西周族群社会到秦汉编户齐民的演变，这的确是一个不同于此前时期的重大变化。以什么名称命名这种变化、以什么理论解释这种变化，可以暂且不论，但发生了这种变化是所有人公认的。

在先秦时期，不管我们怎么去判断"族"，说它是奴隶社会的"贵族"，说它是原始社会的"氏族"，说它是封建社会的"宗族"，不管怎么说，当时一个最明显的事实是，无论统治者还是被统治者，人们都生活在"殷民七族""怀姓九宗"之类的群体中，"宗""族"血缘共同体，是社会的基本组织形式，与秦以后那种非"宗"非"族"的社会有显著的差别，这一点是没有什么问题的。

第三节　周制的特征

之前已经指出秦汉第一帝国是在周秦之变的演进过程中产生的。作为周秦之变的起点，就是所谓的周制，它的特征是什么？在社会形态讨论中，很多人给它加了各种名称，诸如"氏族社会末期""奴隶社会""领主封建制"等等。关于这些我们抛开不论。我们讲周制在后人的印象中，往往被理解为是一个以血缘关系为基础、比较"伦理化"的社会。

孟子所讲的理想社会，实际上也就是他认为的周制，"人人亲其亲、长其长，而天下平"❶。所有人都尊重自己的家长，都亲近自己的

---

❶《孟子·离娄上》，"人人亲其亲，长其长"，即人各"亲其亲，长其长"。

亲人，这个"长幼有序"的天下就是温情脉脉的、一个非常伦理化的天下。

《左传》中有一句话，可以了解当时的国家是怎么一回事："率其宗氏，辑其分族，将其类丑"❶。当然，那个时候没有国家这个词。先秦古语中的"国"不是指一片领土，就是指一个居民点。讲得简单一点，所谓"国"就是一个城，或者用我们今天的话来讲，实际上就是首都的意思。住在"国"中的人就叫作国人，所谓"国人"并不是国民的意思，而是住在首都的人。这些人往往是组织在一个比较小的族群里，本身就是一个统治族群。按照一般的说法，西周在确立了它的统治地位以后，便分封自己的子弟。被分封的人就带领他的一帮宗族跑到一个地方建立一个据点，就是我们讲的"国"。据点周边被统治的地区叫作"野"，那里居住着与"国人"不同的"野人"。这些"野人"就依附于"国人"，需要向后者纳贡，向后者称臣，这样就形成了一个体制。

今天学术界对于这种族群有氏族、宗族、大家族等定性之争。但是这种国家建构，一个很明显的特征就是血缘色彩很浓。另外，国人的交往半径比较小，简单来说，它是一个小共同体。国人这个团体中，存在有比较多的人际交往。当然"国人"本身也是有等级的，理论上，周天子和诸侯构成了一个家庭，周天子是家长，诸侯是家属。然后诸侯又跟他下面的卿大夫构成了一个家庭，诸侯是家长，卿大夫是家属。卿大夫又跟更下一层的士构成了一个家庭……，这样层层延续下来。这种体系是依靠血缘或者是拟血缘原则组织起来的。所谓"拟血缘"，就是说没有真正的血缘关系，但即使不是亲父子，也是比拟于父子、按照血缘族群的原则组织起来的。

这里宗族亲情和与亲情有关的父权构成了一种伦理关系，起着很重要的作用。至少在人们观念中，那个时候周天子、诸侯、卿大夫一

---

❶ 《左传·定公四年》。

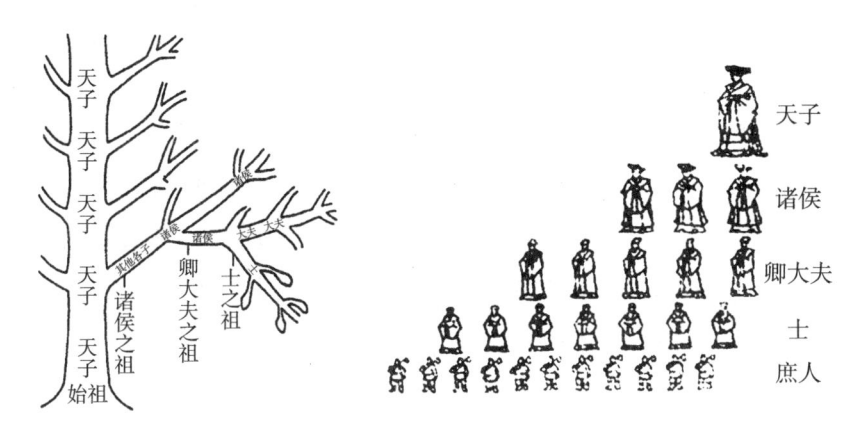

周代贵族结构

直到士的层层分封，实际上相当于一个大家族的辈分、长幼、嫡庶这种序列。天子是天下共尊，但是天子的这种共尊主要是一种伦理意义上的共尊，并不具有科层化的行政权力机构。这怎么解释呢？实际上天子相当于一个家长，诸侯相当于家属。当然一方面家属必须听家长的，另外一方面家长对家属存在着一种不能甩掉的关系，说白了，他不能随意任免诸侯及诸侯的家臣，这也是贵族制和官僚制的最大区别。

官僚制下，官员就是君主的雇员，是可以任免的。大家看过《韩非子》就会知道，韩非子把国君和官僚的关系比拟为主人和长工的关系。一个长工给主人干活，他干得好，主人就给他赏赐多，干得不好就赏赐少，就是这么一种雇佣关系。❶ 而且他讲得很清楚，"人臣之于其君，非有骨肉之亲也，缚于势而不得不事也"。❷ 君臣之间没有什么骨肉（亲情）关系。但是父子之间就不是这样，大家都知道父亲是高

---

❶ 《韩非子》多次提及君主应对臣民善使赏罚权柄。例如，《韩非子·二柄》："为人臣者畏诛罚而利庆赏，故人主自用其刑德，则群臣畏其威而归其利矣"；"为人臣者陈而言，君以其言授之事，专以其事责其功。功当其事，事当其言，则赏；功不当其事，事不当其言，则罚"。

❷ 《韩非子·备内》。

于儿子的，但是这跟老板和工人的关系不一样，父亲是不能解雇儿子的，这种关系他是摆脱不了的。再加上领主（诸侯）的下一层也是这样，因此不存在像后世的那种皇帝可以一级级任免官僚，组成一个科层化的行政体制，当时是没有这种权力结构的。有些人说秦始皇统一不是最早的统一，说夏就统一了，甚至有人说黄帝就统一了，但在这种意义上，夏商周时代哪怕诸侯认天子就是天下的盟主，这个"盟主"却和秦始皇的"皇帝"有本质上的区别。

这样的一种组织形态，肯定是具有很强的伦理性，"子弟"必须尊敬"家父"，不能摆脱"家父"的束缚，也就是说近代的平等观念在那个时候是不可能有的。但是，"家父"也必须承担责任，他也不能任意任免、解雇"子弟"，也就是说"子弟"对于"家父"虽然有依附，但是并不是他的下属雇员，更不是奴仆。我们都知道这种熟人社会，尤其是亲人社会，产生伦理关系是很自然的。有人说重伦理轻制度是东方人的特点，西方人就不是这样。❶

老实说我一直很怀疑这个说法，课堂上我经常讲，即使那么重视制度的西方人，他们在家庭内也不会实行这个规则——西方从来没有人主张在家里实行民主选举父亲，也没有人主张在家里对父亲实行三权分立。道理何在？当然有可能家人太少，搞选举好像选民都不够。但是我看最重要的原因不在此，而是即使不制约父亲，一般来讲，父亲也都会爱护子女的。这不光是人，动物都是这样，叫作"虎毒不食子"，鲁迅的一句诗："知否兴风狂啸者，回眸时看小於菟"❷，说老虎对自己的虎仔还是很温情的。当然也有把子女当作自己的货物一样随便乱甩的，但毕竟是极少数。因此我觉得伦理其实是于人皆有。伦理最早的来源就是亲情，这可能也不是哪一个民族特有的，可能所有的民

---

❶ 例如费孝通先生的"差序格局"理论，费孝通：《乡土中国》，北京：北京出版社，2004年。

❷ 鲁迅：《答客诮》，载《鲁迅诗集》，长沙：湖南人民出版社，1986年，第27页。

族伦理的最终来源都是亲情，只不过从亲情中派生出很多各种各样的东西。

除了亲情以外，类似于亲情这样的一种感情发生在熟人社会中，尤其是那些长期的、不可摆脱的依附关系中。这里我要说，近代人当然对中世纪的农奴制印象很坏，因为农奴制是依附性的，农奴没有自由，不能到处乱跑，有很多很糟糕的东西。信奉自由平等的人，是不能容忍这种束缚的。但是看看很多近代的人，他们都提到中世纪有一个特点，有一层温情脉脉的家庭面纱覆盖在这种关系之上。马克思就在《共产党宣言》中写道："资产阶级撕下了罩在家庭关系上的温情脉脉的面纱，把这种关系变成了纯粹的金钱关系"；将这种关系"淹没在利己主义打算的冰水之中"；等等。意思就是说，以前人们有这种伦理关系，到了现在就很难维持了。

为什么有这种伦理关系？有的人说那是因为孟夫子讲了某一句话，说伦理很重要，伦理是人的生命，"人之所以异于禽兽者几希"❶，没有了伦理就如何如何。其实这种观点可能想得太简单了。我觉得经济学上有两个说法可以参考，一个说法叫信息对称。不要说朋友、乡亲之间，哪怕是关系不平等的主仆之间，长期相处，"路遥知马力，日久见人心"，你知道我是什么样的人，我也知道你是什么样的人。这就是经济学说的，信息对称有助于降低交易费用。讲得简单点，熟人之间容易建立起信任，一辈子打交道甚至祖祖辈辈打交道的熟人，彼此知根知底，产生信任肯定比路人要容易得多。

第二个说法叫重复博弈。持久的人际关系不是一锤子买卖，这和陌生人之间是不一样的。《沙家浜》里的阿庆嫂有句著名唱词："来的都是客，全凭嘴一张。相逢开口笑，过后不思量。"这就是陌生人打交道的逻辑。一次性的博弈通常是"零和博弈"，你输我赢甚至你死我活都可以，但是如果双方"抬头不见低头见"，知道博弈将无限重

---

❶《孟子·离娄下》。

复,那就大概率会追求"双赢",形成一种伦理关系。即便双方不平等,有长幼尊卑之别,但如果双方终生相守,甚至祖祖辈辈都得相处在一起,这个博弈就是长期的。不能做一锤子买卖,互动过程既然多次重复,肯定就要考虑长期回报,就不能一次把事情做绝了,否则很难长期相处。

因此像这样一种小共同体本位的社会,都会具有比较浓厚的伦理色彩。我这里不谈儒家理论,也不谈情感,哪怕从理性自利的"经济人"角度讲,信息对称和重复博弈也会带来马克思提到的那种"温情脉脉"。现在人们从经济学角度讲家族企业之所以有效,也是从这两个角度讲的。

但是在陌生人社会中就是另一种逻辑了。西方中世纪农奴制很邪恶,但没听说有秦制下从陈胜吴广到太平天国那种大规模民变,为什么?"天高皇帝远,民少相公多,一日三遍打,不反待如何。"元代江浙一带流行的这首著名民谣是个很好的解释。

现在很多人也引用这条民谣,但是他们的解释在我看来完全是颠倒了。他们根据西方汉学流行的"皇权不下县"之说(此说根本不通,请看下文),把这民谣解释成"皇权的有限性",认为皇权太高够不着基层,因此下面都是自治的,仿佛下面都是土司一样。说就是因为土司太多,所以造成民变。

这样解释对吗?当然不对。上面已经说了,无论西方中世纪的还是中国三代的"封建",乃至我国少数民族地区传统的土司制度,尽管种种黑暗,但恰恰是没有大规模民变的。而且这民谣说得很清楚:"天高皇帝远",是说皇帝本人高远,但皇权却并不高远,所谓"任是深山更深处,也应无计避征徭",就是因为"民少相公多"。"相公"就是皇权的爪牙,他们不是我们的主人,不是诸侯,不是领主,不是土司,也不是贵族,而是"朝廷命官",是皇上派来治我们的。糟就糟在这里:如果真没人管,那就是"桃花源"。如果皇上亲自管,或者某个小领主管,我们也有"冯谖弹铗""毛遂自荐"的机会。但落到爪牙的手里,主人又远在天边，我们就只有挨"一日三遍打"的份了。

那个时候云南是有土司的，江浙一带有吗？秦制下江浙这种"财赋重地"绝对是中央集权控制最严的，哪里有什么土司。而这里讲的"民少相公多"中"相公"指的是什么？在当时本是指俗称的太监。当然，这里指的不是真的太监，实际上讲的就是那些由于皇上宠爱而拥有权力的县太爷之类，他们本质上对皇上而言和我们是"平等"的臣民。县太爷不是我们的主人，我们也不是他的农奴，但是他比我们的主人可怕得多。县太爷治下，中国会出现大量饿死人的事，农奴制下反倒是没有这种事的。

小领主和他的附庸，一般来讲都是直接认识的，所以才会产生"士为知己者死"，才会产生冯谖、毛遂和孟尝君的故事，你对我不错，我就舍命相报。组成这样一个社会，有一个很重要的特点，人们都非常重视直接的依附关系。伦理化的表述就是"人人亲其亲，长其长，而天下平"。所以西周时代的社会，并没有中央集权，却有一定的整合力。诸侯必须尊天子，卿大夫必须尊诸侯，士必须尊卿大夫，如此类推，一直到每一个庶人都必须尊他们的领主，就是"人人亲其亲，长其长"。这句话听起来很像欧洲中世纪的一句名言："主人的主人不是我的主人"，或者反过来讲："附庸的附庸不是我的附庸。"

一　特点一：小共同体本位

这里首先要解释一下"小共同体"这个概念。马克思、滕尼斯等19世纪以来的很多思想家用"共同体"指那种近代自由市民社会以前的身份性"整体"，首先它是一种扼杀个性、束缚（保护）个体成员的存在，不同于"结社自由"的市民组织——比如农奴组成的"采邑"是小共同体，自由迁徙的"社区"就不是；同样是教会，没有信仰自由、可以审判异端的中世纪教会是"共同体"，信仰自由、政教分离的近代教会就不是；作为行业组织，限制竞争的、强制性的中世纪行会是"共同体"，自由结合的近代商会就不是；作为经济单元，农奴制庄园是"共同体"，契约结合的企业就不是；作为政治组织，人身依附的传统"会党"是"共同体"，自由结社的近代政党就不是；等等。按马克思、滕尼斯、梅因等人的看法，前近代传统社会与近现代社会的区别，就在于前者是"共同体"本位的，后者则把个人从"共同体"中解放出来，完成"从身份到契约"的转变，或者说是从"共同体"到"社会"的转变。

其次，在缺乏皇权传统的前近代西方，个人依附的主要是那些以"直接人际关系"为基础"自然形成的"的"共同体"，其中长幼、尊卑、主客（主仆）大体上互相认识，"张家长李家短"的"口传议论"（不同于陌生人之间流传的文字舆论）作用强大。在此之外马克思还提到"政治性的"共同体，即依靠专制权力把人身依附关系扩大到陌生人之间的那种现象。但是在西方历史上，除了中世纪与近代之间的过渡期有过"市民与王权联盟"性质的专制王权（所谓"绝对主义"时期），大体上是缺少这种体验的。这就是为什么滕尼斯在其名著《共同体与社会》中基本上不讨论陌生人组成的"大共同体"，韦伯甚至把取代贵族制的"官僚制"看作"近代政治"现象，而马克思常常把他讲的皇权专制体制称为"亚细亚国家"。

但实际上，皇权专制在西方不是没有，在"东方"也不是从来就有。更重要的是，以它为基础的、由大量陌生人组成的"大共同体"，虽然与滕尼斯说的"共同体"（本书称为小共同体）都是束缚个性的传统桎梏，但两者不仅有很大区别，甚至有严重的矛盾。忽视这一点，就会带来严重的误解。诸如把"封建"和"专制"混为一谈，把"民少相公多"中的"相公"要么混同于贵族或土司，要么把非贵族的皇权爪牙和韦伯所说的"官僚政治"相混淆。正确分析"周秦之变"，这是个绕不过去的重点。

在秦朝之前的"三代"社会中，我们可以看到，人们对小共同体的认同是很强的。对大共同体的认同，对天子的认同，往往只是限于诸侯层级的一种认同。孟子曾经讲过一句话，"民为贵，社稷次之，君为轻。是故得乎丘民而为天子，得乎天子为诸侯，得乎诸侯为大夫"。❶人们经常只引前一句，其实后一句更耐人寻味。孟子强调诸侯应该忠于天子，卿大夫应该忠于诸侯，士应该忠于卿大夫。最后天子应该忠于谁？他说天子应该忠于人民。因为没有再更高一级的。但是天子忠于人民，老实说在那个时代，如果缺少一种制度安排，只不过是说说而已。按康有为的说法这就是总统共和制❷，不对。因为诸侯是天子封的，但"丘民"怎么封天子？其实就算天子为丘民选举，没有民选议会为之制衡，没有对诸侯、大夫的任免机制，也不可能是现代总统制。但是天子下面的各级关系应该是可以成立的，这里头的关键是什么呢？孟子并没有强调老百姓要忠于天子。他甚至也没有强调士要忠于天子，没有强调大夫要忠于天子。大夫只要忠于诸侯。只有诸侯是要忠于天子的。那个时候并没有各国人民都忠于天子，而且为了天子，我可以"大义灭亲"，可以把我的爹给干掉，可以背叛我的直接主人，并没有这样的观念。如果有人这样做，就会被人很看不起，认为是禽兽——"异于禽兽者几希"，讲的就是这样一种状态。因此这也并非是"秦制"，倒不是因为天子代表丘民之说，而在于其体现的"我主之主非我主"规则。

因此可以看到当时的人们有这样的一种价值观：很多家臣往往是非常强调服从自己的主人，为主人可以干任何事，包括杀掉国君，这些都是很高尚的行为，被认为是很了不起的行为。例如，晋有一个大贵族叫栾氏，栾氏有一个家臣叫辛俞，栾氏在晋国失势后逃走了。晋国出了一个布告，说他的家人不能跟着走。所谓"家人"不是指他的亲人，而是他的那些门客、客卿、依附者。可是这个辛俞执意相随，结果就被抓了起来。国君问："你为什么跟他走？"他说主人就是我的国君，"三世事家，君之"，我不懂你这个国君是什么人，我只认我的

---

❶ 《孟子·尽心下》。

❷ 康有为：《共和政体论》，载汤志钧编：《康有为政论集》下册，北京：中华书局，1981年，第679页。

主人，主人现在走了，我就要跟他走，不惜犯险。这个人被认为是一个义士。❶

齐国有一个权臣叫作崔杼，有一次他跟齐庄公发生很严重的矛盾，据说是因为齐庄公偷了他的老婆。他就派家臣谋刺齐庄公。这些人把齐庄公逼在墙角，齐庄公怒斥："你们这样干怎么行呢，这不是大逆不道吗？"这些人都回答得振振有词，说："如果崔杼要杀你，那是大逆不道，因为他是你的家臣。你是诸侯，他是大夫，大夫要忠于诸侯。可是我们不是你的家臣，我们是崔杼的家臣。崔杼要我们干什么就干什么。你有什么意见，可以跟你的家臣讲。可惜崔杼现在病了，他不能来了（其实他就是躲起来了）。崔杼必须听你的，而我们呢，只知道服从崔杼，不知二命。"你是什么人，我们不管，我们只知道服从崔杼。崔杼杀你，那是大逆不道，可是我们杀你，就是义正词严，我们忠于我们的主人，何错之有。❷

在历史仍处于以氏、宗、族为社会组成单位的条件下，不管是被征服者的氏，还是征服者的族，都是抵御皇权纵向延伸的壁垒。小共同体之内实际上成了国君权力的禁区。当时政治所呈现出来的权力结构便是这样，它实际上是天子统诸侯，诸侯统大夫，最后是家长治其家这样的层级结构。因此我们可以看到当时人们的社会观念，类似我上面引的欧洲中世纪名言："附庸的附庸不是我的附庸，主子的主子不是我的主子。"刚才举的这两个例子都是这样，他们只认自己的主子，不知道什么是国君。当然那个时候不是说没有忠君的概念，那个时候"君"这个词不一定是指"国君"，当然更不是指那时还不存在的皇帝。先秦典籍中的"君"，往往指的就是"家主"。君臣当时指的是封主和封臣之间的关系。如果是亲人，自然就更不用说了。

---

❶《国语・晋语八》。
❷《左传・襄公二十五年》。

二　特点二：孝高于忠

当时的观念是"孝亲高于事君"，"亲亲高于尊尊"，这一点是很明确的。几年前出土的郭店楚简，里头有一段据说是子思的话，其中有两句是"为父绝君，不为君绝父"。❶有人把它解释为：我可以为父亲得罪君主，但是我绝不能为君主得罪父亲。这句话后来引起了一些争论，清华大学历史系的彭林老师并不认为这一句话可以做这样广义的引申，认为它仅指丧礼服制方面的一个具体规定。❷而社科院哲学所搞儒学研究的李存山则主张这种解释，他说这句话的意思是，父亲高于君主，而且在他看来这是郭店楚简中第一次发现儒家有这样的思想。❸结果这一场争论变成了两个问题的争论：首先是这句话是不是可以做这个解释，其次是如果可以做这个解释，这种思想是不是在郭店楚简中第一次看到，以前是否有其他材料能够证明这一点。

彭林不同意李存山的说法，他说这句话好像不能做这样广义的引申，对于第二个争论，彭林和其他大多数人一样，认为这种观念在当时是有的，而且绝不仅仅存在于郭店楚简中，实际上这是一个儒家所谓的"亲亲高于尊尊"的观念，很多人认为这是儒家的一个正常命题。郭店楚简中这句话，不管怎么解释，都与儒家有这种命题不构成矛盾。像战国时期齐宣王就曾经问过儒者田过："君上和父亲哪一个更重要？"（"君与父孰重？"）田过就明确讲：君"殆不如父重"。❹君上当然不如父亲重要。

---

❶ 荆门市博物馆：《郭店楚墓竹简》，北京：文物出版社，1998年，第71、188页。

❷ 彭林：《再论郭店简〈六德〉"为父绝君"及相关问题》，载《中国哲学史》2001年第2期。

❸ 李存山：《先秦儒家的政治伦理教科书——读楚简〈忠信之道〉及其他》，载《中国文化研究》1998年第4期。李存山：《再说"为父绝君"》，载《江苏社会科学》2005年第5期。

❹ 《说苑·修文》，《韩诗外传》卷七。

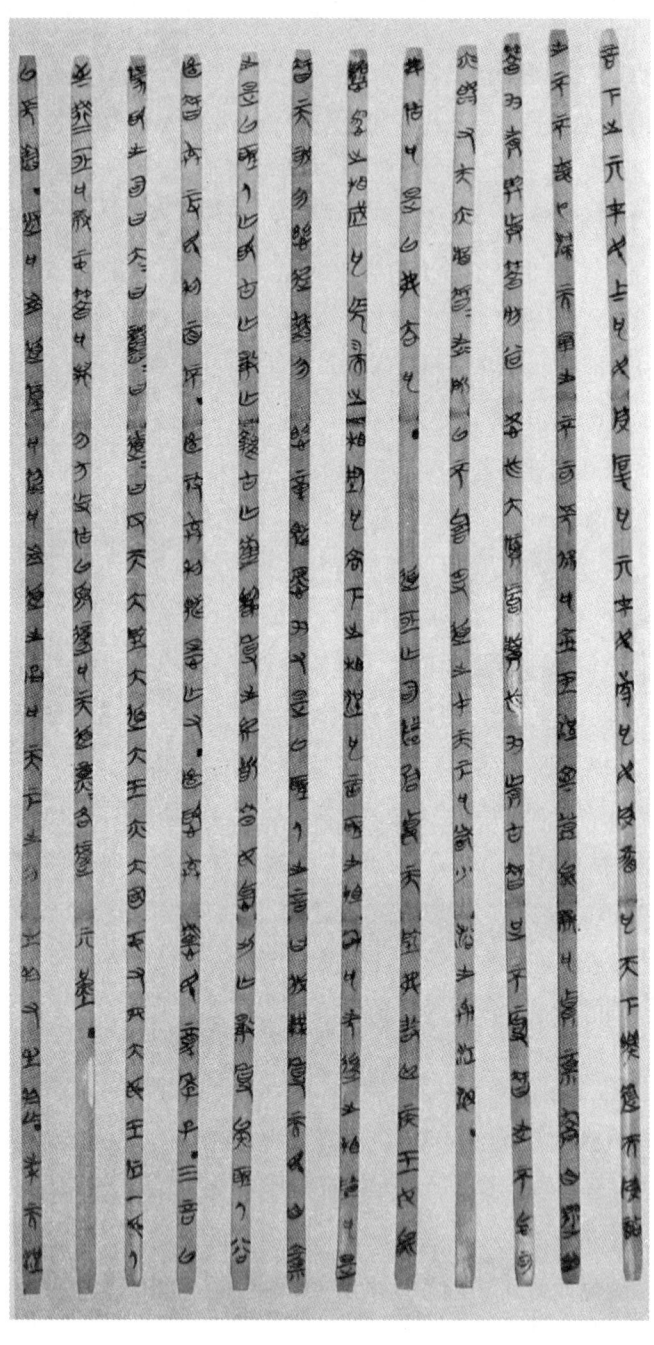

郭店楚简"为父绝君"简

推动周秦之变的法家，最为恼怒的就是这一点。按照当时的说法，韩非说关中之人在商鞅变法前是什么情况？叫作"勇于私斗，怯于公战"。❶ 什么叫"勇于私斗"呢？不是说为自己斗叫私斗，而是为自己所在的小团体，即为自己的领主，为自己的父亲打仗时就特别有积极性。但是如果为君上、为诸侯而战，他们就不太愿意。这是后来法家最不能容忍的一点。

这里有一个非常关键的问题：什么是"公"，什么是"私"？在这个问题上，可以说当时的儒家和法家有着截然对立的理解。在儒家看来，天子不是把天下给自己一家继承，而是层层分封下去，天子分封诸侯，诸侯分封大夫，大夫封给诸士……一直到庶人都各有份地，使"人人亲其亲，长其长，而天下平"。每个人都不是只顾自己，而是替自己周围的人、替自己所在的小共同体，包括小共同体的主人着想，我孝敬爹，忠于直接的主人，主人又忠于他的主人，直到陪臣忠于诸侯，诸侯忠于天子，反过来每一级主人又都保护自己的附庸。那就是"天下为公"了。

但是在法家看来，每个人不为皇帝着想那就是"私"，哪怕是杀身成仁、舍生取义、舍己为人，只要为的不是皇上，那也是私，甚至可能是更加危险的私，即所谓"亲亲则别，爱私则险"。只有每个人都为皇上坑亲杀熟，不仅把自己的一切奉献给皇上，还要把别人的一切也

---

❶ 《史记》载，商鞅变法的内容包括："有军功者，各以率受上爵；为私斗者，各以轻重被刑大小"，"行之十年"后，"民勇于公战，怯于私斗"。《史记》卷68《商君列传》，第2230—2231页。说明商鞅变法之前的情况正是"勇于私斗，怯于公战"。这一状况在《韩非子》中也多有述及。例如，《韩非子·孤愤》："是以弊主上而趋于私门者，……故主上愈卑，私门益尊。"《韩非子·显学》："夫斩首之劳不赏，而家斗之勇尊显，而索民之疾战距敌而无私斗，不可得也。"《韩非子·人主》："明主者，推功而爵禄，称能而官事，所举者必有贤，所用者必有能，贤能之士进，则私门之请止矣。夫有功者受重禄，有能者处大官，则私剑之士安得无离于私勇而疾距敌，游宦之士焉得无挠于私门而务于清洁矣？此所以聚贤能之士，而散私门之属也。"

抢过来献给皇上，那才是为公，即所谓"公战"。

而这种行为，在古儒看来才是与"公天下"最尖锐对立的"家天下"，或者用后世黄宗羲最为一针见血的话说："使天下之人不敢自私，不敢自利，以我之大私为天下之大公。"❶

从这种谎称为"大公"的"大私"出发，秦制皇帝们"以为天下利害之权皆出于我，我以天下之利尽归于己，以天下之害尽归于人"，"视天下为莫大之产业，传之子孙，受享无穷。汉高帝所谓'某业所就，孰与仲多'者，其逐利之情不觉溢之于辞矣"。这种打着"大公"幌子谋取"大私"的独裁者，为打天下不惜"屠毒天下之肝脑，离散天下之子女，以博我一人之产业"，打下天下之后更是"敲剥天下之骨髓，离散天下之子女，以奉我一人之淫乐"，真是"为天下之大害者，君而已矣"。❷ 这当然是后话了。

回到周秦之际，法家所谓的"勇于私斗"不是说为自己斗，因为当时讲的这些人，都不是为自己，而是为小共同体。最典型的一个例子，就是伍子胥复仇的故事。楚国的昏君杀了伍子胥的父兄，他一怒之下就投奔敌国（吴）去了，然后引了敌国的军队把楚国给灭掉，而且还把楚平王挖出来鞭尸。但是当时人都说伍子胥是一个"贤人"。大家可能都知道的，伍子胥的行为后来也是受到了非议，他的一个"发小"叫申包胥，就对他说："现在你看你的仇也报了，楚平王的确对你不好，但是我们楚国人没有对不起你，你现在就走吧，让我们楚国恢复吧。"伍子胥不干，于是申包胥跑到秦国去请救兵，大家可能都知道"秦庭之哭"这个故事，申包胥秦庭之哭，据说哭了七天七夜，最后终于感动了秦王，秦国出兵把吴国的部队赶跑了，楚国就因此得以复国了。❸

---

❶ 黄宗羲：《明夷待访录·原君》。
❷ 黄宗羲：《明夷待访录·原君》。
❸ 见《左传·定公四年》《史记·伍子胥列传》《说苑·至公》。

这个故事说明了什么呢？说明即使是申包胥，他也不认为伍子胥为父亲报仇是不对的，他只是说你大仇已报，此恨已解，你就应该走了。如果你再不走，好像就有点做得太过分，但是如果你报了仇就走，在申包胥看来也并没有什么不对。如果按照我们今天的观念，伍子胥不是大汉奸吗？或者说至少是一个大楚奸。但是当时的人都说这是一个贤人，这种做法是合乎道德的。

　　所以人们对当时所谓的"忠"，包括当时的君，恐怕要有与后来不同的看法。比如说，孔子主张尊王，也就是遵从周天子，而且他经常指责诸侯不尊重周天子。管仲教齐桓公要打出"尊王攘夷"的旗号，孔子对此很称赞："管仲相桓公，霸诸侯，一匡天下，民到于今受其赐。微管仲，吾其被发左衽矣。"❶ 很有意思的是，在日本明治维新的时候，很多人是反儒的，认为儒不好。这里我要讲，日本明治维新的反儒和周秦之变几乎是互为表里的，因为日本在明治之前就是一个和西周有点类似的诸侯林立的时代，那个时候天皇基本是没有权力的，权力都在那些大名、藩主乃至幕府（诸藩盟主）的手里。那个时候的日本是由200多个"国"构成的。后来日本经过"维新"变法，把藩废了建立县，其实有点像中国战国到秦时候"废封建，立郡县"的味道。❷ 当时的日本很多人就指出孔子的尊王是假的，说孔子是不忠于天子的。理由是什么？孔子为了追求官位，风尘仆仆游走于列国之间，他到了郑、到了卫这些地方，都在周天子所居的洛阳附近。但是他从来没有去朝见过周天子，因此这些人说孔子不忠。实际上当时这些人是要大家忠于

---

❶《论语·宪问》。

❷ 日本明治维新的开始阶段，下级武士发动了"尊王攘夷运动"和"尊王倒幕运动"，明治天皇即位后颁布了"王政复古大号令"，开始"废除封建制度"。可参阅：王新生：《日本简史》（第三版），北京：北京大学出版社，2016年，第129—133页；[日]坂本太郎著，汪向荣等译：《日本史》，北京：中国社会科学出版社，2008年，第416—423页。

天皇，不能忠于藩主。❶

那么孔子的尊王真的是假的吗？我觉得其实不是。道理很简单，孔子讲的尊王，最好的解释就是《孟子·尽心下》里的那一句话："得乎天子为诸侯，得乎诸侯为大夫。"实际上孔子讲的尊王，就是诸侯要尊王，孔子并没有说所有的老百姓都必须以天子马首是瞻。老百姓和周天子之间隔着好几层，没有任何直接关系，但是这并不等于说老百姓就不需要忠于谁。他们忠于谁？就是忠于自己的领主。比如说这些人要忠于士，这个士要忠于卿大夫。所以孔子当时最不能容忍的就是诸侯不拿天子当回事（"礼乐征伐自诸侯出"），大夫不拿诸侯当回事（"陪臣执国命"）❷，大夫下面的这些士又不拿大夫当回事，推而下之，连儿子也不拿老子当回事，他认为这就是"礼崩乐坏"了。

但是孔子自己并不是诸侯，甚至也不是卿大夫。按照现代的研究，孔子实际上属于"士"这一等级。所以孔子并不认为他自己有对周天子朝见的义务（其实也没有朝见的权利。真按"周制"，他见天子甚至是"违礼"的），而且既非卿大夫，则他对特定的诸侯也没有什么义务。所以他可以周游列国，谁用他都可以。因为主人的主人不是我的主人。而当时"周制"已经有点混乱，孔子的直接领主似乎已经模糊不清。而他每到一地都劝诸侯上尊天子，下行仁义，实际上正是竭力维护"周礼"。

在那"礼乐征伐自诸侯出""陪臣执国命"的乱世，由孔子这么区区一"士"来奔走呼号"克己复礼"，呼吁"兴灭国、继绝世、举逸民"，这真是"礼失而求诸野"❸了。这不是"尊王"还能是什么？因此像传

---

❶ 参见张昆将：《德川学者对孔子思想的异解与引申》，载颜炳罡主编：《儒家文明论坛》（第2期）下，济南：山东人民出版社，2016年，第360—373页。按：当时颇有人把这种见解归源于吉田松阴。这应该有些误解，详见下注。

❷ 《论语·季氏》。

❸ 《汉书》卷30《艺文志》，第1746页。

说中吉田松阴认为孔子周游列国是对周天子不忠❶，我认为是不对的。真正的事实是：孔子时代讲的"忠"和秦始皇以后讲的"忠"是完全不同的两个概念。

三 特点三：性善论与教化论，兼论"乡举里选"之"尚德之举"

既然是小共同体本位，既然在伦理社会中，伦理关系能够起到很重要的作用，因此这个社会当然会倡导"性善论"，会很重视对人的教化，以及对伦理秩序的重视和维护。其实性善性恶如果纯粹从哲学的角度去谈论是没有什么意义的，特别是用举例来论证，就更莫名其妙了。你举雷锋叔叔为例证明人性善，我举贪官污吏为例证明人性恶，这有什么意义？

性善论要能够流行，一般来讲都是在伦理规则比较有效的场合下。而伦理规则最有效的当然就属在亲族团体里，在熟人团体里，在交往半径很小的小共同体里，我觉得不管是东方还是西方，大概都是这样的。

我前面已经讲了西方人在家庭里也认为伦理要比制度管用，也不会主张民主选举父亲，原因就是家里还是伦理管用。但是到了天下，在陌生人社会中，这就比较麻烦了，我后面要讲到其实儒家也认为放

---

❶ 吉田松阴：《讲孟余话》，岩波书店，1943年，第263—264页。按：当时日本有此说，显然是因为吉田松阴反对幕府，主张天皇集权的"一君亿兆臣民"之制，其诸门生正是因此发动了维新，吉田氏因而被尊为明治思想之源。同时他也确实批评过孔孟周游列国。不过，幕末明治初人们的思想并没有后来那么清晰，像西乡隆盛那样一方面尊天皇，一方面又恪守传统武士尊藩事主之道，并因此而死者，不乏其人。吉田松阴更不是福泽谕吉那样的西化思想家，作为幕末的先驱他其实矛盾之处甚多。他批评孔孟周游列国，其实恰恰因为他认为此举违背周制。《讲孟余话》开篇第一页就批评孔孟离开生国鲁邹而游事他国是不对的。也就是说吉田松阴在此仍然认同"封建"，认为应该层层向上效忠于直接的主人。按照此种讲法，孔子周游列国应该是对鲁国国君不忠。不过如果他一直这样想而又没有早在幕末死难，明治后他将难免西乡隆盛那样的命运。又，《讲孟余话》此处承刘志先生提示，特此致谢。

大到陌生人群里头，这套东西就会被稀释掉，未必管用。因此儒家比较强调性善，与他们希望维护"小共同体本位"的周制是互为表里的。所谓性善是源于小共同体的血缘亲情。

强调性善，就会比较重视教化，小共同体本位那个时代的政治，就有一种伦理中心主义的色彩。

而以性善论为基础的、小共同体本位的政治设定中就会重视推荐——推荐贤人，最有名的就是所谓的"外举不避仇，内举不避亲"的说法。而且那个时代就有了"选举"这个汉语名词，我们很多现代政治词汇都是来自日语，而这个词却是土产的。但是这个"选举"当然不是我们今天意义上的一人一票全国范围内的普选。"选举"一词最初在汉语中是"乡举里选"的意思，所谓"乡举"，就是下面的人把一个好人推举上去，所谓"里选"，就是上面派人到乡以下最基层的"里"去调查你的口碑以选拔人才，实际上就是考察所选之人的德望人缘，这个人是不是德才兼备，在地方上邻居怎么评价他，乡亲们怎么评价他，如果大家说这个人是"贤能"或者"孝廉"，那就意味着这个人是可用的。

乡举里选重视德望人缘，被称为"尚德之举"。但是德的标准由小共同体认定，后来这就引起法家强烈抨击。其实，今天先秦的甲骨、金文等原初史料都与顶层祭祀有关，没有基层社会的记载。而后世儒者议论（如下文）的想象成分又太多。虽然这些想象也可供分析，但先秦法家对周制的抨击，却也有"反向推断"的价值，可以体现周制与法家推崇的秦制最明显的不同。

法家认为这种做法最大的问题，就是导致君主的指挥不灵。韩非批评儒家，最重要的根据就是下面这个故事："鲁人从君战，三战三北。仲尼问其故，对曰：'吾有老父，身死，莫之养也。'仲尼以为孝，举而上之。以是观之，夫父之孝子，君之背臣也。"❶ 说的是鲁国有一个人跟

---

❶ 《韩非子·五蠹》。

着国君去打仗，一打仗他就开小差，一连开了三次。孔子说你为什么开小差，他说我是独子，我死了没有人养父亲。于是孔子就说，这个人真是贤人大孝子，鲁君你不用他你用谁？赶快给他一个官做，因为这个人道德很高尚呀。

这就是韩非描绘的"举孝廉"。在这个描绘中，孔子与该"鲁人"有直接交往，并以"乡老"身份向国君举荐了这个大孝子。这就是"乡举里选"。众所周知，无论古今中外，军队都不是自由进出的俱乐部，开小差是冒大风险的。乡亲们为他尽孝不惜犯险而感动，就把他当作道德模范来举荐了。

但君主对此怎能接受？所以韩非接着就抨击说如果这样干，那还得了吗？只知有父不知有君，父亲的孝子，那就是国君的叛徒啊。如果这样干，这国君还怎么当？所以韩非说要反过来，要重用"父之暴子"❶，就是那些为了效忠皇上可以杀爹杀妈的狠人。

问题是，让乡亲们推荐的话，他们会推荐这种为了巴结君主向上爬而不惜坑亲杀熟的狠人吗？

"乡举里选"重视德望人缘、人品高下，但是"秦火之后"典籍沦亡，当时怎么做的，后人已经语焉不详。到了后世秦制下，"荐贤"显然行不通了。法家的性恶论预设，使推荐者的"出以公心"不可信，"内举不避亲"正好推荐我的傻儿子，而"外举不避仇"，等着我把仇人都"推荐"到死刑名单中去吧。

而实践中靠权贵推荐选拔皇权爪牙，也明显是弊病多多。最典型的例子就是门阀政治。魏晋南北朝的门阀士族包括九品中正就是这样。这种推荐搞得多了，不仅导致道德虚伪化，而且推荐引起的拉帮结派的确会对皇权国家的强控制力构成一种障碍。所以后来科举考试就逐渐取代了道德推荐。

但是正如下文所言，科举这种文辞取士不顾德行、个人应考不由乡

---

❶ 《韩非子·五蠹》。

荐的"儒表法里"之制又引起古儒清议的不满。推荐不行，考试也不行，所谓"三代之治"所赖的"乡举里选"就一直令人向往，被人热议。

"乡举里选"究竟是怎么回事呢？后世儒者其实对此讨论颇多。宋儒普遍认为，西周"乡举里选"并非为朝廷选官，而是"一乡之中有可推者，因民兴之，而因以治民，必能兴利除害，与民周旋于比间族党之间，可谓公天下之心"❶。也就是一乡之人推举乡长以治其乡，一里之人选出里长以治其里。假如真是一人一票的选举，那和今天的民选其实差不多（这就可以理解晚清许多儒者都觉得西方的选举类似"乡举里选"）。即便在贵族制下，由德高望重的"父老"来推举，在一个"在地情感"起作用的小范围熟人社会内，也可以大体做到权责对应，不会弄出个酷吏来坑亲杀熟。这和秦制以后九品中正制那种门阀"推荐"子弟到朝廷当官完全不同。

我曾经以"文革"时期"推荐上大学"之弊和村内民办教师、赤脚医生的推荐之别相比拟。后一种推荐虽然也难免干部说了算和优亲厚友的问题，但应该说并不严重。因为村内服务如果用人不当，推荐者自己就会吃亏。但是"推荐上大学"就不同。推荐傻儿子入朝为官，对自己只有好处，祸害的是国家和百姓。古儒其实也明白这个道理，他们推崇"乡举里选"，都是强调它与周制、与小共同体的联系："古之论秀，必本于乡。""古者选于里，举于乡……是故乡老之荐不滥。"❷

这些儒者都认为周制的乡举只为治乡，并不是为"天子"选官，更不会有出自"乡荐"的"举人"还要"进京赶考"的事儿。但如今礼崩乐坏，秦制把这套好东西都已经败坏了："论成周选举之法，孰不知乡举里选之为公？""贤能之兴，皆出于民，此乡举里选之所以为公也。……后世选举之法，坏人自科目始。呼！科目岂能坏人？亦教

---

❶ 王与之：《周礼订义》，见《古今图书集成》经济汇编选举典，第39卷。
❷ 王禹偁：《乡老献贤能书赋》，见《古今图书集成》经济汇编选举典，第41卷。

之者有以坏人也。"❶ "自后世乡举里选之法坏,如天下之官吏悉总于吏部"。❷ 而"天下之官吏悉总于吏部"正是秦制的特征。所以宋儒刘敞就直接说,在秦制下提倡"乡举里选"行不通。❸

总之,历代儒者盛夸"成周之乡举里选",都是用周制来抨击秦制之弊。在秦制下他们(除个别如黄宗羲外)已经不能直接抨击皇权,但却希望有一种"皇权不下县,县下皆'选举'"的安排。但一代又一代下来,总是令他们失望。只是到了近代他们才惊讶地发现,原来在西方却"保留"了这套好东西,而且连县以上乃至"朝廷"都是可以"选举"的,真是"推举之法,几于天下为公,骎骎乎三代之遗意"。❹

当然今天我们知道,现代选举是民主制,而周制是"封建"制,两者不能混为一谈。民主制下的选民是自由的个人,不是什么共同体本位,全国性选举也不限于"乡里"。而封建制和"乡举里选"都立足于小共同体本位的伦理秩序。严格的封建制是一种直接的依附关系,主人的主人不是我的主人,而这个直接主人并不是我选的,而是他的主人封授的。按这个逻辑,严格的封建制就不会有"选举",不管是一人一票的"公举"还是基层乡老的荐举。

但是所谓"严格的封建制"其实很少,依附关系往往在文明初显的时候就已经开始超出熟人的圈子,虽非秦制下的"天高皇帝远",领主也不一定直接认识所有的附庸。比如说孟尝君,他认识毛遂、冯谖,但是他领地上的每一个农民,他都认识吗?真正只和熟人、亲人发生关系,那几乎就是原始氏族,难有文明可言。文明一开始,依附关系往往就要超出这个圈子。但伦理性的小圈子(小共同体)这时仍然是基础。比如一个很小的领主只有10个、8个附庸,这些附庸他都认得,

---

❶ 朱健:《古今治平略·三代贡举》,见《古今图书集成》经济汇编选举典,第41卷。
❷ 王与之:《周礼订义》,见《古今图书集成》经济汇编选举典,第39卷。
❸ 刘敞:《送焦千之序》,见《古今图书集成》经济汇编选举典,第41卷。
❹ 徐继畬:《瀛寰志略》卷9《北亚墨利加米利坚合众国》。

也可以直接指挥,"乡举里选"就没有必要。但如果有 100 个、200 个,领主就可能不直接认识他们了。

而这个时候他的附庸人数还很有限,不是有 1000 万、2000 万甚至上亿,只有几百个附庸。这几百个附庸就是他的全部依靠,世世代代靠着这么一些人,那么他也会让小共同体有点温情脉脉的意思。在这种情况下,领主会倾向于通过熟人圈子的口头议论,来选出治理助手——还不是"爪牙",助手是熟人圈中人,不是一任两三年的外来人,不是"天高皇帝远,民少相公多"中的"相公"。

现代社会学的经验社会学派或者说芝加哥学派,强调所谓的"圈子"。什么叫"圈子"?就是"关于一个人的口头议论能够传多远,这个圈子就有多远",就是直接人际关系中的议论对每个人是有作用的。这种小共同体中的大家议论,在很多民族中都存在,而且基本都是在封建制背景下,尤其是封建制向中央集权制过渡之前的时期。那时"人主"仍然林立,并非大一统,你对附庸太刻薄他们就会另栖高枝。为了维持小共同体凝聚力,主人会允许一些在附庸中深孚众望、有道德权威的人来实行"自治",这些人并非受封的次级领主,也不是受命的基层官僚,而是附庸中被推举的熟人。主人不认识每一个附庸,而对这些人是认识的。

俄国中世纪村社就有这个特点。那时俄国是一个贵族社会,贵族领地中是有村社组织的。学者曾指出俄国村社在近代有两种管理方式,一种是政社合一的"警察式公社"。这种公社是领主指定头头,百姓的议论不起作用,实际上等于是官僚治理。但是当时俄国的村社治理也有另外一种更常见、也更"原生态"的方式,就是"民主式村社"。就是村社本身隶属于领主,但是村社的社头是大家推举的人来做,不是领主指派,更没有秦制下的回避制这个说法。随着俄国从贵族制变成中央集权专制国家,民主式村社就逐渐被政社合一的警察式公社取代了。❶

---

❶ 曹维安:《俄国农村公社初探》,兰州大学硕士论文,1986 年。

西欧的中世纪封建时代也是这样。大家知道中世纪有领主权，但是也有所谓的村社惯例。所谓惯例，就是要服从村社大众的意愿。像敞地制、村社份地制，领主不能像自己的土地那样随意"铲佃增租"，村社首领也是推举的，要服从大家的意志。领主除了自营庄园之外，对领地的其余部分也是任其自治，只要按惯例履行封建义务就行，领主一般不直接从外部派人管理。到圈地运动以后，这些村社惯例就被打破了。但是此前一直保持这种惯例，也就是所谓封建时期"温情脉脉的家庭面纱"。

"成周之乡举里选"也是这样。虽然经过后世儒者的理想化，古代的记忆也还是保留的。那个时代不可能有"闾里什伍"编户保甲式的基层管制，更不可能"任是深山更深处，也应无计避征徭"。所谓的"三代"时期，天子也好，诸侯也好，其关系都具有伦理色彩，基层则是一个个血缘联系的"口头议论"小圈子，"宾之于乡，用之于乡"，"因民兴之，而因以治民……与民周旋于比闾族党之间"。这就是小共同体本位的"选举"或"贤能"之治。到了后世，面对秦制之弊，他们还是一直都把"乡举里选"当成敲打秦制的棍子。后来的朝廷以秦制冒充周制，以考试冒称"举荐"，以省试冒充"乡举"，以"英雄"替换"孝廉"，以智力测试取代道德风评，把古语"选举"的内涵从"乡举里选"偷换成"科举"，他们一直觉得是挂羊头卖狗肉。直到近代，看了西方的"推举之法"，不少士大夫马上想到：这才是古儒所讲的"乡举里选"呀。所以很自然地，人们就把"选举"一词用来指称 election（投票选举），而不再用来指称科举考试了。

人们一旦同时面对西方的 election 和中国的科举考试，很快就把"选举"用来指前者（甚至都不想造个新词），而不是指后者。这说明"乡举里选"虽然并不就是 election，但显然比科举考试更接近。最起码可以说，他们看到的西方近代选举和古儒描述的三代"乡举里选"都是眼睛向下、考查民意或民心，属于"得民心者得天下"、而不是"代天子牧民"的办法。虽然民主选举是一人一票更准确地显示民意，乡举里选则是通过所谓"德高望重"的父老耆宿举荐来反映民意,但在小共同体的熟人社会(乡里)中,"父老"与"乡亲"通常被当成一回事,即"父老乡亲",这两者的相关性还是明显的。

固定地用"选举"一词指近代西方传来的投票选举,其实来自日本。1868年(明治元年)的《新令字解》中,"選挙"被解释为"从分散的町中选出一些人",❶其语源其实就是来自中国古代的"乡举里选"。❷日本明治前一直实行"封建",并没有秦制下的科举之制,于是"选举"就从"乡举里选"的古义直接承接了投票选举的今义。而晚清国人在见到近代西来民主选举制后立即引为"三代"理想,但称呼上则比日本多了个多元化的过渡期:马建忠、何启、胡礼垣等直接以"选举"称呼election,而不再用其指称科举;更多的人则因官方把科举叫"选举",而用另一些词来译election,如"推举之法""公举""民举""民荐"等,尤以"公举"为多。诚如识者指出:以"公举"别于科举,本是基于儒家"天下为公"之义,"公举"一词"成功地树立了西式选举'公'的形象"。❸而古儒又老讲"孰不知乡举里选为公",无怪乎后来日本译法传入,这些译法很快就统一了。

四 特点四:权责对应

周制的第四个特点,就是"伦理化而非制度化的权责对应"。

各民族的进化史证明,在没有制度约束的情况下,往往是共同体的交往半径越小,基于情感的权力和责任就越能够对应。在一个陌生人社会中,权责对应不是不能做到,但要严重依赖制度安排。简单地讲,如果国王不是民选的,权力没有制约,很可能他就乱来。

---

❶ 泽大洋:《明治最初期の選挙制度論の発展》,日本選挙学会《選挙研究》1990年第5卷。

❷ https://ja.wikipedia.org/wiki/%E9%81%B8%E6%8C%99

❸ 刘斌:《近代"选举"概念的演化及其文化喻义》,载《安徽史学》2018年第2期。

但是"虎毒不食子",所以尽管爹不是我选举的,但我可以相信他,因为"父权"与"父责"是天然对应的。对子女不养育,只奴役,这样的坏爹当然也有,但是绝大部分的爹妈不管有多少私心,还是会替子女着想的。共同体如果足够小,如果它是由持续交往的熟人甚至亲人组成,血缘亲情或"拟亲情"可以大体保证权责对应,那就不需要或者不那么需要特设的制度约束。

在小共同体内,父权一般都是直接和父责挂钩的。君臣(先秦之所谓君臣,是指每一级的"封主"和"封臣",不是仅指皇上和臣民)亦如父子,这就是孔子讲的"君君、臣臣、父父、子子"❶,君要像个君,臣才能像个臣;父要像个父,子才能像个子。反过来讲,就是"君不君臣不臣,父不父子不子"。这样一种权利(对于约束他人而言即权力)和责任对应,古儒不是从制度,而是从伦理来理解,这在小共同体本位时代是比较自然的。你是父亲,拥有父权,当然要对儿子尽责任,连动物都有这种哺幼的本能不是吗?这一种关系对双方都有约束。也就是"父慈子孝,兄良弟悌,夫义妇听,长惠幼顺,君仁臣忠"❷,显然这种关系是双向对称的。所以原始儒家虽然不讲什么平等,不讲什么自由,但是放在小共同体本位的时代,如果简单说这就是专制主义,甚至说这是绝对专制主义,恐怕是成问题的。

相反,从这种权责对应的角度,既然君不君则臣不臣,当然是君对臣要尽责在先,行权在后;或者说是臣对君问责在先,服从在后。无怪乎他们从中还可以推出"民为贵,社稷次之,君为轻""闻诛一夫纣矣,未闻弑君也"❸等等这些所谓的民本思想。

后世儒家由此发展出一套仁政学说,就是讲权责理应对应,君君臣臣,父父子子,君不君则臣不臣,父不父则子不子,这是一种伦理

---

❶ 《论语·颜渊》。
❷ 《礼记·礼运》。
❸ 《孟子·梁惠王下》。

秩序。还有儒为帝王师、教君行仁政，君命来自"天意"、而"天意"非神意，"天视自我民视，天听自我民听"，❶"顺天应民"等之类的说法，一直到近古流行的"得民心者得天下"❷之说，都强调行政正义原则的重要性。这种伦理秩序，虽然不平等，但是也不能说专制，因为伦理秩序下权利和责任是天然对应的，君王不能不像话，否则会遭天谴。而民变推翻你，就是"汤武革命，顺天应人"，那是合理的。

过去人们通常认为，这些"民本"思想与近代"民主"思想有重大区别，从某种意义上讲确实如此，因为近代民主包含的制度设计，当然不是古人所能为。但是从基本政治哲学而言，在两者间划出一道不可逾越的鸿沟，则是不对的，也是没有必要的。有人从"文化决定论"出发，执意要在《圣经》中寻找"民主"生长基因，如从人皆有原罪之说，推出在上帝面前人人平等，再推出权力制衡等说。如果这样在逻辑上无限推理，从"民本"推出"民主"我以为绝不会更难。至于"得民心者得天下"，有人说这是"谎言"，就"实然"而言当然如此。真正的事实是君王"马上得天下"，"成则为王败则为寇"，"窃钩者诛窃国者侯"，"秦政皆大盗也"，"为天下之大害者君而已"。但是就"应然"而言，得民心者应当得天下，难道有错吗？应然如此而实然则非，不就揭示了努力方向吗？

第四节 周制的经济基础

这样的一种"周制"是怎么形成的呢？它又是怎么演变成"秦制"的呢？历史唯物主义总是强调生产力决定生产关系，经济基础决定上

---

❶《书经·周书·泰誓中》。
❷《孟子·离娄上》："得天下有道，得其民，斯得天下矣。得其民有道，得其心，斯得民矣。"后人简化为"得民心者得天下"。

层建筑。这种决定论的描述可能是有问题的，但是，我们也不能反过来说政治伦理和社会经济之间没有任何联系。两者之间的关系当然还是有的。我们暂且不讲什么社会形态理论，但是周制这一套治理方式和相应的观念能够延续"三代"，显然有它的经济基础。

关于周秦之际的经济变迁，一直有一种争论。很多人都认为西周时代实行"井田制"。但是"井田制"到底是一种什么制度呢？持战国封建论的郭沫若先生就说，"井田制"实质是奴隶主私有制，他认为井田制下无论所谓的公田、私田，都是"奴隶主"私有的，下面有一帮奴隶给奴隶主干活。他举例说，"七月流火，九月授衣"❶，就是说奴隶主给奴隶在田头吃了饭，奴隶就被驱使干活。❷然而把西周说成是亚细亚生产方式的侯外庐先生，用马克思的亚细亚生产方式理论解释，认为井田制是一种国有制。❸史学界长期以来就有这种争论：西周的井田制到底是国有制还有私有制？这就涉及秦商鞅变法，商鞅据说是"坏井田，开阡伯（陌）"，他到底是搞了一场私有化运动呢，还是搞了一场国有化运动呢？

以往很多人都说商鞅变法是搞了一场私有化运动，董仲舒就提到商鞅变法，"至秦则不然，用商鞅之法，改帝王之制"，秦重用商君，行商君之法，那个时候叫作"坏井田，开阡伯""除井田，民得卖买"，❹就说井田制取消了以后，老百姓就可以买卖他们的私有土地了。因此很多人就说，看，井田制被废除了，就是土地私有化了。可是到后来人们就发现，秦朝的土地好像不太像想象中的私有制。实际上，秦王朝对土地管制的严密程度，远远不是周天子和春秋战国时代诸侯所能相比的，国家对土地的权力，在秦制下肯定是更强了，而不是更弱了。

---

❶《诗经·豳风·七月》。
❷ 郭沫若：《奴隶制时代》，载《郭沫若全集》（历史编）第三卷，北京：人民出版社，1984年，第29—30页。
❸ 侯外庐：《中国古代社会史论》，石家庄：河北教育出版社，2000年，第76—81页。
❹《汉书》卷24上《食货志上》，第1126、1137页。

睡虎地秦简就已经有大量的这种记载。到后来我们又发现了四川青川县郝家坪50号秦墓中的一个所谓的"田律"（又称"为田律"）。这里面讲"秦武王二年"（公元前309年），这个时候秦刚征服四川，还没有统一天下，还属于战国时代晚期。《田律》中说"王命丞相戊，内史匽"，对土地进行规范化：

> 二年十一月己酉朔，朔日，王命丞相戊（茂）、内史匽，□□更修为田律：田广一步，袤八则为畛。亩二畛，一百（陌）道。百亩为顷，一千（阡）道，道广三步。封，高四尺，大称其高。埒（埒），高尺，下厚二尺。以秋八月，修封埒（埒），正疆畔，及发千（阡）百（陌）之大草。九月，大除道及除陷（澮）；十月为桥，修陂堤，利津□。鲜草，虽非除道之时而有陷败不可行，相为之□□。❶

其规定之细，细到一亩地分多少块，每块的长、宽，田埂和田间道路的规格都定死。动作之烦，每个月搞什么"农田基本建设"都有日程规定。涉及之广，令人想起当年笔者在农村"学大寨运动"中常听到的："山水林田路综合治理"。说实话，两千多年前就搞这种全国"一刀切"的标准化建设，我极其怀疑其实效。不过这也说明秦国对土地的管治严到何等地步。

而关于西周国家对田地进行规划，在这种意义上讲井田最多的就是《周礼》。❷ 但是《周礼》本身成书有很大的问题，大多数人倾向认为它很可能成书很晚，当然也有一些人认为它成书其实很早，彭林先生认为它成书在汉初。一般认为《周礼》的文本夹杂有不同的历史时

---

❶ 四川省博物馆、青川县文化馆：《青川县出土秦更修田律木牍——四川青川县战国墓发掘简报》，载《文物》1982年第1期。

❷ 《周礼》并未出现"井田"二字，不过有授田的规划，一般认为与传说中的井田制相关，见《周礼·地官司徒·遂人》等篇。另可参阅李雪山：《〈周礼〉中的农民土地分配问题》，载《殷都学刊》1994年第1期。

期的东西。❶《周礼》也讲一套国家对土地的管制，但远没有秦《田律》之细。而实际上在真正的西周历史上，乃至在春秋的历史上都很少看到其实践。但是在秦以后，倒的确是像青川木牍的《田律》那样记载的，睡虎地秦简、张家山汉简里也有很多这类记载。因此很多学者又开始说，商鞅变法其实不是搞土地私有化，而是搞土地国有化，说商鞅变法以后国家对土地的控制，才是真正发达起来了。❷

的确，以前周人虽然有"溥天之下，莫非王土"的说法，但这实际上谈不上是什么所有制，这就像我们现在说什么地方是某国领土一样，讲的是一个政治上的统治范围，和经济上的所有制其实是没有什么关系。同样的话，在秦汉时代人们也讲得很多，比如琅琊刻石就有一句话，叫作"六合之内，皇帝之土"❸。其实与其说"溥天之下，莫非王土"近似于国有制的概念，不如说"六合之内，皇帝之土"更近似于国有制。因为秦的专制控制力度远远超过周天子的国家，它对土地的实际管理，要远远强于周天子。

至于西周那个时候，诸侯林立，周天子其实是管不了号称他家"天下"（国家）的土地的。如果说他有所管理，大概也就是管理"王畿千亩"——周天子自己的直辖领地。《国语》说周宣王"不藉千亩"，又说他"料民于太原"❹，一般认为是说他停止了直辖领地上的藉田礼，又在领地上调查户口，两件事都引起很大争论，以至被载入史册。可见被视为罕有的大举。也就是说，那时即使就是周王的直辖领地，他的管理也很粗疏。其实在"封建"制下，周王除了作为众多领主的册封

---

❶ 彭林先生则认为《周礼》不成于一人一时"不可信，另关于《周礼》成书的各种说法，见彭林：《〈周礼〉主体思想与成书年代研究》（修订版），北京：中国人民大学出版社，2009年，第1—16、166—186页。

❷ 参见闫桂梅：《近五十年来秦汉土地制度研究综述》，载《中国史研究动态》2007年第7期。

❸ 《史记》卷6《秦始皇本纪》，第245页。

❹ 《国语·周语上》。

者或"宗主"外,他自己也是个领主,也有自己的领地。然而,就连他自己的直辖领地都管得那么粗疏,诸侯的那些土地他能管得了吗?

国家的政治统治和经济上的财产"所有"完全不同,政治统治和"宗藩关系"也有所不同。今天秘鲁有个马尔科纳铁矿,多年前被中国国有企业首钢买下,那就是中国的"国有资产",但那个地方并不是中国领土。相反,今天香港澳门无疑都是中国领土,但谁都知道港澳的私有地产业多么发达,"国有地产"反倒极少。仅就政治而言,统治权与宗主权也不同。光绪以前朝鲜、越南都受清朝册封,向大清纳贡,但并不等于被清朝统治。而当年的周天子,对诸侯的土地只有类似清朝对朝鲜、越南那样的"宗主"权,连秦对郡县的统治权都还没有,哪里谈得上经济上的地产所有权。甚至周天子对"王畿千亩"的权利都不如秦始皇对郡县土地的权利。比较西周在王畿的"不藉千亩"和秦颁行四川的《田律》那种严苛的国家控制,哪个更像"国有制"呢?

西周或者春秋时期,虽然很难说存在土地国有制,但是反过来讲,那个时候有"土地私有制"吗?恐怕也难说。因为那个时候黄河流域主要实行"耦耕"。《诗经》中的"十千维耦"❶"千耦其耘"❷和《论语》中的"长沮、桀溺耦而耕",描绘的都是一种集体耕作状态。在过去的"古史分期"争论中,有人说这是"奴隶制农场"的集体耕作,有人说是氏族公社的集体耕作。现在不管持什么样社会形态学说的人,一般都承认"耦耕"是要强调集体耕作的。❸在"耦耕"条件下很难产生我们今天讲的个体农户,当然所谓的土地买卖等,恐怕就更加谈不上。因此我觉得谈论国有私有之争,这本身就是一个问题背景的错位,拿

---

❶ 《诗经·周颂·噫嘻》。
❷ 《诗经·周颂·载芟》。
❸ 关于耦耕的各种解释,可参阅王星光、符奎:《关于耦耕问题的探讨》,载《农业考古》2011年第1期。

现代概念去套周制是不行的。

我们今天可以讲，对国有的东西怎么把它私有化，对私有的东西怎么把它国有化。但是在先秦时代，在所谓"人人亲其亲，长其长，而天下平"的时代，在所谓"率其宗氏，辑其分族，将其类丑"的时代，严格来说，并不存在国有私有的对立。当时既没有国有也没有私有。要说"国"，国家其实管不了；那个时候"人人亲其亲，长其长"，用韩非的话来说，这就叫"勇于私斗，怯于公战"，既然是私斗，当然可以说那就是"私"，但是这个"私"又不是个人，这个"私"是小共同体，是家族，或者说是一种小的采邑。

因此，井田既不是国有也不是私有，而是当时族群社会中一种小共同体的公共土地制度。土地，或者说耕地，那时既不是周天子的国家或王家的财产（"王畿千亩"可能除外），也不是私人或个体家庭的财产，而是一个个身份性的熟人-亲族群体，即所谓小共同体的财产。

有人可能会说，既非国有又非私有，那不就是"集体所有制"吗？其实也不然。我们今天讲的"集体所有"并不是一个规范的民法概念。如果那是个人自由结合的"集体"，比如股份制、合伙制，在现代民法中就是 private（私有的、民间的）的一种形式，或者说是"法人"财产。但如果是国家强制的"归大堆"，比如苏联的"集体农庄"，那就是"国有化"的一种形式。前者是"个人本位"的，后者是"国家本位"的。但是，"小共同体本位"则与两者都不同。"三代"时人都固定地属于某一小共同体，原则上个人既不能自由结合，国家也不能把某人从A族群调动到B族群，秦始皇能轻易征发各地几十万人到某工地，周天子无法想象。周制下这种小共同体本位的财产关系，无论与今天的股份公司还是集体农庄都截然不同，但它与政治上的"封建""乡举里选"、观念上的"周公之道"则无法分开。❶

而像"坏井田，开阡陌"这样的一种变化，如果从所有制的角度讲，

---

❶ 参见秦晖：《农民地权六论》，载《社会科学论坛》2007年五月号，第122—146页。

其实就是瓦解周制一个很重要的经济根源。这一种变化，是在战国时候才出现、秦统一后才普及的。它既可以叫"私有化"（就个体家庭财产摆脱小共同体的控制而言），也可以叫"国有化"（就朝廷或"国家"对编户齐民财产的严厉控制而言）。如下所述，作为瓦解小共同体这同一过程的两个观察角度，它们根本就不是对立的，也不存在分别彼此、二者择一的问题。

第五节　儒家与周制的价值体系

一　儒家代表周制的价值体系

西周时代是一个小共同体本位的族群社会，西周的价值体系很有意思。后来孔子曾经用三个字表达他的主张："吾从周"。孔子创立了儒家，而儒家与周制又是什么关系呢？

一般来说孔子之后才有儒家。但是孔子本人并不认为他创造了什么。孔子评价自己，最有名的说法就是自称"述而不作"。有人说那就是述说而不写作，孔子喜欢教课带学生，而不喜欢写文章。但唐司马贞说《史记》为司马太史两代"父作子述"，亦即子承父业。"作"乃创业，"述"为继承也。朱熹也指出："述，传旧而已。作，则创始也"，"孔子删诗书，定礼乐，赞周易，修春秋，皆传先王之旧，而未尝有所作也"。❶ 所以，"述而不作"不是说孔子只上课不写文章——现在有些老师就是"口力劳动者"，动嘴不动笔，但孔子不是这样。当时的古语中"述而不作"的意思，"述"就是"绍述"、传承，"作"就是创新。孔子这么说，实际上不是说他不写东西，而是说他无论讲课还是写作，都没有什么自己的创见，他的责任就是把西周传下来的好东西传至后世，这就是所谓"述而不作"的原始意思。

---

❶　朱熹：《论语集注》卷七《述而第七》。

孔子这么说并不仅仅是自谦。

大家知道，在汉代儒家成为"正统"之后，第一场内部的大论战就是"经今古文之争"。这场争论涉及面很广，其中一个重要问题是：对我们儒家而言孔子究竟是"先师"还是"先圣"？儒家的宗师到底是孔子还是周公？当然他们都肯定孔子伟大，但是按照孔子自己的说法，他传的是周公之道，孔子不仅自称"述而不作"，除了传承周公等先圣之道，自己并不创造，而且经常张口闭口就是西周如何辉煌，周公如何伟大。

孔子心目中的理想社会就是夏商周"三代"，而三代的高峰实际就是西周。"殷因于夏礼，所损益可知也。周因于殷礼，所损益可知也。其或继周者，虽百世可知也。""周监于二代，郁郁乎文哉，吾从周。""周之德，其可谓至德也已矣。""周公之才之美""巍巍乎，舜、禹之有天下也而不与焉。"《论语》里充斥着这类赞美。尽管"殷因于夏礼"，"周因于殷礼"，但是夏礼、殷礼孔子都不太讲，他说是"文献不足故也"，唯独周礼经常挂在他的嘴边。到了晚年精力不济了，他说"甚矣吾衰也，久矣吾不复梦见周公"。唉！我真是老了，好久没有梦见周公了。也就是说他一直把周公当作导师和思想的来源。

因此汉代发生经学论争之后，古文经学和今文经学的一个分歧，就是对孔子的定位。古文经学家一般认为，儒家开创者应该是周公，孔子是一个传道受业的"先师"，一个伟大的布道者，但是"教主"应该是周公。我们如果借用基督教来比喻，也可以说古文经学家心目中的周公相当于耶稣，而孔子相当于圣保罗。

但是今文经学家则抨击这种"尊周不尊孔"之说，他们认为孔子的地位是最高的，孔子是先圣或"素王"，是儒家的开创者，而不仅是先师。同样借用基督教来比喻，今文经学中的孔子才是耶稣，是第一号教主。而周公作为影响过耶稣的人，相当于施洗者约翰，如此而已。

应该说这样讲也有坚实的理由。因为无论周公影响有多大，在西周时代是不会有儒家这一流派的。为什么？因为在真正的小共同体本位状态下，周公所代表的这一套伦理被视为当然，自然而然司空见惯，作为"常识理性"的东西是不需要反复强调或把它理论化的。就像现在如果有人又是写又是说，长篇大论地讲人需要吃饭，不吃饭是会饿的，人们会认为那尽管正确，但完全是废话。

只有真正到了一个社会礼崩乐坏的时候，才需要有人把"礼乐"这套东西翻来覆去地宣讲，去卫道，去反驳礼乐的破坏者。这就像我们对自己的身体器官没有感觉就是正常，一旦感受强烈，那是因为有病了。

所以对儒家的出现应该这么理解，在西周族群社会很稳定、人们对周公之道习以为常的时候，当时是不需要对之特别"加持"、反复强调宣传。因为这一套东西当时都被人们视为当然，没有必要特别为之辩护，把它理论化为一个学派。族群社会的"盛世"，人们都以这种伦理为惯常，并不需要什么"儒学"。

但是到了春秋礼崩乐坏的时候，愤世嫉俗的人们就汇聚于孔子名下，"儒家"就产生了。关于孔子的事业司马迁是这么说的："夫周室衰而《关雎》作，幽厉微而礼乐坏，诸侯恣行，政由强国。故孔子闵（悯）王路废而邪道兴，于是论次《诗》《书》，修起礼乐。适齐闻韶，三月不知肉味。自卫返鲁，然后《乐》正，《雅》《颂》各得其所。世以混浊莫能用，是以仲尼干七十余君无所遇，曰'苟有用我者，期月而已矣'。西狩获麟，曰'吾道穷矣'。故因史记作《春秋》，以当王法，其辞微而指博，后世学者多录焉。"❶

这里既谈到了游说也谈到了写作，但列举的所有写作都是对先世典籍的编纂，即当时作为古儒经典的"六经"（《诗》《书》《礼》《乐》《易》《春秋》，其中《乐》或为口耳相传的乐曲而无文本，故以文本言则为"五经"）。当时弟子整理的孔子语录《论语》已很流行，而且相

---

❶ 《史记》卷121《儒林列传》，第3115页。

比秦火之余的"五经"文本几乎都有争议而言,《论语》既未被焚,也无争议,但司马迁在论述孔子事业时却没有提及。❶

司马迁通常被列为尊重孔子创教地位的今文经学派,而他对孔子的先典编辑成就要比孔子本人言论重视得多。显然在太史公看来,孔子的伟大不在于他创作了什么,而在于他在"周室衰""礼乐坏""诸侯恣行,政由强国"的时代,逆历史潮流而动,挽狂澜于既倒,对抗"王路废而邪道兴"的现实,为恢复周制进行了知其不可而为之的不懈抗争。而这是周公没有做的,孔子也就因此成为了对抗"周秦之变"的那个群体,即"儒家"的创始人。

确实,孔子之后两千年,无论秦制对后儒进行了多少"思想改造",崇"三代"为盛世,为圣治;周公为极盛,为至圣;此后则乱世,求"小康"而不可得,至秦则是"礼崩乐坏",是堕落的暴政——这种"倒退的历史观"始终是儒者的主流。即便慑于威权,诱于利禄,后儒对"今上"难免屈膝奉迎,但"倒退的历史观"仍然不绝如缕,一脉相承。

近代中国在又一次"三千年未有之变"中,对儒家的评价出现了两极化。贬之者对儒家最严厉的抨击,是说儒家宣传"今不如昔"的"倒退论",甚至有"复辟奴隶社会"之罪。而褒之者对儒家最热烈的夸奖,是说儒家总是批判当今,体现了知识人应有的良知,不愧为当时社会的良心。两种说法价值判断相反,但事实判断却几乎一样:都认为以孔孟为代表的古儒,是当时最不满现状、激烈抨击现实,尤其是抨击当权得势者的一批人。20世纪90年代,郭店楚简出土,孔子之孙子思(孔伋)的名言"恒称其君之恶者,可谓忠臣矣",❷历经两千年秦制"思想改造"的蒙尘而重见天日。此言"忠"乃儒者自许,所以这句话说白了就是:儒家就是从来只骂皇上(而从不称颂皇上)的那些人。不知后

---

❶ 包括《论语》在内的"四书"只是在宋明理学时代才经典化。
❷ 荆门市博物馆:《郭店楚墓竹简》,北京:文物出版社,1998年,第141页。

世伪儒如叔孙通之流闻此言，当作何想？

孔孟这些人眼见当时"高岸为谷，深谷为陵"，人心不古，世风日下，越来越糟糕。孔子甚至说，如果再这样堕落下去，我只能移民海外了："道不行，乘桴浮于海。"❶这个时候他出来捍卫西周的那一套价值体系，这就是所谓的"儒"。当时儒者的主张一言以蔽之，就是恢复周公那一套，叫作"克己复礼"，❷"兴灭国，继绝世，举逸民"。❸这就是后世的人们说儒家主张"复古"、主张"倒退"的主要依据。鲁迅为此还创造了一个文学典型叫作"九斤老太"，老是说以前好，现在什么都不行，连新生儿体重都不如过去了❹——但是鲁迅自己认为现在好吗？

这且不论，但早期儒家确实认为一代不如一代，最好的是三代盛世，以后就九斤老太太过年，一年不如一年。

当然周制是不可能恢复的。不过以周制来骂秦制是否就没有意义？恐怕未必。人类历史上打着"复古"旗号抨击现实，实际起了开辟新路的作用，这并不罕见。欧洲史上所谓的"文艺复兴"（这个翻译不好，Renaissance其实就是复古——回到希腊-罗马之意，并没有限于"文艺"）、宗教改革（也是要回到基督教的"初心"），都是这样的。至于儒家能否如此，走着瞧吧。

而当时儒家代表的是周制的价值体系，包括小共同体本位、性善论、权责对应，这都是族群社会中的思想和行为准则。但是实际上这一套东西，在当时已经面临着极大的危机。当然不能说造成危机的原因仅仅是出了个坏人韩非或者商鞅，这几个人阴谋颠覆了周制而搞了个邪恶的替代。应该讲，"周秦之变"无论好坏，当时已是个客观的大

---

❶ 《论语·公冶长》。
❷ 《论语·颜渊》。
❸ 《论语·尧曰》。
❹ 鲁迅：《风波》，载《呐喊》，北京：人民文学出版社，1976年，第70—81页。

趋势。秦只是在这一方面走得最极端而已，东方六国其实也搞过类似的变法。而法家也不是瓦解周制的唯一思想，事实上儒家最初认为的思想之敌，也不是法家，而是杨、墨。

二 "墨杨对立"与"杨近墨远"

不光是中国远古有"三代"，人类历史上很多早期政治形态其实都是一种小共同体本位的族群政治。族群共同体的交往半径越小，熟人社会或者亲人社会中那种伦理因素就会越大，于是这种社会治理方式就会带有一种"长者政治"的性质：既有不平等的"长幼尊卑"，又有保护性的"温情脉脉"。但是在共同体不断扩大、亲亲伦理的作用不断削弱的情况下，"长者政治"终究会瓦解，出现种种替代的后续形态，但其逻辑上的大端无非有二：

第一种替代就是当所谓的亲情、伦理的作用弱化以后，"德高望重"不管用了，我们就凭拳头说话，谁的拳头硬，能够打服大家，大家就听谁的。于是"长者政治"就变成了"强者政治"。周秦之变就是这样的。

第二种替代则相反，德高望重的大家长不管用了，大家就商量着办，建立一种商量的制度，就是所谓的"共和"，"长者政治"于是变成共和政治。希腊-罗马就是这样。现在大家知道古希腊-罗马的共和政治并不像恩格斯说的那样起源于"军事民主制"，而是起源于"王政时代"。那个"王政"也是小共同体本位的一种"封建"状态。由"封建"变共和，当时中国也不是没有这个苗头。前辈学者日知（林志纯）先生说春秋有所谓的"国人会议"，❶我前面提到的"成周乡举里选"，都体现了这种可能。只是林先生说的不仅是可能，他认为确实存在过"亚洲古代民主政治"，我觉得他演绎得过了。不过话说回来，如

---

❶ 林志纯：《从〈春秋〉"称人"之例再论亚洲古代民主政治》，载《历史研究》1981年第3期。

果"共和政治"在东方并非绝无可能,那么"长者政治"变成"强者政治"也不光是周秦之变,古希腊的马其顿也是这样。而且雅典的民主,斯巴达的贵族共和,最后都败在了马其顿的王权之下。可见道德理想不能代替现实,在那个时代,"王道"敌不过"霸道"是个令人遗憾的大概率现象。

但并不是一开始就这样。在"周衰秦未兴"的时期,儒家捍卫周制面对的是另外的"敌人"。

从周秦之际人们观念的变化,我们可以明显看到当时周代的这种族群政治,在孔、孟之间主要面临着两个方面的挑战。一方面,小共同体内部出现了"个人主义"的离心倾向。由于铁器、牛耕的使用,商品交换的发展,人们自然会提出私有、小家和个人的诉求。另一方面,小共同体也面临外部的挑战:不仅当时的"军国"在从外部鼓动这种潮流,希望以强权打碎小共同体的亲人-熟人认同,建立大范围强制性的陌生人整合,还有一种"道德整体主义"也希望打破小共同体的狭隘性,实现一个"大同世界"。

小共同体内部出现个人主义的苗头,在观念形态上这就是春秋战国时兴起的杨朱学说,有人说这是中国个人主义的源头。遗憾的是杨朱所有的著述都没有留下来,留下来的都是骂他的人的"断章取义"。对骂他的人摘取的他讲过的话,应该怎么理解?这就有一个很大的问题。其中最有名的就是那句话:"拔一毛而利天下,不为也。"❶

另一家就是墨子。墨子是鼓吹"兼爱"的,也就是"爱无差等",主张爱别人和爱自己是一样的,爱陌生人和爱亲人是无差别的,我爱一个路边的人,和爱我的父亲应该是没有什么两样的,这实际上打破了小共同体的界限。

墨子强调一种普世性的利他、利公主义,一种我们今天听起来好像非常高尚、非常理想主义的那种天下团结的理念。而杨朱正好相反,

---

❶ 《孟子·尽心上》。

他强调的是一种个人本位的价值。但是这两者有一个共同点，就是他们都对小共同体本位这种价值取向，即作为周制基础的价值取向造成了很大的冲击。

因此我们可以看到，一种观念真正的含义，要在这种观念和其他观念的冲突中把握。如果不考虑冲突，只看他正面讲什么话，老实说世界上各种观念的差别，我们都看不出来。我前面讲过所有的观念，都是用"好话"来表述的，都是用语言分析哲学中讲的"good words"来表述的，而从来不用"bad words"来表述，思想家从来都是提倡仁义道德，主张人要变好，主张这个社会要进步，主张高尚；很少有人主张我就是要杀人放火、尔虞我诈、坑蒙拐骗，没有公开这么讲的。但这些"好词"只是语言哲学所谓的"能指"，它的实际意义（"所指"）究竟是什么并不确定，这就是所谓的任意原则。

所以我们要判断一种话语的实际意义是什么，一定从各种观念之间的争论中去理解。现在大家学国学，很多人都读《论语》。如果只读《论语》，和只读《圣经》其实没有太大区别，因为形式上，两者（与其他"主义"一样）都是由"好词"作为能指的。而根据任意原则，能指背后的所指不能由这个能指本身确定，而是从能指间的"差异"来确定的。比方说"天下为公"，黄宗羲用这个词来敲打皇帝，说他"使天下之人不敢自私，不敢自利，以我之大私为天下之大公"，这就是"家天下"，是"天下之大害"。而商鞅则用这个词来敲打"天下人"，指责他们不仅为自己，甚至为孝父、为小共同体权益而努力都是"勇于私斗，怯于公战"，其实恰恰就是要"使天下之人不敢自私，不敢自利"，而把他们的一切都奉献给皇帝。这意思（"所指"）就与黄宗羲正相反了。又如同样"弘扬儒家"，有人以法家为敌，有人以"西学"为敌，背后的所指也往往相反。

所以理解儒家"从周"的真意如何，一定要看他们与别人的辩论，看其他人是怎么骂儒家的，儒家又是怎么骂其他人的，这样才能知道各方真正的"所指"。从这方面看，儒家如此激烈的"辟杨墨"和后来法家如此激烈的"焚书坑儒",委实是真正理解先秦儒家的关键。

在《论语》中,孔子虽然对当时社会上种种"礼崩乐坏"的现象抨击甚力,但并没有怎么与其他学派论战。到孟子就不同了。杨墨两家据说在当时曾经非常流行。这两家的流行,恰恰就是当时周制危机的一种明显表现。在孔子时代这个问题已经出现,但还不算太尖锐,就那样孔子已经愤世嫉俗到恨不得"乘桴浮于海"了。到了孟子时代,周制只剩残余,其价值观就更岌岌可危,"歪门邪道"变得愈发突出了。在《孟子》中,可以说批评了很多人和主张,但称得上破口大骂,使用了最激烈的文字,大概就是下面这一段:

> 圣王不作,诸侯放恣,处士横议,杨朱、墨翟之言盈天下。天下之言,不归杨,则归墨。杨氏为我,是无君也;墨氏兼爱,是无父也。无父无君,是禽兽也。公明仪曰:"庖有肥肉,厩有肥马,民有饥色,野有饿莩,此率兽而食人也。"杨墨之道不息,孔子之道不著,是邪说诬民,充塞仁义也。仁义充塞,则率兽食人,人将相食。吾为此惧,闲先圣之道,距杨墨,放淫辞,邪说者不得作。作于其心,害于其事;作于其事,害于其政。圣人复起,不易吾言矣。❶

孟子认为最不能容忍的,就是杨墨两家。虽然后世一直有人对"杨朱、墨翟之言盈天下""天下之言,不归杨,则归墨"的描述有疑,认为杨墨两家的影响,尤其是杨朱的影响当时并未如此之大,❷但在逻辑上两家对儒家所捍卫的基本价值观进行了直接的挑战,是不能不回应的。在孟子看来,这两家都太"违礼":"杨氏为我,是无君也"。这里讲的所谓"无君",在孟子那个时代,"君"并不只是指国君,更不是只指天子,

---

❶ 《孟子·滕文公下》。

❷ 孙诒让:《墨子间诂》附录《墨子旧叙》:"杨朱之书惟贵放逸,当时亦莫之宗,跻之于墨,诚非其伦。"北京:中华书局,2001年,第670页。

孟子讲的"君"就是"封建"即封主－封君关系中的封君，也就是"人人长其长"的长。"杨氏为我，是无君也"，就是说他不考虑家长，不考虑他的直接主人，实际上就是只顾自己，不管他从属的小共同体。"墨氏兼爱，是无父也"，对任何一个陌生人的爱都可以和对父亲的爱相提并论，那就是无父了，实际上还是不管小共同体了。然后"无父无君，是禽兽也"，说杨墨两家就是禽兽，还说他们要"率兽食人"，如果两家得势，好像就是一群虎豹豺狼来吃人一样。这确实是气愤得失了仪态，在破口大骂了。

孟子认为当时周制这种理想的制度受到个人主义和天下主义两个方面的冲击，应该说这并不难理解。但在"辟杨墨"中，孟子对杨与墨的区别对待尤为耐人寻味。孟子曰："逃墨必归于杨，逃杨必归于儒。归，斯受之而已矣。今之与杨墨辩者，如追放豚，既入其苙，又从而招之。"❶ "逃墨必归于杨，逃杨必归于儒"后人又省作"去墨归杨，去杨归儒"，正是这几个字，导致后人歧解纷出。

从字面上讲，"逃墨必归于杨，逃杨必归于儒"，是说摆脱墨翟的邪说就必然去相信杨朱，而了解了杨朱的谬误就会皈依儒家的真理了。"相比较而言，恐怕还是墨家（的谬误）走得更远。"❷ 这就是所谓"杨近墨远"。然而按后人对儒杨墨三家的通常看法，这似乎很难理解。诚如民国年间的李宗吾所说："墨子志在救人，摩顶放踵以利天下。杨朱主张为我，叫他拔一毛以利天下，他都不肯。在普通人看来，墨子的品格，宜乎在杨朱之上，乃孟子曰：'逃墨必归于杨，逃杨必归于儒。'认为杨子在墨子之上，去儒家为近，岂非很奇的事吗？"❸

事实上，秦后之儒者均觉得这是个需要解释的问题。

其中极少人认为墨高于杨而近于儒。孟子如果不是讲错了，就是

---

❶《孟子·尽心下》。
❷ 徐克谦：《孟子现代版》，上海：上海古籍出版社，2001年，第266页。
❸ 李宗吾：《厚黑大全》，北京：今日中国出版社，1996年，第146—147页。

后人记错了。韩愈即持此说。他著有《读墨子》，极言"孔墨必相为用"。试图证明"墨氏之学比之杨朱又在可取"。但是，绝大多数论者都反对韩愈的说法。如朱熹就不客气地指责："昌黎之言有甚凭据？"❶程颢也说《读墨子》"不知谨严，故失之"。❷由于这种说法只是出于韩愈自己的想当然，而明显与《孟子》所述相悖，唐以后似无人再提。

有些论者认为"去墨归杨，去杨归儒"的说法并无深意，杨墨皆为孟子所拒而无所谓高下。如清儒焦循说："逃墨之人始既归杨，及逃杨，势不可复归墨而归儒。假令逃杨之人始而归墨，及逃墨，亦义不可复归杨而归儒可知也。亦有逃杨不必归墨而即归儒、逃墨不必归杨而即归儒者。非以两必字例，定一例如是逃、如是归，且以断两家之优劣也。"❸今人于建福认为：去墨归杨、去杨归儒的说法"显然并非意味着辟墨甚于辟杨，而旨在说明人们探讨中道的一般过程：人们一旦发现某一事理的极端错误之后，往往又会矫枉到另一个极端，但在两种极端之间几经摇摆之后，会逐渐归于中道"。❹

以笔者所见，这类说法应该源自二程及其门人杨时等一些北宋理学家。他们认为杨墨作为两个极端，都违背了中庸之道。他们说杨朱的"为己"并非自私自利，而是专注个人的修养，忽视了他人；而墨子大公无私，也过于极端："厚则渐至于兼爱，不及则便至于为我，其过不及同出于儒者，其末遂至杨、墨。""杨子拔一毛不为，墨子又摩顶放踵为之，此皆是不得中。""大凡儒者学道，差之毫厘，谬以千里。杨朱本是学义，墨子本是学仁，但所学者稍偏，故其流遂至于无父无君。"❺

但是这些说法都经不起推敲。所谓"逃杨不必归墨而即归儒、逃墨不必归杨而即归儒"，只是这些论者的"假令"。孟子的说法完全相反，

---

❶ 《朱子语类》卷61。
❷ 《河南程氏遗书》卷18。
❸ 焦循：《孟子正义》，光绪丙子焦氏遗书本，卷29，第1页。
❹ 于建福：《孟子的中道教育观及其价值》，载《山东大学学报》2005年8月号。
❺ 《河南程氏遗书》卷4、15、16、18。

而且还不止一处，岂是后人一个"假令"就能颠倒的。

至于说杨墨本皆出自仁义，只是分别"过"和"不及"了些，因而要由孟子来调和"执中"，这与孟子痛斥杨、墨的言辞如此激烈更难合辙。

其实孟子自己在另一处提及杨墨时已经说得很清楚："杨子取为我，……墨子兼爱，……子莫执中，执中为近之，执中无权，犹执一也。所恶执一者，为其贼道也"。❶

孟子自己说得很清楚：调和杨墨而取折中之道的不是他，而是子莫。子莫其人今已无考，据汉儒说是"鲁之贤人"，喜欢"中和"各家。❷但孟子并不同意他对杨墨的"中和"，批评他"执中无权，犹执一也"，亦即只知折中，不知权衡杨墨之利弊，那就跟走极端一样地错误。显然孟子认为，应该比较杨墨而分远近，而不是一味调和。

孟子明确说他对杨墨两家的批评并不是执中，或者并不仅仅是执中。因为他明确讲了，"执中无权，犹执一也"，也就是说如果仅仅是和稀泥，或者仅仅是各打五十大板，当中间派，但是没有权衡利弊，是不行的，这和走极端其实没有什么两样。因此孟子的确有杨近墨远的意思，也就是说对这两者并不是等距离对待。

除此而外，大多数论者都承认"杨近墨远"，肯定孟子辟墨甚于辟杨。但是何以如此，则又有多种解释：

程朱之间的宋儒杨时曾说："禹稷三过其门而不入，苟不当其可，则与墨子无异。颜子在陋巷，不改其乐，苟不当其可，则与杨氏无异。"❸朱熹对此评论曰："墨氏务外而不情，杨氏太简而近实。故其反正之渐，

---

❶ 《孟子·尽心上》。注家或谓"执中无权"意为调和而不知时变，似乎孟子是主张在杨墨之间搞"机会主义"，时而亲杨时而亲墨，这于理难通。实际上"权"指权衡、比较，如《孟子·梁惠王上》："权，然后知轻重。"此处当指比较杨墨之谬孰为甚也。

❷ 赵岐注："子莫，鲁之贤人也，其性中和而专一者也。"

❸ 转引自朱熹：《孟子集注》，上海：上海古籍出版社，1987年。

大略如此。"❶ 显然朱熹也肯定儒杨较儒墨为近。但"太简"何以就"近实",朱子语焉不详。

民国年间的郭沫若与当代台湾学者袁保新都把杨朱看作道家,因而把"杨近墨远"解释为"儒与道之比较相近",❷ "墨家的热情……必然会不断承受生命的伤害,受伤害太重就……必归于杨,选择道家隐士的休养路线。但休养好了……必然要再走回人群,必然会走到儒家这条路向上去"。❸ 只是,杨朱与道家虽有某种联系,尤其是杨朱后学与秦以后的道家渐趋合流(如《列子·杨朱篇》所显示)大概是事实,但在孟子的时代要说杨朱就是道家,显然过于牵强,因为那时的道家同样热心于拒杨墨,说"敝跬誉无用之言……杨、墨是已,"❹ 甚至要"钳杨、墨之口"。❺ 更何况按二程的说法,杨道虽有联系,杨儒、墨儒更有联系,论其远近,何必假途于"道"?

还有些现代学者把儒家,尤其是思孟一派的儒家做了"个人主义"化的解释,认为"杨近墨远"是因为孟子与杨朱都主张利己。只是杨朱只求利己不损人,而孟子要求利己亦利人。但墨翟则要求"舍去我字,损己利人,当然为孔门所不许",所以"孟子认为他(杨朱)的学说,高出墨子之上"。❻ 但是把古儒说成是"个人主义者"已经不可信,把"个人主义"归结为"利己"就更成问题。孔孟都有许多克己复礼、舍生取义、杀身成仁之类的说法。后之反儒者或有责其虚伪,但责其公开反对舍己为人、甚至恶舍己为人甚于所谓自私自利,则从未听说。

---

❶ 朱熹:《孟子集注》,第114页。

❷ 郭沫若:《庄子的批判》,载《庄子集释》,北京:中华书局,1961年,第一册,序第20页。

❸ 袁保新:《如何在自由中活出人性尊严——中国儒道哲学的现代诠释》,www.ntnu.edu.tw/aa/aa5/92.1.6article.htm

❹ 《庄子外篇·骈拇》。

❺ 《庄子外篇·胠箧》。

❻ 李宗吾:《厚黑大全》,北京:今日中国出版社,1996年,第147页。

三 "拔一毛"的权利属于谁？

本着"注唯求古"的原则，笔者认为现存最早的孟子注家、汉儒赵岐之说应该最接近孟子的本意。而秦制日久之后的续貂者❶画蛇添足，反而把人弄糊涂了。赵岐在"逃墨必归于杨"条下注曰："墨翟之道，兼爱无亲疏之别，最为违礼；杨朱之道，为己爱身，虽违礼，尚得（受之父母）不敢毁伤之义。……故曰归：去墨归杨，去杨归儒。"❷

这个说法在宋儒孙奭的疏中又得到进一步发挥："墨翟无亲疏之别，杨朱尚得父母生身不敢毁伤之义。儒者之道，幼学所以为己；壮而行之，所以为人。故能（逃）兼爱无亲疏之道，必归于杨朱为己；逃去杨朱为己之道，必归儒者之道也。"❸

赵岐的说法之所以值得重视，不仅因为其注早出，更因为它实际上是把"杨近墨远"当成一个权利（right，或曰"正当性"）问题，而不是如"儒道相近"说所言的学派问题或"利己利人"说所言的狭义伦理问题。

从赵岐到孙奭的论者虽然并无强调 right 意识的自觉，但所谓"受之父母，不敢毁伤"的意思很明确：拔一毛以利天下这事不是不该做（显然是该做的），而是"不敢"做。为什么不敢？当然不是怕疼，也不是怕吃亏，而是因为我的"身体发肤"包括"一毛"在内，都是"受之父母"而并不属于我自己，因此没有请示父母我就无权这么做。墨子目无父母，在孟子看来自然大逆不道。但是如果父母许可，或者父母授意（如后世传说的"岳母刺字"故事），这事当然要做了。杨朱"爱身"如果是为父母，当然不错，这应当是孟子看来其比墨为"近"之理由。但是他这"爱身"是"为己"，似乎拔不拔一毛全凭己意，这就"违

---

❶ 像孔颖达、朱熹都是唐宋以后的人。
❷ 《十三经注疏》（一八一五年阮元刻本）《孟子注疏·尽心章句》卷第十四下。
❸ 《十三经注疏》（一八一五年阮元刻本）《孟子注疏·尽心章句》卷第十四下。

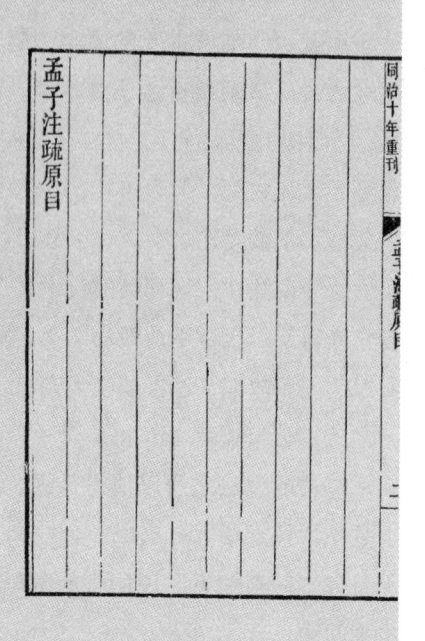

赵岐《孟子注疏》书页

礼"了。在这方面孟子认为杨墨都是"邪说"。

可见按赵岐的解释，古儒实际上不是把"拔一毛以利天下"的问题理解为应该不应该"为"的问题，而是谁有权利"为"的问题。笔者以为，在孟子"辟杨墨"的战国时代，社会变迁所涉及的最根本性的问题就在于此。

我们知道杨朱"为己"之说被后世诋为自私自利，正如孔孟"不敢毁伤"之说在现代曾被诋为贪生怕死的"活命哲学"一样。但是这两种诋毁之浅薄固不足论，而识者包括孟子自己，乃至像二程那样的儒家后学，实际上都知道真正的分歧并不在此——否则他们决不会说"杨子为我亦是义"。拔一毛以利天下，值得不值得？应该不应该？我想一般人，包括杨朱，都不会说不应该、不值得。

然而，我愿意为天下拔己一毛是一回事，别人（包括众人）以利天下为由拔我一毛是另一回事。真正的问题在于：谁有权利做出这个抉择？"拔一毛"的权利属于我，属于我的家庭家族（小共同体），还是属于"天下"、国家或"大共同体"？

近代以来多有为杨朱辩诬者，认为杨朱之说是个人权利观念在中国文化中的滥觞。的确，从现代观念视之，如果以"一毛"喻个人之权利，则在"群己权界"之己权内，他人及公共权力不得以某种理由，包括"利天下"之理由辄行剥夺。至于我行使己权，自愿为天下利，则"拔一毛"固无足论，即抛头颅、洒热血，其权在我，"我自横刀向天笑"，何其壮哉！

但若权不在我，则奴隶矣。若公共权力及以公权代表自命的统治者今得以"利天下"为由拔我一毛，明日自可按同样逻辑，以"利天下"为由而折我一臂，又明日当可取我之头，乃至取类我者任一人之头，以此类推，直至号称为51%之"多数之利"，就可以屠戮49%之"少数"。天下之事，尚可言乎！而所谓利天下者，亦不过为"天下之主"者自利之借口耳。诚如明儒黄宗羲抨击法家帝王时云："使天下之人不敢自私，不敢自利，以我之大私为天下之大公"，此乃"为天下之大害者君而已"。❶是以自由及个人权利之为现代性张本，良有以也。

如果杨朱强调个人对自己的合法权利虽小至"一毛"亦必申明，在当时自为超前之论，则儒家强调的是支配此"一毛"之权利不在个人，但亦不在君国与"天下"，而在父母——正如君王为大共同体之主，这个所谓"父母"也是家族的、家庭的、你所从属的那个小共同体的象征符号。这就是所谓"身体发肤，受之父母，不敢毁伤"❷。按原初儒家的逻辑，拔一毛以利父母，以利家庭或家族，乃上合天理，不由尔不为也。但拔一毛以利君国又如何？这就要看父母之意了。正如杨朱

---

❶ 黄宗羲：《明夷待访录·原君》。
❷ 《孝经·开宗明义》。

未必主张自私自利，但强调我之一毛、我自主之一样，儒家也未必反对自愿的"毁家纾国难"，但家人之一毛，（代表全家的）家长自主之，君国不可强，我亦"不敢毁伤"——不敢以此一毛私许也。"一毛"尚不敢私许，何况乎"摩顶放踵"？无怪孟子要"辟墨甚于辟杨"了。

四 何以"杨近墨远"

这样我们也就不难理解对原初儒家来说何以"杨近墨远"，而诸如"鲁人从君战，三战三北。……仲尼以为孝，举而上之"此类故事，也就顺理成章了。

杨朱强调我之一毛我自主之，这可以说是一种个人权利本位的观念（至少是具有了这种观念的雏形）。而墨子认为个人的一切都应当服从"利天下"的目的，这可以说是一种"天下本位"的权利观念。孟子两者都反对，他认为我之一毛，我不得私许——当然也不得私不许，并以此辟杨；但同时，"身体发肤，受之父母"，而非受之皇上，受之君国或"天下"，因此君国也不得借公共利益之名辄行"毁伤"，此其所以辟墨也。显然，从这里只能导出一种家族或小共同体本位的权利观念。而在孟子看来，这种观念与个人权利本位之观念虽不同，若较之君国天下权利本位之观念，则前两者宜乎更为近也。

众所周知，孟子严厉的"辟杨墨"，并没有挽回小共同体本位的"周制"衰亡。不过有趣的是，周制的没落却也没有导致杨墨任何一家的理想实现。相反，自主的个人主义萌芽与民本的普世主义萌芽在"周秦之变"进程中，都随小共同体本位的制度一起走向衰亡，而皇权操控下瓦解宗族的"伪个人主义"和君权至上的"军国主义"都膨胀起来。这就是战国时期不断发展、最后在秦帝国达到登峰造极的"法家"主张。因此不仅儒家，法家与杨墨之相辟、相容及"远近"，也值得一辩。

耐人寻味的是，后人从不同角度发现法家与杨墨两家似乎都有些关系。如清人章学诚说："杨朱书亡。多存于韩（非）子"，"杨朱为我。其术自近名（家）、法（家）也"。❶ 而关于法家与墨家有渊源关系的说法就更多：《吕氏春秋》就提到过"秦之墨者"，❷ 后人也指出"战国晚期秦国无儒而崇墨，所谓'圣人隐伏墨术行'"，❸ 有人还注意到"法家思想之墨学源头"，❹ 乃至"秦国墨学与商鞅变法"的关系。❺

不难理解的是，杨墨两家既然都是瓦解小共同体本位的力量，而周秦之际小共同体本位瓦解的最终结果就是"秦制"，即法家那一套，因此法家与这两家有缘是很自然的。但是从另一方面看，墨家的"非攻"和平主义，与兼并统一战争或法家的"耕战"主张明显对立，墨家的民本主义虽然不同于孟子的"民贵君轻"，却也明显对立于法家的君权至上。而杨朱的个人权利本位与法家的极权主义控制更是难以相容。所以法家与这两家的渊源主要是在"破"的方面，"破"了之后"立"什么，法家与他们就完全不同了。

法家乐见小共同体瓦解为原子化的个人以便其为帝国之用，但不会尊重此个人的权利。法家也娴于建立帝国皇权本位的大共同体，但不是通过兼爱"非攻"，而是通过极端性恶论的"兼恨"和穷兵黩武，不是基于草根公益，而是基于一姓之私。所以对于法家而言，杨墨也都是既可以利用（用来瓦解小共同体），也必须"相辟"的。从本质上讲，法家既非杨，也非墨，正如法家虽然通过韩非对荀子的师承，与儒家也不能说完全没有关系，但又绝非儒家。

在"儒法斗争"中，对于儒法两家而言，其实都有与杨墨两家的

---

❶ 章学诚：《言公》，见贺长龄编：《皇清经世文编》卷五《学术五·文学》。
❷ 《吕氏春秋·有始览·去宥》。
❸ 罗世烈：《墨家的专制主义》，载《四川大学学报》（哲学社会科学版）1999年第5期。
❹ 马腾：《法家思想之墨学源头》，载《中山大学法律评论》2010年第8卷第1辑。
❺ 王宏：《变法的前夜：秦国墨学与商鞅变法的社会史考察》，载《学术探索》2011年第10期。

相对远近的问题。如果就儒家而言是"杨近墨远",那么就法家而言则可能相反。汉人曾有"杨朱守静,墨翟务时"之说❶。在"周秦之变"的当时,"守静"应该有利于维护周之旧制,而"务时"则近于奔趋秦制之时髦。由此看来,似乎与孟子截然相反,对于法家和秦制而言是"墨近杨远"的。这样,秦以后尽管杨墨两家都近于"中绝",但墨家残留成分似乎多于杨家,也就可以理解了。

这里还要指出,以小共同体权利为本位,绝不是说只考虑某个特定小共同体的利益。这正如现代所谓的个人本位是指我们要尊重每个人的权利,而不是只纵容某个人(如皇帝)自私自利甚至侵犯他人权益一样。所以有人说,儒家主张"特殊主义"而法家主张"普遍主义",是完全说反了。

实际上,杨朱所谓一毛不拔,并非只许某个人保住自己一毛,却可以拔别人之毛。即便在骂他的话中保存下来的吉光片羽里,杨朱的意思也是"损一毫利天下,不与也;悉天下奉一身,不取也。人人不损一毫,人人不利天下,天下治矣"。这就是个人本位的普世主义。小共同体本位也一样。如果说孟子的意思是,"人人亲其亲,长其长",普天下的人都遵循这个逻辑,都在自己的小共同体内,维持一个家长爱子弟、子弟尊敬家长这样一种和谐的格局,这个天下尽管没有近代所谓的个人自由,但在孟子看来也是很理想的天下。这当然也是一种普世主义。

但是,如果说我皇家可以维护家族的整体性,我要把天下传给儿子,要建立皇帝和太子之间的家庭秩序,但老百姓却不能有这种秩序,也就是"爹亲娘亲不如皇帝亲",那就没有普世可言,等于只准我有家族,不准百姓有家族。类似于只准我利己,不准百姓自利,而尽

---

❶ 《三国志》卷39,《蜀书》9《刘巴传》引《零陵先贤传》:"记问之学,不足纪名,内无杨朱守静之术,外无墨翟务时之风。"

刮百姓之利归我,这就是典型的特殊主义,法家主张的秦制就是这种典型。

而墨子当然不是这样,他主张为天下可以抛头颅洒热血,但绝不是只要求他人为天下抛头颅洒热血,而我却可以不抛。所谓普世的大共同体本位,就是天下的利益高于一切,当然也高于帝王。为天下抛头颅洒热血,首先就是要求帝王做到。而在法家看来这不就是弑君大逆吗?所以法家尽管可以利用"墨者",最后还是导致了墨学的消亡。

第六节 周制的危机

一 铁器、牛耕促进了社会的个体性发展

从周制到秦制这个趋势,当然不仅是"思想史"进程。过去讲"唯物主义"讲成了经济决定论,什么都要纳入"生产方式"和"社会经济形态"来谈,这当然很片面,现在似乎也不是主流了。但是我们也不能反过来变成"文化决定论"。周秦之变能够在这个时期成为大势所趋,当然并不是法家那一套比儒家更得民心(法家自己就绝不这样认为,恰恰相反,他们强调的是"政作民之所恶",以后我们还要谈到这一点),但也不仅是法家"逢君之恶",说动了帝王那么简单。秦制能够成功,当然是有物质条件的。

要讲它的经济背景,首先就是铁器、牛耕和当时的交换关系促进了社会的个体性发展。前面说过,在周制那种族群社会,人们不能离开族群存在。在耦耕制下,真正的个体经济很难存活,这时人们有很强的小共同体认同,是可以理解的。后来不同了,农业上开始出现铁器和牛耕,最早是什么时候呢?一般人们都认为铁器在中国产生时间较晚。

现在人们讲,世界史上最早有铁器的是小亚细亚的赫梯古国,在公元前第2个千年纪就发明了冶铁技术。大约公元前1200年左右赫梯

帝国灭亡后,铁器开始向其他地域传播,欧洲用铁器比中国早。我国最早的铁器,有人说在商代有一把斧头,那个刃口就有铁,即所谓"铁刃铜钺"。但是后来做金相分析证明,这个铁不是冶炼出来的,而是用陨铁打的。真正由地球上的铁矿石生产的铁器,一般来讲最早出现在春秋,大量出现应该说是在战国。

我们都知道春秋以前的农业,普遍是耦耕,所用工具是耒耜,属于木石器（木柄石刃）。过去说商周是"青铜时代"——郭沫若有部名著就叫《青铜时代》,❶他根据"生产力决定生产关系"的公式,把石器时代、青铜时代和铁器时代分别当成"原始社会""奴隶制社会"和"封建社会"的基础。但现在我们知道,即便按照这种"生产力标准"说,他的说法也无法成立。很多人认为,青铜时代作为一个"生产力"分期,可以说是不存在的。因为世界各国的青铜器都很少用来做生产工具,尤其是农业工具。原因在于青铜不同于铁,它虽然由于冶炼要求的温度低,而更早被人类使用,但地壳中铜矿锡矿都比铁矿明显数量要少。青铜因而比后来的铁要稀少和贵重得多,一般来讲都是做最高层统治者祭祀、礼仪和奢侈生活用的"礼器",其次是武器,而几乎不用于农具。

中国更是如此,商周时代青铜器虽然高度发达,但并不用于农业。青铜时代的农具往往还是木石器。若把青铜时期作为生产力发展的一个阶段,现在很多人偏向认为不太能够成立。但是铁就不一样了,实际上铁器是真正取代了木石器提升了生产力。中国铁器大概从春秋时代开始零星出现,但数量很少,主要发现于湘中长沙一带。到了战国,铁器开始普及,尤其战国中期以后。从出土情况看,当时的"七国"都有铁器,并被广泛应用到军事和生产中,农业、手工业工具和军队的武器都已使用铁器。尤其是中国古代的冶铁业虽然起步比地中海地区晚很多,但技术发展到这时已后来居上。由于炉温不足以熔化铸造用铁水,欧洲铁器长期处于锻造为主的阶段,而中国很早就提高了炉

---

❶ 郭沫若:《青铜时代》,北京:中国人民大学出版社,2005年。

温,先于欧洲出现铸铁,和锻铁可能同时产生。到了战国,锻铁已可以加工成渗碳钢,而铸铁已经从白口生铁发展为展性铸铁。铁农具的使用使个体家庭可以脱离小共同体的集体耕作。

牛耕何时出现,争议更大。以前人们讲耒耜农业,认为春秋时期是没有牛耕的。但是又有些人说在春秋时代就有了,为什么?他们主要是从几个名字推断的。比如孔子有一个弟子叫冉耕,字伯牛;另一弟子司马耕,字子牛。有人便说这表明牛和耕发生了关系。古人取字,和名有意义上的关联,比如岳飞字鹏举,诸葛亮字孔明。冉耕字伯牛是否意味着牛已经用于耕地?但是持这种观点的人,大概只能用这一两个名字作为论据,而记载这两个名字的《论语》一书提到的只是耒耜耦耕。大家都知道子路跟随孔子周游列国,有一次掉队了,碰到两个农夫在耦耕,就问:"你们看到夫子没有?"两人答曰:"四体不勤,五谷不分,孰为夫子?"❶有关孔子的事迹中提到的耕作,全都是耒耜农业,全都是耦耕,没有提到农夫用牛拉犁的。

无论从史籍的描述还是从考古的发掘,我们还看不到那个时代有牛耕的痕迹。即便牛和耕已经发生某种意义关联,也不一定就是牛拉犁。当时开耕仪式盛行用牛做祭品(牺牲),也可能形成这种关联。因此,很多人都认为牛耕哪怕在春秋那个时代有点萌芽,但是大量出现还是在战国以后,甚至一直到秦,牛耕都不是很普遍。而到了汉,牛耕就开始普遍了。❷

铁器、牛耕使得生产力提高,社会关系中的个体性开始发展,族群共同体有了解体的可能。而商品货币交换的发展则是更重要的条件。因为个体小农不可能自给自足,没有交换,人们是不可能脱离共同体的。殷商和西周只有以物易物的记载,考古虽有无文铜贝出土,只能

---

❶ 《论语·微子》。

❷ 关于铁器和牛耕的出现和广泛使用,可参阅翦伯赞主编:《中国史纲要》(修订本)上册,北京:人民出版社,1995年,第62、108页。

汉代牛耕画像石

算雏形货币。相比过去被认为是"奴隶社会"的古希腊－罗马货币经济的高度发达，商周的"自然经济"往往被看成否定那时是奴隶社会的论据之一。春秋前期虽有"周景王铸大钱"的说法，❶号称是我国史籍中第一次有铸钱记载，但考古从未发现过可以证实为这种"大钱"的东西。应该说即使有这种钱，当时也作用不大。

但是春秋晚期，各国铸币就开始活跃起来，到了战国，商品货币经济进入了中国历史上第一个繁荣期。刀币、布币、蚁鼻钱、圜钱等贱金属（铜）币分别在各国流行，可观的考古出土量表明当时货币交换的活跃。以郢爰为代表的贵金属（黄金）也以称量或雏形制式货币形式进入流通。随着秦汉第一帝国的统一，以秦半两和汉五铢为代表的统一货币在帝国全境广泛流行，其规模堪比罗马帝国的塞斯退斯。尤其是汉五铢的发行量之大，直到唐宋的铜钱都罕有其匹。由于出土量太多、分布地又广，以至今天古董市场上，普通汉五铢以历史如此久远的古币，估价竟不如唐宋明的近古主流货币。当时以货币计价的

---

❶ 《国语·周语下》。

土地、奴婢市场的发达也远远超过先秦，这种所谓"古典经济"的活跃曾在当年的"古史分期"争论中，成为秦汉（而非三代）才是"奴隶社会"的有利论据。

铁器、牛耕与商品货币关系的发展对上古亲缘 – 熟人共同体的解构作用，应该是个世界性现象，这不难理解。但是，经济上"单干"一定会导致社会组织解体，这种"经济决定论"逻辑却未必成立。

即便作为经济单元的小农家庭已经取代了井田、耦耕式的小共同体经济，观念上的小共同体认同乃至社会组织上的小共同体纽带仍然可以在个体家庭之上存在，并保持强大的活力。以小农农业为基础的村社、采邑、宗族共同体组织广泛存在于包括中世纪欧洲在内的世界各地，我国清代的东南地区小农经济已经历时两千年，以祠堂、族谱、族庙公产为体现的功能性宗族组织却不断发展。然而，在我们下面将要讲述的秦汉帝国时期，小共同体的瓦解和民间社会的"原子化"却曾达到惊人地步，这显然是经济决定论无法解释的。

为什么这种基于族群社会的小共同体一度瓦解得这么干净，民间被如此"原子化"？除了经济条件外，更重要的还是政治因素。

春秋战国时代是延续四百多年的一个战乱时代。所谓"春秋无义战"，"争地以战，杀人盈野；争城以战，杀人盈城"。这一段持续的战乱使中国的政治格局发生了很大变化。简而言之，那个时候出现了一个"大鱼吃小鱼，小鱼吃虾米"的淘汰过程。最终由所谓的西周八百诸侯，变成了春秋时代的几十个诸侯国，又变成了战国时代的所谓七雄，最后七雄通过血腥的兼并，秦建立了大一统帝国。整个过程中，各国面临的最大问题就是举国全力去打仗，要在武力兼并中胜出。这就需要实行"全民皆兵""兵农合一""耕战合一"，把全国变成一个君王严密控制的大兵营，"民中有一户，军中有一丁"。❶

---

❶ 参见杜正胜：《编户齐民：传统政治社会结构之形成》，台北：联经出版事业公司，1990年。

而这种"编户齐民"之制的直接敌人,就是那种"为父绝君,不为君绝父"的小共同体。晚清思想家严复,认为周秦之变的实质在于把"宗法社会"变成"军国社会"。❶ 而追求"军国主义",就必须实行一种独特的"个人解放",即严复所谓"言军国主义,期人人自立"。❷ 这个"自立"当然不是近代意义上的个人自由,只是要使个人摆脱小共同体的束缚而接受皇权的桎梏,充当"君之忠臣,父之暴子",为效忠皇上而不惜坑亲杀熟。

这种"军国主义",就是君国要尽可能地强化控制,集中人力、物力与他国一争雌雄。春秋特别是战国时代的战争经常规模很大,动辄有几万、几十万人参战,而那个时候的国家人口都不多,要穷兵黩武,以全国洪荒之力来"问鼎""逐鹿",就需要一种集权化的变革。这种集权化要消除"鲁人从君战,三战三北……仲尼以为孝"的事情存在。因此在强胜弱败的淘汰过程中,这些国家的社会结构发生了很大的变化,用当时的话来讲,叫作"高岸为谷,深谷为陵",礼崩乐坏,国灭世绝,所以孔子才要提出"兴灭国,继绝世",就是"天下无道,则礼乐征伐自诸侯出",更严重的是礼乐征伐自卿大夫出,"陪臣执国命"❸。那个时候周制这一套已有的规则全乱了,诸侯不把天子放在眼里,卿大夫不把诸侯放在眼里,士又不把卿大夫放在眼里,人们已经不管这些宗族的高低了。大家佩服什么呢?只佩服军国,只佩服武力,只佩服强权。

这种状况自然不是一年两年造成的,也不能说只是商鞅、李斯这些人设计出来的。事实上,最早的秦制萌芽可能在殷商时代已经产生。殷

---

❶ 严复:《政治讲义》,载王栻主编:《严复集》第5册,北京:中华书局,1986年,第1245页。严复认为周秦之变把这一过程完成了一半,另一半有待于当时的改革。而当时学界指出商鞅变法为军国主义导向者,不乏其人,兹不赘举。

❷ 甄克思著,严复译:《社会通诠》,见《严复合集》编辑委员会编:《严复合集》第12册,台北:辜公亮文教基金会,1998年,第145—146页。严复说的是晚清改革,但如前所述,他认为这是周秦之变的未竟之业。

❸ 《论语·季氏》。

商虽然总体上仍然属于小共同体本位的"三代"之制，但在盘庚迁殷后，连年发动大规模征服战争，抓来大量俘虏——这些俘虏并没有成为私有的奴隶财产，而是控制在国家手里用作"牺牲"——同时发展起规模惊人的巨墓大陵大量殉人之制。这些都需要强化"霸道"，大规模集中人力物力。这种大共同体的雏形就与当时的方国封建之制产生矛盾，然而其发展壮大的历史条件还不具备。史载殷纣王（帝辛）拘囚诸侯、残杀宗臣，结果造成大乱。周武王姬发联合众多诸侯举兵"革命"，推翻了殷纣并正式"封建诸侯"，后来的"周公制礼"更把周制推到了峰期。

但是殷纣对"封建"的挑战并没有根绝。史载殷纣的大将（不是封臣）飞廉是嬴秦之祖，他与周作对，被周公所杀。但是他的部族则被西迁到朱圉（今甘肃甘谷），成为西周王室无封号的低级臣属。❶到了西周孝王时，这个部族的首领非子为周王养马得法，受到奖赏，受封秦邑（今甘肃清水），成为周王附庸。公元前822年，秦庄公成为诸侯，建都西犬丘（今甘肃礼县），公元前677年秦迁都雍（今陕西凤翔），在雍建国长达294年，到进一步东迁栎阳时，秦已经成为强国。

1977年以来，在雍城开始进行系统的早秦考古，近十余年已扩展至甘肃甘谷、礼县的秦人更早发祥地。结果发现这些遗址普遍规模惊人，而且从西周时期就开始出现与殷商传统有关、严重违背封建周制等级的巨墓大陵。其中秦公一号大墓（一般认为是秦景公墓）比河南殷墟侯家庄殷王陵要大10倍以上，是中国历来已发掘的最大陵墓，而且人殉多达186人，为中国有史以来发掘的帝王陵墓中殉葬人数最多的一座，不仅为西周文明所未见，也超过了以残忍的大规模人殉著称的殷商王陵。❷过去人们认为秦继承了西垂犬戎的野蛮遗风，现在考古界认为殷商末期才是"暴秦"传统的由来。而且秦陵逾（周）制违（周）

---

❶ 《清华简〈系年〉》第三章："成王（践）伐商奄，杀飞廉，西迁商奄之民于邾（朱圉），以御奴之戎，是秦之先，世作周（仆）。"

❷ 王恩田：《关于殉葬问题的再认识》，载《齐鲁学刊》1983年第1期。

人殉之最：秦景公墓（秦公一号大墓）

礼其来已久，未封诸侯时已逾公制，封公之后更逾越天子规格，可见其不臣之心。❶

　　早秦考古发现的另一个特点是：与西周、春秋时代"金文"盛行，各国除诸侯外，贵族青铜器也多有铭文发现不同，早秦乃至先秦秦国考古所见的秦公钟、秦公镈、秦石鼓等有文字的器物全属于国君，而贵族的青铜器虽也颇有发现，却全无铭文。考古学家由此认为"秦文字几乎被国君垄断，贵族难得一见"，"贵族的带字器物极少见，几乎没有"，"这可以说明春秋时秦国君的集权，也说明当时秦贵族的文化欠发达"。❷秦君早在那时就既不把周天子放在眼里，又公然把贵族视同奴仆，缺乏礼遇，愚民政策愚到了贵族头上。后来法家的那一套在这里登峰造极，也算其来有自了。

---

❶ 参见梁云：《战国时代的东西差别——考古学的视野》，北京：文物出版社，2008年。
❷ 早秦遗址考古项目负责人梁云教授与笔者的微信，2023.1.2-3。

秦青铜器：有铭文的秦公镈

秦青铜器：无铭文的贵族器物

二 "军国主义"假手"伪个人主义"战胜家族主义

在这种情况下,就出现了"军国主义"假手"伪个人主义",内外合力解构了西周时代的家族主义和小共同体认同。一方面,小共同体内部礼崩乐坏,产生个体离心倾向;另一方面,君主使用高压,粉碎了小共同体的自治功能,让皇权可以"一竿子插到底",直接控制"编户齐民",改变那种"主人的主人不是我的主人"的状态。周天子做不到的事,秦始皇就能够做到,因为他打破了小共同体及其认同。

因此就出现了所谓的"家天下"这种制度。儒家的理想本是反对家天下的,这是晚清共和思想能够在中国传播的一个很重要的根源。当时很多改革派士大夫,一讲共和就说这符合儒家的理想和"三代"的仁政。因为儒家是反对传子的,儒家本是主张禅让的,禅让就是传贤,传子很不道德。尤其是中国没有君主立宪的环节,直接建立了共和国,这一点很多人都说和儒家的观念是有关的。此前在法家的强制下,人们被迫接受了家天下,包括儒家当时也承认国家要有皇帝才行。一旦这个束缚被打破,很多人直接就从儒家本来固有的观念想到,国家不应该是皇家继承的,而应该是由贤人来治理的。可是实际上,早期儒家的传贤或者禅让,和近代的共和制度完全不是一码事。

如果我们从历史上看,原始政治其实都带有家长式或者亲族式的特点,可能古往今来都类似。尽管明确的传子规则形成的时间比较晚,像殷商大部分的王位继承都是兄终弟及的。周秦时代才比较严格地实行传子制度,但是传贤禅让的说法,在先秦时代尤其是在上古夏商周这三代也很少见。那个时代的典籍中并没有传贤禅让的说法,因此以后"古史辨学派"形成了层累地造成的古史观❶,说这些故事都是以后才有的。

---

❶ 古史辨学派是20世纪20年代顾颉刚先生领衔开创的一个研究中国古史的学派,核心观点或方法即是"层累地造成的古史观",可参阅顾颉刚:《古史辨自序》,北京:商务印书馆,2011年。

这种故事为什么会产生？很可能是由于先秦的原始儒家不满于当时礼崩乐坏的现实，而把远古政治理想化的结果。虽然古史辨派这一套说法，我们不见得完全接受，但是认为以后的说法附会了很多想象和借题发挥的成分，应该说还是成立的。因为我们看到所谓的"传贤"，并不是民主选举，即使按照后来的说法，也没有说尧传天下于舜、舜传天下于禹，是通过民主选举还是竞选，这当然都是没有的。当时的"禅让"，其实就是我把权力传给我靠得住的接班人，有两层含义：第一，不是耗到自然退出，而是主动让贤，第二，虽然不是我的儿子，但也不是民选的。这当然不是民主政治，但它也不是强权政治。因为在当时的小共同体本位时代，还是有所谓的"父父子子"，共同体越小，权责就越容易对应。

在小共同体本位的族群中，传贤还是传子，其实并没有本质的差别。在"率其宗氏，辑其分族，将其类丑"的亲缘－熟人群体中，即使不传子，也不会传给一个小共同体之外完全无关的人。因为那个时代本身就是一个族群社会，而且西周时代的国人基本是一个亲族团体。不传子，也无非就是传给亲族侄弟等。反过来讲，即使是传子，在当时不是"天高皇帝远"，而是族长治族的小圈子里头，也必然带有些类亲情的伦理色彩，在一定程度上形成权责对应，不可能像陌生人社会中的专制者那样冷酷残暴，不可能像后来的皇帝一样不识臣下，造成"天高皇帝远，民少相公多"的状态。因此可以说，儒家这个所谓"传贤"的概念，是对传子的一种抨击，实际上反映了在周秦之变的过渡阶段，人们怀念周制、敌视秦制的一种价值观。

在早期的族群社会里，传子和传贤这两者其实没有太大的区别，不传子也是要传给血缘共同体内部的人，很少传给一个我们今天讲的外姓人，即完全和我们团体无关的人。传子，也要挑贤的、挑能成大业维护周制的人。在熟人社会，很少有那种完全不顾亲情的做法。因此，实际上禅让传贤这一种观念是在出现了家天下以后才有的。这个家天下的重点并不在于传子，而在于它是用这样一种方法来统治陌生人社会，来统治一个非常庞大的、人们没有直接亲缘关系的"率土之滨"上的所有人群。

这样一种方式在当时被认为不合伦理，因此促成了一种所谓"禅让制"与家天下的矛盾。实际上，这背后还是小共同体本位和陌生人构成的一个大共同体之间的矛盾。"家天下"这种概念，只有在突破了小共同体本位以后的陌生人社会，才会有意义。当然主要是那些不满现状者，在负面的意义上使用这个概念。在战国时期，使用这个概念的有儒家，也有墨家，他们都认为家天下很糟糕，原因就是上述背景。

三 小共同体解体的两条不同路径

实际上无论中西，最早的政治都不是原始民主。以前我们讲的历史唯物主义史观，往往说专制和私有制有关。恩格斯有一本书《家庭、私有制和国家的起源》，其中就强调这一点。而在原始社会，因为没有私有制，所以也就没有专制，便说那个时代是原始民主。但是这套理论其实产生得很晚。即使是马克思、恩格斯，他们早年也没有这种观念。这种理论是以摩尔根为代表的一些人类学家提出的，后来被恩格斯所接受。实际上连马克思本人在接触摩尔根的学说以前也没有这种观念。❶ 接触以后，马克思大量阅读人类学资料并做了很多摘要笔记，显然他在思考，但直到去世他也没有正式发表什么"原始社会"的研究。至今没有证据表明，马克思去世后恩格斯写的那本书能够代表马克思的看法。

人们一般认为，对权力的服从就意味着在群体中存在等级秩序。这可以说在动物世界就有，人类的初民社会也是这样。

---

❶ 恩格斯：《家庭、私有制和国家的起源》，中共中央马克思恩格斯列宁斯大林著作编译局编译：《马克思恩格斯选集》第四卷，北京：人民出版社，2012年，第12—195页。恩格斯该作本有副标题："就路易斯·亨·摩尔根的研究成果而作"，"摩尔根的研究成果"指其名著《古代社会》。

人们一般认为，早期的社会都有个大家长，人们都听他的，这和私有制并没有什么关系。就连动物中也有蚁王、蚁后、工蚁、兵蚁之类的分工，羊群里头也有头羊，狼群里有头狼，头羊好像也不是羊群民主选举出来的，以此类推。很多人都认为中西最早的政治都不是原始民主，而是家长式的亲族政治，也就是所谓的"王道"或者"王政"。这个"王道"肯定不是民主，但"王道"又不是专制霸道，原因就在于它蒙着一层伦理色彩，是在小共同体本位的基础上产生的，具有"父父子子"这样一种外扩的亲情。后来的儒家认为秦始皇那样搞就不行，那叫作"霸道"。儒家理想中的三代那一套东西叫作"王道"。❶

我们现在的一些古史家也用这个词来讲希腊－罗马的早期，即所谓的"王政时代"，用希腊语讲就是 Basileus（βασιλεύς），用拉丁语讲就是 Rex（复数：Reges），从某种意义上讲和西周是类似的。所以现在也有人讲，前古典时代的希腊－罗马也是封建社会。曾经有一位中国学者写文章说，西方的古史学家堕落到了认为封建社会在奴隶社会之前的地步，意思就是有西方人认为 Basileus、Rex 这个时代属 feudalism（封建），feudalism 不是在古典时代之后，而是在其之前。

说来这种王政，实际上是个相当普遍的现象。由禅让而家天下故事发生的背景，就是小共同体本位社会演变为一种陌生人构成的大共同体本位社会。因为王道政治的特点是"长者政治"，这是我发明的一个名词，就是说小共同体的统治者像我爹，他和我不是平等的，但他也不会是个暴君，而是一个像我爹一样的长辈关心爱护我，这是一种类似"父爱"的"长者政治"，古儒所谓的"仁政"也就是这个意思。孔子所谓"能近取譬可谓仁之方"❷，孟子所谓"仁政必自经界始"❸，其

---

❶ 汉宣帝曾说："汉家自有制度，本以霸王道杂之，奈何纯任德教，用周政乎！"《汉书》卷9《元帝纪》，第277页。先秦儒家推崇王道，法家实行霸道。

❷ 《论语·雍也》。

❸ 《孟子·滕文公上》。

实都是说这种长者政治必须以尊重小共同体为条件。

而统治半径一旦扩展到大范围陌生人中,"长者政治"一旦维持不下去,会有两种可能。一种是民主选举,既然没有爹了,或者说在陌生人社会里爹的话不管用了,我们就大家商量着办事,或者大家推举出一些代表我们的人来办。另外一种可能是"有枪便是草头王",不管爹不爹,谁厉害就怕谁,谁的拳头硬就听谁。于是政治演变出两种分化:一种是由"长者政治"变为"公共政治",即民主政治,就是所谓从王政到共和,例如古希腊-罗马;一种是由"长者政治"演变为"强者政治",就是所谓从王道变霸道,例如马其顿。中国的周秦之变属于后者。

第二章

周秦之变：
从族群社会到编户齐民（下）
—— 法家的兴起与"百代都行秦政制"

当周制这样一种"人人亲其亲,长其长,而天下平"的制度衰落下去以后,自主的个人主义并没有兴起,而是与民本的普世主义和小共同体本位的周制一样,都走向了衰亡。而这个时候兴起来一种个人主义和国家主义。这种个人主义不是杨朱的个人主义,而是一种"伪个人主义"。为什么说"伪"个人主义呢?因为在皇权操控下宗族瓦解,个人从小共同体中解脱出来,结果却不是使人真正独立,而是让人成为皇权的工具。讲得简单一点,就是让大家斩断血缘纽带,六亲不认只认皇上。为了皇上可以赴汤蹈火,但是不能为了父亲去做皇上不喜欢的事。这就是把之前讲过的儒家命题"为父绝君,不为君绝父"倒过来了。

秉着这个目的,法家是鼓吹这种个人主义的,另一方面,君权至上的"军国主义"也膨胀起来。这么一来,就从两个方面对小共同体为本位的周制形成了一种解构。将君权至上的军国主义和皇权控制下的伪个人主义贯彻到一起的,就是战国后期乃至秦兴盛起来的法家学说。

第一节 法家的兴起及其主张

在周秦之变中,毫无疑问,法家学说是代表秦制的一种价值观,而儒家学说是代表周制的一种价值观,所以周秦思想博弈又集中表现为儒法的冲突。这个冲突在秦汉时代基本上被压下去了,等于是解决了。所谓"解决",当然是表面上的解决,底下隐伏的一些东西并没有完全退出,而在以后的历史中又不断地在一些关键点上被翻出来。

法家这种思想，其实在春秋时就开始出现，《管子》这本书已经有这种思想的影子❶，到了战国逐渐发展。现在有人说法家是来源于道家❷，又有人说法家是来源于儒家，因为有荀子这样一个过渡式的人物❸。其实，先秦"诸子百家"本身相互影响、相互渗透是常见的，各家之间没有那么清晰的边界，但各自的基本源流还是清楚的。春秋战国之交已经产生了法家的先驱：子产、李悝以及《管子》的作者（未必是管仲本人）等。但真正的法家，一般是指公元前4世纪的以下三人：第一位自然是商鞅（约前390—前338），他行"法"：一号令，严赏罚，集君权，实现"强国弱民"。第二位是申不害（约前385—前337），他重"术"："独视""独听""独断"。"术者，因任而授官，循名而责实，操杀生之柄，课群臣之能者也，此人主之所执也。"❹第三位是慎到（约前395—前315），他主"势"："握法处势"，"贤智未足以服众，而势位足以屈贤者"❺。韩非则是把"法""术""势"融为一炉，成为法家思想的集大成者。我觉得法家思想是在周秦之变的历史大背景下，在军国主义盛行的环境下，在多国家、多源头产生的。在秦国当然表现得最集中、最张扬，有两本书，应该说是最典型反映这一套理论的，就是《商君书》和《韩非子》。

一　法家是什么？

现在流行一种说法：东方文化是强调性善论的，因此可以设想有一

---

❶ 《管子》的成书较为复杂，据考证，其篇什有成于战国秦汉者。
❷ 其实，司马迁在《史记》中就将老子、韩非并置于"列传"，说申不害，"申子之学本于黄老而主刑名"；说韩非，"喜刑名法术之学，而其归本于黄老"。见司马迁：《史记》卷63《老子韩非列传》，第2146页。
❸ 众所周知，荀子是先秦儒学的重要代表人物，但他与孟子主张"人性善"相反，标举"人性恶"。法家李斯、韩非都出自荀子门下。
❹ 《韩非子·定法》。
❺ 《韩非子·难势》。

个伟大君主，他全心全意为老百姓服务，他是圣人，老百姓一切都听他的。而西方人是性恶论者，他们往往把人想得很坏，因此他们对领导人不够信任，认为"总统是靠不住的"❶，这样就会提出权力制衡、三权分立之类的制度。这些推导不是没有一点道理，但逻辑上完全构不成"充要条件"：性恶论难道就不可以导出"臣民是靠不住的"，并得出皇权不受制约的结论吗？

把性善论还是性恶论直接对应于专制（人治）还是民主（法治），肯定大谬不然。性恶论当然可以推理出王者会自私，因此需要制约，但难道不可以推理出百姓都是刁民，因此需要从严管教吗？霍布斯用性恶论为专制立据，而洛克正是以反驳这种性恶论，或者也可以说是以性善论，来论证"父权自然，王权不自然"，论证人民有能力自治、有权利对抗王权，从而推出他的共和主义。

有人提出要"为法家正名"，他们说儒家性善论是"德治"，有利于专制，而法家认为人性绝对是恶的，这虽然未必会导向民主，但总有利于"法治"。他们还说，法家反对贵族特权，主张"王子犯法与庶民同罪"。❷

这种说法完全没有根据。不错，在周秦之变中主张维护贵族特权的，主要是要求"兴灭国、继绝世、举逸民"的儒家，就像1215年在英国，维护贵族特权的也是逼迫国王承认"大宪章"的那些人，而不是力图消灭贵族的国王。法家确实极力打压乃至试图消灭贵族特权，但是法家打击贵族特权是为了维护皇权，而不是为了维护民权。至于"王子犯法与庶民同罪"，这句话作为文字出现，可以查到的最早出处是清乾隆年间的《野叟曝言》，作为民间俗语应该更早。这种观念发生于近代西学传入前，体现了中国传统中一种"应然"理想，确实是今

---

❶ 林达：《总统是靠不住的》（第3版），北京：生活·读书·新知三联书店，2013年。
❷ 张千帆：《为法家正名》，伦敦金融时报中文网 https://vip.ftchinese.com/story/001094272

天有利于实行法治的一种"本土资源"。然而它与法家有何关系？哪个法家说过这种话，甚至主张过类似思想？

很多人引《商君列传》为据："太子犯法。卫（商）鞅曰：'法之不行，自上犯之。'将法太子。太子，君嗣也，不可施刑，刑其傅公子虔，黥其师公孙贾。"❶ 真是太可笑了，这里明明讲的是王子犯法、别人顶罪，与"王子犯法与庶民同罪"不是恰恰相反吗？儒家就算承认"刑不上大夫"的特权，也不会主张大夫犯罪可以杀庶人来背锅吧！

当然，如果触怒皇上，不但太子可杀，皇后也可杀，贵族更不在话下。真按法家理论，皇上要杀个宰相就跟杀个乞丐一样，没啥不行。在这点上法家确实讲"平等"。这就是商鞅所谓的壹刑："所谓壹刑者，刑无等级。自卿相将军以至大夫庶人，有不从王令、犯国禁、乱上制者，罪死不赦。有功于前，有败于后，不为损刑；有善于前，有过于后，不为亏法。"❷ 这句话也常常被引证来说明商鞅对"法治"的贡献。但是请注意：商鞅这里讲的根本不是法律条文的权威，他这里甚至没有用一个"法"字，而只是讲"王令"。什么叫作"朝令夕改"？什么叫作"前主所是著为律，后主所是疏为令"？一个红头文件就可以推翻宪法，皇上一句话比一万条法律都管用。哪怕你再"有功于前""有善于前"，皇上说杀就杀，"所憎者，曲法灭之"。真是"平等"得很哪！

但那是在皇威、皇权面前人人平等，而绝不是在法律（哪怕是皇上自己立的法律）条文面前人人平等。这不是清清楚楚的吗？这种对任何人都不手软的专断权力有时也的确管用，比方说战场上"违令者斩"的督战方式，有时真能稳住阵脚，但与"法治"（无论怎么定义的法治）有关系吗？

法家确实善于罗织"法网"，不但对百姓，而且对贵族，甚至不妨说对他们自己都构成了威胁（商鞅最后不就"作法自毙"了吗？）但

---

❶ 《史记》卷68《商君列传》，第2231页。

❷ 《商君书·赏刑》。

是法家独尊皇权，不但"执法"唯上意，而且"立法"如儿戏。就前者而言，西汉著名法家酷吏杜周的一句名言流传千古："三尺（法）安出哉，前主所是著为律，后主所是疏为令，当时为是，何古之法乎？"❶法是皇上定的，皇上说啥就是啥，哪怕皇上他爹说的，皇上也可以对着干！不要说这只是杜周的发明。该说法上承"法后王"，下接"祖宗之法不足守"，是有传统的！

立法如此，执法呢？有道是"上心莫测"，喜怒无常，而"法吏"照着皇上（甚至皇上授权的"上级"）意思来就行——他们治理国家的标准其实并不是法律，当然也不是儒家所谓的道德，而是皇帝的眼色。"不循三尺法，专以人主意指为狱"；❷"所爱者，挠法活之；所憎者，曲法诛灭之"，❸为了迎合"人主"，什么"挠法""曲法"、玩法、枉法的事都可以干。名气更大的法家酷吏张汤，也是"上意所欲罪，予监史深祸"，"上意所欲释，与监史轻平"❹。上面要整这个人，即使按照他们制定的法律这人没有罪，也要把他弄死。如果上面要保他，即使他明明犯了法，也可以受到包庇。

有人说这是些"酷吏"，按司马迁的说法，酷吏确实是出自"法家"实践，但法家并非尽是酷吏，两者还是有"异同"的。❺这是一种典型的"人治"之说，皇帝有好坏，法家人品当然也有好坏。但制度的问题不能这样化解。其实就像上引所言，商鞅本人就是这样执法的，夫复何言？

执法的随意其实来自"立法"的任性。有人说，法家固然忽视道德，但强调"守法"。还有人说，法家虽然残酷、专制，但"恶法亦法，胜

---

❶ 《汉书》卷60《杜周传》，第2659页。
❷ 《汉书》卷60《杜周传》，第2659页。
❸ 《史记》卷122《酷吏列传·周阳由》，第3135页。
❹ 《史记》卷122《酷吏列传·张汤》，第3139页。
❺ 张钧涛：《〈史记〉法家人物与酷吏之异同剖析》，载《渭南师范学院学报》，2017年，总32（13）期。

于无法"。这些说法我都无法苟同。

其实历史上但凡提到"法家",都是以"变法",而非"守法"著称。从"商鞅变法"上溯李悝、吴起的"变法",下延并不自称、却被后人封为法家的王安石"变法"、张居正"变法"等等,莫不如此。当然,论及这些,辩护者总是说:"变法"是进步的,"守法"是保守的。但是,"法治"的本来意义不就是程序至上吗?如果为了"进步"就可以乱来,那和为了"纲常"、为了"革命"就可以乱来,有什么不同?

法家强调皇权无限,这就在本质上决定了立法随意。拿《商君书》来说,开卷头两个字就是"更法",往下检索,依次提到"法"的文字是:"正法之本""变法以治""变法之虑""苟可以强国,不法其故""今若变法""制法之人,不足与论变""何古之法?"等等,绝大部分都是要改变成法,而不是要守法。谁可以变法?皇帝,以及皇帝宠信的几个秘书,他们想怎么变,就怎么变,不需要经过议会,不需要咨询元老,不需要上朝讨论,更不需要民众同意。他们公开说:"成大功者,不谋于众","制法之人,不足与论变,君无疑矣"。他们可以变"古之法",变"先王之法",甚至变昨天刚立之法。而相反,从该书依次检索出来"不变法而治""据法而治""法古无过"等"守法"之语,全部来自反对法家的"保守派"。

最有名的一些"变法"手段,大都匪夷所思。以秦为例,前有商鞅的"徙木立信",后有赵高的"指鹿为马"。人们往往称赞前者而指责后者。商君是强秦首功,赵高是亡秦首祸。商君是贵族"公孙",赵高是刑余小人(就算没有刑余,"世世卑贱"也史有明载)。其实我已经论证过,这两者本来是同一类事例:❶ 都是推出一件荒腔走板的胡闹,用不择手段的权力,通过威胁利诱要人"信"——不是相信"法治",而是相信权力可以无限任性。

在"徙木立信"这个故事里,商鞅要做些通常让人难以置信的事,

---

❶ 秦晖:《从商鞅"徙木立信"到赵高"指鹿为马"》,https://ipkmedia.com/125169/

害怕老百姓反对。——请注意，不少人声称反对"商鞅变法"的只是贵族，老百姓是拥护的。可是太史公明明说的是"恐天下议己""恐民之不信"，这"天下"和"民"不会只是贵族吧？

照理说，既然大家对你难以置信，你就该做几件好事让大家看看，好争取民心，可是商君大人不这么想。也是，商君又不是民选总理，用不着在乎选票，讨好民众。相反，《商君书》中充满仇民、憎民、蔑民的话语，甚至主张"政作民之所恶"，不作民之所乐，我就是要做百姓痛恨的事（当然，得是皇上高兴的事），而绝不做百姓高兴（皇上或许不高兴）的事！所以你想，商鞅会在乎百姓的信任吗？他只要百姓服服帖帖——所谓"立信"，并不是信任，而是相"信"我什么都做得出来，从而只能无条件屈从于我。

怎么才能做到这一点？商君的妙计是：你们不是怀疑我的做法违背常理吗？我就偏要做一件最不合常理的事让你们看看！

"徙木予五十金"之不合常理，是大家都知道的。问题是：今天很多人无法想象其荒唐乖戾的程度，总是想把它解释得稍微合理，至少荒谬程度小一点。于是今人往往会把"徙木"的难度放大，而把"五十金"的价值缩小。

比如有人说，这里的"金"不是真金、黄金，而是铜；还有人说这"五十"不是五十斤，而是五十两，甚至只是五十铢。这些当然是不经之论。战国秦汉间黄金不仅"为币"，而且当时还严禁"伪黄金"，以铜鎏金作伪要处严刑，甚至黄金成色不足都有惩罚。金铜不分怎么可能？当然，金铜既然都是货币，等价（绝不是等重）的黄金与铜币是可以互兑的（常引的汉价是"一金万钱"）。秦汉史籍中确有以金计值而实际以官定兑价付给铜钱的记录，但是商鞅此举并无这种迹象。就算有，这种等价兑换也不影响其赏额惊人到不可思议的程度。

更清楚的是，那时金衡通常称镒、称斤，而绝不称两。《史记》注引臣瓒曰："秦以一镒为一金，汉以一斤为一金。"盖汉以前以镒名金，汉以后以斤名金也。镒者二十四两，斤者十六两也。《汉书·食货志》

也说：秦时"黄金以镒为名"。除了24两为一镒外，史载还有20两（赵岐）、30两（郑玄）为一镒之说，总之一镒比一斤更重是无疑的。而黄金称两，则是东汉以后尤其近古才流行的——这就是经济史上有名的"汉金消失之谜"。30年前我就在《历史研究》上长文详论过此事。❶学界前贤，如彭信威先生早在民国时期的《中国货币史》上也论及于此，当代学者如胡珠生、李祖德、杜劲松等也屡论之。所以，太史公记述商鞅重赏"五十金"，应当是秦时的五十镒黄金。但为了保护读者的下巴不被惊掉起见，姑且少算一点，权当作太史公时代的汉制五十斤吧。如果不能证明太史公是昏了头乱写，那"五十金"至少也得是五十斤（时衡）黄金，断不能强作他解。

除了贬低赏格，更多的人是加大"徙木"的难度。太史公文中明明说的是"国都市南门、北门"，后来却被有的人想象成国都的南、北门，事情就显得不那么荒谬：把三丈之木（三丈就是十米长，似乎不是个小木头）从城南搬到城北，听起来还是挺费力的，给十斤黄金（尽管当时的斤只有今斤的一半重，十斤黄金还是很惊人了）的重赏虽显过分，好像还不是太荒唐。但是，扛起这么重的木头从南到北穿过整个都城这么长的路，为什么初时百姓对这十斤之赏都不信？难道秦廷的信用已经破产到如此地步了？商鞅入秦之前，秦的动员力就那么不堪吗？

要知道，秦国并不是商鞅执政后才成为强国，早在春秋时的秦穆公就已跻身"五霸"，商鞅入秦之前，作为战国七雄之一的秦又比春秋时更强，只不过还无力一统天下而已。如果秦人都不把朝廷的话当回事，国家动员力几为零，在战国背景下秦还不早就被灭掉了，它怎能长期成为强国？

略加考辨就明白了：其实这次国人之所以不"信"，就因为商鞅此举在常人眼里实在匪夷所思。首先，当时度量衡不同于现在，先秦的

---

❶ 秦晖：《汉"金"新论》，载《历史研究》1993年第5期。

一丈约当今丈之半强,若长宽高之比不变而取立方比,"三丈之木"的体积、重量仅约今天概念的八分之一,对男子汉而言应当不过是根随手可移的木杆而已。

其次,所谓"国都市南门"决不能妄删一字,当成国都南门。明显它并不是城门,只是"市门"而已。要知道,当时不像宋代以后才有的城里的街市,先秦时城里做买卖的地方只是一道或几道"市墙"圈起来的市场,日中为市,定时启闭。后来唐长安的东西二市和汉长安的九市,就是历史上"闤市"之极,其实也没多大,何况先秦。

更何况,商鞅执政之初的秦都并不在后来的秦咸阳,而在规模很小的栎阳城。加上秦历来只重"耕战",以商为"蠹",买卖人都被打入"市籍",视同贱民,因此栎阳小城中的"市"不会比今天县城里一个农贸市场大多少。对一个壮汉来说,把一根不重的木杆从市场南头移到北头,比"吹灰之力"也多费不到哪里去,就这能值十斤黄金之赏?你当这是持戈陷阵杀敌斩将啊?

太过荒唐,无怪乎没人信了。

而无人相信之际,商鞅居然又把重赏一下提高五倍,达到黄金五十斤——很可能还是五十镒,即相当于今天的13~25公斤,就算秦汉"多金"而后世不及,这么一堆黄灿灿的金子也太吓人了吧?吓人到什么程度?我给你联想一下:秦汉都有战场上斩首赐爵且爵可定价之制,秦的价码无考,西汉的价码相当于斩首一人值十七金(中井积德据《平准书》考)。假设"汉承秦制",那就相当于把这木杆在市场里挪个位置,等于在两军相搏你死我活的战场上连斩三个敌军,这是连晋三爵的大功啊!

拿个木杆穿过市场就连晋三爵?这是什么意思啊?不就是显示权力万能,我大权在握,什么荒唐事我都做得出来,你们服不服?!

果然,有个愣小子拿起木杆,大步流星从市场这头走到那头,人们正等着看笑话呢,不料商鞅立即兑现,真的给了愣小子五十斤黄金!愣小子狂喜万分,秦民无不惊掉了下巴:乖乖,这公孙鞅大人果真是权力万能啊,这么荒唐的事,他就是做得出来,服了服了!

后来,据说公孙鞅真用这一手驯服了秦人,绝大多数秦人丧失了思考和判断能力,就像《商君书》所主张的"愚民"("民愚,则知可以王"),成了指哪打哪的机器。公孙鞅就此立下盖世之功,受封成了商君。

但几年后,商鞅在秦制内的党内斗争中失势,落荒而逃又撞在自己立下的锢民苛法中,"作法自毙"。如此暴秦功臣,竟被五马分尸而惨死。然而,秦民经商君"蒙启"之后,已经习惯于"服了服了",对此绝无异议。于是商君虽死,秦制益张。

直到后来出了个赵高,他"指鹿为马",什么意思?不也就是显示权力万能,我大权在握,什么荒唐事我都做得出来,你们服不服吗?

当年那个愣小子带头服了,立得重赏。后来绝大多数人都服了,当权者指鹿为马,那就是马吧。但是商鞅做得似乎还不彻底,仍有些人不服,说这明明是鹿呀,怎么可以当成马?就像当年持棍过市,怎么能当成持戈陷阵呢!结果,赵高"阴中诸言鹿者以法"——史书说得很清楚,赵高正是用"法"(就是商君之法吧?)将他们都杀了。于是"后群臣皆畏高"。

总之,两人及两事都是要让大家明白,权力任性可以无极限,只要我掌权,无论多么荒诞也必须听我的。不同的似乎仅仅是:商鞅赏顺而赵高罚逆。不过其实也谈不上异,因为商君自己就明确主张重罚更胜于重赏。治国要"重罚轻赏",决不能"重赏轻罚"。❶他举例说,老百姓或许不爱钱,但都怕死。再胆怯的兵,你抡着大刀在后督战,不冲锋就杀头,他也能豁出来。等他冲上去了,再赏他俩钱,他就习惯卖命了。假如反过来,他缩头缩脑时你用这俩钱让他冲锋,他能干吗?所以慈母必出逆子,孝子都是棍棒打出来的!仁君对老百姓好,百姓就会漫天要价,甚至犯上作乱。只有暴君下狠手,把百姓的脊梁骨给打断,他们才会乖乖听话。因此,善治国者就要"政作民之所恶",而

---

❶ 《商君书·去强》。

绝不"作民之所乐"!

那当初为什么又要重赏徙木者呢?没办法,那时百姓还不知我商君的厉害,大家都觉得徙木十金荒唐,不愿去拿那木杆,我总不能把他们都杀了吧?但我以重赏开路之后,大家都服了,对那不服的"一小撮"当然就必须下狠手了。

所以,"徙木立信"与"指鹿为马"原本一脉相承,赵高其实也不过是秉承商君遗教,青出于蓝而胜于蓝,发展了商君的做法而已。其实按史书明载,赵高也确实是商君的出色后学。《史记·蒙恬列传》称:"秦王闻(赵)高强力,通于狱法,举以为中车府令。高既私事公子胡亥,喻之决狱。"又《李斯列传》载赵高自称:"高,固内官之厮役也,幸得以刀笔之文进入秦宫,管事二十余年。"原来,赵高当年就是因为"通于狱法",被秦王政(后来的秦始皇)慧眼识"珠",把他从太监"厮役"之贱破格提拔成大内总管。他作为刀笔之吏,在商鞅开创的"以吏为师"道路上飞黄腾达,不仅"管事二十余年",还在宫中当起了胡亥(后来的秦二世)的老师,"喻之决狱"——教他学法家的学问。前面说过,对于不承认"指鹿为马"的人,他也正是用法家那一手来陷害的。

近年李开元先生大申前已有之的异论,为嬴政与赵高做了许多辩白。他说赵高不是太监,已有学者力驳其非。但他说"赵高堪称精通法律的专才,有家学渊源的法学名家。晚年的秦始皇将少子胡亥的教育委托于他"。❶ 如果所谓法学指的就是法家商君之学,那李开元之说还是有几分道理的。

可见商鞅与赵高,实为一丘之貉。其实,早在明代,就有人看出:这两人"行不测之赏诱之于先,用不测之刑驱之于后","赵高指鹿为马,廷无间言,皆(商鞅)徙木之所致也"。❷ 怪的是颇有人褒鞅而贬高。

---

❶ 李开元:《秦崩:从秦始皇到刘邦》,北京:生活·读书·新知三联书店,2015年,第98页。

❷ 卢格:《荷亭辩论》卷5《徙木立信辩》,济南:齐鲁书社,1995年。

今天居然有人说，商鞅"徙木立信"是"树立了法律的权威"，这样说的人好像还很多。我就百思而不解了："徙木立信"与法律有什么关系呢？无论是恶法还是良法，但凡法律都是要能常态实行的。商鞅后来确实立了许多苛法，包括最后令他"作法自毙"的禁徙法，无论好恶那总还算是法。但"徙木立信"能是立法吗？秦人如果个个拿根棍子招摇过市就能向国家要五十斤黄金，那秦国还不立即财政破产？就像赵高指鹿为马，你当他真认为鹿就是马，会立个法让秦国骑兵全都骑鹿打仗？

其实徙木立信也好，指鹿为马也好，都只是一次性的淫威展示；商君也罢赵高也罢，都不会以此作为法律，而只是显示一种"我想怎样就怎样"的无限权力傲慢与极度专制任性而已。无论权力的言行多么荒唐乖戾，多么违背常识，你"信"了（其实应该说是屈服了）就重赏五十金，不信就"阴中以法"杀你没商量。而且权力可以翻云覆雨朝三暮四（这就叫"变法"），无法以情理度之，今天他可以徙木赏金，明天就可以触木斩首；今天可以指鹿为马，明天就会指良为奸。看你服不服？

所以，徙木立信与指鹿为马这种荒唐事越多，这个国家离所谓的法制（无论是约束权力以保障公正的现代法治，还是"王子犯法与庶民同罪"的古代理想）就越远。

最后，还有人说法家虽然残酷、专制，但"恶法亦法，胜于无法"。这当然也不对。前面说过，无论良法恶法，只要是法就必须常态实行，不能只是一次发威把人吓住就完了。但商鞅、赵高那一套，能说是"法"吗？

其实要说"恶法亦法"，儒家倒庶几近似。儒家确实是维护贵族制的，"刑不上大夫"的法肯定也不是讲究人权平等的现代法治，从现代的眼光看也就是"恶法"了。但儒家至少要求皇上遵守这类"先王之法"，就算那不是今人所讲的法，而是道统、道德、习惯等，至少不能是皇上想乱来就乱来。儒家讲"从道不从君"，其实也可以说是从（先王之）法不从君。这难道不就是"恶法亦法"吗？

《商君书》书页

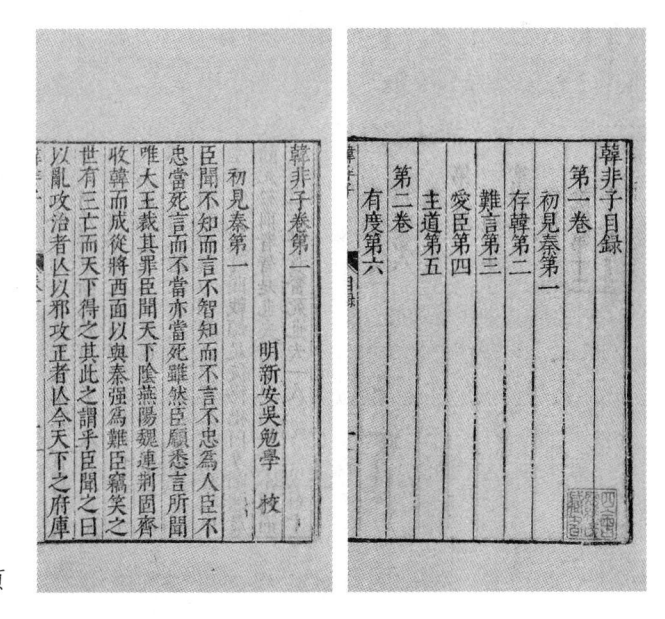

《韩非子》书页

无论古代还是近代，恶法还是良法，只要还有一点"法治"的影子，皇权就不能是无限的。"王在法下"就是西方贵族时代（大宪章时代）的东西，它并不是"民主"的产物，但谁能说它不是近代法治之源？而在中国古代，与之最近似的不就是古儒所强调的君王必须服从道统吗？而法家整个那一套就是要确保皇权无限，帝在法上。它离法治，哪怕是"恶法亦法"的原始法治，难道不是最远吗？

二 法家的性恶论与"法、术、势"

在我的阅读范围内，其实主张性恶论最典型的文献是我们中国人的，代表作就是法家的著作：《韩非子》。

我们讲的西方性恶论，其实是说人的性恶是难免的，但是并没有说人的性恶是唯一的。讲西方性恶论时，被引最多的一句话就是霍布斯说的："人待人如豺狼。"❶ 这是很有名的一句话，其实看看霍布斯的原著就会知道，实际上他的意思是，要从这个预设出发去考虑制度安排，也就是说不能预先设想人待人不是狼，人待人难免是狼。但这指的是陌生人之间的关系，霍布斯从来没有讲丈夫对于妻子是狼，父亲对于儿子是狼。❷ 不论霍布斯还是其他西方学者，第一，并没有把性恶当作一种无例外的原则，甚至可以用于亲人之间，这是第一个事实判断。第二，霍布斯并没有说，人对于人应该是狼，如果不是狼，反而不好，我要把他变成狼，他也没有这样的主张。在事实判断上，他讲的性恶论，其实是在陌生人之间的，并没有用到信息对称的亲人中间。

---

❶ 霍布斯曾引用古罗马人说法："有两条公理必定同样正确：人待人如上帝；人待人如豺狼。前者就公民之间的关系而言属实；后者就国家之间的关系而言属实。在正义和仁慈这些和平的德性方面，公民跟上帝有些相似。但在国家之间，坏人的邪恶使好人为了保护自己，不得不诉诸暴力和诡诈这种战争的技能，即诉诸动物食肉的天性。"见霍布斯著：《论公民》，应星、冯克利译，贵阳：贵州人民出版社，2003年，"献辞"，第2页。

❷ 参见霍布斯著：《利维坦》，黎思复、黎廷弼译，北京：商务印书馆，1985年。

在价值判断上，他更没有说性恶是应该的，我们要促使人们性恶，他也没有此意。

可是韩非在这两点上都要远远超过霍布斯。韩非明确讲，每一个人都要算计别人，都要为自己考虑，这一点就是骨肉至亲都不例外。按照韩非的说法，任何人都是不可信的，包括老婆孩子也不例外。

> 人主之患在于信人，信人则制于人。人臣之于其君，非有骨肉之亲也，缚于势而不得不事也。故为人臣者，窥觇其君心也，无须臾之休，而人主怠傲处其上，此世所以有劫君弑主也。为人主而大信其子，则奸臣得乘于子以成其私，故李兑傅赵王而饿主父。为人主而大信其妻，则奸臣得乘于妻以成其私，故优施傅丽姬，杀申生而立奚齐。夫以妻之近与子之亲而犹不可信，则其余无可信者矣。(《韩非子·备内》)

韩非举了很多例子，当然他这个话都是讲给君主听的，所以举的都是君主身边的例子。比如某一个妃子，表面上好像对国王百依百顺，其实巴不得他早死。为什么？因为她现在正受宠，她的儿子很可能会继位，可是如果国王不早死，难免他又会宠别的女人，她的儿子的位置可能就受到威胁了。所以别看她跟你那么亲近，那么恭顺，其实她有自己的小算盘，试图对国王图谋不轨。然后说儿子也是一样，所有的儿子都希望父亲早死，因为他可以继位。如果父亲不早死，又生下几个儿子怎么办？这就很危险。

> 且万乘之主，千乘之君，后妃、夫人、嫡子为太子者，或有欲其君之蚤死者。何以知其然？夫妻者，非有骨肉之恩也，爱则亲，不爱则疏。语曰："其母好者其子抱。"然则其为之反也，其母恶者其子释。丈夫年五十而好色未解也，妇人年三十而美色衰矣。以衰美之妇人事好色之丈夫，则身死见疏贱，而子疑不为后，此后妃、夫人之所以冀其君之死者也。唯母为后而子为主，则令无不行，

禁无不止，男女之乐不减于先君，而擅万乘不疑，此鸩毒扼昧之所以用也。故《桃左春秋》曰："人主之疾死者不能处半。"人主弗知则乱多资，故曰：利君死者众则人主危。故王良爱马，越王勾践爱人，为战与驰。医善吮人之伤，含人之血，非骨肉之亲也，利所加也。故舆人成舆，则欲人之富贵；匠人成棺，则欲人之夭死也。非舆人仁而匠人贼也，人不贵则舆不售，人不死则棺不买，情非憎人也，利在人之死也。故后妃、夫人、太子之党成而欲君之死也，君不死则势不重，情非憎君也，利在君之死也，故人主不可以不加心于利己死者。故日月晕围于外，其贼在内，备其所憎，祸在所爱。❶

儒家说"人人亲其亲，长其长"，法家说这是不应该的。大家注意，西方没有人说性恶论是应该的，只说性恶是难免的。针对孟子那套原则，法家反驳说，"亲亲则别，爱私则险，民众而以别险为务，则民乱"❷。对于君主而言，每个人都亲自己的家长，那谁亲我啊？每个人都服从自己的家长，那谁服从我啊？如果这样搞，谁听我的，我不就是孤家寡人吗？每个人都由他的父亲来指挥，我指挥谁呢？所以"亲亲爱私"是一种毛病，不应该鼓励，而应该打击，就是要让这些人六亲不认，前提是只认我，如果他连我也不认，当然也不行。"夫以妻之近与子之亲而犹不可信，则其余无可信者矣"，就连老婆孩子都是你的敌人，父亲对于儿子都是狼，讲得简单一点就是这样。"子、父，至亲也，而或谯或怨者，皆挟相为而不周于为己也"❸，连老婆孩子都不可信，还能信谁？当然谁都不可信。韩非还说，大臣说忠于皇上，这都是假的，不要相信。天下没有人会忠于谁。他说"人臣之于其君，非有骨肉之亲也"。既然连父子、夫妻之间也不可信，一般人之间的仁义忠信就更加不足恃了。

---

❶《韩非子·备内》。
❷《商君书·开塞》。
❸《韩非子·外储说左上》。

在法家看来，唯一可信的是什么呢？第一就是"法"，所谓法，就是普遍主义的赏罚规定❶，就是要赏罚分明。你为我干事，我就赏你，至于你为我干事是不是爱我，是否从心底里赞同我，这无所谓。因为来者是图赏的，有利可图就会得到拥戴，只要我认准这一点就行了。如果你不好好干事，我就罚你，迫使你听话。

第二，就是术：通过分权制衡驾驭群臣的权术。很多人都说权力制衡是西方的特产，其实中国人讲权力制衡比西方人早得多，也发达得多。西方人讲三权分立，中国的皇帝恨不得十权分立，让每一个人都不能对他构成威胁，但前提是他要分的都是别人的权，所有的权最终都得归他自己，他要使臣民之间互相制约。权力制衡的目的，是为了维护君权还是为了维护民权？在近代西方政治中讲的权力制衡，是害怕君主权力太大会威胁民权，所以要强调任何人不管是总统也好，议会也好，其权力不能是无限的。可是法家讲的分权制衡，哪怕它的分权比西方还要稀碎，但其目的是不一样的，它的目的是为了维护君权。有人认为三权分立其实根本不是什么新鲜玩意儿，我们老祖宗早就玩过了，中国以前传统朝廷都很懂得安排甲制约乙、乙制约丙、丙制约丁，又安排丁制约甲，皇帝在上面操控一切，比近代欧美的三权分立要厉害多了。秦汉以后历代政治都很讲究这一点，我在后面会具体讲。法家所讲的"术"，就是要用分权制衡驾驭群臣，使群臣之间互相构成一种制约，不能抱团来对皇帝构成威胁，只有皇帝能够在上面操控一切。

第三，就是势。所谓"势"，就是用严刑峻法形成一种高压，使得大家一看见皇帝就瑟瑟发抖。这样的话，就可以建立一个很稳定的秩序了。❷韩非讲："人臣之于其君，非有骨肉之亲也，缚于势而不得不

---

❶ 法家这种"普遍主义"的体现之一就是强调"壹"，例如，《商君书·赏刑》："圣人之为国也：壹赏，壹刑，壹教。壹赏则兵无敌，壹刑则令行，壹教则下听上。"

❷ "法、术、势"是法家思想的核心内容，韩非是法家集大成者，"法、术、势"思想集中体现于《韩非子》中，可参见冯友兰著：《中国哲学简史》，赵复三译，北京：生活·读书·新知三联书店，2013年，第207—208页。

事也。"对君王而言,你的部下对你并没有什么感情,你也不要相信他们会忠于你,但是他们害怕你的权势,贪图你的利益,不得不服从你。"臣之所不弑其君者,党与不具也"❶,很重要的一点,不能让他们抱团共同对付你。如果他们不抱团,任何人都不敢作乱。但是如果他们私下串联密谋,那就麻烦大了,所以要令臣子"党与不具"。这就好比长工为主人干活,不是为了爱主人,而是为了从主人那里得到酬赏一样。因此臣之所以能为君用,是因为他们希望得到富贵。他们之所以不敢反叛,是因为他们害怕杀头。对于皇帝来讲,最重要的是使大臣既希望得到荣华富贵,又畏惧被杀头,这样的话,大臣就会乖乖听话。

后世深受儒家思想影响的人经常有一些"想入非非"的高尚言论。比如宋朝的岳飞有一句名言,说国家要治理得好,很简单,只要"文臣不爱钱,武将不惜死,天下太平矣"❷。岳飞的这句话算是儒家言论,可是在法家看来,恰恰相反,皇帝惟恐臣下既不爱钱又不怕死,如果这样,在上者怎么能管得住呢?你不爱钱,我赏你,你也不在乎;你不怕死,我罚你,你也不在乎,威胁利诱都不接招,这样还得了吗?君王还靠什么制约呢?所以讲这句话的岳飞本人就没有好下场。我们都知道,这一类话在中国古代讲的人很多,但是做的人很少,只要是做的人,一般来讲都没有什么好下场,包括海瑞,包括于谦。

其实皇帝心里真正想的是什么呢?就是韩非讲的这一句话,一个人如果居然不图富贵,又不怕杀头,那么他就有造反的嫌疑了。儒家"傻乎乎"提倡的那种"不贪财、不怕死"的精神,像海瑞那样的人,还是少点为好。韩非明确讲了,既不怕杀,又不图赏,"不可以罚禁也,不可以赏使也",这种人要不得,"此之谓无益之臣也,吾所少而去也"。这种人有一两个还不要紧,如果多一点,人人争相效法就糟了。

---

❶ 《韩非子·扬权》。
❷ 《宋史》卷365《岳飞传》,北京:中华书局,1985年标点本,第11394页。

古有伯夷、叔齐者，武王让以天下而弗受，二人饿死首阳之陵。若此臣者，不畏重诛，不利重赏，不可以罚禁也，不可以赏使也。此之谓无益之臣也，吾所少而去也，而世主之所多而求也。❶

海瑞当年是让嘉靖皇帝扔进死牢的，后来嘉靖皇帝去世了，海瑞才逃过一死。隆庆皇帝登基以后，自然要有一些新政，要表现自己好像还有点新气象，于是就把海瑞放出来了，而且还对他加以表彰，海瑞因此成了一个我们大家都知道的清官。刚开始，隆庆皇帝对海瑞委以重任，让他当应天巡抚，类似于今天的江苏省长。但是，海瑞做事情非常讲原则，把人都得罪了，最终被打发到南京户部。总而言之，给他安排了一个级别比较高却不管任何事的闲职。❷明代的制度很奇怪，迁都北京以后，在南京还保留了一套模拟政府，北京有"吏、户、礼、兵、刑、工"六部，南京也保留了一套六部，但没有实权，有点像看守政府。

我们因此可以理解，为什么像贪污这种事在法家体制下老是解决不了。一个很重要的问题，实际上这种体制并不真正喜欢道德高尚、刚正不阿的人，那叫"沽名钓誉"，显得比皇上还伟大，还清廉为国。所以我们经常看到，有些人为了自保，不得不搞点贪污腐败往自己脸上抹灰，秦汉这种例子就很多。秦楚之间发生战争，最早秦王派李信为帅。李信说，我很有本事，你给我20万人（兵），我就能把楚国打下来。于是派他领兵去打，结果打了大败仗，被项羽的爷爷项燕打败了，秦王就撤了他。然后王翦说，我可以打，但是李信这样的毛头小伙子太不稳重了，我需要60万人才能把楚国打下来。接着他又提出要求，说大王，你必须给我多少田，多少财产，我才肯去打，否则我就不打。结果秦王一听，对他很放心，就把军队交给他了。后来他的部

---

❶《韩非子·奸劫弑臣》。
❷《明史》卷226《海瑞传》，北京：中华书局，1974标点本，第5930—5932页。

将问,将军说这种话,也不怕在大王面前掉价,您现在都什么地位了,还在乎多少田地?他说其实我哪是真在乎,但是我如果不这样说,大王能放心让我带那么多兵吗?一个贪图利益、有把柄在大王手里的人,反而可以让他放心。这句话说得非常之深刻,也就是说君主其实并不希望臣下是一个高尚的人。君主一听,尔不过是一个又爱钱又怕死的人,人性的弱点随处可抓,不信拿捏不住你,他就可以放心用你了——

> 王翦曰:"大王必不得已用臣,非六十万人不可。"始皇曰:"为听将军计耳。"于是王翦将兵六十万人,始皇自送至灞上。王翦行,请美田宅园池甚众。始皇曰:"将军行矣,何忧贫乎?"王翦曰:"为大王将,有功终不得封侯,故及大王之向臣,臣亦及时以请园池为子孙业耳。"始皇大笑。王翦既至关,使使还请善田者五辈。或曰:"将军之乞贷,亦已甚矣。"王翦曰:"不然。夫秦王怚而不信人。今空秦国甲士而专委于我,我不多请田宅为子孙业以自坚,顾令秦王坐而疑我邪?"❶

到了汉代也是这样。刘邦当时带兵在前线打仗,后方由丞相萧何治理。据说萧何是一个蛮清廉的人,奉公守法,把后方治理得井井有条。刘邦多次派人打听萧何在后方做得怎么样,老百姓很多话就传到刘邦的耳朵里,说这个丞相真是好,又爱民又廉洁。萧何得知这个话传到刘邦耳朵里,马上很紧张,因为他知道正面评价很可能会给自己带来反面效果。于是他马上改弦易辙,贪污腐化了一把,抢了老百姓很多土地,花天酒地做大地主。于是老百姓纷纷向刘邦告状,说这个丞相真不像话,你看他多么贪得无厌。刘邦一听非常高兴,有这样的人为我治理后方,我就放心了。他的心思在花天酒地上,是个享乐主义者,就不会在政治上有什么太大的图谋,这样我就可以拿捏他的软肋,治得了他——

---

❶ 《史记》卷73《王翦列传》,第2340—2341页。

汉十二年秋，黥布反，上自将击之，数使使问相国何为。相国为上在军，乃拊循勉力百姓，悉以所有佐军，如陈豨时。客有说相国曰："君灭族不久矣。夫君位为相国，功第一，可复加哉？然君初入关中，得百姓心，十余年矣，皆附君，常复孳孳得民和。上所为数问君者，畏君倾动关中。今君胡不多买田地，贱贳贷以自污？上心乃安。"于是相国从其计，上乃大说。❶

这一套把戏，自秦朝以后体制下，都是古代政治家非常重视的。海瑞这些人讲了很多高尚的话，听听也就罢了，如果真的那样做，结局就会很糟。因为韩非已经说了，像这样的人都是"无益之臣也，吾所少而去也"。

《韩非子》大家不可不看，这本书写得非常精彩。看了这本书，我们就会知道这个体制何以能够持续两千多年。如果只是看儒家的书，固然很好，似乎是中国社会的治理基础，但是如果只看这些书，恐怕很难理解秦制。

三 法家弱肉强食的"进化论"与权力中心主义

用我们现在的话来说，法家认为，人类社会是一个社会达尔文主义式的权力竞争场。法家被后人予以比较高的评价，是因为法家的很多言论，如果抛开目的不讲，其实和很多近代西方思想是非常合拍的。它强调竞争，强调性恶论，强调官僚制，否定贵族制，等等，这些观点听起来都好像很现代化、很超前，甚至它还提出计划生育的观念❷。

---

❶ 《史记》卷53《萧相国世家》，第2018页。

❷ 相关说法，可参见闻性真：《简谈韩非的人口思想》，《光明日报》1999年10月29日第8版；石鹏飞：《知今不知古谓之盲瞽，知古不知今谓之陆沉——中国智慧的现代启示》，2017年1月4日，http://www.ynmm.gov.cn/xxyd/mywc/07008289556726032882；《百家争鸣：第一个提出计划生育的思想家》，2018年8月8日，https://www.163.com/dy/article/DON6DLIA0523C2AR.html。

韩非子就有这样的说法，说如果让人不断地生下去，国家会越来越穷，人口的增加会比财货的增加快，导致严重的社会问题。《韩非子·五蠹》："今人有五子不为多，子又有五子，大父未死而有二十五孙。是以人民众而货财寡，事力劳而供养薄，故民争，虽倍赏累罚而不免于乱。"有人说韩非是比达尔文更早的进化论者，这句话也不是一点道理没有，早在达尔文之前一千多年，韩非已经提出了竞争的理论。他说："上古竞于道德，中世逐于智谋，当今争于气力。"❶ 在上古，谁的道德最高尚，我们就服谁；到了中古，谁最聪明，我们服谁；到了现在，谁的权力最大，我们就服谁。

商鞅也说，当下我们最重要的就是权力竞争，"上世亲亲而爱私，中世上贤而说仁，下世贵贵而尊官"。"上世亲亲而爱私"，这就是儒家讲的周制，"亲亲则别，爱私则险。民众而以别险为务，则民乱"❷，这是不行的。商鞅说上世人们都是和亲人在一起，是小共同体本位，中世人们相信道德，下世"贵贵而尊官"，谁的官大我们就服谁。官大一级压死人，可以不听爹的，但是不能不听官的，这个官手中的权力是最重要的。这是一种赤裸裸的竞争理论。

如前所述，这个竞争理论，其目的是为君主对付他的竞争对手服务的。因此法家思想的逻辑，很重要的就是治理天下不要考虑什么正义，不要考虑什么顺天应民，不要考虑口碑，不要考虑道德目标、理想主义，所有这一切，统统都是假的；君王安排吏治唯一要考虑的，就是确保大权在我，居重驭轻，强干弱枝，防止权力旁落，防止权臣窃柄、君位架空，致使法、术、势失灵而危及"家天下"。于是，由这种性恶论、权力中心主义而导出的保证君权安全至上，就成为秦以后吏治的一个首要原则。

---

❶《韩非子·五蠹》。
❷《商君书·开塞》。

第二节　法家改革瓦解小共同体本位的周制

一　编户齐民瓦解小共同体

法家的这一套思想理论，是在中国由血缘族群时代转向大一统帝国的过程中形成的，这个历史转折意味着专制皇权打破了族群纽带，而直接控制全天下的老百姓。秦汉之后就出现了一个名词，叫作"编户齐民"。编户齐民的起源，按照台湾学者杜正胜先生的说法，最早是从军队里头来的，民籍中有一户，丁籍中有一丁。包括后来的八旗制度等等，其实也都是按照这个模式来的，就是政府排除小共同体的分割和干扰，把天下的老百姓都统一编制起来，而且强调使他们的身份都等同，就是所谓的"齐民"。❶"齐民"就是其中不应该有贵族和附庸的区别。简单点说，大家都得服从政府，你们自己之间不能有主人和附庸的等差。你们都是"齐民"，不分贵贱都在政府的户籍编制之中，这就叫作"编户"。

专制皇权打破族群纽带，而直接控制编户齐民，这意味着天子与诸侯之间的伦理变成了皇帝与臣僚之间的科层关系。像韩非讲的那样，皇帝和大臣之间的关系，就像财主和长工一样：你为我办事，我就赏你，你不为我办事，我就罚你。这里头没有什么亲情可言，也没有什么固定不变的身份。这和父子关系迥然不同，儿子要服从父亲，但是父亲也要保护儿子，父亲不可能开除儿子。周天子也不能随意任免诸侯，诸侯也不能随意任免卿大夫，这是一种封建的依附关系，而且是累世相承的固定关系，对双方都有约束。

这和后来的官僚制是不同的，后世的官僚制以及臣民所有人都是

---

❶ 杜正胜：《编户齐民：传统政治社会结构之形成》，台北：联经出版事业公司，1990年。

皇帝的臣下之奴，皇帝可以用你，也可以杀你，所谓的"王子犯法与庶民同罪"，在这个意义上是对的，那就是说所有人都是皇帝可杀可诛的，灭你九族、十族没商量。

儒法之别，如果从社会学意义上讲，就是宗法制与反宗法的编户齐民之制在观念上的区别。在周制下，全国人分属于成千上万个小家长，天子虽说是大宗嫡派总家长，是天下之主，可是这个"主"是非常间接的，和最下面一层隔着N多层，间接的间接就够不着了。前面讲过，"我的主子的主子不是我的主子"，"得乎天子为诸侯，得乎诸侯为大夫"，但是庶民和天子就没有这样的关系。反而是得乎庶民为天子，庶民比天子还大，但其实只不过是说说而已。孟子说的"民贵君轻"❶，也并没有制度的保证，但是至少说明了一点，那就是庶民可以不听天子的，而诸侯必须听天子的，天子是无法直接管理庶民的。

"我的附庸的附庸不是我的附庸"，中间的隔断使天子不可能越过各级家长直接控制臣民。同时各级家长与家属的关系，都是伦理性的长幼尊卑关系，而不是，至少不完全是行政上的上下级关系，更不是雇用式的主仆关系。就像儿子要孝敬父亲，他是有这个义务的。但是父亲对他也有义务，他不能随意把儿子逐出家门，除非他忤逆不孝。而法家改革的一个重要内容，就是把"长者政治"变成"强者政治"，这里的第一个要素，就是要排除周制的宗法色彩。

法家改革很重要的一个内容，就是要打破"人人亲其亲，长其长，而天下平"的社会秩序。商鞅变法很重要的一个内容，便是强制解散大家庭，规定一家有两个儿子必须分家，"民有二男以上不分异者，倍其赋"，如果大家族住在一起不分家，国家就要惩罚你；"令民父子兄弟同室内息者为禁"，成年男子必须各自有各自的家庭，不

---

❶ 《孟子·尽心下》："民为贵，社稷次之，君为轻。"

能住在一块。❶

　　大家庭要分成小家庭，可是家庭之上仍有宗族的联系，秦汉时代的政治很重要的一点，是考虑防止强宗大族的形成并危害国家的治理。秦始皇统一六国后，"徙天下豪富于咸阳十二万户"。❷《史记》记载汉武帝时期，主父偃献策推恩令后，接着建言："茂陵初立，天下豪桀并兼之家，乱众之民，皆可徙茂陵，内实京师，外销奸猾，此所谓不诛而害除。"❸汉武帝从其计，以强制手段迁徙、拆散"强宗大姓"，使之"不得族居"❹。史书上有不少具体的记载，像宦官杜邺，"本魏郡繁阳人也"，"祖父及父积功劳皆至郡守，武帝时徙茂陵"❺；像游侠原涉的祖父，"武帝时以豪桀自阳翟徙茂陵"❻；像郑弘，本来郑氏家族住在齐国，但是由于汉武帝的政策，不准强宗大姓住在一块，因此他们祖父兄弟三人被迁徙到山阴，即现在的浙江绍兴，这就是所谓的"强宗大姓，不得族居"❼。家庭不能大，家庭之上也不能有聚集在一块的强大家族，更不能以血缘家族的名义聚众闹事。

　　中国宋元以后，尤其是明清以来，独姓村、大姓村很多，像张家村、李家寨，这种村庄应该是很多的。因此人们就说，中国人传统上比较重家族。这个说法如果讲明清，尤其是清，还说得过去，无限上溯就有问题。实际上中国历史上很长时间里，族姓村是很少的，甚至几乎

---

❶《史记》卷68《商君列传》，第2230、2232页。这种"强宗大姓，不得族居"的做法，可能秦国时期就已经实行，虽然从现有的史料我们无法看到相关记载。

❷《史记》卷6《秦始皇本纪》，第239页。

❸《史记》卷112《平津侯主父列传》，第2961页。

❹《后汉书》卷33《郑弘传》注引谢承《后汉书》，北京：中华书局，1965年标点本，第1155页。

❺《汉书》卷85《谷永杜邺传》，第3473页。

❻《汉书》卷92《游侠传》，第3714页。

❼"其曾祖父本齐国临淄人，官至蜀郡属国都尉。武帝时徙强宗大姓，不得族居，将三子移居山阴，因遂家焉。"《后汉书》卷33《郑弘传》注引谢承《后汉书》，第1155页。

没有。以姓名村，魏晋南北朝时候虽有出现，但是不多，宋元以后逐渐增多，大量增加其实都是很晚近的事了。❶

秦汉时代的统治者力图拆散宗族或大家庭，拆散以后再扩张编户齐民式的管制系统，以行政性乃至一定程度上为军事性质的所谓"闾里什伍"之制，来取代宗法人伦性的族群组织，并且把它作为专制集权帝国的政治基础。也就是说，使社会"非宗族化"，而且做法相当极端，这一点我后面会讲。所以大家不要以为中国的传统是一成不变的，或者像酒一样越沉越醇厚，清代的传统并不见得可以上推到两千年前。动不动说两千年如何、五千年如何，久远的历史可能并非如此。

二 在经济上和财产关系上瓦解族群共同体

周秦之际，尤其是法家变革以后，出现了一个很有趣的现象：一方面，国家的经济统治、经济垄断和经济管理都空前强化，但是另一方面，小共同体内的个人离心倾向也在发展，以至秦律中充满着一种相当极端的反宗法色彩。

大家看了秦律，就会觉得秦人是非常之六亲不认的，整个社会弥漫着一种"爹亲娘亲不如皇上亲"的氛围，以至到了后来，人们谈起秦、谈起秦代民风的时候，往往把它描述得类似我们今天有些人讲的西方个人主义社会一样。现在经常有一些人，尤其是一些新儒家，说西方个人主义太不像话，儿子到父亲家吃饭还要交钱，简直是一点亲情都没有了。其实在西方，不要说儿子到父亲家吃饭经常是不交钱的，我们到西方人家里吃饭，也经常是不交钱的。但是要说交钱这个话有没有道理呢？也有。法律上讲，父亲对于成年的儿子没有抚养的义务，他是有权利问儿子要钱的。但是他有这个权利并不等于有这个行为，

---

❶ 从地名学看村落与宗族的关系，详见秦晖：《传统十论——本土社会的制度、文化及其变革》，太原：山西人民出版社，2019年，第1—34页。

这一点上，我觉得中国人往往把有这个权利说成是有这个现实，而且只要有这个现实，便认为它会被进一步鼓励，这会形成非常严重的误解。

比如说这些国家是保护私有财产的，于是就说这些国家鼓励自私自利，其实哪有这回事？任何国家大概都是鼓励关心别人的。在美国，只要捐助公益便可以免税，为什么免税？就是鼓励做慈善。如果有人做了慈善，像比尔·盖茨把他的财产捐助给公益，大家都说他好。有人说比尔·盖茨这么做是沽名钓誉，但是他能够沽到名、钓到誉，证明这个做法还是在社会上很受推崇的。所以大家一定要清楚这一点，在道德上应该做什么、鼓励做什么，或者说什么是高尚的，这和人们有权利做什么应是该分开的。

我前面谈到杨朱所谓"拔一毛"问题的时候，也涉及这一区分，真正重要的，不是"拔一毛而利天下"该不该为，其实谁都知道是该为的。但是他强调我的"一毛"得由我来作主，任何人不能以利天下为由拔我的"一毛"，这才是问题的核心。像儿子到父亲家里吃饭，要不要交钱呢？当然，父亲可以要求儿子交钱，因为儿子已经长大成人，凭什么要有抚养你的义务？不要说在美国没这个义务，在中国也没有这个义务。中国的法律中也没有规定说，父母必须无条件抚养已经成年的子女，让他们无限"啃老"。当然，父母对儿童是有抚养义务的，包括子女对没有经济来源的老人，也应该有赡养的义务。对于有独立经济来源的人，我没有这个义务，意味着我有权利要求你付钱。有权利要求付钱和你是不是付钱，完全是两回事。在西方社会真正生活过，就会知道实际那种社会还是充满亲情的，不要说父亲到儿子家吃饭，即使是陌生人，只要他愿意请你吃饭，肯定不会跟你收钱。如果他征得同意，双方 AA 制有什么不可？

但是后世的儒家对于秦朝民风的归纳，的确和今天有些新儒家对西方个人主义的描述一样，甚至更有过之。汉儒贾谊对秦代法家变革的后果做了这么一番论说：秦代的风俗怎么样呢？"借父耰锄，虑有德色；母取箕帚，立而谇语；抱哺其子，与公并倨；妇姑不相说，则反唇而相稽。"❶ 说秦人个人主义到了极点，儿子向父亲借一把锄头，父亲的脸色就马上掉下来了。母亲来儿子家借个扫帚簸箕，儿子一家就骂骂咧咧。媳妇生了孩子就得意洋洋，不把公公放在眼里，婆媳一语不合就反唇相讥——"反唇相讥"这个成语正是出自这一段话。所以康有为说，有了秦始皇就有了个性解放，也不是捕风捉影，个性解放已经到如此地步。

但这真的是个性解放吗？前引商鞅早有"上世亲亲而爱私，中世上贤而说仁，下世贵贵而尊官"之论。"亲亲"伦理的破坏，其实是专制皇权鼓吹"贵贵尊官"的结果。正如魏晋间的庾峻指出："时不知德，惟爵是闻。故闾阎以公乘侮其乡人，郎中以上爵傲其父兄。"❷ 爹亲娘亲不如皇帝亲，父大兄大不如当官大。庾峻与贾谊抨击的，与商鞅提倡的其实就是一回事。

如果我们现在说，中国人是有宗族传统的，讲这句话恐怕要谨慎。明清的东西不见得等于从三代以来一直延续的东西。现在看来的很多传统，可能是后来才有的，所以到底什么是传统？我们讲的传统是指明清，还是指魏晋南北朝，还是指秦汉，这个要弄清楚。前述贾谊的话是不是有道理？我相信贾谊既然这样说，显然代表着像他这样的汉儒对秦普遍有一种不满。这种不满是不是像他讲得那么极端，当然是可以讨论的。

但是，秦汉与三代相比，的确有这样的现象：第一，小共同体的解体，使得编户齐民摆脱了小共同体的束缚。不过，摆脱家族束缚，并没有变成近代意义上的独立公民，反而成为大共同体对人们进行一元化控制的前提。三代不能做成的事，秦汉就可以做成。秦所处的时代，中国人口只有两千万，但秦可以集中力量办大事，可以搞很多"重点

---

❶ 《汉书》卷48《贾谊传》，第2244页。
❷ 《晋书》卷50《庾峻传》，北京：中华书局，1974年标点本，第1393页。

工程"，这是三代做不到的。三代在诸侯林立的情况下，怎么可能集中力量办这些大事呢？但是秦就可以，秦始皇可以调50万劳力去修长城，可以调70万人去修始皇陵，还可以调70万人去修阿房宫。❶不过，这在史料上是有争议的，因为有两条史料，一条是说70万人修始皇陵，70万人修阿房宫；还有一条是说，70万人去修始皇陵和阿房宫。❷因此，到底是各用了70万人，还是共用了70万人，成为一个有争议的话题。而且始皇陵和阿房宫这两个地方相距不远，也有可能当时是灵活调度。总之，秦朝修宫室陵墓等常年征发的劳力应不下100万。像这种现象是宗法时代的周天子不能设想的，西周时代乃至三代都不可能动辄调动几十万人服徭役。

贾谊讲的那种事，即所谓的个人主义到底存在不存在？贾谊这一段话显然带有很强的文学色彩，但是秦汉社会一个很明显的特征，就是它的"非宗法性"。这一点我们是可以通过很多资料判定的。而且我认为到现在为止，在秦和西汉这两代，这种印象是很难推翻的，东汉是另外一回事，因为东汉时又开始酝酿另一种变革，就是我后面要讲的汉魏之变。

首先秦汉时代——我这里讲的汉主要是西汉——秦和西汉有一个社会特征，就是对编户齐民的身份的确定。人们要知道你是谁，是通过一些什么符号呢？第一，当然就是你的名字。秦汉时代有一个很奇怪的现象，经常出现只有名字没有姓的情况。骊山一带出土有不少秦代的墓志瓦文，因为那个时候有大量的劳工在那里修重点工程，很多人就死在工程上，因此有大量的墓，这些墓里往往埋一个瓦文。他们当然是穷人了，没有办法刻很豪华的墓碑，但也要有一个身份的认定。

---

❶ 参见范文澜：《中国通史简编》（修订本）第2编，北京：人民出版社，1964年，第18页。秦朝人口总数及征发人口数，学界有不同推测，可参见葛剑雄：《中国人口史》第1卷，上海：复旦大学出版社，2002年，第304—308页。

❷ 《史记》卷6《秦始皇本纪》，第256、265页。

这个身份的认定，有点像墓碑或我们现在的名片。我们现在看到的秦代瓦文很多，相当一部分的瓦文是没有姓的，只有名。我们当然也就无从判断死者是属于什么家族了。

秦墓瓦文

序号	姓名	籍贯		爵名	身份
		县名	乡里名		
1	罗	东武			
2	遂	东武			
3	距	赣榆			
4	庆忌	东武		上造	居赀
5	所脊	东武		不更	
6	睢	东武	东闲	不更	居赀
7	宿契	东武			
8	去疾	博昌			
9	余	博昌	用里	不更	居赀
10	大教	杨民			居赀
11	富	杨民		公士	居赀
12	契必	杨民	武德	公士	居赀
13	滕	平阴	北游	公士	居赀
14	驿	平阳			
15	得	赣榆			
16	牙	兰陵	便里	不更	居赀
17	姜	邹		上造	
18	□必	□□	□□	不更	居赀
19	滕	觜（訾）	□□	不更	居赀

资料来源：始皇陵秦俑坑考古发掘队：《秦始皇陵西侧赵背户村秦刑徒墓》，《文物》1982年第3期。

第二，每一个人都必须明确是哪一个县哪一个里的人。秦汉时代，不管是秦墓瓦文还是居延汉简都有这个特点。每一个人都要说自己是某一个县某一个里的人，这个人不一定就住在当地，他往往是在很远的地方。用我们今天的话来讲，每个人都要有一个明确的户口所在地，通过户口所在地确定人的身份。

秦代的里，如果按照制度规定，是非常小的单位，所谓五户为一伍❶，五伍为一里，一里就是25户人。秦汉时代的确有这种规定：几家为一里，几里为一乡，几乡为一县。❷对此，我觉得不可以太当真。实际上不可能完全按照规定，不可能实行这么整齐划一的制度。世界上没有哪一个国家能够把行政系统简化为五进制或者十进制。❸我们大致可以设想里是一个比较小的单位，每一个人都有一个固定的身份，属于某一个里。

第三，大部分瓦文还有一个爵名，秦代把所有人划分为二十等爵。每个人必须有一个国家给你的身份——你是几等人。二十等爵制最下层的是公士，可以当兵打仗，比士卒身份略高❹，但没有其他特权。再高一级叫"上造"，"不更"更高一点（第四爵）。按照秦制，全国人民必须被征调轮流服役，这个轮流就是更替，每年要有一个月去为国家

---

❶ 商鞅变法，"令民为什伍，而相牧司连坐"。《史记》卷68《商君列传》，第2230页。

❷ 参见张金光：《秦乡官制度及乡、亭、里关系》，载《历史研究》1997年第6期。关于秦汉乡里制度聚讼纷纭，参阅沈颂金：《汉代乡亭里研究概述》，载《中国史研究动态》1999年第10期；高士荣：《40年来秦乡里社会研究综述》，载《西安财经学院学报》2017年第1期；鲁西奇：《中国古代乡里制度研究》，北京：北京大学出版社，2021年。

❸ 据尹湾汉简，西汉东海郡有170乡、688亭、2534里。乡亭里数比例约为1∶4∶15，与史书所载"十里一亭""十亭一乡"相差甚大。见杨际平：《汉代内郡的吏员构成与乡、亭、里关系——东海郡尹湾汉简研究》，载《厦门大学学报》（哲学社会科学版）1998年第4期。

❹ 《汉书》颜师古注："言有爵命，异于士卒，故称公士也。"《汉书》卷19《百官公卿表上》，第740页。

服役。有一些上层的人可以免除这个义务,这些人就叫"不更"❶,"不必更替"之意。总而言之,秦有二十等爵位,每个人必须标注爵名。

还有一个特征就是现在的身份,也可以说是从事的职业,瓦文中绝大多数是"居赀"。什么叫"居赀"?就是欠了国家赋税等钱财的人(《说文》:"赀,小罚以财自赎也。从贝此声。汉律,民不繇,赀钱二十二。")。秦律规定,有罪以钱财赎罪或是欠国家钱财——比如你应交多少税,但是没有完成,拖欠了国家各种赋税,就必须出来为国家做工抵债,以劳力还钱。❷这种人就叫"居赀",这种身份也必须标明。然而,这些身份信息中唯一没有的就是姓,该劳工的父辈祖宗是谁,姓什么,一概缺乏信息。

有个人叫"平阴居赀北游公士滕",这个人的户籍所在地是平阴县北游里,平阴县在山东,但是他当时是在陕西的临潼一带服役。他死在陕西,属于劳工,是一个公士。他死时具体的身份是"居赀",也就是因为欠了国家的税或犯了轻罪被抓来服役的。另外一个人叫"东武东间居赀不更睢",这个人的名字叫睢,姓什么不知道。但是我们知道他是东武县东间里的人,爵位是不更,比公士要高。应该说这个人的爵位比较高一点,但是他也被抓来修工程了,所以要说平等还真平等,各色人等都被皇帝抓来修工程。而像周天子,要把一个诸侯给抓来修陵墓,大概率是不可能的,但是秦始皇能做到。

我们看到这些瓦文有一个很值得琢磨的现象,它们很强调户口、户籍在哪里。每一个人都像军队的战士一样,属于哪一营哪一连哪一排,必须有一个确定的县和里。而且国家给予每个人什么样的地位,

---

❶ 《汉书》颜师古注:"言不豫更卒之事也。"《汉书》卷19《百官公卿表上》,第740页。

❷ 秦律载:"有罪以赀赎及有责(债)于公,以其令日问之,其弗能入及赏(偿),以令日居之,日居八钱;公食者,日居六钱。"睡虎地秦墓竹简整理小组编:《睡虎地秦墓竹简》,北京:文物出版社,1990年,"秦律十八种释文注释"第51页。

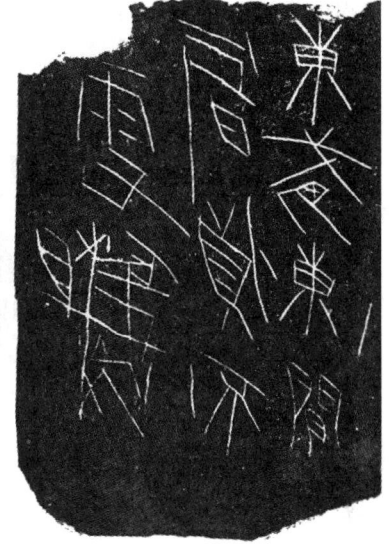

平阴居赀北游公士滕　　　　东武东间居赀不更睢

瓦文

包括爵位，包括现在的身份，都要注明。这些劳工的称呼只有一个名，是没有姓的。没有姓的这种现象，当时不仅存在于瓦文，秦汉时代的墓志中也相当普遍，包括一些题名碑中也有这种现象，当然也不一定都是没有姓的，很多情况下还是有姓的。

但是即使在有姓的情况下，在秦汉这个时代，我们看不到同姓聚居的现象。❶ 从走马楼吴简、居延汉简等这些各地出土的简牍里，我们已经掌握了几百个秦汉（以及三国时期）之际的里的名籍。走马楼吴简从时间上应该说是和东汉末挨在一起的，吴国很多制度都是沿用东汉末的制度。这些名籍绝大多数都是不完全的，因为简牍基本都是断简残篇，很难发现一个里的完整的名单。不过完整的也有，像江陵凤凰山汉墓中的郑里廪簿有 25 户。这个墓葬保存得比较完整，因此有人说郑里廪

---

❶ 秦晖：《传统中华帝国的乡村基层控制：汉唐间的乡村组织》，《传统十论——本土社会的制度、文化及其变革》，第 1—34 页。

簿很可能就是郑里全部或接近全部户的名单。❶按照当时的规定，一里不多不少就是25户。尽管实际上里的户数有多有少，但是有一个趋势，越到后来里越大，大概由于人口不断繁衍，所以东汉的里比西汉的里大得多。居延汉简中的里绝大多数是西汉的，一个里大概也就是几十户。❷

东汉的里上百家是经常有的，但是秦和西汉时代，这样大的里就很罕见。❸我们虽然没有看到很多里的完整名籍，但是保留下来的名籍可以看作是抽样，或者是随机抽样。我们假定保留下来一部分，如果这个村是同姓村，或者大姓聚居村，应该在抽样中也可以体现出来。

汉代的里名籍

县	里	户　主	出　　处
居延县	广都里	陈安国	《新简》2587：E.P.T51：4
		屈地	《甲乙编》1817：75，23
		李宗	《甲乙编》2119：88，5
		虞世	《甲乙编》5071：220，10
		钱万年	《甲乙编》5193：227：8
		屈并	《释文合校》1817：合75，23

---

❶ 裘锡圭：《湖北江陵凤凰山十号汉墓出土简牍考释》，载《文物》1974年第7期。这25户至少有20户户主皆不书姓，也许本就没有姓。

❷ 参见何双全：《〈汉简·乡里志〉及其研究》，载甘肃文物考古研究所编：《秦汉简牍论文集》，兰州：甘肃人民出版社，1989年，第179—180页；杨剑虹：《从简牍看秦汉时期的乡里组织》，载《秦汉简牍研究存稿》，厦门：厦门大学出版社，2013年，第77页。

❸ 据尹湾汉简，西汉末期东海郡平均每里管辖约105户，见谢桂华：《尹湾汉墓简牍和西汉地方行政制度》，载《文物》1997年第1期。《续汉书·百官志》载："里有里魁，民有什伍，善恶以告。本注曰：里魁掌一里百家。什主十家，伍主五家，以相检察。"见《后汉书志》第28《百官五》，第3625页。可见，秦汉时代里的户数规模在扩大，东汉时期估计一里平均也有上百户，上百户的里必不少，甚至可能有几百户的里。另，关于秦汉的里有多少户数，可参阅符奎：《秦汉间里户数初探》，载《中国农史》2016年第1期。

续表

县	里	户　主	出　　处
觻得县	成汉里	淳于炎	《新简》6402：E.P.T59：838
		司马成中	《甲乙编》251：13，7
		徐偃	《甲乙编》636：33，12
		麑建德	《甲乙编》762：37，32
		王炎	《甲乙编》3589：194，54
		尹□	《甲乙编》7184：306，19
		朱千秋	《甲乙编》7878：387，4
		王步光	《甲乙编》7964：403，6
		王□世	《甲乙编》9239：520，12
觻得县	敬老里	赵同	《新简》6898：E.P.T65：322
		许明	《新简》8909：E.P.T12：136
		王严	《甲乙编》1465：62，43
		粪土	《甲乙编》7885：387·12，562·17
		成功	《甲乙编》9649：564，6
		彭祖	《甲乙编》9649：564，6
		张德	《甲乙编》9653：564，9
觻得县	定安里	杨□	《甲乙编》3474：146，78
		方子惠	《甲乙编》6961：287·13
		杨霸	《甲乙编》9554：560·8
		王捆	《甲乙编》9658：564·16
		王敞	《释文合校》9656：合564·16
居延县	市阳里	原宪	《新简》7168：E.P.T68：24
		张侯	《甲乙编》1476：62·54
觻得县	市阳里	杨禹	《甲乙编》606：32·11
		宁始成	《甲乙编》2676：117·30
		王常贤	《甲乙编》9616：562·21

续表

县	里	户主	出处
?	市阳里	吕敞	《新简》7221：E.P.T5：7
		齐当	《新简》1967：E.P.T48：21
		王福	《甲乙编》267：14·13
		董之襄	《甲乙编》6277：261·42
		马游君	《甲乙编》6277：261·42
		张宫	《甲乙编》8136：438·3
		王莫当	《甲乙编》9548：560·3
		张延年	《释文合校》191：合10·22
居延县	西道里	史承禄	《新简》4430：E.P.T53：109A
		徐宗	《甲乙编》442：24·1A
		许宗	《甲乙编》750：37·23
		张图	《甲乙编》1889：77·33
觻得县	延寿里	赵猛	《新简》1962：E.P.T48：17
		杨猛	《新简》4834：E.P.T56：96
		上官霸	《甲乙编》4860：214·125

资料来源：甘肃省文物考古所、甘肃博物馆、文化部古文献研究室、中国社科院历史所编：《居延新简》（上表简称《新简》），北京：文物出版社，1990年。中国社科院考古研究所编：《居延汉简甲乙编》上下册（上表简称《甲乙编》），上海：中华书局，1980年。谢桂华、李均明、朱国炤编：《居延汉简释文合校》（上表简称《释文合校》），北京：文物出版社，1987年。转引自：秦晖：《传统十论——本土社会的制度、文化及其变革》，第23—25页。

在汉武帝时代，有所谓不许族居的规定。这个规定应该是有现实意义的，因为我们看到秦汉时代这些聚落的确有很明显无族居的特征，所有的里（或丘等）几乎都是杂姓，而且细碎得就像过了筛子。我上面列出的居延汉简中的例子，几乎无一例外，还可以举出更多具体的材料。当然,我们不能据此说秦汉时代就没有独姓聚落,好比有人讲的,如果发现100只乌鸦是黑的,也不能断言天下乌鸦一般黑,没准第101只乌鸦就是白的。但是至少从概率来讲,可以认为出现独姓或者大姓聚居的可能性是很低的,因为以我们现在已经看到的几百个聚落的人口记录来说,没有一个是那种情况的,甚至一直到隋唐都是这样。

例如在敦煌文书中,以及吐鲁番文书中,也都是多姓杂居村落。当然,有人说到了隋唐不一定是这样的,比如唐诗中有个"朱陈村":"徐州古丰县,有村曰朱陈。……一村唯两姓,世世为婚姻。"但是作者白居易自己也说,该村是个世外桃源:"县远官事少,山深人俗淳。有财不行商,有丁不入军。家家守村业,头白不出门。"这是一个无政府、无赋役、无商业、无对外交流的桃花源。而当时一般人却过得很悲惨:"朝忧卧至暮,夕哭坐达晨。悲火烧心曲,愁霜侵鬓根。一生苦如此,长羡陈村民。"❶可见在白居易看来,朱陈这样的村极其罕见。应该说族姓聚居的概率即使到了隋唐还不是很大。❷秦汉可能是比隋唐更显著,就我们接触到的材料而言,几乎全是多姓杂居的状态。❸

可以推想秦制的典型状态,是上面有一个专制国家,按照"闾里什伍"的原则,对臣民进行严格编制,每个人被编制到一个具体的里中,而且管理相当严密。除此之外,民间的联系,包括宗族的联系,被压缩到一个尽可能低的水平——尽管完全消除是根本做不到的,但是从相对的角度来讲,应该说那个时代的反宗法色彩与三代肯定不可同日而语,就是比明清恐怕也要更突出,甚至比起1949年前的农村,都可能有过之。据此可以想象,秦的政策对周的宗族有多么大的冲击。

---

❶ 白居易《朱陈村》,见《全唐诗》卷433。
❷ 详见秦晖:《传统十论——本土社会的制度、文化及其变革》,第1—34页。
❸ 凌文超的研究再次证明了这一结论,见凌文超:《秦汉王朝对乡里族姓的规划与管理》,载《中国人民大学学报》2021年第6期。

三 扬"忠"抑"孝",鼓励"大义灭亲"

前面提到,按照周代的族群社会价值观念,包括体现在儒家著作中的思想,一般都强调"孝高于忠",即所谓的"为父绝君,不为君绝父","(君)殡不如父重"。君主没有父亲重要,为了父亲我可以得罪君主,甚至为了报父仇,可以灭掉祖国,就像伍子胥那样。但是法家坚决反对这种说法,法家认为忠比孝更重要,而且"忠"是对君主一人忠诚。因此法家非常鼓励所谓的大义灭亲,鼓励为了国家的利益,其实就是为了君主的利益,可以背弃父母。法家甚至把这两者对立起来,韩非就有一句名言:"君之直臣,父之暴子也"(忠于君主的人,就不能忠于父亲,对于父亲来讲,他很有可能是不孝之子),"父之孝子,君之背臣也"❶(强调对父亲的孝,到头来就会背叛君主)。

儒家很重视古代圣人的传承,法家不是不谈古代圣人,但是法家和儒家谈古代圣人有很大区别。法家谈古代圣人,都说他们如何六亲不认。韩非说:"其在记曰:'尧有丹朱,而舜有商均,启有五观,商有太甲,武王有管、蔡。'五王之所诛者,皆父兄子弟之亲也。而所杀亡其身、残破其家者,何也?以其害国伤民败法类也。"❷尧、舜、禹都是为了国家的利益可以六亲不认的人,这样的人在法家看来才是圣人——其实韩非等法家可能只是欣赏或利用尧、舜、禹传说中的这一面而已,未必真尊其为圣人,就像《韩非子·忠孝》所说:"贤尧、舜、汤、武而是烈士,天下之乱术也。"尊奉古圣(而非今上)、舍生取义(而非为皇上卖命),那就要天下大乱!这才是他的真实想法。

儒家描写的这些圣人,和法家的看法是相反的,按照儒家的描写,舜是个大孝子。韩非却指斥儒家所赞美的古代"圣王"舜是不仁不义的典型:"瞽瞍为舜父而舜放之,象为舜弟而杀之。放父杀弟,不可谓

---

❶《韩非子·五蠹》。
❷《韩非子·说疑》。

仁；妻帝二女而取天下，不可谓义。"❶

儒家描写的这些圣人，首先都是家庭里的孝子。但是法家描写的这些圣人，是所谓为了治国而六亲不认、大义灭亲的人。韩非就专门举过两个例子，说明"孝"是很有害的。

> 楚之有直躬，其父窃羊而谒之吏，令尹曰："杀之。"以为直于君而曲于父，报而罪之。以是观之，夫君之直臣，父之暴子也。鲁人从君战，三战三北，仲尼问其故，对曰："吾有老父，身死，莫之养也。"仲尼以为孝，举而上之。以是观之，夫父之孝子，君之背臣也。故令尹诛而楚奸不上闻，仲尼赏而鲁民易降北。上下之利，若是其异也，而人主兼举匹夫之行，而求致社稷之福，必不几矣。❷

一个是楚国的例子，说楚国有一个人偷羊，被他的儿子举报了，楚国的令尹却把这个举报父亲的人给杀了，认为这个人是不孝之子。然而按照韩非的说法，后来楚国之所以败亡，就是因为官员像这样"只知有家不知有国"，顾小家而忘大国。他举另外一个例子，就是前面曾经提到过的，说鲁国有一个人一打仗就开小差，孔子问为什么，他说我要养我的父亲，我是独子，不能战死。孔子说，你真是个大孝子，国家不用你用谁？于是举而上之，向国君推荐说，此人可以重用矣。

按照韩非的说法，这些国家之所以亡国，都是因为孝在忠上，家比国高，只知有家不知有国。国家如果都这样做，谁还会为国家打仗？所以他说这些国家的人，都是"勇于私斗，怯于公战"，都只为自己家里头打仗，不为国家效力。因此他说，一定要提倡六亲不认，斩断亲情、私情，只认国家，如果按照儒家那种做法，国家肯定要打败仗，君主的地位断然不能保持。

---

❶ 《韩非子·忠孝》。
❷ 《韩非子·五蠹》。

因此法家一定要把忠放在孝之上，按照法家的逻辑，就是要禁止容隐、鼓励告亲。"父为子隐，子为父隐"，❶儒家认为是应当承认的，法家认为这是同谋，要禁止，鼓励"大义灭亲"。子告父、妻告夫，儒家认为这是违背伦理的行为，而法家却非常赞赏这种行为。《慎子·逸文》讲："骨肉可刑，亲戚可灭，至法不可阙也。"骨肉亲情皆可抛，这才叫"真汉子"。

但是法家讲的大义灭亲，有一个很大的矛盾。如前所述，法家已经在人性论上认定，其实所有的人都是为己的，或者说都是性恶的，连父子之间都是这样。甚至于韩非连舍生取义就会天下大乱这样的话都说出来了，因此所谓大义灭亲，怎么可能呢？

深信人性恶的法家，其实心底里并不相信什么大义，他们实际上是用现实利害促使人们趋炎附势。法家提倡告亲、禁止容隐，其实都是用利益来引诱的，"大义"只不过说说而已。讲得简单一点，倘若你检举父亲，我会给你好处；如果你和父亲在一起对我不利，我会给你严重的惩罚。法家鼓吹的大义灭亲，如果落实下来，其实就是"大利灭亲"，他们相信以利益诱惑加刑罚威胁，无事不成。为了图赏，人可以出卖父亲，出卖亲人，出卖朋友，出卖老师，等等。总而言之，为了高官厚禄，可以不顾一切，所有的情感都可以用利益做交换，"重赏之下必有勇夫"。

因此，秦律非常提倡亲人之间的互相告发，其中有一些很值得琢磨的规定。大家知道法家制度主张严刑峻法，犯罪首先要抄家没产。但是秦律中有一条规定，"'夫有罪，妻先告，不收。'妻媵（滕）臣妾、衣器当收不当？不当收。"❷丈夫犯了罪，妻子如果告发，妻子不仅可以免被没收为官婢，而且其财产可以不被没收。这一句话马上使人想到，

---

❶ 《论语·子路》。
❷ 睡虎地秦墓竹简整理小组编：《睡虎地秦墓竹简》，"法律答问释文注释"第133页。

难道夫妻的财产还可以分得那么清楚吗？秦律的观念好像很现代化，秦国似乎已经有婚前财产公证，哪一部分财产是丈夫的，哪一部分财产是妻子的，秦人都是知道的，所以才会有这样的条文。我们今天听到这个条文都觉得很新鲜，妻子如果告发了丈夫，妻子的财产可以不被没收，只没收丈夫的财产，这是不是很有意思？

但是秦国毕竟还是一个男尊女卑的国家，因此下面还有一条规定："妻有罪以收，妻媵（媵）臣妾、衣器当收，且畀夫？畀夫。"❶ 如果妻子犯了罪，丈夫去告发会怎么样呢？奖赏还会更大。如果丈夫告发了妻子，不但丈夫本人的财产可以不被没收，妻子的财产还可以用来奖赏丈夫。其实按照后世的法律，这两种财产差不多，没有什么妻子的财产和丈夫的财产之区别。即便在今天，对关系稳定的夫妻而言，妻子的财产和丈夫的财产都是共享的，用妻子的财产奖励丈夫，鼓励他出卖老婆而自利，这真的很有吸引力吗？

从常识讲，除非正在闹离婚，或者有什么更糟糕的动机，否则这样的奖励有点匪夷所思。但是秦律就是要区分清楚，一个家庭内老婆和丈夫各有财产，而且丈夫想夺取妻子的财产，就可以去告发她！我们知道，现代民法承认个人财产。夫妻共有财产、夫妻各自的婚前财产，都可以通过婚前财产公证界定清楚。但这是维护个人权利，而不是国家对个人设定强制义务，没有哪个现代文明国家会规定不搞夫妻分产就不得结婚。婚前财产公证的现实功能主要是防止婚姻诈骗，在离婚时保护夫妻各自利益，防止彼此侵害，并不是为了维护"公权力"而鼓励夫妻互相告发。所以秦律中的夫妻异产规定是"个人主义"，还是皇权本位的"伪个人主义"，应该非常清楚。

而且秦律还有一些莫名其妙的规定，比如规定子盗父应该怎么样判，父盗子应该怎么样判。当然这里头还有一些不同，正如丈夫告妻子比妻子告丈夫更受优待一样，子盗父在秦律看来是一个稍显严重的

---

❶ 睡虎地秦墓竹简整理小组编：《睡虎地秦墓竹简》，"法律答问释文注释"第133页。

问题，父盗子在秦律看来并不是什么问题。❶但是不管怎样，这个提法本身就很奇怪，因为到了后世，法律根本不承认父子之间还有异财的。《唐律疏议》中有一条规定，叫"诸祖父母、父母在，而子孙别籍、异财者，徒三年"❷，只要老人不死，儿子就不能分家。不过我在这里要讲，中国往往是说一套做一套，虽然有这样的规定，但事实上中国历史从战国以来就是小家庭社会，从来就是分家的。

尽管这样，至少儒家的财产观念是不承认个人财产的，只承认家庭财产或者家族财产。但是法家很奇怪，父盗子，子盗父，还有假父盗假子，也就是义父盗义子，甚至专门有一条规定说，奴婢盗主人应该怎么判。奴婢偷主人的东西，这是一个很严重的罪行。有一些主张魏晋封建论的人认为，秦汉才是奴隶社会，原因就在于私人拥有奴仆在秦汉的确要比三代多得多。三代基本上是族群社会，人们以前讲三代是奴隶社会，主要是指征服者宗族对被征服者宗族的奴役而言。我前面曾经讲过，三代时并没有像古希腊-罗马那样，个体家庭里有很多奴隶。但是到了秦汉，个体家庭中的奴隶倒是真的比较多了。奴隶偷了主人的东西，当然是罪过。但是秦律专门规定，如果奴隶偷的是主人"不同居"父母的东西，虽也是罪过，但是就要次一等，为什么呢？因为在这种情况下，奴婢盗主人父母不为"盗主"，也就是说主人的东西和他父母的东西，是两回事。❸

大家看秦朝的法律观、财产观好像是非常个人主义的，一个家庭

---

❶ 秦律规定，"父盗子，不为盗"；"子盗父母，父母擅杀、刑、髡子及奴妾，不为'公室告'"。"贼杀伤、盗它人"才属于"公室告"，即为官府所受理的法律事件。睡虎地秦墓竹简整理小组编：《睡虎地秦墓竹简》，"法律答问释文注释"第98、117页。

❷ 长孙无忌等撰：《唐律疏议》，刘俊文点校，北京：中华书局，1983年，第236页。

❸ 秦律规定："'父盗子，不为盗。'今叚（假）父盗叚（假）子，可（何）论？当为盗"；"人奴妾盗其主之父母，为盗主，且不为？同居者为盗主，不同居不为盗主"。睡虎地秦墓竹简整理小组编：《睡虎地秦墓竹简》，"法律答问释文注释"第98页。

内丈夫和妻子各有财产，父亲和儿子也各有财产。但是它和近代的财产观念最大的不同在于，不管是妻子的还是丈夫的，也不管是父亲的还是儿子的，最终都是皇帝的。所谓的大义灭亲，其实在性恶论的背景下是大利灭亲，就是用利益、用利害关系来引导人们邀宠避祸、六亲不认，只为高高在上的皇帝一人服务。

近代社会是不承认宗法原则的，比如婚姻自由，是近代社会的观念。但是法家的反宗法、灭亲，是不是真的具有个性解放的功能呢？有人说法家思想比儒家进步，指的就是这些。其实在与君权没有矛盾的地方，法家和儒家一样要强调家内尊卑，这一点毋庸置疑。法家并没有近代意义上的个性解放观念，法家并不是不承认父权。相反，法家对父权的强调，只要不违背君权，其实比儒家还要极端，更强调君权、父权的单向性，所谓"三纲"就是法家的发明。

大家知道后来讲的三纲："君为臣纲，父为子纲，夫为妻纲"，在董仲舒以前的儒家文献中并没有记载，❶反而是法家最早说过类似的话。《韩非子》中有这样一句话："臣事君，子事父，妻事夫，三者顺则天下治，三者逆则天下乱，此天下之常道也，明王贤臣而弗易也。"❷这"三顺"就是三纲理论最早的出处，因此可以说董仲舒的三纲说法，实际是来自法家的。这与古儒强调权责对应的"君君臣臣，父父子子"的说法是完全不同的。儒家讲的父子关系，当然是双向的，就是"父父子子"，"父不父则子不子"。当时的儒家并没有所谓"父要子死，子不得不死"这种观念，反倒是法家提出了这种观念。但是法家并非是为了父亲，而是为了皇帝，所以"君要臣死，臣不得不死"才是真的；而

---

❶ 董仲舒并未直接提出"三纲"，此句见《白虎通·三纲六纪》："三纲者，何谓也？谓君臣、父子、夫妇也。六纪者，谓诸父、兄弟、族人、诸舅、师长、朋友也。故《含文嘉》曰：'君为臣纲，父为子纲，夫为妻纲。'"但董仲舒有类似的表述，见《春秋繁露·观德》："天地者，万物之本……君臣、父子、夫妇之道取之此"；《春秋繁露·基义》："君臣、父子、夫妇之义，皆取诸阴阳之道。"

❷ 《韩非子·忠孝》。

"父要子亡，子不得不亡"则必须得到皇帝批准，而皇帝为了自己的统治，甚至可以鼓励"子要父亡"的"告亲"之制。

第三节 "百代都行秦政制"——秦制的主要特征

法家改革按照"闾里什伍"原则对臣民进行严格编制所构建起来的社会状态，导致的一个直接功效，就是解决了法家一再强调要克服的现象——所谓的"亲亲则别，爱私则险，民众而以别险为务，则民乱"，改变了那种"人人亲其亲，长其长，而天下平"的状态，建立了一种国家可以打碎民间自治功能、可以把整个社会按照国家的意志整合起来的可能。这种可能构成了后世人们称之为秦制的一些主要特征。

一 以吏为师

秦制的一个特点是"以吏为师"。"吏"和"儒"这两个概念，在秦汉时代被谈得很多。一直到东汉末年的王粲，写过一篇很有名的文章，叫作《儒吏论》，就是把儒和吏做对比。儒和吏在隋唐以前一直被认为是两个很重要的相对范畴。这个对立一直到什么时候才没有呢？是在科举制度建立以后逐渐淡化。因为科举制度是通过考试来选拔官员，而考试是用儒家的文献作为试题和标准答案，基本是从儒生中选拔。应考者必须是读儒家经典的人，才能通过考试，才能当官。因此到了科举制度实行以后"儒吏合一"。但是"儒吏合一"有一个很大的问题，是吏变成了儒还是儒变成了吏？这是一个很值得研究的问题。

先不扯那么多，我觉得秦汉这两代，汉代尤其是西汉，实际上是以吏为师的。而吏就是国家雇员。国家想雇谁就雇谁，"不拘一格选人才"，没有多少界限。雇来干什么？受雇者就是为了给政府办事，不是为了别的，因此也不会考虑德望、人缘、口碑这一类的"虚假道德"。

而且当时一般人们认为，对吏的要求就是"公事公办"。所谓"公事公办"，就是严格按照政府的要求办，并不包含公平、公正这一类意思。上面让你怎么样，你就怎么样。吏需要对规章制度很熟悉，对法律、对公文要背得很熟，可以不管道德、信仰这些东西。

东汉王充说："儒生不为非，而文吏好为奸者，文吏少道德，而儒生多仁义也"❶；"文吏幼则笔墨，手习而行，无篇章之诵，不闻仁义之语。长大成吏，舞文巧法，徇私为己，勉赴权利；考事则受赂，临民则采渔，处右则弄权，幸上则卖将；一旦在位，鲜冠利剑，一岁典职，田宅并兼"❷。儒和吏，按照王充的说法，儒有所长，吏有所短，但当时人们对吏的尊崇是超过儒的："论者多谓儒生不及彼文吏，见文吏利便，而儒生陆落，则诋訾儒生以为浅短，称誉文吏谓之深长"；"世俗共短儒生，儒生之徒，亦自相少。何则？并好仕学宦，用吏为绳表也"；"将以官课材，材以官为验，是故世俗常高文吏，贱下儒生"❸。否则王充也不会用这种口气说话，说儒也不是那么一无是处，儒有所长，吏有所短。

"吏"是怎么产生的呢？其实史书中有一些案例很有意思。我们知道汉高祖刘邦就是一个秦朝的基层小吏，是一个亭长。他这个人别说德高望重了，不仅乡亲们对他的评价口碑很差，连他的父亲对他的评价也很低。司马迁在《史记》中明确讲，我们汉朝第一代领袖是个"无赖"，而且是他父亲说的。刘太公，就是刘邦的父亲，很不满意刘邦的所作所为，说你这个人不治产业，整天游手好闲、吊儿郎当，就是一个"亡赖"，也就是无赖的意思。但是刘邦这个人好勇斗狠，国家一看这个人可以"牵牛扒房"，很凶狠，打小贩、拆迁扒房绝对拉得下脸来，所以马上提拔他为吏。❹至于他是不是在乡里有很高的道德口碑，不在

---

❶ 《论衡·量知》。
❷ 《论衡·程材》。
❸ 《论衡·程材》。
❹ 《史记》卷8《高祖本纪》，第341—345、386—387页。

考虑范围，只要敢于在地盘上发狠办事就行。我觉得司马迁是很伟大的，他当代人写当代史，一点儿都不避讳。

秦汉时代选拔吏的标准有两个，叫作"强谨"❶。什么叫强呢？就是勇敢，不讲情面，敢"牵牛扒房""砸摊没收"。什么叫谨呢？就是听话，听上面的话不越界，不擅自行动，上面指东你不敢打西，在领导面前为人很谨慎。在百姓面前"强"，在上司面前"谨"。

刘邦是秦吏典型之一，我们从秦汉史料中看到，张耳、陈余这两个人也是很有意思的例子。张耳、陈余是魏国的贵族，他们本来是反秦势力，也就是反对派分子。在秦灭亡六国的时候这两个人被通缉，他们就流亡到外面去了。这说明什么呢？说明所谓的商君之法无孔不入，大概就是说说而已，实际上还是有很多空隙的，否则这些人不可能藏匿于民间。《史记》记载张耳、陈余跑到陈这个地方，也就是说离他们的家乡已经很远了，而且在当时的情况下，也不太可能设想他们在那个地方有什么亲族。我想大概这两个人很聪明，而且有办事能力，所以在当地被提拔为干部，为"里监门以自食"。❷

这两个人是外地人。按理说在一个宗法制度的社会里，外地人很难在一个村子里掌权，因为你在当地没有宗族根基。但是秦有这种很奇怪的现象，一个外地人在离家乡很远的地方，居然可以成为一个基层干部。这个社会，显然是一个控制很严密的社会。这里和我前面讲的所谓的私有制构成了一个很有趣的对比。这个社会从某种意义上讲，好像是非常个人主义的；但是从另外某种意义上讲，又是很国家主义的。无论是国家主义还是个人主义，都是对三代宗法制的一种否定。这个国家很强大，对人的控制也相当严酷。但是它能提供的公共服务

---

❶ 北魏太和十年（486年），李冲上书："宜准古，五家立一邻长，五邻立一里长，五里立一党长，长取乡人强谨者。"《魏书》卷110《食货志》，北京：中华书局，2018年点校本二十四史修订本，第3109页。"强谨"之语虽出自《魏书》，但秦汉实亦如此。

❷ 《史记》卷89《张耳陈余列传》，第2571—2572页。

则相当有限。

二 无福利，更无自由

秦制的第二个特征，就是极端的反福利倾向。我们知道世界上各国的思想家中，很多人都是主张救济穷人的，中国古代也不例外，包括儒家也有这种说法。孟子就主张要照顾老人，"五十者可以衣帛""七十者可以食肉"❶。但是法家是非常之不信这一套的。韩非就明确说，救济穷人要不得。穷人不是酒鬼就是懒汉，救济他们，就是把那些勤劳的人的财产拿来救济懒汉，这是绝不可为的。

> 今世之学士语治者多曰："与贫穷地以实无资。"今夫与人相若也，无丰年旁入之利而独以完给者，非力则俭也。与人相若也，无饥馑、疾疚、祸罪之殃独以贫穷者，非侈则惰也。侈而惰者贫，而力而俭者富。今上征敛于富人以布施于贫家，是夺力俭而与侈惰也。而欲索民之疾作而节用，不可得也。❷

商鞅也说过，这些穷人到处游逛会给我们法家制度的优越性抹黑，"奖懒罚勤"更要不得，所以我们要对他们实行严格的收容制度，在街上如果看到穷人讨饭，马上抓起来劳改，这叫"怠而贫者举以为收孥"❸。

现代社会要么得给人们自由，要么得给人们福利，要么两个都给，但是两样都不给，好像就不行。但是商鞅、韩非这些人坚决认为，就是两样都不给。自由绝对不给你，福利也不给你。我的权力要无穷大，但是责任可以无穷小，秦制下就是这样一种状态。

这种状态，当然就使得这一套制度隐藏着一些危机。这些危机在

---

❶《孟子·梁惠王上》。
❷《韩非子·显学》。
❸《史记》卷68《商君列传》，第2230页。

战国时代还不是很明显，因为当时秦和周边六个国家还在打仗。一旦战争结束，危机很快就凸显了。因为法家制度虽然成功使得秦国崛起，并且成为天下最强的大国，可是秦国大国崛起后，真是使秦国人民站起来，再也不能坐下了，他们必须不停地干活。国家的强大是需要和国民的尊严并存的，而且我们可以讲，在现代应该既追求国民的尊严，也追求国家的强大。可是在古代，这两者并不一定是统一的。关于这一点，秦把法家学说推到了极端，"强国弱民"不仅是秦的事实，而且是统治者明确的追求。在世界各种学问中，大概商鞅、韩非之学，是最赤裸裸地提出国的利益和老百姓的利益是绝然对立的。也就是说，国要强大，老百姓就得趴下，国家的利益里是没有强民、富民这一项的。

《商君书》专门有一章叫《弱民》，其中就提到"民弱国强，民强国弱，故有道之国，务在弱民"。就是说，国家要强大，老百姓就得趴下；老百姓如果站起来了，国家就完蛋了，因此国家强大的最重要条件，就是要把老百姓彻底踩在脚下。而且商鞅说，一个国家要战胜敌国，首先要做的就是战胜自己的人民。一个国君如果连老百姓的反对都收拾不了，怎么能征服外国呢？他的逻辑就是这样。

这个国君首先要征服自己的老百姓，然后才能谈得到征服其他国家的老百姓。"能制天下者，必先制其民"；"能胜强敌者，必先胜其民"。❶ 商鞅还说，统治者治国的妙诀是，绝不能让人民占了上风，必须把老百姓打翻在地再踩在脚下，"民胜其政，国弱；政胜其民，兵强"❷。他说老百姓如果对政府占优势，这个国就会疲弱；政府如果把老百姓战胜了，这个国就会很强大。所有的法家学说都是把国和百姓严重对立起来，这是法家学说一个非常有标志性的特点。

商鞅认为，"治主无忠臣，慈父无孝子"❸，因此"棍棒底下出孝子"，

---

❶ 《商君书·画策》。
❷ 《商君书·说民》。
❸ 《商君书·画策》。

为了"制民"决不能心慈手软。统治者为了战胜人民需要怎样做呢?商鞅说,第一,不能让老百姓聪明起来。"愚农不知,不好学问,则务疾农"❶,"民愚,则知可以王"❷。老百姓都很蠢,且很愚忠,我很聪明,我就可以当王了。如果老百姓也聪明起来,那就不好办了,所以要想把国家治理好,老百姓要愚昧。老百姓越笨,没有自己的头脑,没有辨别能力,只会听吆喝,跟着政府鼓噪,听从政府的宣传,我就越好治理。第二个条件,老百姓也不能太富。法家强调治国要靠赏罚。赏要起作用,当然是人要自私一点,我前面已经讲了,如果一个人既不图赏又不怕罚,法家就认为这是一个危险分子。没有"软肋"是做人的"硬伤",就不能要。但就算有人比较自私,还是不行。假如你是一个富人,也不会稀罕国家的赏。假如你本身就有大房子住,就不会想着我要搞动作,投机当个大官,希冀皇上赏我一套豪宅。因此法家说,赏罚要起作用,老百姓就不能富。因为一旦富了,老百姓就不会图国家的赏了。老百姓一定要穷兮兮的,因此国家给他们一点赏赐,他们就会拼命地卖力,像一群狗抢骨头一样,所谓重赏之下有勇夫。如果老百姓本来就很富,他们可以通过自己的努力很富有,而不必靠谄媚摇尾乞怜,这个赏还有谁稀罕呢?因此商鞅说,老百姓是绝对不能让他们富起来的,"农有余食,则薄燕于岁"❸。

当然话又说回来,老百姓也不能太穷,穷得快要饿死了,老百姓就要造反了。因此法家的说法是,要让老百姓有饭吃,但是不能让他们有余粮。韩非有一句名言,叫作"足民,何可以为治"❹,最理想的状态,是使民"家不积粟,上藏也"❺。老百姓家里头都没有余粮,粮食都在国家的仓库里,不要让老百姓太富裕。有些人说,民富才能国安,

---

❶ 《商君书·垦令》。
❷ 《商君书·开塞》。
❸ 《商君书·弱民》。
❹ 《韩非子·六反》。
❺ 《商君书·说民》。

商鞅却说，这个话可以讲讲骗人，但是你自己最好不要相信。民富有的时候就要生乱，因为他们就看不起你了。最好是老百姓都比较穷，绝不能"农有余食，则薄燕于岁"。老百姓吃饱了饭没事儿干，他们就会游手好闲，就会东逛西逛，免不得还要想入非非，会接受一些不好的影响，就像《韩非子·六反》中说的："凡人之生也，财用足则隳于用力，上治懦则肆于为非。"因此最好的办法，就是把他们搜刮得一贫如洗，财富都在国库里，当然国家要保证他们不饿死，这样的话，他们就会只看到眼前这点利益而拼命地干活，不知其他，这种状态最好。

同时还要以什伍连坐、严刑峻法来禁锢他们，而且使那些想要摆脱桎梏的人上天无路、入地无门，"行间无所逃，迁徙无所入。行间之治，连以五，辨之以章，束之以令，拙无所处，罢无所生"❶。在法家看来，如果你遂了百姓的愿望，他们就会弄奸耍猾，一旦富裕起来，他们就会贪得无厌，就会不知天高地厚，只有穷困潦倒，他们才会卖力。所以商鞅就说："上舍法，任民之所善，故奸多。民贫则力富，力富则淫"❷。

什么叫"任民之所善"呢？就是人民所希望的。如果你满足了人民的希望，人民就会弄奸耍猾，越来越不知好歹、不知天高地厚。"民贫则力富，力富则淫"，老百姓穷，他们就会卖力干活，老百姓如果富了，他们就成了花花公子，那绝对要不得。法家又说，要做到"民辱则贵爵，弱则尊官，贫则重赏"❸：老百姓必须活得屈辱，这样他们才知道大人的尊贵，如果老百姓本身地位就很高，他们就会不知天高地厚了；老百姓必须很卑贱，这样他们才懂得当官的厉害；老百姓必须很贫

---

❶ 见《商君书·画策》。行间军队如此，实际上秦社会亦然。秦孝公卒后，商鞅被告谋反，逃亡途中，"欲舍客舍，客人不知其是商君也，曰：'商君之法，舍人无验者坐之。'商君喟然叹曰：'嗟乎，为法之敝一至此哉！'"《史记》卷68《商君列传》，第2236—2237页。

❷ 《商君书·弱民》。

❸ 《商君书·弱民》。

困，这样他们才会为你的赏赐而卖命，如果是富人，就不会重视你的赏赐了。总而言之，要"富国强兵"，就必须使老百姓停留在辱、弱、贫、愚之中，如同好操纵的"提线木偶"。这样一种制度，会带来什么样的结果呢？当然会使这个国家的武力变得很强大。

第四节　秦制的危机

商鞅变法后，秦国的武力变得很强大，但是秦在经济上是不是很富裕，对此始终是有争论的。以前我们经常讲，法家的治国使秦国变得很富裕，秦在经济上很发达，而且说秦统一六国，就是靠经济上的富裕，经济强大是统一的重要原因。这些论断，应该说也不是一点道理都没有。因为在《史记·货殖列传》中，司马迁就曾经讲过一句话，这句话后来被认为是法家改革的成果。"故关中之地，于天下三分之一，而人众不过什三，然量其富，什居其六。"❶

从司马迁这一句话的上下文可以看到，他讲的关中是大关中，不是仅指今天陕西西安附近那块地方，而指的是战国时代的秦故地。当时秦统治的地方都叫关中，包括西北地区，包括像四川这样的地方，都是在秦始皇统一以前就已经归了秦国。上述之地按照司马迁的说法，占天下面积的1/3，人口不过30%，却占有60%的财富。

但是以后的不少史家经过考证，其中也引证了《史记》和《汉书》中的《食货志》《地理志》提供的材料，他们指出司马迁这一段带有文学色彩的描述并不可信。根据秦汉时期各郡国的数据分析，包括全部秦故地的大关中，的确面积占秦末汉初天下的1/3，但是人口并没有太多，即使在西汉时期多次移民关中、其人口比例有所提高的情况下，到了西汉末年，关中也只占全国人口的不到17%。即使这样，关中仍

---

❶ 《史记》卷129《货殖列传》，第3262页。

然是一个经济不能自给的地方。这个地方从秦到汉一直要依赖外部向它大量进行经济支援和粮食输入。按照现在一些史学家(包括葛剑雄先生)的说法,当时秦比较落后,楚也是比较落后,燕也比较落后。当时中国经济最发达的地方,是关东的魏、赵、韩、齐故地,也就是原来的三晋加上齐("燕山山脉以南,太行山、中条山以东,豫西山地和淮河以北地区"),这些地方面积只占天下的11.4%,人口却占到60%,是当时中国人口最密集的地方。这些地方人口虽然密集,经济还是有余,能大量向其他地方进行支援,在粮食自给的前提下,每年至少要向关中输出400万石粮食。还有大量的纺织品和其他手工商品从关东输入关中。不仅仅是刚才讲的这些数字,种种材料都证明,正如葛剑雄先生所说,"全面考察秦汉时期的经济状况,我们不得不承认,当时最发达的地区是在关东"❶。主要财富集中于关东,而不是关中。

在中国历史上甚至近代以前的世界历史上,好像都有一个相当普遍的特点:富的地方往往不强,强的地方往往不富。不仅秦汉是这样,大家知道明清时代江南是最富庶的,但是江南在政治上处于弱势,统治中心一直都在华北,尽管华北要比江南穷得多。其实隋唐以前基本上也是这样,早就有人说过,中国在隋唐以前是东富西贫,但是政治上东弱西强。隋唐以后是南富北贫,政治上南弱北强,一直都有这样一种现象。

其实在世界范围内,在近代以前的冷兵器时代,普遍有经济-政治的反差。那些蛮族一般来讲都是经济比较落后,但是武力比较强大,像匈奴人、蒙古人,包括古罗马时代的日耳曼人,所谓"蛮而不盈,盈者不蛮"。

秦汉时期财富主要是在关东,而不是在关中。实际上关中并不富裕。当然了,关中通过打仗从关东抢来大量的东西,这些东西自然主要是由统治者享受。一般老百姓是不是也能分到一杯羹呢?当然可以

---

❶ 葛剑雄:《论秦汉统一的地理基础——兼评魏特夫的〈东方专制主义〉》,载《中国史研究》1994年第2期。

设想，他们还是可以分到一杯羹，这是战争的激励机制，不过结束征战进入统一以后，统治者还会不会给秦人分这一杯羹，就另说了。所以秦统一以后，它的一些问题很快就暴露出来。

秦的经济其实不算发达，但是它的政治相当苛暴。商鞅说："政作民之所恶，民弱。政作民之所乐，民强。民弱国强，民强国弱。"❶也就是说，如果统治者讨好老百姓，做老百姓喜欢的事儿，老百姓就会变强，而老百姓强了，国家就弱了；如果统治者专门做老百姓痛恨的事儿，老百姓就会被你压服，民就弱了，民弱国就强了。"民强而强之，兵重弱"，老百姓越来越强，君上的军事力量会越来越弱；"民弱而弱之，兵重强"❷，老百姓越来越弱，国家的军队就越来越强大了。其实古今中外的专制者这样想的恐怕不少，但是敢赤裸裸地这样讲，商鞅大概是最肆无忌惮、口无遮拦的。

秦的实力到底怎么样呢？实际的情况可能是丰富多彩的，几条干巴巴的史料并不能够涵盖一切。秦人有没有快乐的生活呢？我想大概有。尤其是当他们割掉了敌人几个脑袋，换到了赏赐的时候，秦特别重视这一点，秦人也有很快乐的。但是当一个国家的统治者说，我的统治要使人民快乐，人民是不是真的能够快乐起来？这可以存疑。因为你说得好听，做得不一定怎么样。但是一个国家的统治者明着说，我就是要使老百姓不快乐，那么老百姓能快乐得了吗？统治者说得好，老百姓不见得过得好，但是统治者连好话都不愿意说了，老百姓的日子能不能过得好呢？如果统治者公然说，他就是要让老百姓辱、弱、贫、愚，就是要"政作民之所恶"，那么老百姓的苦难还用怀疑吗？

我觉得秦的强大，从长远的观点看，应该给予它应有的历史地位。这里我倒不是说，如果不是秦，中国就不能统一，因为从三代到春秋再到战国，总的趋势是通过战争，国家越来越少，是"大鱼吃小鱼，

---

❶ 《商君书·弱民》。

❷ 《商君书·弱民》。

小鱼吃虾米",大势所趋摆在那里。秦如果不统一,也会有其他国家来统一。但是毕竟这个统一最后是由秦来完成的,因此我们说秦开创了中国的统一局面,给它一个比较高的评价,是可以成立的。但是我们不要忘了这个事情的另一面,在这个过程中,不但关东六国的老百姓是遭殃的,秦国的老百姓也的确过得不怎么样。现在经常有人这样讲,强秦使得老百姓很富裕。要纠正这种说法,用不着引反秦人士的言论,只需引述我刚才讲的这些秦的主流思想家的话,他们自己就是这样说的。他们公开说,我们这个国家民弱、民贫、民辱、民愚,正是因为这样,我们才强大。是他们自己坦诚承认的,并不是反秦的人说的。

贾谊写了《过秦论》,大家知道他是站在儒家的立场上批评秦,说秦无道、暴虐,有人说这是反对派的攻击。但商鞅、韩非当然不是反对派了。我们以前讲"得民心者得天下",古代的儒家也经常讲这一句话。但是老实说,古往今来的历史上,"得民心者不得天下,不得民心者得天下",这种例子还少吗?

"得民心者得天下"与"民贵君轻"一样,是我们传统文化中宝贵的思想遗产,但它是指"应然",而非"实然"。否则还用得着"闻诛一夫纣矣""伐无道,诛暴秦"吗?古代历史上几乎成为规律的"蛮族征服"现象,难道也是被征服人民(他们通常人数占绝对优势)的"人心所向"?成吉思汗屠遍欧亚,反抗者不堪一击,这就可以证明成吉思汗比反抗者更得人心?

在那个时代,历史的"实然"是"马上得天下""成王败寇""窃国者侯",如朱熹所说"尧舜禹汤文武周公之道未尝一日得行于天地之间"。直到现代民主政治登场,政治顺从民意才成为实然,"得民心者得天下"的古老理想才能实现。而法家思想从商鞅到韩非,就是相信强者为王的。他们有一个很重要的观点,就是统治者不能指望老百姓忠于自己,不能指望老百姓热爱自己,如果一个统治者总是追求受人爱戴,他肯定是一个软弱的统治者;一个出色的统治者,不会在乎人民爱戴不爱戴他,他只在乎人民害怕不害怕他,以及能不能因害怕而巴结他。

《商君书》和《韩非子》都明确讲，统治者是不能指望人民拥护自己的，因此争取这种拥护也没有意义，也就是说统治者用不着讨好老百姓。按照商鞅、韩非的说法，老百姓本来就是不知好歹的，去讨好民众，他们也不会感激你，何况也没有必要讨好下里巴人，统治者完全不应该顾及民众的感受。统治者要做的是如何以"法"来赏罚，以"术"来操控，以"势"来威吓。成功的统治不在于受众人爱戴，而在于使众人不敢反对或者无法反对，这一点对他们来讲尤为重要。

如何统治？在法家看来，首先是统治者要垄断组织资源。这是为什么法家极力鼓吹反宗法的主要原因，法家很反对"人人亲其亲，长其长"，"亲亲则别，爱私则险"。治国的妙诀是垄断组织资源，使得除了这一套"闾里什伍"从上到下的管制体系以外，社会上没有别的组织资源可以使大家抱团。除了统治者的控制以外，整个社会就是一盘散沙，原子化的个人是没有办法跟统治者较量的。哪个个人胆敢单挑，必定让他无比凄惨，以此来儆效尤，恐吓众人。因此，我前面讲的这一套制度是很提倡伪个人主义的。所谓伪个人主义，就是只服从国家的个人主义，所有"截留"上面权力的中间环节统统要被消除。

在法家看来，如果能够垄断组织资源，摧毁民间的认同，使得大家都六亲不认，只认皇上；同时利用人性弱点，玩弄所谓的厚黑学，威胁利诱、借力打力、挑动互斗、分化瓦解潜在的反对者，那么就可以在连老婆孩子都不可信的情况下，仍能够维持自己的统治，这才叫作高明，才是法家崇尚的最高境界。我们看看商鞅和韩非的言论就会知道，他们认为伟大的君主是连老婆孩子都不能相信的，遑论他人，唯一可以相信的就是法、术、势。依靠法、术、势，君主能够把这个国家治理得井井有条，把天下坐得稳稳当当。尔等蕞尔小民反对我并不要紧，只要你们不抱团，"臣之所不弑其君者，党与不具也"❶。

---

❶《韩非子·扬权》。

"人臣之于其君,非有骨肉之亲也",臣和君是没有什么亲情的。但是臣为什么为你卖命呢?因为他图你的赏。为什么他不敢叛乱呢?因为他怕你杀他的头。为什么你要杀他的头,他就害怕?因为"党与不具",他没有别的依凭,他是孤立的,是原子化的。每一个个人如果都是原子化的,哪怕所有的人都对统治者不满,也对皇上奈何不得。

像这样的强秦是很可怕的。但并不是反过来讲,像关东六国那样就会更好。在当时那样一种情况下,也的确只有强秦能够避免不断失败的命运。尽管关东的经济比秦地发达,而且很多人都提到在和平时期关东人民的生活不比秦人更糟糕,但是既然摊上了秦这样一个强邻霸邻,被打败的苦难遭遇当然可想而知。大家知道,赵遭到长平之败,几十万战俘都被坑杀,整个赵国几乎皆是孤儿寡母,青壮年男子幸存无几,弱国不可能求一国自保,也没有前途。暴秦的"强国弱民"之道固然可恶,但是关东诸国不知自强,也是应该引以为鉴的。

实际上,在彼时的确面临无解的问题,这个"无解"就是后来的元曲作者张养浩在路过潼关时发出的那种感叹:"伤心秦汉经行处,宫阙万间都做了土;兴,百姓苦;亡,百姓苦。"❶ 无论国家强大与否,遭罪的都是老百姓。总之在那时,强国主义与弱国主义,国家"崛起"与"衰落",对老百姓都未必是好事。

其实这也一直是中国历史中颇为棘手的问题。不过,后来中国的主流历史观一直是以国家强大与否作为评价的标准。比如汉唐明清很强大,我们对它们的评价就比较高;两宋比较弱,经常打仗打不过人家,割地赔款,纵然百姓的日子有改善,文化相对繁荣,在传统话语中评价却不高。

秦制这样一种治理方式,当然引起了一场很大的社会风波,就是秦末的大乱。这场大乱有非常多的戏剧性场景。我在此主要想给大家提供一些思辨,这些故事就不讲了。

---

❶ 张养浩:《山坡羊·潼关怀古》。

第三章

法道互补：
"儒表法里"之下的强权与犬儒

第一节　从"儒道互补"到"法道互补"：汉初的黄老之术

从秦以后到西汉初年，是黄老"无为而治"理论很时兴的一个时代。关于黄老，通常认为就是道家。道家在从周到秦的阶段里扮演了什么角色呢？为什么它在西汉初年一度非常兴盛时尚呢？

很多人在讲到西汉初年黄老政治时，往往强调的都是黄老政治和法家政治的对立。简而言之，法家政治是极端的"有为"，就是"穷兵黩武"，统治者有雄伟的抱负，想青史留名，于是把老百姓折腾得七荤八素，日子很苦。到了汉代便"轻徭薄赋、与民休息"，实行宽松的政策，纠正秦朝的弊病，人们说这就是西汉黄老政治"无为而治"的一个背景。考试的时候这么答题，应该和标准答案大体不差。

"轻徭薄赋、与民休息"，国家对老百姓好一点，一定要用黄老的语言来表述吗？如果用别的语言来呈现，会不会在逻辑上更顺当呢？比如为什么不直接说，这是"施仁政"？儒家讲的"民贵君轻"，"民为贵，社稷次之，君为轻"，"施仁政于民，省刑罚，薄税敛"[1]，不同样可以解释吗？可是等到儒家那一套时兴，已经是汉武帝以后了。汉武帝时期，恰恰国家又开始横征暴敛，不同于汉初那种状态，汉武帝很多政策比秦始皇有过之无不及。反而在这种状态下，儒家才兴起来了，这又是怎么回事？为什么所谓的"行仁政""仁者爱人""民贵君轻"这一套东西在西汉初年并不时兴，这一套不也可以解释"轻徭薄赋、与民休息"吗？我估计历史书上不会解答这些疑惑的。

所以，恐怕黄老之学或者说道家在历史上起的作用绝不那么简单。而且从长远看，西汉初年的黄老政治，其实是在周秦之变整个历史时期中，道家思想自我演变及其与其他诸家发生互动的一个结果，和"汉

---

[1]《孟子·梁惠王上》。

代秦"造成的政策调整不是一点关系都没有，但是两者之间的关系不像我们以前讲得那么大。

一　儒道初互补

道家的一个主导思想就是"无为""清净无为""顺物自然"❶。道家强调自然，当然就认为人不可以完全随心所欲，什么"人有多大胆，地有多大产"诸如此类。用我们现代化的语言来讲，事物的发展有客观规律，所谓的"天行有常，不为尧存，不为桀亡"❷，有一套所谓的自然之理、客观规律，人在这个"天道"面前是渺小的，因此人不应该过于有"征服欲"，不应该过于想入非非，不应该老想着改造世界。

这里有一个很大的问题，当人们说"无为"的时候，无为的主体是谁？我们讲无为，可以讲统治者应该无为，统治者不要那么好强，政策应该宽松一点。这是解释无为的一种取向。还有一种解释正好相反：老百姓应该无为，或者说弱者应该无为。你们不要老是想着反抗或者搞制衡，质问统治者，不要牢骚满腹蠢蠢欲动，应该尽量地逆来顺受，安天命，安之若素，因为这是一种自然的安排。

道家讲的"无为"，所针对的"有为"是什么呢？其实我们前面已经讲过，无论是儒还是道，都是在一个礼崩乐坏的局面下出现的。在西周时代既没有儒也没有道，那是一个小共同体本位的时代，是"人人亲其亲，长其长，而天下平"那样一种状态。这种状态是儒家想要维护的一种秩序，但是在西周并没有什么人要破坏它，因此也用不着儒家大声疾呼，把这个东西理论化为一整套很强烈的价值诉求去推崇。一种东西成为一种强烈的价值诉求时，往往是因其在现实中已经受到破坏，或者说还没有实现，而成为人们心中的夙愿。

诸子百家其实都是在周秦之变的过程中，在西周这一套制度碰到

---

❶ 《庄子·内篇·应帝王》。
❷ 《荀子·天论》。

了危机以后提出的主张。孔子的主张是把周制理想化，积极入世对这一套制度进行维护，他的一个很重要的政治理念就是"兴灭继绝""克己复礼"。大家知道儒家学说曾被认为是历史倒退论，那是因为它对春秋战国之际的发展趋势深恶痛绝，对过去充满了怀念。孔子明确讲，行仁政就是要"兴灭国，继绝世，举逸民"❶，就是把那些被灭掉的小诸侯国恢复起来，把已经衰落的贵族再承继起来，把现在不得势的这些人给扶植起来。而且说这是"克己复礼"❷，我们要克制自己，恢复那套宗法式的道统、伦理。儒家这样讲的时候，当然是持一种积极入世的态度。

我们"批林批孔"的时候，天天在谈"克己复礼"是指林彪妄图复辟资本主义，我们一直纳闷资本主义和孔子怎么能扯上关系？为什么要把两千年前的人物拉出来做垫背？报纸上一堆生僻字的"引述"搞得我们知青给农民读报磕磕巴巴，壮族老乡更是丈二和尚摸不着头脑。

可是大家知道，春秋战国之际积极入世的人，更多是破坏周制制度的。原来在周制下，很多人觉得如果没有什么追求，这种制度也挺好，就是日出而作、日落而息，小国寡民，大家都蛮自在。"有为"在春秋战国之际应当说是相当摩登时兴、遭追捧的，因此当时的一些道家主张"无为"，是要消解这样一种追求秦制的"有为"。

此时道家的"无为"和儒家的"有为"从形而上的层次来讲，好像是对立的；用以前意识形态的套话来讲，道家是"客观唯心主义"，儒家是"主观唯心主义"。然而，主张"有为"的儒家和主张"无为"的道家，当时在社会政治哲学层面却相当接近，它们都要维护西周的那一套小共同体本位制度，维护一种温情的等级秩序的存在。

孔子是主张积极"兴灭继绝"的：如果这种理想状态被破坏了，我要努力把它恢复起来。他强调要"恢复"，就是"克己复礼"。而老子

---

❶ 《论语·尧曰》。
❷ 《论语·颜渊》："克己复礼为仁。一日克己复礼，天下归仁焉。"

的主张看似相反：如果这种状态还存在，我们不要想入非非，把它破坏掉，还是多一事不如少一事，顺其自然吧。所以在《道德经》中，老子明确描写了一种古朴的状态，"其政闷闷，其民淳淳"，统治者和老百姓都不要有太多改变现状的新思想。最好是一种什么状况呢？就是《道德经》中讲的："邻国相望，鸡犬之声相闻，民至老死，不相往来"。我们经常讲的"小国寡民""邻国相望"，是指西周时代的情景，是没有大一统的一种状态。

显然这个时候，儒道都是要维护周制的，只不过一个是从积极的方面维护周制，一个是从消极的方面维护周制。一个强调周制现在已经被破坏了，我们现在要积极地把它恢复起来；一个强调周制本来好端端的，你们干吗要无事生非追求强大霸业，把它给毁掉呢？他们一个主张积极，一个主张消极，实际上背后的诉求是差不多的。

二 儒道渐对立

但是到了战国时期，情况就有了变化。我们讲道家，都是讲老庄，但是老和庄其实有很大的区别。道家到了战国时代，即庄周所处的时代❶，已经和孔子的时代有了很大的不同，所以造成一个现象：儒道对立和争论变得异常突出。

儒家希望主动地恢复周制，也就是去"救世""兴灭继绝"。而道家如老子，实际上主张人们不应该基于功利心，抱着"惊天地泣鬼神"成就一番伟业的思想破坏周制。他认为原来的状态就很好。何谓原来的状态？从《道德经》中我们可以看得很清楚，其实就是指西周那种宗法状态。也就是说，老子是要用消极躺平、否定进取之心的办法，

---

❶ 学界对于谁是老庄、老庄孰前孰后一直有争论。本讲基本不涉及这一话题，暂且从主流之说（认为老子与孔子同时，是春秋时期人，庄子是战国时期人），而主要从文本入手，解析在周秦之变的时代背景下老庄思想（或曰道家前后期思想）的异同。

来消极地守护"小国寡民"。儒道在早期是比较接近的,但是到了庄周和孟子的时代,也就是到了战国,道和儒开始分离对立。

在《庄子》中有很多骂儒家的话,在《孟子》中倒是没有多少骂道家的话。但是孟子骂的一种人,叫作"乡原(愿)"❶。"乡愿"其实带有很浓的道家色彩,其含义是说不讲是非实质,同流合污,是一种极度相对主义、犬儒主义,这是一种道家的态度。

总而言之,到了孟子和庄周的时代,儒和道的关系就渐行渐远。为什么呢?因为社会背景已经和老子时代有了很大的不同。庄周时代即战国时期,周制明显越来越不行了,恢复周制需要非常强烈的作为才能实现,而无所作为、顺其自然,实际上已经越来越多地滑向顺从秦制而不是顺从周制。老子那个时代,还可以说你们何必那么积极进取,变化那么快干吗?现在小国寡民不是很好吗?他讲的"无为"其实是针对秦制。然而到了庄周时代,已经没有小国寡民了,恰恰相反,那时"霸道"已经成了一个基本的现实,强者为王,弱者为食,弱肉强食的秩序横行。这时候庄周和事老般地说,算了吧,算了吧,其实我们不必去争什么,这样顺着走,就挺不错。这时候他讲的"无为",其实背后已经没有了西周式小国寡民的理念,顺其自然已经日益变成顺从秦制,变成不讲是非的犬儒主义。

我这里是在政治哲学层面上讲,当然对一个学派,人们可以从各个层次去理解,如果从形而上去理解又会不同。有一次我在中央美院做一个演讲,就提到对道家的看法,我觉得道家在秦汉之际是以犬儒主义顺从当时的专制主义,和法家起了很大的互补作用。但是,美术界从形而上的角度崇尚道家的人很多,因为搞美术的人很多都欣赏道家那种飘逸、潇洒、不拘小节、自由想象,"鲲鹏展翅"、"北冥有鱼"等等。所谓的"潇洒",《庄子》专门有一篇《逍遥游》,对艺术家的想象确实很有好处。所以很多艺术家对庄子都很有好感,于是他们纷纷

---

❶ 《孟子·尽心下》:"阉然媚于世也者,是乡原也。"

表示不能同意我对庄周的解读,好像玷污了他们心中的神。

其实这是很自然的事儿,因为对一种思想完全可以从各个角度去进行解读。但是我现在并不是讲艺术史,也不想讲哲学。我要谈的是这些理念的现实政治意义。道家到了战国时代,尤其是到了战国晚期,本身就变得与儒家的区别越来越明显,而与法家越走越近。以至后来有人说法家是从道家中演变出来的。

这里我要强调,法家的源流比较复杂,有人说它来自儒家,举的例子就是荀子,韩非、李斯都是荀子的学生。有人说它来自道家,举的例子就是法家讲生存竞争是自然规律,此一说和道家所谓的"天行有常"、自然主义是有关联的。❶法家是不是来源于道家,可以论证,但不影响我的结论。我认为真正重要的是在孔子那个时代,老子的思想与法家的对立是非常大的,法家能接受"小国寡民"吗?但是到了庄周时代,这个差别缩小并变得逐渐趋同了,法家已经消灭了小国寡民,而道家已经顺从了弱肉强食。至少是道法之间的差异要比儒法之间的差异小,甚至比儒道之间的差异也小。

从这个时期一直到西汉,我们经常看到黄老之学和儒学之间的剧烈冲突,我们也看到焚书坑儒这样的事情,也就是毛泽东讲的"儒法斗争"❷。但是在这个时期我们很少看到道法之间的冲突,我们也将会发现很多道家讲的话,实际上是在为法家辩护。

到了庄周时代已经出现这种现象,尤其是在楚国表现得最明显。现在比较盛行研究地域文化,很多人指出道家是楚文化的一个特产。❸

---

❶ 参见葛兆光:《中国思想史》第1卷,上海:复旦大学出版社,2001年,第167—178页。

❷ 参见彭厚文:《"批林批孔"运动中的儒法斗争史研究》,载《党史博览》2011年第12期;周展安:《儒法斗争与"传统"重构——以20世纪70年代评法批儒运动所提供的历史构图为中心》,载《开放时代》2016年第3期。

❸ 参见张智彦:《楚文化与老庄哲学》,载《社会科学辑刊》1990年第2期;蔡靖泉:《道家思想与楚国社会》,载《江汉论坛》1991年第12期。

因为老、庄都是楚人，而且道家思想在楚地也确实比较流行。汉初之所以黄老之道能够流行，一部分原因，按照有些人的解释，"汉代秦"在文化上其实就是"楚代秦"，因为推翻秦朝的那些人几乎全是楚人，从陈胜、吴广到项羽、刘邦，几乎没有一个不是楚人。而且秦统一六国期间，遭遇到的最大抵抗就来自楚地。楚亡了以后，很多人还说，将来能够灭秦的就是楚，"楚虽三户，亡秦必楚"❶，这是当时很多楚国人的信念。

西汉虽然首都建在长安，但是西汉的文化带有很浓的楚文化色彩。西汉早年主要的政治家，包括萧何、曹参这些人，以及追随刘邦在反秦战争中活跃的人物大都是楚人。除了楚文化的地域特征使得黄老之道在西汉初年具有一定的传播优势以外，还有一个很重要的原因是，早在战国晚期楚地的社会思想演变中，道家就扮演了一个与法家妥协的角色。

根据我们现在的了解，虽然道家文化起源于楚地，但是战国时期，儒家文化对楚国的影响也非常深远，以至于我们最近在简牍中发现的新的儒家文献，几乎全是来自于楚简。上博简也好，郭店简也好，清华简也好，几乎全是楚简，这表明什么？表明儒家当时在楚地的流传非常广博。楚墓中有儒家文献，也说明儒家在楚地传播的普及程度。

在对楚国后期政治的分析中，不少学者提出这么一个观点：楚国到了晚期面临的最大问题就是秦国想要兼并楚国，对此楚国内部有严重的政治矛盾，而这个矛盾背后是有思想背景的。具体来说，楚国末年在政治上有所谓的亲齐派和亲秦派。所谓"亲齐派"，就是主张联合齐国来对抗秦国，包括像屈原这样的人，就是这一派的代表，一般被认为是比较爱国的，对秦国持抵抗立场。❷大家知道在战国七雄中，能够

---

❶ 《史记》卷7《项羽本纪》，第300页。

❷ 参见朱自清：《经典常谈》，北京：北京出版社，2003年，第93页；[日]陈舜臣：《中国诗人》，陈琰译，北京：北京出版社，2020年，第2—3页。

和秦抗衡的，比秦次一等的两个大国，就是齐和楚。因此当时主张抗秦的楚人，往往都希望齐楚能够联手。

而秦国外交一个很重要的目的，就是离间齐楚，使这两个国家互相敌对。有人认为以屈原为代表的抗秦派儒家，在这场斗争中最终是失势一方。有研究者言之凿凿："郭店一号楚墓的墓主，据对现有材料的分析，看来已非屈原莫属。"❶ 指墓主就是屈原本人，恐怕证据不足，但包括出土楚简的这几个墓主，都是属于与屈原同一类的人，还是靠谱的。他们儒家思想比较浓厚，对秦反感，主张抗争，但是最后遭到排挤，不得势而垮台。❷ 所以在失势者简陋的墓中会有这么多儒家的佚典。

楚国内部也有一批人是主张亲秦的，认为秦强大彪悍，惹不起。既然惹不起秦，他们往往用道家的思想来解释，说我们最好是顺其自然，不要硬去改变什么。用我们今天的话来讲，就是"势比人强"，历史规律不可抗拒，人为的努力是没有什么作用的，还是清净无为、顺其自然为好，不要过于想要有所作为，用鸡蛋碰石头。亲秦派的思想背景就是道家。可见，楚国末年的抗秦、亲秦两派本身就有很浓的儒道对立背景。

顺其自然的道家在楚国掌权以后，持一种苟且偷安、顺从暴秦的态度。这种姿态可以说是最早的犬儒主义对专制主义的顺从，也可以称其为一种最初的"法道互补"。

三　汉初黄老学说盛行的原因

前述灭秦起义是由楚人发动的，其中扮演重要角色的，几乎都是

---

❶ 高正：《郭店竹书在中国思想史上的定位——兼论屈原与郭店楚墓竹书的关系》，载《中国哲学史》2000年第2期。

❷ 参见乐胜奎等著：《大江儒林——长江流域的儒学与修身》，武汉：长江出版社，2014年，第7页；徐丹：《郭店一号墓墓主身份研究综述》，载《社会科学动态》2019年第12期。

楚人。楚文化因而一度在汉初也很有影响。但是楚文化在汉初的影响，为什么没有导致儒家的得势，而是导致了道家的得势呢？所谓汉初的"轻徭薄赋、与民休息"，是因为当时人们觉得秦朝太好大喜功、咄咄逼人，这不行，所以我们要"无为"？我认为这个说法不太合理。

如果要讲轻徭薄赋的"仁政"，以及藏富于民等等，儒家无疑讲得更多，而且用所谓的民本主义能更好地解释这种政策。何况在楚人反秦的过程中，以儒反法的动力其实也明显存在。当陈胜起兵后，当地的父老对他讲"伐无道，诛暴秦"❶，所谓的"以有道伐无道"，这样的说法本身就带有比较强烈的儒家色彩。道家是不讲那些充满斗争精神的话语的，一切顺其自然嘛，怎么还会有伐谁不伐谁的问题呢？更何况前有孔鲋与"鲁诸儒"投奔"张楚"，后有楚霸王死后鲁地仍为他孤守到最后，楚鲁如此接近，儒家何以不兴？

显然后来道家的兴盛和汉初统治者的选择是分不开的。第一，道家发源于楚地，在楚地原有道儒两家中，道家本来势力就比较大。第二，它也更加适应"汉承秦制"的需要。

在秦亡之后，周制和秦制曾一度展开较量，项羽试图恢复原来的那种封建制——就是古汉语中所讲的"封建制"。虽然刘邦是中央集权主义者，他战胜了项羽后，汉初也仍然带有很浓的分封制色彩。西汉中央集权过程有几个阶段，首先是项羽要全面地实行封建制，虽然刘邦比较强硬，但是在与项羽进行战争的时候，他还是用分封诸侯的形式，封了很多异姓王。在汉初，最早是铲除了异姓王，把韩信、彭越、英布这些人都给消灭了。七个异姓王只留下势力最弱小的长沙王吴芮，另外还在蛮荒之地封了三个"外诸侯"（领地在汉初疆域外，仅称臣纳贡，不受汉王朝控制）：南越王赵佗、闽越王无诸，南海王原南武侯织。在汉文化的主要地区，异姓王都被消灭了。但是刘邦仍然封了很多同姓王，以至到刘邦死的时候，朝廷直接管的郡只有15个，38个郡都是

---

❶ 《史记》卷48《陈涉世家》，第1952页。

在诸王控制之下。❶

这个过程后来在逐渐改变，一开始是削藩，"众建诸侯而少其力"❷，然后爆发吴楚七国之乱，朝廷把强大的同姓王给消灭了。到了汉武帝时期，又采取所谓的"推恩令"，全面推行"众建诸侯而少其力"的方针，把一个诸侯国用推恩令分裂成几个、十几个，把那些诸侯的部分权力上收，另外以"化整为零"（拆分使其"零碎化"）的策略使他们的力量越来越小。因此到了西汉后期，才真正把中央集权恢复到秦的水平。

在整个过程中，刘邦等汉帝国统治者要推动的一个事业就是"汉承秦制"。他们当然不希望周制再回来，不欢迎封建制被重建。而当时讲法家已经不合时宜了，因为法家实在太极端赤裸裸了，被天下人所厌弃，没有人喜欢听那些"坑民""害民""与民为敌"的东西，面对这样的统治者，怎么能伸着脖子任其涂炭。如果法家不行，在儒道两家中，应该说道家也就是当时所谓的黄老学说更适应"汉承秦制"的需要，这才是黄老之治在汉初能够盛行的重要原因。

另一方面，当时的儒家思想，尤其思孟这一派，和法家体制的冲突显然还是相当激烈的。入秦以后，秦制已成现实，而"除桀诛纣"、恢复三代仁政，便成为一种理想主义的追求。道家是要消解理想主义的，《道德经》就说要"绝圣弃智""绝仁弃义"。当然，在近年发现的郭店楚简《道德经》中，这八个字作"绝智弃辩""绝伪弃虑"，❸ 因此造成很多争议。依传世版，它与儒家"仁义"观大有不同，但也就是有为无为之别；依楚简版，与我前面说的老、孔同护周制就更和谐，但仍有积极消极的不同。然而不管怎样，儒家好像表现得很理想主义，

---

❶ 周振鹤：《中国地方行政制度史》，上海：上海人民出版社，2014年，第39—44页。
❷ 《汉书》卷48《贾谊传》，第2237页。
❸ 传世本《道德经》："绝圣弃智，民利百倍；绝仁弃义，民复孝慈；绝巧弃利，盗贼无有。"郭店楚简中的这几句，释读略有不同，李零先生读为："绝智弃辩，民利百倍。绝巧弃利，盗贼无有。绝伪弃诈，民复孝慈。"见李零：《郭店楚简校读记》增订本，北京：中国人民大学出版社，2007年，第5页。

很不甘心就这样投降了,道家却比较随和,不去费劲给自己找不痛快。

"除桀诛纣"、恢复三代仁政成为新的理想,这个时候道家消解理想的犬儒主义则成为维护秦制的一种因素,而且在秦亡以后法家名声不佳的情况下,它一度成了"汉承秦制"主要的思想资源。因此,我们不要认为黄老之治只与所谓的"轻徭薄赋、与民休息"有关,更重要的是,当时汉朝统治者有的事情是能说不能做,有的事情是能做不能说,在这两者之间进行协调,他们更多愿意讲道家,以此为自己政策的理论依据。

四 法道互补:"圆融通透"的道术使"儒表法里"成为自然

庄周时代的道家当然比老子时代更多带有我们今天讲的犬儒主义的色彩,也就是孟子讲的"乡愿"。司马迁的父亲司马谈对道家有一个评价,说道家是"以虚无为本,以因循为用"❶。何谓"以虚无为本,以因循为用"呢?就是说要顺从现实。但是这个说法如果是指老子,我认为是不太准确的。老子虽然讲无为,但是他无为中是有追求的,还是有一个心目中的理想境界,就是那种所谓的"其政闷闷,其民淳淳""小国寡民"这样的一种状态。"虚无为本"就是不讲理想主义,"因循为用",就是顺从现实。真正没有理想了,也就是所谓的"虚无主义"了,以"因循为用"、顺从现实作为取向,是到了庄周时代,这一点是很明确的。

很多人都说,在现存的《庄子》中有很浓的相对主义色彩。当然,这个相对主义在《庄子》中也表现得很智慧,或者说很富有审美色彩,很多思想都是通过一个个寓言来表述的。先秦诸子的文笔的确是很优美,包括韩非讲那些赤裸裸的、听起来完全是强盗逻辑的话,往往也讲得很生动,都是用一个个故事串起来的。庄子当然也不例外。但是他的一个特点,就是把一切都相对化了。大家都知道有一个非常著名

---

❶ 《史记》卷130《太史公自序》,第3292页。

的故事，是说庄子的老婆死了，惠子觉得这是一个悲哀的事儿，就前去安慰他，可是发现庄子在"鼓盆而歌"，表现得很高兴。❶ 这是不是因为他们夫妻关系原来就很糟糕，庄子巴不得这个黄脸婆早点死呢？好像也不是。据说这是因为庄子思想特别深刻，他意识到没有什么东西值得计较，生和死差不多，对和错也差不多，黑和白差不多，善和恶也差不多，都是可以转化的，因此对一切都要看得开。于是他才那么豁达地"鼓盆而歌"。

而且他对相对主义还能讲出一套道理来，最能代表他思想的，便是内篇的《齐物论》。历来人们都认为《齐物论》是庄学的核心或者代表作，此篇可以说把相对主义发挥到了极致。相对主义讲得简单一点，就是不讲是非。这里我是把它简单化了，像中央美院那些人绝对不能同意我的说法，但是至少在政治哲学层面可以这样概括。庄子讲"无为"，无为本身没有什么对错，关键看针对谁而言。人们一般认为，无为如果讲的是统治者要宽容，不要太强硬，不要与民争利，最好给大家更多的自由，便比较偏向于自由主义。后世一些自由主义者对道家印象特别好，认为道家主张的是自由放任，如果按照他们的理解，强者对弱者的无为就可以理解为宽容和自由。

但如果是讲弱者对强者无为，又是什么意思呢？实际上就是提倡苟且，不要抗争。如果是 right（权利）对于 power（权力）讲无为，当然就是一种奴役；如果是 power（权力）对 right（权利）讲无为，掌权的人要尊重不掌权人的权利，当然是一种自由的观念。所以无为本身有一个很重要的问题，就是到底讲的是谁要无为，是强势者无为，还是弱势者无为？这一点是人们对道家有不同评价的很重要的原因。

后世有些人，比如晚清的严复就认为道家很不错，他主要站在反专制角度这样说的，认为秦那一套严刑峻法是极端的"有为"，道家鼓吹的"无为"就是要求统治者承认民间的自由，皇上啥都别干，享乐

---

❶ 《庄子·外篇·至乐》。

主义碌碌无为可能比雄才大略会使老百姓的日子好过一点。❶他做出这样的解读未必符合原意，我认为庄周时代的道家恰恰主要是一种面向弱者的学说，即所谓的"贵柔"之学，这种学说有可能导出比较明显的犬儒主义。

庄周自己有一个说法，他说我们就像在森林里跳跃的猴子，这个猴子"有为"还是"无为"，关键得看环境。"其得柟梓豫章也，揽蔓其枝而王长其间，虽羿、逢蒙不能眄睨也"，猴子只要抱到"大粗腿"，就趾高气扬，谁都不放在眼里，可以为所欲为，这个时候它很有为，一点都不无为。但是它一下子从树上摔下来，摔到一堆荆棘丛中，一动就要给刺扎了，"及其得柘棘枳枸之间也，危行侧视，振动悼栗；此筋骨非有加急而不柔也，处势不便，未足以逞其能也"❷。当处在强权控制之下，有为便会给个人带来危险，这个时候最好是"识时务者为俊杰"，那就"无为"吧。这是什么逻辑呢？不就是一种苟且之论吗？人当得势的时候须有为，所谓"无为"，就是"处势不便，未足以逞其能"时的一种生存方式。用庄周自己的话来讲，他说现在有为会很危险，搞不好就被抓去坐牢了。"今处昏上乱相之间而欲无惫，奚可得邪？"❸

庄周这一句话给人的印象，就不是什么"达则兼济天下，穷则独善其身"，而是"达则称王称霸，穷则奴颜婢膝"。如果你苟且，假如是出于一种无奈也就罢了，在那种高压之下，人要自保也是可以理解的。可是庄周是一个智者，他不愿把苟且说成是无奈，而是要用"玄学"把它奉为一种崇高的境界。按照庄周的说法，你较真，你是傻瓜，能够把一切都看透，那才是伟大的真人、智人。如果有人见义勇为，路见不平拔刀相助，他认为这是一个傻帽，要知道世上没有什么平不平，

---

❶ 参见黄克武：《笔醒山河：中国近代启蒙人严复》，桂林：广西师范大学出版社，2022年，第168—178页。

❷《庄子··外篇·山木》。

❸《庄子·外篇·山木》。

平就是不平，不平就是平。所以，如果说我不敢做也就罢了，庄周则说，其实你就不该做，争论什么叫平什么叫不平根本没有意义。为苟且解套，还要赋予它哲学意义，这是故意装深奥的开脱。

庄周并不认为苟且是无奈，他认为这是一种很崇高的境界。如果有人不苟且，他认为那是看不透，是傻瓜，是境界不高。在他讲的崇高境界中，真伪不分，有无不分，是非不分，善恶不分，可以说什么都不分，而且也不可分。《齐物论》中讲，"物无非彼，物无非是"，"彼出于是，是亦因彼"，这个就是那个，那个就是这个，这个那个其实是没有什么区别的。"方可方不可，方不可方可；因是因非，因非因是。"公说公有理，婆说婆有理，谁都有理，谁也都没有理，讲得简单一点就是这样。"是亦彼也，彼亦是也。彼亦一是非，此亦一是非，果且有彼是乎哉？果且无彼是乎哉？"你讲的有你的道理，他讲的有他的道理，大家都有道理，大家也都没有道理，因此较真讲道理是傻瓜，不讲道理才是对的。

怎么样都行，"恶乎然？然于然。恶乎不然？不然于不然。……无物不然，无物不可……恢诡谲怪，道通为一"。什么样都可以的，对于我来讲，没有什么不能接受的，反正什么都看开了。即便老婆死了，我也无所谓，并不是说我不爱老婆，在我看来，爱和不爱也差不多。所以这一篇叫《齐物论》，这个题目意味着"万物一齐"，就是所有的东西其实都是相对的，没有什么值得较真。

这个境界后来不少国人一直非常崇尚，于是我们就会在很多地方看到挂着郑板桥题的条幅——"难得糊涂"。过于较真，那是蠢是傻，我们都要"糊里又糊涂"，这些都是从《齐物论》派生出的观念。

这种观念最能解决一个问题，就是解决秦以后人们因表里不一形成的巨大张力。虽然汉承秦制，汉一直搞秦的规则，但讲的却是儒家那一套语言，致使儒家语言和法家的行为之间有很大的扭曲。这里有一个非常大的问题，说一套做一套，难道当时人们心里不觉得别扭吗？这就用得着郑板桥条幅中的话了，做人要"难得糊涂"，若太认真，就活不下去了，你整天就会觉得信仰破灭，世道如何欺世盗名。而且老是讲言不由衷的话，思想与话语两张皮会觉得很难受，言与行的分裂会导致人格分裂，宣传和现实南辕北辙不"虚伪"吗？可是如果有了庄周这样的境界，那就很自然了。

赵高"指鹿为马"这个事情如果在儒家看来，违背内心就很难受。如果你说这个东西明明不是马，坑儒就要坑到你的头上；如果你说它是马，你就不是儒家了。可是如果按照《齐物论》的观点看，这个问题很好解决，因为马和鹿其实差不多，干吗要那么较真呢？马亦鹿也，鹿亦马也，所谓"万物一齐"也，都差不多。所以，如果你指鹿为鹿，你是儒家；如果你指鹿为马，你是大儒家。为什么是大儒家呢？因为你是智者，你已经看透、参悟、得道了，已达到了最高境界。指鹿为鹿是低境界，指鹿为马是高境界。你已经超越了是非的俗见，世上的人斤斤于是非，这都是俗人。超越了是非，就成神仙了，人间的是非对于你来讲是无所谓的，你"逍遥游"了。

人一旦进入了这种境界，你说他是高尚还是卑鄙呢？当然，如果按照这种逻辑，人活一世短短几十年，高尚和卑鄙也差不多，本身两者的区别也不是很大。照此逻辑类推，法家也就是儒家，儒家也就是法家，"儒表法里"当然很正常。

因为道家这一套学说提倡的就是"顺其自然"，以逍遥的态度对待世事。用庄子的话来讲叫作"不谴是非，以与世俗处"❶，也就是说我不太较真，不要太管那些是非曲直。我可以随遇而安，把一切矛盾化解为虚无，化解在庄生梦蝶、蝶梦庄生、似是而非、似非而是、难得糊涂、玩世不恭的态度之中。庄子做了一个梦，梦见蝴蝶，然后他就想，哎呀，这到底是我梦见了蝴蝶，还是蝴蝶梦见了我？最后的结论是这两者虽然有分别，但可以互相转化，因此我和蝴蝶也差不多。如果思想达到了这样一种境界，那的确是把什么都混淆和虚无化了。这个世界存在

---

❶《庄子·杂篇·天下》。

贪官污吏、独裁腐败等等，这都没啥问题，和理想世界的差别也不太大，看透了都一样。

有了这种游戏人生的心态，人们就可以在"儒表"与"法里"的巨大反差之间游刃有余，表现得漫不经心，以无所谓、何必争长论短的态度，适应说一套做一套的生存方式。在其他文化中，这样大的人格分裂或双重人格恐怕要造成严重的精神分裂症，甚或造成因幻灭而自杀的社会病，但在中国有了老庄这种犬儒哲学作为"儒表"与"法里"之间的润滑剂，人们就会心安理得许多，而且显得虚无超脱。

后来的一些大儒都认为，道家的这种态度是对法家制度的一个很重要的支撑，讲得简单一点，就是："在上者指鹿为马，在下者难得糊涂。"明清之际的王夫之就讲过，统治者越专制，老百姓越犬儒，"其上申韩者，其下必佛老"❶。道家思想推广的利弊方的导向一望而知。

一般地讲，中国历史上有权者真正相信的是"法、术、势"，而要别人相信仁义道德；只我一家万世一系，尔等小民打破宗族各自东西。那些"操守虽清"却奴性不足，只想为万世开太平而不懂得趋炎附势的书呆子，不仅多灾多难，有时还被公开批判为只知"洁己沽誉"而受到惩戒。人们并不是傻子，那些成仁取义、殉道存德的理想主义者如东林党人、海瑞的下场有目共睹，通过文字游戏挑选聪明人而对道德并无分辨力的科举制度之奥妙也人所共知，因此以"难得糊涂"参悟人生，就成了中国源远流长的一种所谓的大智慧。

不仅精英层熟谙"难得糊涂"，我们在一些民间读物中也可以看到，像大家知道的《增广贤文》里头就讲"山中有直树，世上无直人"。整个《增广贤文》宣传的都是这样一套为行为开脱的"狡猾"处世哲学。鲁迅先生就曾写过一篇文章（散文诗），叫《聪明人和傻子和奴才》，说比较讲是非的人是傻瓜，聪明人比他们更开通。❷他当然对这个现象

---

❶ 王夫之：《读通鉴论》卷17《梁武帝》，北京：中华书局，1975年，第501页。
❷ 鲁迅：《野草》（插图本），北京：人民文学出版社，2022年，第98—102页。

很不满，他认为国人现在越来越"聪明"（滑头），这是指在"识时务者为俊杰"的意义上，"糊涂者"越来越少，一个个学得比谁都圆滑，比谁都猴精，但同时他们又越来越糊涂。什么叫越来越糊涂呢？就是老子"绝圣弃智"那种意义上的糊涂，价值理性越来越萎缩，连最基本的是非都没有了。这样一种逍遥之道、犬儒主义和所谓"圆融通透"的行为方式大行于世，与儒家的道德说教形成了一种鲜明的对比。

尽管儒学是一种强调入世、有为的学说，有"内圣外王"的强烈要求，但在正常情况下，面对有霸道而无王道的现实，汉以后的历代儒者也都接受了"内圣外霸"的状态——就制度与典籍而言是"儒表法里"，就理念与行为而言是"内圣外霸"，就总体文化而言是儒法道三者互补，构成了过去两千年间、至少是在近代西学传入前的常态。

"其上申韩者，其下必佛老"，这一句话我觉得讲得非常深刻，专制主义和犬儒主义的互补，应该是专制社会能够持续很长时间的一个很重要条件。世界上的专制主义，在它建立的时候，很可能是需要激情的，要强调道德，比如为了解放全人类准备牺牲自我，把渺小的个人投入到伟大的事业当中等等。如果整个社会都很狂热，这个时候讲逍遥，人们往往会认为是对专制的消解。当原教旨主义狂热弥漫社会的时候，如果有人摆出一副玩世不恭的态度，像王朔写的那种小说，倘若是在"文革"期间，应该是属于一种解构迷信很有力的武器。可是历史表明，原教旨主义的专制往往都比较短命，打天下的时候需要狂热，等到坐天下，就需要冷漠。因为这个时候如果人们还继续狂热，可能就会革命革到自己头上了，所以需要冷漠。这时候就要强调"难得糊涂"，"辩证看待事物"，最好是对一切都无所谓。这样游戏人生的态度，对于统治者来讲，就成为了一件好事情。

这一点对中国后世的政治影响很大。专制者越是残暴，身边越是有一些具有道家色彩的人。如果是一个儒家做谋士，就很难跟他合作。儒家往往较真，经常讲"从道不从君""道在君上"，我有自己的一套价值观，君主的是非不符合"道"，就不一定是我的是非。这时就需要有一些人应声符合，抹杀是非，不谈价值观，说老大讲的我就做，对错我不管，因为对和错不是我能决定。有这样一种境界，才能在老大身边做事。很多人都讲中国文化是一种所谓的儒道互补的文化。有些人还经常讲所谓的儒道互补文化，就是"穷则独善其身，达则兼济天下"。❶可是我觉得这很难说是儒道互补，因为这句话本身就是孟子说的，道家并没有人说过这样的话。有一些人说，"达则兼济天下"是儒家，"穷则独善其身"是道家，面临困境，我自己明哲保身就行了。可是这句话整个就是孟子说的，并不是说后一句是道家说的，所以从形式上讲，这个说法本身是有问题的。如果根据前面讲过的庄子的"腾猿理论"，恐怕就变成了"达则称王称霸，穷则奴颜婢膝"，这当然就是一种犬儒主义。我觉得到秦汉以后，实际上是一种"法道互补"的状态；如果说"儒道互补"，在孔子、老子那个时代可能还有点影子，以后就不能说是儒道互补了。

五 不食马肝："辕黄之争"与"道儒"的形成

到了汉武帝时代，黄老之学逐渐被儒学取代，儒学成了主流，而且号称是"独尊儒术"。但是汉武帝时期的儒已经跟孔孟时代的儒有了很大的区别。我前面提到过，孔孟时代儒家没有三纲概念，三纲在秦以前应该是法家概念，韩非就有这样的观点。但是韩非讲的三纲，是把它作为道来讲的❷，有人认为法家来源于道家，其中的理由之一，也就在这里。❸法家排斥道德，强调所谓的客观规律，生存竞争就是客

---

❶ 《孟子·尽心上》，原文"济"作"善"。参阅白奚：《孔老异路与儒道互补》，载《南京大学学报》（哲学·人文科学·社会科学版）2000年第5期；董平：《"儒道互补"原论》，载《浙江大学学报》（人文社会科学版）2007年第5期。

❷ 《韩非子·忠孝》："臣事君，子事父，妻事夫，三者顺则天下治，三者逆则天下乱，此天下之常道也，明王贤臣而弗易也。"

❸ 参阅周杰、林聪舜：《〈史记〉中老子韩非合传原因之疏解》，载《江汉学术》2021年第1期；韩凌：《法由道生——韩非的道法思想研究》，硕士学位论文，杭州师范大学政治经济学院，2010年。

观规律。这个客观规律当然没有什么道德可言了，法家讲的客观规律，就是竞争，尤其是权力的竞争。在用法家思想改造儒家的过程中，道家可以说提供了一个中介。

在汉初一段时间，道家还扮演了秦制捍卫者的角色，站在秦制立场上和儒家进行论战，这就是汉景帝时的"辕黄之争"。从"辕黄之争"中我们更能看出，当时道家的犬儒主义和法家的专制主义是相当接近的或者是互补的，两者共同对儒家的所谓理想主义构成了一种紧张关系。

汉景帝时代朝廷还是崇信黄老之学，至少从表面上看，西汉放弃黄老之学是在汉武帝时代，那时就有一些对道家云山雾罩"耍赖皮"式处世哲学不满的儒生，经常出来争辩。有一个儒生叫辕固生，他是清河王的一个太傅，按照《史记·儒林列传》的说法，他是治《诗》的，是《诗经》的传人，因此也是当时著名的儒者。有一天他和一个代表黄老之学的学者辩论：

> 清河王太傅辕固生者，齐人也。以治诗，孝景时为博士。与黄生争论景帝前。黄生曰："汤武非受命，乃弑也。"辕固生曰："不然。夫桀纣虐乱，天下之心皆归汤武，汤武与天下之心而诛桀纣，桀纣之民不为之使而归汤武，汤武不得已而立，非受命为何？"黄生曰："冠虽敝，必加于首；履虽新，必关于足。何者，上下之分也。今桀纣虽失道，然君上也；汤武虽圣，臣下也。夫主有失行，臣下不能正言匡过以尊天子，反因过而诛之，代立践南面，非弑而何也？"辕固生曰："必若所云，是高帝代秦即天子之位，非邪？"于是景帝曰："食肉不食马肝，不为不知味；言学者无言汤武受命，不为愚。"遂罢。是后学者莫敢明受命放杀者。❶

这些学者当时都是只讲姓不讲名，所以我们不知道他们叫什么名，

---

❶ 《史记》卷121《儒林列传》，第3122—3123页。

我们只知道，用现在的话来讲，一位叫黄先生（"黄生"），一位叫辕固先生（"辕固生"），辕固是一个复姓。这两个人有一天在汉景帝面前发生了一场争论。黄生是代表黄老之学的人，他说"汤武非受命，乃弑也"，说汤武这样的人，根本就不是什么代表人民讨伐暴君的英雄，而是乱臣贼子，汤武起兵造反，那是弑君，是犯上作乱。而儒家讲"汤武革命，顺天应人"❶。众所周知，儒家经常讲讨伐暴君是一种正义的事业，顺应民心。讨伐暴君，汤武是这样，陈胜、吴广"伐无道、诛暴秦"当然也是这样。这里我要讲一句，孔子的嫡系后裔八世孙孔鲋，就加入了造反的行列，成了陈胜的博士，后来"与涉俱死"❷。这是很罕见的，以后就少有这种事了。因此，儒家的辕固生就很不同意，他说："不然。夫桀纣虐乱，天下之心皆归汤武，汤武与天下之心而诛桀纣，桀纣之民不为之使而归汤武，汤武不得已而立，非受命为何？"说商汤伐夏桀，周武伐殷纣，这都是正义的人民革命，推翻暴君是受命于天。所谓"受命于天"，实际上就是受人民的拥护。

按照儒家的说法，"天视自我民视，天听自我民听"❸，所谓"受命于天"也就是顺应民心。而黄老之学说：什么民心？我只懂得自然之理，道德、气节这些人为的东西都是假的。道家最喜欢讲一种永恒不变的宇宙秩序或者说客观规律，所以我们要无为，听天由命，因为客观规律是没有办法改变的。

黄生说，帽子就是再破烂，也必须把它戴在头上；鞋就是再新，也必须把它踩在脚下。不能因为鞋很新，就把它顶在头上，不能因为帽子破了，就把它踩在脚下，这是不对的，因为违反规律。反之也可以说，昏君虽然失道，但也是皇上，他再失道，皇上的地位不能改变，你不能造反。汤武道德再高尚，作为臣下，位置不能颠倒。即使皇上是暴君，

---

❶ 《易经·革卦》："汤武革命，顺乎天而应乎人。"
❷ 《史记》卷121《儒林列传》，第3116页。
❸ 《尚书·泰誓中》。

大不了规劝他，要造反是不行的。要造反，那就是弑君、犯上作乱，绝对是乱臣贼子，绝对不能容忍。很明显，黄老之学的代表在这里其实就是替专制者立言，所以徐复观先生曾经有过一句名言，说继法家之后向专制者效劳的就是道家❶。从这个例子中我们可以看得很清楚。

辕固生就怒怼他，反驳很有说服力。他说如果按照你这个说法，再怎么样的昏君也不能反抗，刘邦造反该怎么说呢？刘邦就是起兵伐秦。如果说皇上再怎么坏，我们也不能造反，刘邦不就成了乱臣贼子？每一次改朝换代不都是乱臣贼子犯上作乱吗？

这一下子，汉景帝觉得讨论涉及了刘家天下的合法性问题，就比较麻烦了。因为这个讨论不管怎么说，都很难自圆其说，若说暴君应该被推翻，那就意味着现在如果民众说汉景帝是暴君，他也可以造反，但如果说即使是暴君也不能造反，那汉景帝的爷爷刘邦就是一个乱臣贼子，汉朝立国的合法性何在？汉室本来就是闹革命起家的，但是他们现在很害怕别人效法起来革他们的命，所以他们不能鼓吹革命、颂扬革命史观。鼓吹革命，别人来革你的命怎么办呢？可是他们又不能鼓吹反革命。鼓吹反革命，汉这个朝廷建立的合法性就没有了。所以汉景帝一听就着急了，一较真就涉及问题本质了，他就跑出来说这个讨论就此打住，你们都不要争了。

问题是不能讨论了，况且你们不讨论，也不妨碍你们成为大学问家，你们可以研究别的问题。"食肉不食马肝，不为不知味"，吃什么好东西不行啊，为什么一定要吃马肝呢？你不吃马肝，人们也不会说你不是美食家。"言学者无言汤武受命，不为愚"，不要谈这些敏感话题，对一些"禁区"问题免谈不争论，"遂罢"，于是就不谈了。最要紧的

---

❶ 徐复观先生说："'五四'运动以来，有人反儒家而崇尚道家，以为道家富有自由精神，殊不知先秦各家思想，除法家本为统治阶级立言以外，最先向专制政治投降者即系道家。"见徐复观：《中国思想史论集》，上海：上海书店出版社，2004年，"代序"，第8页。徐复观对汉初道家以及黄老之学如何与法家结合有极为精辟的论述，见《两汉思想史》等著作，此不赘述。

是后面这句话,"是后学者莫敢明受命放杀者"。革命史观在宣布纪律后便列为禁区。

以前的儒家经常讲这种话,"闻诛一夫纣矣,未闻弑君也"❶,"民为贵,社稷次之,君为轻"❷,"君之视臣如手足,则臣视君如腹心;君之视臣如犬马,则臣视君如国人;君之视臣如土芥,则臣视君如寇仇"❸,"抚我则后,虐我则仇"❹,等等。讲的都是对等原则:上好则报,上昏则反。以后他们再也不敢这样讲了,因为皇帝不喜欢听。"其上申韩者,其下必佛老","在上者指鹿为马,在下者难得糊涂"。此后,专制主义之下犬儒主义盛行,"无为"之儒或称"道儒"比比皆是。

第二节　儒表法里的形成

一　古儒:在家靠亲情,在国靠"革命"

为什么当时政府提倡黄老,而不提倡儒家呢?说白了,皇帝喜欢黄老,"其上申韩者,其下必佛老",他们不太喜欢儒家。但是,后来他们怎么又喜欢了呢?为什么到了汉武帝时代情况有了变化呢?

首先讲,最初他们为什么不喜欢呢?我前面讲过,儒学是建立在西周时代封建的那种价值观上,封建的价值观,是以小共同体为本位。小共同体为本位有一个特点,就是共同体越小,越可以不依赖一种制度安排,仅仅通过感情、伦理、慈孝、善意就可以达成权责对应。父亲是大家长,有权威,但是父亲是爱子女的,这是人之常情,不需要制度制约。这点恐怕没有什么中西之分,即使是西方人也不认为父亲

---

❶《孟子·梁惠王下》。
❷《孟子·尽心下》。
❸《孟子·离娄下》。
❹《尚书·泰誓下》。

应该民主选举,也不认为在家里头要搞三权分立来制衡父权,原因就是亲情可以起到这个作用。

但是如果共同体一大,放到陌生人社会问题就出来了。儒家经常讲的一句话,就是"君君,臣臣,父父,子子"。君要像个君,臣才能像个臣,父要像个父,子才能像个子。"君不君则臣不臣,父不父则子不子"。可是,问题就在于"父父,子子"是比较容易做到的,"君君,臣臣"则不一定。虎毒不食子嘛,父慈子孝,人之常情就是如此。当然,也会有少量"父不父"。所以,我一直认为包办婚姻是不好的,但是非要包办,还是父母包办的比较好,要是让组织包办,那真是"伤天害理"。"父父,子子"比较容易做到,"君君,臣臣"呢?早期的儒家说那是应该做到的,是不是真的就能做到呢?谁也没有把握。在前述郭店楚简《六德》这篇文章中,就明确讲君臣和父子是不一样的。父子有骨肉之情,所以比较容易做到亲情和权力的结合,但是君臣就要另说了。

依此类推,比较小的共同体里,哪怕不是父子,也是领主、贵族和他的门客,比如春秋时期为主人出生入死的那些人,像聂政、专诸、豫让、荆轲等等,甚至李斯、吕不韦、蔺相如都曾当过寄食他人门下的门客。这些人有一个共同特点,就是我们以前经常讲的"士为知己者死",因为他们和主人都彼此认识,受主人恩惠当涌泉相报。他们基本上都是为自己的主人与国家抗争,用法家的话来说,也就是属于所谓的"勇于私斗,怯于公战"。他们为什么能够这样做呢?很重要的一个原因,就是他们与自己的主人之间是熟人关系,有真正的人际交往,有深厚感情,受过恩惠而愿意舍生取义,所以当时社会崇尚"忠诚""信义"互相回报的对等关系。

最有趣的,就是豫让的故事。豫让知道赵简子杀了他的主人智伯,他为了给主人报仇,付出了很大的牺牲。他吞了炭,毁了容,因为赵简子认识他,他为了谋刺就要毁容。不料谋刺失败,赵简子抓住他后问,你为什么要为你的主人报仇呢?你在智伯之前还投奔过其他主人,你的前主人就是被智伯杀死的,你为什么不为他们报仇?豫让说的一番话，我觉得很有意思。他说范氏、中行氏——就是他最早的两个主人——以"众人遇我"，就是他们对待我很平常，所以我也以平常人待他们。至于智伯以"国士遇我"，我以"国士报之"，而智伯对我恩重如山，所以我要舍死相报。❶像这样一种关系是对应的，知恩图报，你对我好，我必当回报。"投我以木桃，报之以琼瑶，匪报也，永以为好也"。

所以早期儒家的很多观点都是为这种关系论证，"君之视臣如手足，则臣视君如腹心"❷，"君使臣以礼，臣事君以忠"❸，等等。伪古文《尚书》中还有一句话："抚我则后，虐我则仇。"大家知道在古汉语中，王和后是同义词，后来才有了king、queen的区别，以前是king、queen不分，王就是后，后就是王，例如有"夏后氏"。"抚我则后"，你爱护我，你就是我的王。"虐我则仇"，你虐待我，你就是我的仇人。

那个时代儒家的思想实际上是说，君臣应该像父子一样，但是当时的儒家非常清楚，只是说"应该像"，事实上并不一定像。君臣既不像父子是亲人，也不像豫让和智伯有真正的人际交往、知遇之恩。甚至"天高皇帝远，民少相公多"，我知道皇帝老儿是谁啊？他又怎么会知道我呢？我跟他根本就是路人。既然没有感情，怎么能够做到像父子那样呢？早期的儒家经常提到这个问题，他们的回答也很简单，那就是在陌生人社会中，要看是否对应、对等，好与忠于对应，虐与革命对应。上对下不好，下必反之——革命。当然，如果真按照这个回答去做，恐怕也有很大的问题，那就要不断革命了。在无亲情的陌生人社会中以制度设定权责对应，即近代的宪政制度，儒家当然是想不到的，我们不必苛求或"拔高"古人。

"革命"这个词本来就是在儒家经典《易经》中提出的，"汤武革

---

❶ 《史记》卷86《刺客列传》，第2519—2521页。
❷ 《孟子·离娄下》。
❸ 《论语·八佾》。

命，顺乎天而应乎人"❶，因此儒家的政治学说如果一言以蔽之，就是"在家靠亲情，在国靠革命"。在家里头，我们靠亲情维持一种父父子子的关系。在国家层面，我们是陌生人，君主和臣民之间应该像父子一样，如果不像，那我就搞革命把你推翻，换一个对我好的人，而并没有说这个皇帝我来当。可见古儒的观念是，统治者的权责如不对应，如果他没有履行提供公共服务的责任，甚至反而虐待人民，他的权力就没有合法性，人们就可以推翻他，所谓"汤武革命，顺乎天而应乎人"；"君之视臣如土芥，则臣视君如寇仇"；"闻诛一夫纣矣，未闻弑君也"。

这个说法到了秦以后，统治者再也不能容忍了。第一，他不能容忍在家靠亲情，各自服从亲长，那谁听我的？每个人都听爹的，那不就出现"鲁人从君战，三战三北"这种状况了吗？不就出现伍子胥为报父仇可以当"楚奸"，而且大家还说他是一个贤人的状况了吗？那不行，国君岂不虚焉。第二，亲情不能要，革命更不行。法家是既不能允许百姓"人人亲其亲，长其长"，更不能允许他们犯上作乱，因此这一套东西，到了汉朝都得改，要"化家为国"，不改是不可能有"独尊"的。辕固生那番导致汉景帝十分尴尬、触到"敏感点"的言论，就是古儒"革命"观念的最后一次重要表现，从此就"禁言"了。

辕黄之争后，汉景帝就禁止学者讲"汤武革命"这类话了。但老实说，也不是汉景帝这么一句话就可以改变这些人的思维习惯，"灰色地带"各朝都有，禁得了官场，禁不了民间，早期的古儒并没有后来那么惺惺作态，经常会直奔主题。其实儒家从被排斥到被尊崇之间经历了一个相当复杂的思想改造过程。这个过程相当有意思，可以算作中国古代"改造"知识分子的开端。

汉武帝以后，古儒渐变为"法儒"，权责对应的思想为无条件忠君的思想所取代。尽管一些"法儒"的"法家化"并不彻底，还保留一

---

❶《易经·革卦》。

些古儒约束君权的想法,如董仲舒一方面接过法家的"三纲"之说而放弃了古儒的父重于君、权责对应和"革命"观念,一方面又从道家、阴阳家那里搬来一套天人感应学说,想借上天示警来吓唬君主而对其行为稍加约束。这一套虽不能说全无作用,但传统的权势者们对此常常是不太在乎的。于是这种约束与"周制"相比是小得太多了。而"革命"这时从"正能量"已经变成"法儒"所不齿的"贼寇"行为。至于在制度上提出质疑,除了一些保留古儒遗风的批判者如黄宗羲以外,已很少有人为之。

二 儒家的分化

儒家提倡"法先王",在《孟子·离娄上》《荀子·儒效》《春秋繁露·楚庄王》等篇章中都可以见到此说——尽管荀况引述此说是用以批评的。孔子虽未直接说出这三个字,从《论语》中满篇的"从周"、言必称尧舜文武周公看,无疑也是这个观点。

什么叫"法先王"?其实,法先王真正的含义就是不法后王。因为先王已经死了,他是不能对你发号施令、赏顺罚逆的。他只是留下一堆"道统",让你去规范现实,包括规范"今上"。而这就意味着是可以反对当下的统治者的。郭店楚简中有一句子思的话很有意思,叫作"恒称其君之恶者,可谓忠臣矣"❶。什么叫"忠"呢?不是说老给皇上拍马屁叫"忠",相反,是数落皇上的不是,而且并非偶尔为之,而是"恒言",天天指责皇上之"恶",不说一句歌功颂德的话,这才叫"忠"。这个话后来没有人再讲了,也就"亡佚"了——有了秦始皇,谁还敢啊。"恒称其君之恶者",那不是反对派吗?那能叫忠臣?

所以,子思讲的"忠",是忠于先王(甚至都不是本朝的"先主")的道统,而绝不是忠于当今圣上。这意思在后来《荀子》所谓"从道

---

❶ 《鲁穆公问子思》,载荆门市博物馆:《郭店楚墓竹简》,第23、141页。

不从君"一语中还有痕迹——当然只是痕迹而已,因为他说了太多相反的话。

然而子思乃至孔孟的努力并不能挽狂澜于既倒。孔孟两人当时都是到处碰壁、备感孤独的"丧家狗"❶。但是他们的学生也有很得意的,在那时的大潮中,儒门后学不可避免地产生了分化。在"礼坏乐崩"成为大势所趋的情况下,孔子身后"儒分为八",其中有影响的主要就是思孟与荀子两支。荀子"识时务者为俊杰",不再"从周"而改行"法后王",汇合于李悝、商鞅代表的法家潮流。而思孟一支则历经坎坷,在与法家和秦制的激烈冲突中,几经挣扎,最后被"焚书坑儒"。

大家仔细看,在焚书坑儒以后,秦朝朝廷里头仍然有很多儒生,包括所谓的博士,以及我后面要讲的叔孙通都是儒者,这是为什么呢?实际上就是儒有一部分,甚至不妨说大部分是荀学派,是主张"法后王"的。❷ 所谓"法后王",即我们要追随的不再是尧舜禹汤,而是现在的伟大领袖。"法后王"这些人,当然后来就归到法家的圈子里头去了,不再坚持古儒的理念。

这里要提一下其来已久的一个笔墨官司:这位荀况、荀卿或者说荀子到底是什么人?有人说他是儒家,至少是儒家中的一派,有人说他是法家(尤其在"文革"中,他甚至几乎与商鞅并列,被奉为法家的教主之一)。当然,更多的人说他很复杂,既有儒家的一面,也有法家的色彩。至于哪一面为多,也有不同的说法……

但是在我看来很清楚:这不是多少的问题,而是"表里"的问题。

---

❶ "孔子适郑,与弟子相失,孔子独立郭东门。郑人或谓子贡曰:'东门有人,其颡似尧,其项类皋陶,其肩类子产,然自要以下不及禹三寸。累累若丧家之狗。'子贡以实告孔子。孔子欣然笑曰:'形状,末也。而谓似丧家之狗,然哉!然哉!'"《史记》卷47《孔子世家》,第1921—1922页。

❷ 《荀子·儒效》。

后世源远流长的"儒表法里",源头可以说就在荀子。荀子不是儒家的开创者(无论这开创者是孔子还是周公,反正轮不到他),但也不是法家的开创者(法家"法、术、势"三大支的开创者是商鞅、申不害和慎到,都轮不到他)。然而,如果讲"儒表法里",荀况毫无疑问是第一人。他以下则其流滚滚,下一个大家大概要算叔孙通了。

今天看《荀子》一书,书中不仅自认是儒家门墙,而且大部分篇幅谈的是儒家的东西——当然多是那些人畜无害的、心灵鸡汤式的东西。比如《荀子》第一篇,也是传颂最广、最有名的那篇《劝学》,号称千古励志之文,不能说它对孔子"学而时习之……"之类的话没有传承。况且该篇列举的必读书目也尽是"六经"之属,没有号召大家去读《商君书》(就是商鞅自己,如果真写了此书——通常认为是商鞅的后学而非商鞅写的——也不会号召芸芸众生去读,因其本来就是专给皇帝看的"秘籍",流传出去属于泄密。辛德勇先生说,后来的"焚百家之书"也包括禁止民间流传这些法家作品。❶我信)。

除了鸡汤,《荀子》偶尔也会有点儒家干货,比如那句名言"从道不从君"。可惜,这点干货很快就被他自己的其他言论,尤其是下列要害——"三论",给彻底否定掉了。

"三论"之一,是"性恶论"。后世所有评论荀子的人,几乎都注意到这一点。前已述及,以瓦解小共同体为目的的性恶论(不是什么抽象的或"哲学"的性恶论)是摧毁周制、建立秦制的理论基础,也可以说是儒家的死敌!荀况教导出来的韩非,正是在性恶论的基础上建构了"集大成"的法家学说。必须注意,荀子讲的性恶只是对臣下的预设,他从来没有预设君主性恶该如何。否则他下面的两论就不可能出台了。

之二是"法后王"。什么叫"法后王"? 20世纪70年代大捧荀韩,

---

❶ 辛德勇:《读〈赵正书〉:始皇帝的御"儒"之术》,https://m.thepaper.cn/newsDetail_forward_2974599

说"先王"代表过去,是倒退,"后王"代表未来,是前进。这是根本说不通的。"后王"凭什么就代表进步?历史上的"后主"大概率不如"先主",一个朝代如此,多个朝代就一定相反?还有人说先王是尧舜,后王是文武,荀子和孟子一样"从周",没什么不同。甚至有人说,后王是未来的王。未来的王是谁?他会怎么想怎么做,你怎么知道?怎么可以"法"?其实荀况说得够清楚了:"后王者,天下之君也,舍后王而道上古,譬之是犹舍己之君而事人之君也。"❶"先王"与"后王"的根本区别不是什么保守与改革,更不是什么过去与未来。所谓"后王",就是"己之君",就是我现在奉事的王,就是"今上",这不是明明白白的吗?"先王"与"后王"之别,说穿了就是死了的王和在位的王之别。死了的王,我法他他也不能赏我,我不法他他也不能罚我,我干吗要法?"法后王"就是现在谁在位,我就听谁的,谁大权在握,我就跟他走,什么道德原则都见鬼去吧。这不就是"从君不从道"吗?谭嗣同说"法后王"的"荀学"是"乡愿(趋炎附势的御用文人)"之学,应该没有错。

因此,"法后王"与"从道不从君"明显是矛盾的。"法先王"其实就是"法道统",而"法后王"就是"法君权",不法先王而法后王,就是"从君不从道",明显属于法家思想,与"从道不从君"的儒家思想是相反的。两种矛盾的思想并存,与其说反映了荀子思想的过渡性质,不如说是他思想的"表里"性,就是儒表法里嘛。

之三,荀子还公然提出"隆君不隆父"的主张。他先是论证"君恩重于父母恩",说是"父能生之,不能养之;母能食之,不能教诲之;君者,已能食之矣,又善教诲之者也,三年毕矣哉!"❷有学者指出:这样的说法显然是强调"父母之恩与君主之恩相比,君恩大于父恩,明显不同于重视血缘亲情的孔子、思孟学派对君父关系的认识",即所

---

❶ 《荀子·非相》。

❷ 《荀子·礼论》。

谓"为父绝君，不为君绝父"。荀子反其道而行之，就是为满足大一统专制的政治需要，保证君主的绝对权威而进行的"理论创造性发展。"❶荀子在这一基础上进一步提出"隆君不隆父"，他声称"君者，国之隆也；父者，家之隆也。隆一而治，二而乱。自古至今，未有二隆争重而能长久者。"❷换言之，父不能与君"二隆争重"，当君、父的意志出现歧异时，人们就只能"为君绝父"，乃至事君弃父了。

这样的荀子，能够培养出韩非、李斯这种学生，不足为奇。

无怪乎汉代的赵岐在《孟子注》中明确指出，暴秦"焚灭经术，坑戮儒生，孟子徒党尽矣"。❸所谓的焚书，是焚百家书，连法家的厚黑学也只供主上独享，不能让百姓知道。但"以古非今"的儒书应该是重点。而坑儒，主要就是坑孟子这一系的人。荀子这一系的人其实有很多被保留下来，而且能够在秦制下吃香。

于是在秦汉之际，儒士们的思想发生了很大的分化。其中有一些儒是坚决反对法家那一套的，他们就是我讲的"在家靠亲情，在国靠革命"。在秦时，这些人有不少真的跑去革命了，比如孔子的嫡传子孙孔鲋，就带着孔子的牌位，率领"鲁诸儒"去参加了以陈胜为首的起义，而且"与涉俱死"。后来在楚汉战争中，鲁地也在这种传统下为项羽坚守得最久，直到项羽兵败身死，他们看到刘邦送来的项羽首级后才顺汉。

但是也有"识时务者为俊杰"的人，例如汉代所谓的"儒宗"叔孙通，他就走了另外一条路。

叔孙通这个人，在当时很多儒家看来，是很为人所不齿的。这个人没有信念，没有原则，很会溜须拍马顺着上级说话。当时陈胜、吴

---

❶ 孙秀伟：《"为父绝君"内在的儒家亲亲尊尊之思》，载《陕西师范大学学报》（哲学社会科学版）2010年第4期。

❷ 《荀子·致士》。

❸ 焦循撰、沈文倬点校：《孟子正义》，北京：中华书局，2017年，第16页。

广造反之后，秦二世把一帮专家学者找来询问，说你们看现在局势怎么样？一些比较"冒傻气"的人，就是比较较真的人，对秦二世说，不得了，现在天下造反的人很多，君上要自省，从自身找原因，要重视啊。秦二世一听就很不高兴。叔孙通却说，怎么会有这样的人呢？我们现在的皇帝这么英明，是古往今来第一人，全国人民歌颂都还来不及，"安敢有反者？"其实只不过有一些偷鸡摸狗、小偷小摸的人而已，派些治安警察就把他们搞定了。你们这些人诽谤大好形势，是"负能量"，都要不得。秦二世大悦，觉得叔孙通很对路，就重赏了他，而把讲形势很严峻的人全部给抓到监狱里头去了。叔孙通就是这么个角色。

> 叔孙通者，薛人也。秦时以文学征，待诏博士。数岁，陈胜起山东，使者以闻，二世召博士诸儒生问曰："楚戍卒攻蕲入陈，于公如何？"博士诸生三十余人前曰："人臣无将，将即反，罪死无赦。愿陛下急发兵击之。"二世怒，作色。叔孙通前曰："诸生言皆非也。夫天下合为一家，毁郡县城，铄其兵，示天下不复用。且明主在其上，法令具于下，使人人奉职，四方辐辏。安敢有反者！此特群盗鼠窃狗盗耳，何足置之齿牙间。郡守尉今捕论，何足忧。"二世喜曰："善。"尽问诸生，诸生或言反，或言盗。于是二世令御史案诸生言反者下吏，非所宜言；诸言盗者皆罢之。乃赐叔孙通帛二十匹，衣一袭，拜为博士。叔孙通已出宫，反舍，诸生曰："先生何言之谀也？"通曰："公不知也，我几不脱于虎口！"❶

到了秦汉战乱之际，叔孙通到处押宝，一下投奔这个，一下投奔那个，投奔了差不多有十个主子。在他自己看来是"良禽择木而栖"，在古儒眼里则是个只会拍马屁"攀高枝"的势利小人、一个投机分子。他最后投奔了汉高祖（时为汉王）。汉高祖本来是很瞧不起儒家的，"叔

---

❶ 《史记》卷99《叔孙通列传》，第2720—2721页。

孙通儒服，汉王憎之；乃变其服，服短衣，楚制，汉王喜"❶。大家都知道高祖是马上得天下，而且他本身也是秦朝的一个基层干部，一个无赖混混出身的亭长，是受到秦制影响很深的一个人。他本来没有把儒生放在眼里。但是后来汉高祖就面临一个问题，跟他一起起家的那帮弟兄，好像也并没有把他太当一回事，那些弟兄像在他称王之前一样，经常跟他拍拍肩、搭搭背，继续称兄道弟，唤其乳名。原本就是一起长大的发小，一块儿和泥尿尿，谁不知道谁呀，犯不着端着。刘邦把他们召来开会，他们经常大呼小叫、毫无仪态，一点敬仰都没有。这让刘邦很不爽，王的威严何在？叔孙通就说，我有办法，用我们儒家祭祖的繁文缛节结合秦朝那套恐吓办法，可以把他们搞定。汉高祖当时半信半疑，就说你试试吧。

> 汉五年，已并天下，诸侯共尊汉王为皇帝于定陶，叔孙通就其仪号。高帝悉去秦苛仪法，为简易。群臣饮酒争功，醉或妄呼，拔剑击柱，高帝患之。叔孙通知上益厌之也，说上曰："夫儒者难与进取，可与守成。臣愿征鲁诸生，与臣弟子共起朝仪。"高帝曰："得无难乎？"叔孙通曰："五帝异乐，三王不同礼。礼者，因时世人情为之节文者也。故夏、殷、周之礼所因损益可知者，谓不相复也。臣愿颇采古礼与秦仪杂就之。"上曰："可试为之，令易知，度吾所能行为之。"❷

叔孙通就制定了一套所谓的礼，这个"礼"很有意思，因为很多儒家认为他制的根本就不是礼。他制定的这套礼仪，实际上和先秦古礼没有太大关系。因为他讲"五帝异乐，三王不同礼。礼者，因时世人情为之节文者也。……臣愿颇采古礼与秦仪杂就之"。里头夹杂着很多秦的东西。

---

❶《史记》卷99《叔孙通列传》，第2721页。
❷《史记》卷99《叔孙通列传》，第2722页。

叔孙通制礼，跑去找其他儒生来帮忙，其中鲁地有两个儒生就很不高兴，说"公所事者且十主，皆面谀以得亲贵"，说你这个家伙有奶便是娘，投奔了好几个主人，而且见一个就拍一个的马屁，你是一个马屁精。"今天下初定，死者未葬，伤者未起"，你又想搞礼乐这一套，礼乐是要"积德百年而后可兴也"，我们儒家讲的"礼"不是一种形式主义的东西，是要整个国家有很高的道德水平才能办到。你现在搞的这一套是让大家都害怕皇帝，根本就不是真的礼，你乐此不疲干的那些事情，我们都不拿正眼瞧。"公所为不合古"，你干的这一套和孔孟之道不是一回事。"吾不行，公往矣，无污我"，你赶快走吧，不要侮辱了我。他们对叔孙通很不客气，然后叔孙通就说，哎呀，你们这些人都是大傻瓜啊，"若真鄙儒也"，你们"不知时变"，不能与时俱进。叔孙通不知道到底是法家还是道家，大概他法道兼而有之，他是很会"攀高枝"的。

叔孙通于是制定了一套礼仪，让大家照规矩学，而且让刘邦派来些膀大腰圆的金瓜力士，不好好学就秦法伺候。结果大家都学乖了。某天长乐宫修成，刘邦又把大家召集起来举行隆重大典。叔孙通精心布置，在大臣周围布置了一圈魁梧的武装警卫，盯着他们。这些人都要规规矩矩、战战兢兢地依次向皇帝三拜九叩，三呼万岁。如果有谁做得不规矩，马上"举不如仪者，辄引去"，对那些喊万岁喊得不够响亮的人，马上把他们抓去打板子。在暴力胁迫下把这些人吓得两腿发抖，莫不"振恐肃敬"，"竟朝置酒，无敢喧哗失礼者"，喝了一天酒，这些人都恭恭敬敬，没一个敢大呼小叫发酒疯。汉高祖看了很高兴说，哎呀，我这才尝到了当皇帝的威风，"吾乃今日知为皇帝之贵也"。他很受用这一套，就重用了叔孙通，"拜叔孙通为太常，赐金五百斤"。

随后叔孙通举荐了和他一起制定礼仪的弟子儒生做官，"高帝悉以为郎"。叔孙通把汉高祖赏赐的五百斤黄金也全分赐了他们。当初这些弟子跟着他投汉，本想混个进步，可是叔孙通知道刘邦不喜欢儒生，就尽向刘邦举荐一些能打能杀的强盗"壮士"（"专言诸故群盗壮士进之"），而从不引荐自己的学生，结果学生们背地里都骂他。这下叔孙通受宠了,他才向刘邦说:你看我搞的这一套,弟子们也有功劳呀。于是弟子们就得了官。叔孙通的弟子们一下子有了官有了钱,就开心地连连赞颂"叔孙生诚圣人也,知当世之要务"。

这些弟子显然也是从"法后王"到"面谀得亲贵"这一套"荀叔之学"而来,谁给官做,谁就是"圣人"。在他们的追捧下,叔孙通就这样成为了"儒宗"。

司马迁说叔孙通"希世度务,制礼进退,与时变化,卒为汉家儒宗",也不知太史公是褒是贬。简而言之,就是识时务者为俊杰,钱理群先生所谓"精致利己主义"者的典型了。拎得清孰轻孰重,是一个能够审时度势、趋炎附势的人,既沽名钓誉,为"上进"又不惜名誉,结果他成功了。

这件事也是儒的一个转折点,叔孙通是儒家入汉以来第一个受重用的儒士。❶

以后的儒家受叔孙通的影响很大,他们很受启发:除了"死谏",还可以这样"做儒"。但是《史记》又讲了,叔孙通搞的这一套,"大抵皆袭秦故",其实"偷带私货",搞的是秦的那一套。也就是说不是儒家那一套了,而是用儒家语言做外包装,使秦的内容不但不那么赤裸裸,而且具有了欺骗性。他唯一能够做到的,就是"尊君抑臣",可以使大家都畏惧皇上,都给皇上当奴才,这显然是"不合圣制"。经过道家的中介,从叔孙通开始,儒与法具有了兼容之势。

> 至秦有天下,悉内六国礼仪,采择其善,虽不合圣制,其尊君抑臣,朝廷济济,依古以来。至于高祖,光有四海,叔孙通颇有所增益减损,大抵皆袭秦故。自天子称号下至佐僚及官室官名,少所变改。❷

---

❶ 叔孙通事,见《史记》卷99《叔孙通列传》,第2720—2727页。
❷ 《史记》卷23《礼书》,第1159—1160页。

我们看叔孙通，说他是"汉家儒宗"，但是他像个儒家吗？所以叔孙通以后的儒家，就跟孔孟时代的儒家有了本质上的区别。而且在周秦之变时，叔孙通和前面讲的投奔陈胜的孔鲋，二人有极大的反差。当一个国家都普遍遵奉一种符号的时候，比如西方的基督教国家，绝大多数人都是基督徒，记得有学者说过，基督徒之间的区别，往往要比基督徒和非基督徒的区别还要大。在中国其实也一样，自称是儒的人之间的区别之大，往往比儒与非儒的区别还要明显。像叔孙通和鲁诸儒之间，叔孙通和孔鲋之间，虽然都是儒，恐怕有如云泥之别。

太史公对叔孙通的记载耐人寻味。从《史记·叔孙通列传》全文看，可以说极尽讥讽，但文末的评论又给他戴了顶"汉家儒宗"的帽子，而且还记载了他两件拿得出手的事：一是劝谏刘邦不要改易太子，二是惠帝在刘邦庙搞了个违礼工程，叔孙通进谏，惠帝知错就改，立即表示要拆掉。但是叔孙通又说：皇帝是不能认错的，既然违礼了，就把此庙改作他用，索性再搞个更大的工程，到渭北给你爹盖个更大、更堂皇的新庙吧。

而汉以后，历代官方觉得他为儒表法里做出了贡献，所以对他多是表扬，不再有司马迁的讥讽之词。说什么"萧何定法令而受封，叔孙通以制仪为奉常。立功立事，古之所重"❶、"叔孙通定礼仪，始知天子之尊，此知变之善也"❷。但是民间学者却没有不骂他的。尤其宋代大儒，几乎个个大骂叔孙通。司马光骂他"徒窃礼之糠粃，以依世、谐俗、取宠而已，遂使先王之礼沦没而不振，以迄于今"❸，叔孙通几乎成了儒家罪人。朱熹说"叔孙通之为人"卑下，只懂"秦人尊君卑臣之法"，"未必能传孔孟之道"。❹那两件拿得出手的事也被解读为恶

---

❶《晋书》卷128《慕容超载记》。
❷《旧唐书》卷90《朱敬则列传》。
❸《资治通鉴》卷11《汉纪三》。
❹《朱子语类》，上海：上海古籍出版社，1986年，第4196页。

行：劝惠帝不拆违礼而另起大造，是"教人君以文过遂（饰）非"❶；而劝阻刘邦易储，也被宋儒黄震斥为当时刘邦将死而吕后势大，叔孙通要拍吕后的马屁。如果"高帝未老，吕后不强"，他肯定会拍刘邦马屁去支持易储的。❷

但不管古儒怎么骂，叔孙通的这个做法却开启了一条道路，就是"儒学法家化"之路。通过他的解读和中转，儒学辞藻和法家实质结合起来。儒学原来那一套，就是所谓的"家内靠亲情，在国靠革命"理念的棱角被磨平了。我们知道叔孙通制礼，他制的这个礼，其实不是儒家之礼了，与其说是周礼，不如说是秦法。但这就使儒家逐渐被皇帝接受，这个过程当然不是一蹴而就，而是比较缓慢的。漫长的历史浓缩起来，渐变过程来到叔孙通这个人身上，就发生了突变。

古儒的"家内靠亲情，国内靠革命"毕竟还是反对绝对君权的，古儒中的确有反专制的思想资源，但是这套东西乃至整个儒家的小共同体本位的构制，对于法家的官僚制帝国来说都不可接受。专制皇帝既不容你"亲亲爱私"而"为父绝君"，更不容你对他"造反革命"。因此从战国到秦汉，就不断地搞"思想改造"，靠"胡萝卜＋大棒"进行两手威胁利诱，"儒表法里"是经过很多阶段完成的。

首先是法家发明"三纲"，明确否定权责对应，强调绝对君权。接着道家（黄老）出面否定"革命"之说，最典型的就是黄生对辕固生的那番反驳，而且由景帝给"辕黄之争"定调，不许再讲"革命"道理了，汉刘天下既已打下，就容不得他人效法。再后董仲舒接受"三纲"而放弃"革命"，深化了"儒表法里"。但董又搬出"天人感应"，想以那套装神弄鬼的谶纬保留一点吓唬皇上的手段，尽管那些装神弄鬼本

---

❶ 《资治通鉴》卷12《汉纪四》。
❷ "叔孙通所事且十主，皆面谀取亲贵。既起朝仪，得高帝心，然后出直言谏易太子。然向使高帝未老，吕后不强，度如意可攘太子位，又安知不反其说以阿意耶。随时上下，委曲取容，名虽为儒，非娄敬比矣。"见施之勉：《汉书集释》卷11，台北：三民书局股份有限公司，2003年，第5409页。

是道家、阴阳家的东西，而且素为古儒不屑。但我看董子也是不得已啊。后人说他搞这一套是想帮皇上吓唬老百姓，良心大大的坏了。我想，吓老百姓不能说没有这个成分，但董老先生主要还是想以此吓唬皇上，多少保留一点古儒限君之遗意。

不料后来的皇上主要从法家道家那里学来"唯物主义"，不吃这一套，干脆就把谶纬给禁了，而且禁得似乎比暴秦焚书还彻底，如今我们已经无缘见识那些图谶纬书。同时，东汉又发展了"尊周不尊孔（实际是尊官不尊士），传经不传道（实际是从君不从道）"的古文经学，对董子用心良苦的"微言大义"嗤之以鼻。还把一部来历不明、没有什么伦理味儿的官僚制帝国中央集权法《周官》冒称为"周礼"，并当作"三礼"之首置于宗法伦理之前。到了这一步，儒者也就徒唤奈何了。

此后直到宋明，程朱又期望以世俗之"道"稍微规范谏劝君王；而陆王则以凡人之"圣"，期望能够稍微宽松于民。然而世俗已无"革命"之勇、"从道不从君"之壮，又无图谶之威、纬书之怪，君王已经没有任何惧怕的东西了，怎会乖乖就范？而小民怎能期待有宽松自由的社会环境？所以即使程朱理学、陆王心学的这些大儒们有限制皇权、扩大民权的想法，但理学、心学流行的结果是，皇权依然不受限制，而民权却被钳制到动弹不得。没有制度约束，仅靠儒生们动的那点小心思起不了什么作用。当然，他们在中国思想史、哲学史上的意义是另外层面的问题，此处不赘述。

直到明末黄宗羲、王夫之及唐甄等人，才反思到制度的弊病，所以尖锐地提出废除皇权，以古儒权责对应之道拯救世弊。

三 以法入礼

"儒表法里"并不是一蹴而就，而是经过很多阶段，其中"以法入礼"是很重要的一件事情，也是贯穿整个过程的一件事。可以说，这是秦制下儒学居然可以"独尊"的一个最重要的前提条件。

首先，什么叫作"礼"？最早古人讲的礼，主要就是血缘宗族团体中的伦理。大家看"禮"这个象形字就知道，左边是一个"示"，其实就是对祖先的祭祀；右边是一个"豊"，一般单写为"醴"，大概类似于现在的醪糟（甜酒），当时是用来做祭品的。所以"礼"实际就是宗法家族时代的伦理，是一种亲缘－熟人群体中"亲亲尊尊"的规则，是对祖先对尊长的一种礼敬。这种"礼"，首先体现的是一种"长幼尊卑"的等级秩序，也就是说"礼"是强调"贵贱有别、尊卑有序"❶的，和我们近代讲的自由平等不同。有这样的"礼"，就谈不上平等，礼就是要强调上下尊卑的。所谓的"礼"，就是对家族中尊卑长幼秩序的一种安排。

但也绝不是任何不自由不平等的东西都合乎"礼"，礼这种亲熟小群体中的等级差异，又与陌生人大社会中靠强权暴力、专制政治建构起来的制度化等级（语源意义上的"法"就是用来维护它的）不同。西汉时有"设醴"的典故：楚元王刘交礼遇名儒穆生、白生、申公，知道他们不饮烈酒，每宴必专设甜酒（醴）以待。后来刘交去世，其子刘戊继位，宴请他们时却时常"忘了"设醴，穆生发现苗头不对，说新王已经不再礼遇我们了，我们还是知趣点，赶快走吧！白生与申公笑他过于敏感，说主人不过暂时忘了而已，不必大惊小怪。于是穆生走了，而白、申二人留下。结果没过多久，新王就翻脸了，把白、申二人抓了起来。❷ 后来辛弃疾有词曰："暂忘设醴抽身去，未曾得米弃官归。穆先生，陶县令，是吾师"。❸

"礼"通"醴"如上述，可见"礼"虽是楚王御下之道，却带有很浓的血缘情感和小共同体的记忆符号，具有束缚和保护、父权和父责天然结合的性质，即马克思引述的"温情脉脉的家庭面纱"。而"法"

---

❶ 《大戴礼记·朝事》。
❷ 《汉书》卷36《楚元王传》。
❸ 辛弃疾：《最高楼·吾衰矣》。

（不要想到现代法治，那根本就是风马牛）则是另一回事。古语语源中的"法"，古字写作"灋"，最早见于西周金文，其词根"廌"又叫獬豸，是一种传说中非常厉害的独角兽。"礼"和"法"、甘美醇厚的甜酒和令人生畏的独角兽这两个原始意符，确实给人以很多想象。

所以礼的第一基本词义就是等级差异，第二则是温情和保护。礼就是强调不平等。这没有什么可说的，我们不能因为现代社会主张平等，同时现在又要宣传优秀传统，就强为之解，硬把不平等说成平等。其实对古儒而言，一个最重要的常识就是所谓的"礼乐"："礼别异""乐合同"。❶ 什么意思？音乐是大家可以共享的，祭祀时，奏起雅乐，大家都很陶醉，沉浸在一种审美的享受之中，这没有等级分别，因此乐是尚同的。但是礼就是区分尊卑之异的。如果要在古代传统中找"平等基因"，可以讲乐，礼就免了。"亲亲之杀，尊贤之等，礼所生也"❷，"乐统同，礼辨异"❸，"礼者，所以别尊卑，异贵贱"❹，"制礼义以分之，使有贵贱之等，长幼之差"❺，"进退有度，尊卑有分，谓之礼"❻……古典中这样的话不要太多！简而言之，礼就是不平等，就是区别尊卑长幼的。从这个意义上讲，儒家主张的礼教，的确会与近代社会讲的平等原则产生矛盾。儿子就得听爹的，爹无须听儿子的，这就是"礼"。

但是这个礼所讲的不平等，它的原始含义是在一种小共同体内部，尤其是血缘亲族共同体内部、家族内部，建筑在伦理基础上的不平等，是与亲情套在一起的，具有温情脉脉的色彩。这种不平等对家属来说，既是一种束缚，也是一种保护。对于父亲（尊长）来讲，既是一种权力，也是一种责任。而且，其权责的对应并不需要某种制度来安排，这在

---

❶ 《荀子·乐论》。
❷ 《中庸》。
❸ 《礼记·乐记》。
❹ 《淮南鸿烈解》卷11《齐俗训》。
❺ 《荀子·荣辱》。
❻ 《汉书》卷58《公孙弘传》。

陌生人社会做不到,而亲人之间可以做到。

汶川地震时有一个"范跑跑事件",那个"范跑跑"声称他谁都可以不救,只有一个人例外,就是他女儿,他说为了救女儿,他可以冒险。这说明什么?说明亲情的确可以赋予人们一些不需要制度安排就天然具有的义务。

因此这种儒家讲的"礼",由于最初形成于宗法小共同体内部,是一种建立在亲情和伦理基础上的不平等,因而不是后世那种"天高皇帝远"、靠陌生的"相公""一日三遍打"的暴力维持的上下之别。当然,也不是那种自由雇佣制下的科层关系:作为受雇佣者,你必须听老板的,但你可以选择老板,老板也可以解雇你。而宗法式的父子则不同,儿子必须尊敬父亲,摆脱不了父权,但是父亲也不能任免儿子,推卸不掉父责。儿子和父亲之间是一种摆脱不开的对双方都有约束的依附关系。

非骨肉的小共同体中的依附当然比父子疏远,但不会是"天高皇帝远",所以一方面,"礼"是不平等的上下关系,另一方面,"礼遇""礼贤下士""君待臣以礼,臣事君以忠",虽然是在上者驭下之道,但带有浓厚的温情、父爱色彩。在下者与其说感到压迫,不如说感到的是某种温情与保障。所以才有"礼不下庶人"之说——庶人虽也是在下者,但不能享受诸侯所给予的"礼遇"。《礼记·曲礼上》:"国君抚式,大夫下之。大夫抚式,士下之。礼不下庶人,刑不上大夫。刑人不在君侧。"从上下文可知,《礼记》这句话是对诸侯讲的。在"人各亲其亲,长其长"的小共同体本位时代,我的附庸的附庸不是我的附庸,诸侯对附庸的权力只及于大夫,他的礼遇同样也只及于大夫(所谓"刑不上大夫"在孔子看来就是一种礼遇),犹如天子的礼遇只及于诸侯一样,是不难理解的。这并不意味着孔子把"庶人"作为奴隶而不当人看,像过去一些意识形态批孔言论所说的那样。因为按孔子所说的规则,庶人在他所属的小共同体中是完全可以得到其"亲"其"长"的礼遇的。

而如果"礼遇"甚厚,其等级性甚至可能被掩盖,以至"礼尚往来""以礼相待"这些词会给人一种平等的错觉,而"礼贤下士"甚至有尊敬的感觉。它与"刑""法"这种单向的威胁是不同的。从武王师事姜尚、智伯知遇豫让、孟尝礼待冯谖,乃至刘备"三顾茅庐",就是给足了臣属面子的礼遇行为。

对于儒家所谓的"礼不下庶人,刑不上大夫",至今存在着两极化的曲解。一方面,从古到今都有人认为此说无比野蛮,说它强调的只是贵族的特权和平民的卑贱,前者有罪也可免于刑罚,后者无辜却仍惨遭非礼。在反儒盛行的年代,此说甚至被视为孔子主张"奴隶制"的证据。但在我看来,这样的解释不堪一驳。如上所述,"礼"不仅是"礼遇",它首先是严格的等级差别。如果说庶人不配得到礼遇,庶人也不适用等级差别吗?难道"礼不下庶人"是说诸侯与大夫有等级差别,诸侯与庶人反而没有等级差别,两者是平等的?这不是与"奴隶制"说恰恰相反了吗?

而另一方面,近年的一些"新儒家"把此说解释得无比平等,他们认为"刑不上大夫,礼不下庶人"就是"礼不卑庶人,刑不尊大夫",这里的"上""下"应该作动词"尊""卑"解。刑不尊大夫,就是在受刑方面大夫没有任何特权,礼不卑庶人,就是在行礼方面对庶人也没有任何歧视;据说这是一种所谓的原始平等,"原始性质的、以天神报应为根据、以血缘宗亲行正义的远古刑礼观"❶。有人还把这种"上下"与"尊卑"的换字游戏到处移用,说"上智下愚"就是尊重知识、贬斥愚昧,这完全无视了儒家的等级思想,几乎把孔子说成是卢梭、把西周说成是美国了。这当然更是极度误解。

儒家的常识是:"礼"就是用来别尊卑的,"礼不卑",那还是礼吗?儒家典籍中俯拾皆是的等级观念,是几个换字游戏能够否定得了的?且不说"远古"怎么会有大夫和庶人,"血缘宗亲行正义的远古刑礼观"在东方西方都是子虚乌有。远古血缘群体可能充满亲情(当然,常常

---

❶ 汤起康:《"礼不下庶人,刑不上大夫"原意索解》,载《文史知识》1984年4月号。

与群体之外的残酷无情并存），却难言平等。"原始平等"这种意识形态的假设不要说在世界各地的原始人中不存在，甚至在"猿人"所由来的猿群中也不存在。"灵长类社会学"现今积累的可观材料中，可有一例"原始平等"的例证吗？舜、鲧、禹、皋陶间的"刑礼"和"禅让"这类很晚才"层累地造成"的说法，其实是有它的意义的，我们以后会说。但是把它当作"远古"的事实就荒唐了。

其实这种"温情的等级制"（或等级化的温情）不仅在典籍中有很多类似的表述，近年也有相关的考古发现，如郭店楚简重现佚文"刑不逮君子，礼不逮小人"❶等。这些且不论，我们看看《礼记》原文怎么说：

> 《礼》曰："君子抱孙不抱子。"此言孙可以为王父尸，子不可以为父尸。为君尸者，大夫（不可，）❷士见之，则下之。……国君抚式，大夫下之。大夫抚式，士下之。礼不下庶人，刑不上大夫。刑人不在君侧。❸

这里以"尸"礼和"抚式"礼从正反两面清楚地表明了，"礼"的两种意义都具有"我主之主非我主"的小共同体本位性质。什么是"尸"，什么是"抚式"？历来注家和"礼学家"解释纷纭，但在这里并不重要。重要的是"尸"用于"我主之主"，所以孙子可以用于祖父（父之父），士也可以用于诸侯（主之主），但儿子不能用于父，卿大夫也不能用于诸侯。有人说"君子抱孙不抱子"就是今天所谓的"隔代亲"，其实不尽是望文生义。重要的是父子之礼在那个时代很严格，爷爷逗孙子就纯属天伦之乐，没那么讲究了。而"抚式"就完全不同，

---

❶ 丁四新：《"礼不下庶人，刑不上大夫"问题检讨与新论》，载《江汉学术》2020年第4期，引郭店楚简《尊德义》。

❷ 按：此处疑有脱字，《礼记正义》于此引《既醉》注云：行尸礼时"天子以卿（大夫）"，则诸侯以士不以卿，方合于"孙可以为王父尸，子不可以为父尸"之例。

❸ 《礼记·曲礼上》。

那是用于"我主"的,所以卿大夫用于诸侯,士用于卿大夫。犹如父用于祖,子用于父。

这些话以后,再带出"礼不下庶人,刑不上大夫",意思就再明显不过了:诸侯是卿大夫的主人,所以要礼遇卿大夫——"刑不上大夫",或者说"刑人不在君侧"就是一种礼遇。不是说大夫犯罪就不受罚,而是受罚也要顾及面子。而对庶人就用不着这样,因为诸侯并非庶人的主人(他只是庶人主人的主人……的主人),并不能直接支使庶人,自然也无须礼遇庶人——那是庶人的直接主人的事。庶人的服从对象是谁,自然就从谁那里得到礼遇。政治上的等级关系也是一样,诸侯、大夫、士,以及诸侯之上的天子,他们之间的关系也是遵照"封建"规则:"国君抚式,大夫下之;大夫抚式,士下之",《礼记》这个说法相当于孟子说的"得乎天子为诸侯,得乎诸侯为大夫"。每一级的人都只对紧挨着他的下一级有权威,同时也有照顾的义务。在这样一个"人人亲其亲,长其长"的小共同体时代,对于诸侯而言,他的礼遇只及于大夫。反过来讲,天子应该对诸侯给予礼遇,而不必礼遇大夫。再往下走,我就管不着了。这种尊卑分明的规则并不"平等",但当然也绝不是把"庶人"作为奴隶而不当人看。因为按照这个规则,庶人在他所属的小共同体中,完全可以得到他的亲长的礼遇,但诸侯就不操心这事啦。

所以这段话的意思是,在周制或"封建"制中,每个人的权力和庇护,都仅仅及于他下边的一层。所有的人都要受到各自亲长的管束,当然也都应当接受亲长的礼遇。包括处于等级金字塔顶端的周天子,理论上也要受到"天"即天下民众("天听自我民听",所以"民贵君轻")的管束,当然也要接受民众的礼遇,这就是所谓"得乎丘民为天子"。在古儒看来,整个社会关系就弥漫在类似家庭般的氛围中,每个人都有人管束,也都有人爱护,就像每个人都有爹妈:一方面,有爹的孩子受管教,另一方面,有妈的孩子是个宝。而这种管束和爱护都是直接的,如果延伸上去,就是所谓的爱有差等了(墨翟否定这种差等,所以孟子骂他"率兽食人")。按照这种严格的礼制,祖父和孙子的关系都不同于父亲和儿子的关系,更不用说诸侯与庶人了。

前面已经讲了,有礼就有尊卑上下。如果不分尊卑上下,在儒家看来就是非礼僭越了。因此这种温情当然有极大的局限,君待臣之礼再优厚,君臣之别还是不可逾越的。不过这种拟父子化宗法式的礼,对双方都有约束。

而法家讲的"法"却是完全单向的,全体臣民要无条件服从皇帝,中间没有任何等级区隔(所谓秦制的"平等",或曰"齐民")。但事实上,99.99%以上的臣民终身未睹天颜,皇帝自然也不会直接管理他们,实际上他们只是服从得宠于皇帝的"相公"即官僚。而官僚只是皇权爪牙,并非臣民的主人,也不会给臣民礼遇。所以要讲"礼不下庶人",秦制才更彻底。因为周制只是诸侯之礼遇不下及庶人,但庶人还可以得到自己所在小共同体主人的礼遇。而秦制废除小共同体,将百姓直接置于皇权爪牙而非主人的管制下,那可真是"一日三遍打",什么礼遇也没有了。

甚至皇帝身边的高官也不同于周制的贵族,哪怕他们认识皇帝并有侍君之幸,在法家的性恶论逻辑下也不可能形成"礼"赖以存在的小共同体。所谓"伴君如伴虎",与"礼贤下士"恰成鲜明对比。侯旭东先生专门写了一本大书研究"宠",❶秦制确实视这些高官为"齐民"中之受宠者。而天威莫测,宠怒无常,秦制之得"宠"和周制之"礼"遇是很不一样的。侯书区分了西汉朝廷中的"礼仪型君臣关系"和"信任型君臣关系",并称后者为"宠"。其实,如果有"礼""宠"之分,那与其说是西汉的两种类型,不如说就是周制与秦制之别。因为正如阎步克先生说:贵族是不需要"争宠""取宠"的,他们也不会"失宠";❷

---

❶ 侯旭东:《宠:信-任型君臣关系与西汉历史的展开》,北京:北京师范大学出版社,2018年。

❷ 【文研读书10】关系视角与历史研究——《宠:信-任型君臣关系与西汉历史的展开》研读会,http://www.ihss.pku.edu.cn/templates/yf_xz/index.aspx？nodeid=125&page=ContentPage&contentid=1158。

他们的地位由"礼"来保证。实际上庶人也是如此，只是他们不能从诸侯那里、而只能从直接亲长那里得到礼遇，所以那时的社会上下，大夫与庶人，其实都不时兴"争宠"。

秦制则不同。如果说对诸侯而言，"礼不下庶人，刑不上大夫"是周制的特点，那秦制就真是刑可上大夫，也可下庶人，而礼遇则不及于任何人——这当然也可以称为某种"平等"，但这种"平等"不是消灭了奴隶，而是消灭了自由民，其与现代平等之对立，甚至比周制之不平等还甚。

与"礼"相比，当时所谓"法"是一种令人害怕恐惧、战战兢兢的东西。汉初所谓的叔孙通制礼，他制的这个礼，其实不是儒家之礼，与其说是周礼，不如说是秦法。他开创了儒学发展一个很重要的变化，就是"以法入礼"。

研究法律史的人都知道，瞿同祖先生曾经有过一个说法，他认为中国的法律儒家化是从曹魏开始，曹魏的陈群、刘劭修改法律，实现了法律的儒家化。用他的话来讲，就是"以礼入法"，礼法合一。❶

周秦有一个变化，到了汉魏又经历一次变故。理解了周秦之变，再理解汉魏之变，对秦汉到底是怎么回事，我们也就有了比较准确的认识。

汉魏之变一个很重要的特征，就是把秦汉以来一直是法家化的法律加上了很多儒家的伦理色彩，变成了一种比较伦理化的东西。即瞿同祖先生讲的法律儒家化，"以礼入法"，礼法合一。这一点我觉得瞿同祖先生是很有眼光的。但是我觉得瞿同祖先生没有注意到一个事，那就是汉魏时代的"礼"已经和孔孟时代的"礼"不是一回事了。在曹魏"以礼入法"之前，周秦之际先有一个"以法入礼"的过程。周秦之变中首先是法家把儒家的礼给改造了，由于过分极端，在几百年后的汉魏之际，乃至曹魏以后，又用"礼"把当时的法律再次进行了

---

❶ 瞿同祖：《中国法律与中国社会》，北京：中华书局，2003年，第329—374页。

调整。瞿同祖先生详细论证了"以礼入法",但是他没有提到"以法入礼"。我觉得"以法入礼"恐怕更为重要,因为正是先有了"以法入礼",曹魏时代的"以礼入法"才没有导致总体上的周制的复归和秦制的解体,也就是不可能真正回到西周那种状态去了。

很多人说到了魏晋时代,好像历史的回光返照,从一个中央集权状态退回到诸侯林立的状态,似乎很多方面都有周的影子,有一种似曾相识的感觉,包括宗族制度、语言用词等。但是我认为实际是不一样的,原因之一就是那个时代的儒已经不是孔孟时代的儒了,此儒非彼儒也。

整个两汉的法律基本上都是法家之法,也就是反宗法的、非伦理性的法律,包括汉初的《九章律》,以及我们现在在张家山汉墓中看到的那些汉律简牍。在汉律简牍出土之前,汉律的原文我们基本看不到,汉律在传世文献中已经亡佚了。以前我们看到的汉律是分散在各种材料里头引述的只言片语。晚清学者沈家本曾经辑过一本《汉律摭遗》,是汉唐律的比较,大致是把散见于各种文献中的汉律引述辑在一起。唐律现在都可以看到,就是《唐律疏议》。汉律过去只能从《汉书·刑法志》《晋书·刑法志》和各种史籍中找到一些片断。沈家本先生把这些零零碎碎的材料都集中起来,辑了一本汉唐律对比的书,为我们研究古代法律提供了条件。

清朝的乾嘉之学,其中很重要一门学问是"辑佚之学",就是把已经不存在的书,从浩如烟海的古籍中搜集它的佚文,然后尽量拼成一部大概齐的文献。像二十四史中的《旧五代史》,就是这样辑出来的。本来《旧五代史》早就亡佚了,后来人们从《永乐大典》等书中,从不同片断关于《旧五代史》的引文中,把它全部都辑出来。这一类书其实有不少,聊胜于无嘛。

清末沈家本也用这种办法,把有关汉律的条文集中起来,辑成《汉律摭遗》。民国年间瞿同祖先生就以这些材料为根据,认为除了汉承秦制以外,还有汉承秦法,就是汉代的法律系统基本上是法家化的、非伦理的。按照他的观点，这个秦代法家化的法律，一直沿用到汉代灭亡。到了陈群、刘劭修改法律的时候，在曹魏的法律中，才出现了实质性的修改，就是按照儒家观点，把法律变得具有很强的伦理性。

儒家的规范是所谓的"礼"，法家的规范是所谓的"法"。先是周秦之际发生了伦理法家化，法家把伦理搞成了法家的样子，然后到了曹魏时代，才又有人用伦理来改造法律。因此，"以法入礼"这个过程是很重要的：战国时期已经有了这种现象，就是所谓"礼"逐渐受到法家化的改造。礼变得越来越森严，变得很理性冰冷，令人恐惧，从一种怀柔的情感说教变成了高高在上的威吓条文，同时适用范围也发生改变，从主要处理小共同体亲熟关系（包括以"我主之主之主……"层层套叠延伸至"天下"的"封建"关系）的规则，变成了"天高皇帝远，民少相公多"的官僚制帝国管治陌生人社会的规则，无论这些规则经过多少"儒表"的包装，"一日三遍打"的威胁始终是它的核心。

这一过程说来话长。首先，战国时期出现了"军法"对"军礼"的同化。"军礼"这个名词是在战国时期开始出现的，说穿了就不是礼，而是军法。像后世经常讲的，如果胆敢如何如何，以"军法从事"：如果你怎么怎么样，我就杀了你，实际上就是这个意思。在战国时期的战争状态下，也就是我前面讲过的那种类似军国主义的状态下，这种军法越来越被解释为一种正常的"礼"，从战时状态变成了日常约束，于是战国时就有了所谓"军礼"的说法。

法家大概最早是在齐国产生的，很多人认为《管子》就是齐地法家著作。❶ 应该讲，《管子》作为法家著作，尚属早期比较温和的一种

---

❶ 参见梁启超：《先秦政治思想史》，北京：商务印书馆，2014年，第164页；黄文娟：《先秦法家法治思想的衍变——以〈管子〉、〈商君书〉和〈韩非子〉为中心》，载《管子学刊》2008年第3期；周炽成：《法家的道理之论：从管子到韩非子》，载《华南师范大学学报》（社会科学版）2007年第6期。

过渡形式，它的主要特色在于以《轻重》等篇为主的经济管制。如果拿《管子》和《商君书》《韩非子》相比，后面这两本书要"凶相毕露""残暴"得多。相对而言，《管子》中法家的严苛色彩还不是太明显。虽说法家思想最早源于齐国，然而在其母国，它并没有发展得很成熟，而后它传播到很多国家，在秦国结出硕果，发展得最为典型。但是，齐国在战国时期产生了所谓的军礼。

战国时期有一部很有名的兵家著作叫《司马法》，司马本身就是一个先秦时代的官职，意同"总司令"。兵部尚书以前就叫作"司马"，因此《周礼》六官"吏、户、礼、兵、刑、工"中的"兵"这一章，就叫作"夏官司马"，司马是军队最高统帅。《司马法》本身是一部军法著作，这本书在《汉书·艺文志》中，被记载为《军礼司马法》。而且它被《汉书·艺文志》列入了"礼"类著作中。❶

因此，本来在宗法传统下被温情覆盖的礼，就变成了在军事化背景下萧杀整肃的法；原来的知遇之礼变成了一种震慑之法；原来的宗法事亲之礼，就是我们对待亲人的礼，变成了一种军国征伐之法；原来的一种权责对应之礼，变成了一种单向服从之法。在国家机器的加持下，在上命令其下，要你怎么样，你就得服从，叫你朝东不能朝西，你必须怕我惧我遵从我，敢不服从，有严刑峻法等着你。

到秦汉时期，"以法入礼"这个过程又有了进一步发展。叔孙通制礼，但是这个"礼"，《史记》已经记载了，实际上是"大抵皆袭秦故"，没什么儒家的味道；或者至少也是"杂采秦仪"，把礼严重变味了。总之，用的是秦那一套做法。而且当时的很多儒生认为，这个做法是不合古礼的，和儒家原来的主张是完全不一样的。"公所为不合古"，我不跟你走，你快离开，不要侮辱了我，当时的一些儒生就是这样说的。叔孙通炮制的所谓的"礼"，是一种毫无情感、使人战栗发抖的"威礼"。按照本书之前描述的那个场景，大家见了刘邦都得毕恭毕敬，稍微在

---

❶ 《汉书》卷30《艺文志》，第1709页。

行礼过程中有一点不规矩，马上就被旁边的御史当场拿下，于是"自诸侯王以下，莫不振恐肃敬""无敢喧哗失礼者"，大家都给吓得两腿发抖。❶这样一种"礼"，还是我们讲的礼遇吗？当然不是，而是变成强迫服从的纪律。

叔孙通搞的这一套"礼仪"其表、"法术势"其里的把戏，曾经受到时儒的痛斥，说这个东西根本就不是礼。但是司马迁讲，正是由于叔孙通采用了变通的办法，"希世度务，制礼进退，与时变化"，坦率讲就是识时务者为俊杰，能够根据当时的情况顺应适时，"卒为汉家儒宗"。太史公这个"卒"用得真有意思！卒，在此就是"突然""不料"之意。史迁前面讲了很多讥讽的话，尤其是"所事者且十主，皆面谀以得亲贵"，几乎是不堪入目的。但"忽然间这个马屁精就成了咱们大汉儒者的领导啦"。显然，这个"儒宗"和孔孟所谓的"儒宗"已经不可同日而语。这是"以法入礼"又一个步骤。

"以法入礼"到了西汉中期又有一个进展，就是《周礼》的出现。儒家讲的《诗》《书》《礼》《易》《春秋》，是所谓的"五经"。所谓"礼"就是我前面所讲的，是在一个具有宗族亲情的小共同体内部，区分各种各样的上下尊卑的那种秩序，一方面有等级的差异，另一方面弥漫着一种温情色彩。儒家讲的"礼"就是指这个东西。但是到了西汉中期，突然出现了一本书，这本书的来路一直是有争议的，以至到了近代，关于它的真伪仍然是中国思想史上一个非常重要的话题。

西汉中叶，河间献王刘德在民间找到一本书，叫作《周官》。后来这本书叫《周礼》，一开始它并不叫《周礼》。据说找到这本书的时候，它本来应该有六部，就是"天地春夏秋冬"六官：天官冢宰、地官司徒、春官宗伯、夏官司马、秋官司寇、冬官司空，然而，找到的只有前面五官，最后一部分没有了。后来刘德又找了一本书叫《考工记》，作为"冬官"这部分补在里头，于是就有了《周官》。

---

❶ 《史记》卷99《叔孙通列传》，第2723页。

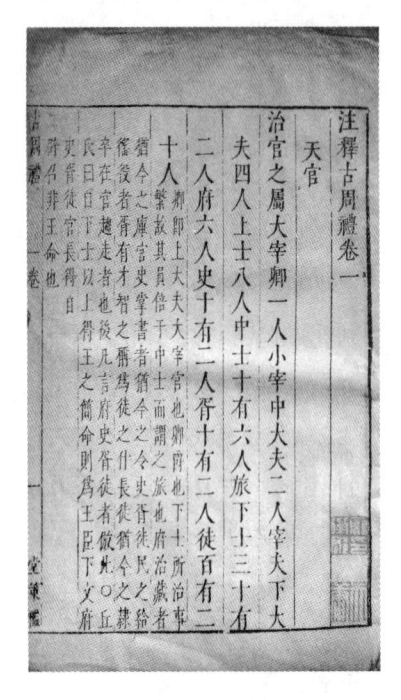

《周礼》书页　　　　　　《考工记》书页

我后面要讲到，秦制最早的高级官僚"三公九卿"还有不少贵族色彩。到了汉武帝任用"尚书"，遂开始了后来历史上一次次重演的、用皇帝身边秘书班子（身份低微的皇家奴）掌握实权的"内朝架空外朝"之变，从而大大强化了秦制。"秦皇汉武"并称，不是浪得虚名。

而"尚书治国"与《周官》有着明显的关系。后世六部尚书，对应于"《周礼》六官"。但是六部尚书的形成有个过程。根据史籍，西汉尚书在武帝时初分设四个曹，就是所谓常侍尚书、二千石尚书、户曹尚书、主客尚书。到了汉成帝时代，又加了一个曹——三公曹，就变成五曹尚书。[1] 根据我们现在看到的材料，到了东汉光武帝时已经有了六曹尚书。关于六曹是哪六曹，史书中有不同记载，我们现在还不

---

[1] 《汉书》卷10《成帝纪》注引《汉旧仪》，第308页。《后汉书》卷1《光武帝纪》注引《汉官仪》，第15页。

能详考。❶ 按照《续汉书》的说法，就是所谓的常侍曹、三公曹、二千石曹、民曹、客曹，客曹又分为南主客曹、北主客曹。❷ 六曹尚书，也就是后世六部尚书的雏形。

但我认为，六曹尚书很可能在王莽时代已经有了，只不过王莽时代比较短暂，新朝又毁于战火，档案散失，对于新莽时代的一些细节我们还不能清晰化。尚书，汉武帝时代有四曹，汉成帝时代有五曹，很可能到了新莽已经有了六曹，到了东汉延续下来。汉承秦制，东汉很多东西其实也是承了莽制。

我这里要讲，"东西汉"（以前又叫前后汉）完全不同于此前的东西周和此后的东西晋、南北宋，乃至明朝和所谓南明。两周两晋和两宋，其实都是同一个皇（王）室在战乱中播迁、偏安而延续下来的。但"两汉"则完全是两个朝代，期间还有个新莽。刘秀虽然姓刘，可能也真是刘邦后代，但两百多年后刘家后裔已经不计其数，其枝蔓疏宗早已平民化，有的已经变成刘盆子那样的放牛娃。刘秀算是"豪强"富户，但早年读书时曾经勤工俭学，完全没有皇室待遇，所以他事实上是乱世中另打江山的。尽管东汉自称中兴汉室而贬新莽为篡逆，但其实新莽亦如秦、隋，是个短暂而变革甚剧的王朝。王莽的"周表秦里"改制，其实对后世影响很大。新莽只是很短暂的时代，但是它很多东西实际上由东汉继承下来了。六曹之制，很可能就是在新莽时代出现的。

正好这个时代又出现了所谓《周礼》六官。因此很有可能，所谓《周礼》六官就是刘向、刘歆父子附会新制的产物，讲的就是当时的制度。❸《周官》或许真有这样一本书，也可能河间献王刘德找到的就是

---

❶ 除《续汉书·百官志》外，《晋书·职官志》《通典》卷22《职官四》对于六曹皆有不同说法。

❷ 见《后汉书志》卷26《百官志三》，第3597页。

❸ 《周礼》为刘歆伪造，宋朝以下多有学者持此论者，例如康有为、钱玄同、徐复观、侯家驹。参见彭林：《〈周礼〉主体思想与成书年代研究》（修订版），第5—6页。

一个古本。但是无论如何，今天我们看到的《周官》不可能是刘德的原本，更不可能是西周的书。哪怕二刘并非完全向壁虚构、凭空伪造，可能也采用了不少先秦"砖瓦"，但整个《周官》大厦及其中央集权观念无疑是为迎合王莽的"周表秦里"而建造的。所谓六官绝不是古制。我觉得这个六官的内容应该是刘歆伪造的。关于《周官》来龙去脉的讨论，我们暂放一边。

东汉以后，六官也就是六曹（部），成了常设机构，一直到清代都有六部。直到晚清才又发展出来一些别的部，比如说当时为了外交，把总理衙门改成外务部，又设立了商部，后将工部并入，改称农工商部。最后，古代的六部就变成现在的国务院下面内政、外交、国防等现代的部。在戊戌变法以后，清末新政才开始打破六部框架，可以说从王莽一直到清，整个中国这一套中央集权政府的管理，都是从《周官》而来。甚至后世有一些复古的人，还喜欢把名称也恢复成《周官》的旧称。一个典型就是洪秀全的太平天国，太平天国的政府设置就是按照《周官》建立的，但是不叫尚书，叫丞相：天官丞相，地官丞相，春夏秋冬各官丞相，等等。每一个丞相的分工都和《周礼》有很多类似的地方，比如说夏官丞相，相当于《周礼》的夏官司马，就是掌管军队。太平天国号称以基督教为信仰，而且是很反孔、反儒的，但是太平天国的官职中大量的称呼都是取自于所谓《周礼》，一直到下面部队的基层军官"两司马"等。❶ 太平天国是一个糅合各种东西的大杂烩。

因此我们可以说，像《周官》这样一部书，其实和礼没有什么关系。它本来就没有叫作《周礼》，是后来人们造出的，也许并不一定是全造，但起码后人附会成分很大，这一点是肯定的。但是自新莽以后，它不但被认为是"礼"，而且排在"三礼"之首，以至现在人们只要谈"礼"，

---

❶ 参阅盛巽昌：《太平天国职官志》，南宁：广西人民出版社，1999年。

就必谈《周礼》;所谓"礼学",也以《周礼》之学为核心。但"三礼"中,《周礼》确实与《仪礼》《礼记》差别非常大,后二者都有明显的周制色彩,《周礼》可谓是中央集权之"礼"。因此,从《司马法》到叔孙通,再到刘向、刘歆父子,是逐步"以法入礼"的阶段。

第三节 "周表秦里":由汉武帝到王莽

经过战国这样一个军国主义的时代,秦始皇统一六国,法家的强权登峰造极。然而秦的统一并不稳定,仅仅十几年以后,很快出现天下大乱的局面,秦便灭亡了。其实反秦的过程,很大程度上是周秦之变中的一次震荡反复,一种对冲。反秦是以诸侯并起的方式进行的,因此反秦以后,似乎出现了一种回到周制去的趋势。项羽当然表现最明显,他主张重建诸侯、恢复封建制,在取代楚义帝熊心成为诸侯共主后也没有称帝。但是"霸王"这个称呼❶明显有"霸道而王"的含义,也不是西周"王道"初衷,实际上只是回到战国。而战国时期兼并趋秦已是大势,项羽要重走一遍,也是改变不了这个趋势的。

项羽出身六国贵族,做事循规蹈矩,鸿门放走刘邦,鸿沟守约罢兵,战争中俘虏刘邦父亲妻儿几乎全家老小,却全部放回,连人质也不留一个。时人多称其有"妇人之仁"。甚至毛泽东也把项羽珍惜名誉作为他失败的首要教训("不可沽名学霸王")。作为周秦之变中"暴秦"的取代和继承者,他废弑义帝,诛杀子婴,多次屠城,新安杀降,包括并非史实却流言千古的"火烧阿房宫"之类事件,使他留下残暴之名。后人甚至以刘邦约法三章比项羽的残暴更得人心,作为汉胜楚败的一

---

❶ 《史记·项羽本纪》记载为"西楚霸王",《汉书·陈胜项籍传》记为"西楚伯王"。伯仲叔季,伯为诸侯之长。"霸道"而王,已非王道本义,伯霸通假,词义也介于周秦也。

种"政治正确"的解释。

但是考虑到这些都是胜方对失败对手的评价，后之中立者是不能全盘照搬的。综合来看，在胜利者书写的历史传统中，项羽应该是失败者当中形象最好的一个了。而刘邦则相反，在胜利后己方书写的历史中，尤其在"本朝人写本朝史"对开国皇帝的记载中，他的形象恐怕是有史以来最差的。他不仅少年"亡赖"，德不高望不重，连父亲都看不起他，而且从政不讲信义，不择手段。战败时为了自己快逃，竟然把妻儿推下马车；父亲被项羽俘虏，他竟然说你把我爹煮熟吃了，分我一杯羹吧。胜利后以"欲加之罪"，几乎把功臣杀戮一空；初时重用流氓无赖而令斯文扫地，后来提拔的"汉家儒宗"却是个"所事且十主，皆面谀取亲贵"的佞臣，其得宠只是因为搞了一套恐吓之法令群臣"震恐"，而使刘某感到了做皇帝的快活！谁为官清廉，他就猜疑其收揽人心、别有图谋，以至萧何不得不"假装贪污"来固宠……

我们固然很佩服以司马迁为代表的前汉史官还保留着"在齐太史简，在晋董狐笔"的周史遗风，能把这些都记录下来，但也相信太史公并非蓄意谋逆，在已是专制政治的当时，他不会把刘邦写得比实际更坏，也不会把项羽写得比实际更好——大概率而言他还是要对本朝"掩恶扬善"的，只是真话比后世史臣说得稍多罢了。

显然，无赖刘邦战胜贵族项羽不能解释为道德或正义的胜利，刘邦战胜项羽，本质上是更倾向于秦制的一方战胜了更倾向于周制的一方。从"识时务者为俊杰"的意义上讲，秦制就是比周制要强。

刘邦获胜以后，历史的钟摆又经历了重建中央集权的一个过程，到吕后时代基本上扫除了异姓王，只留下势力最弱小的长沙王吴芮，另外留下三个少数民族地区的闽越王无诸、南越王赵佗、南海王织。汉景帝时代通过平定七国之乱，把同姓王尾大不掉的问题也基本上解决了，虽然还保留有同姓王，但他们已是心有余力不足，没有实力造反了。最后到了汉武帝以后，"众建诸侯而少其力"，通过推恩令，诸

侯王势力进一步被削弱。❶

随着中央集权一步一步深化，出现了一个很有趣的现象：不仅汉承秦制，而且还有汉承秦法。现在我们对秦法的很多理解，都是从汉法中倒推出来的。比如我前面提到秦汉实行反宗法的法律，就是所谓的世家大族不许族居，人为强制打断血缘、拆散世家大族，这个法本来是汉代的法，但是我们推想秦大概已开始实行。因为大家知道，秦也是以反宗法来作为建立中央集权的一个条件。

但是在意识形态的表象符号体系上，汉代一直没有恢复《商君书》和《韩非子》所倡导的法家崇高地位。周的温情与商、韩赤裸裸的凶残反差太大，表里如一会大大增加统治风险。汉代人始终是法家那一套为里，作为实际的权力运行规则，但是他们讲的语言开始与行为剥离。一开始他们主要讲所谓的黄老之道，标榜无为，后来无为逐渐被有为取代。一般的说法是到了汉武帝时代，无为阶段便结束了。

因此，武帝时代对于汉的历史是一个很大的转折点。用司马迁的话讲，汉武帝以前中央政府是比较无为的，对国家的管理比较粗疏，汉初七十年间"开关梁，弛山泽之禁"❷，在经济上很宽松。但是我这里插一句，所谓在经济上很宽松，并不能理解为我们今天讲的使老百姓有了自由竞争的机会。其实所谓"宽松"，是指中央政府对地方诸侯而言，在对诸侯的控制上采取"无为化"，是站在诸侯角度所讲的消除紧张的"松弛感"，而不是站在百姓立场所讲的经济竞争的"自由度"。讲得简单一点，当时中央政府甚至连货币都不管，各地诸侯可以自己铸钱，在汉武帝以前，大量的货币都是那些境内有铜矿的诸侯铸出来的，包括半两，包括五铢。这当然就使得一些诸侯，比如吴楚七国之乱时候的吴楚两个诸侯，变得异常富有。为什么吴楚比较强？很重要的一点，它们能够铸钱，有盐铁之利。

---

❶ 《汉书》卷14《诸侯王表》，第395页；《汉书》卷48《贾谊传》，第2237页。
❷ 《史记》卷129《货殖列传》，第3261页。

以往有一种说法：法家主张国家管制，而儒家主张官不与民争利，持一种比较宽松的政策。的确也是这样，在早期儒家思想中，比较强调小共同体本位，并不强调大一统，甚至可以说是反对秦制大一统的。但是我们看到一个现象，尽管人们可以把儒家解释成反对秦制大一统，但是在西汉初年中央集权相对而言并不强的时候，所谓"无为"之际，时兴的并不是儒家学说，而是黄老学说。

到了汉武帝以后，中央集权逐渐强化，表现在很多方面。在政治方面，通过推恩令把同姓王的地位进一步削弱了，"众建诸侯而少其力"。汉武帝时代在经济上的集权和国家垄断，更是前所未有，与秦不分伯仲。汉武帝搞了盐铁官营，把当时天下最有利可图的两大行业给垄断起来了，一个是盐，一个是铁。大家知道即使是在自然经济时代，理论上讲民间可以男耕女织，很多东西可以自己生产。但是有两样东西，无论如何自然经济是不能自给自足的，那就是盐和铁。这两样东西是人们维持最低生活所离不开的。人们可以不穿绫罗绸缎，但是不能不吃盐。只要从事农业，就不能没有铁器。但不是人人家里都可以打出盐井，也不是每个人家里能够开铁矿炼铁。因此盐、铁这两项是必需的生活生产用品，再怎么自给自足也要去购买。

汉武帝时代盐铁官营，把盐铁给控制起来。还搞了上林三官五铢，把全国的货币给统一起来，规定诸侯不能铸钱，由中央统一在上林苑设立铸币厂，大量铸五铢钱。❶

上林三官五铢就是汉武帝之后铸造的五铢，以前的五铢不是中央政府铸造的，而是诸侯铸造的，叫郡国五铢。那种五铢特征鲜明，玩古钱的人一眼就能识别，与中央政府的铸币规格和质量不同。

后来到了王莽时代，铸币的工艺水平可以说是越来越高，然而铸出的币也越来越荒唐，简直是乱来，而且王莽后来垮台与此有一定关

---

❶ "于是悉禁郡国无铸钱，专令上林三官铸。"见《史记》卷30《平准书》，第1434页。

西汉五铢钱范（诸城市博物馆藏）

系。王莽时代的货币称得上空前绝后，其成色、工艺乃至钱文书法都是第一流的。比如金错刀，此币是铜币，但是上面的字，即"一刀平五千"中的"一刀"两个字，是用黄金锉上去的，所以叫"金错刀"。这个工艺后来失传了，历代伪币制造者都想仿造，却很难仿造出来，因为它的工艺的确很复杂。现在潘家园古货市场上动辄就能拿出来几十枚伪造的金错刀，只能算是形似，工艺差远了。

到了汉以后，货币的铸造量与流通量一下子就跌落了。魏晋南北朝时期，一直是一个不怎么用货币的时期，直到唐朝才开始大规模铸开元通宝。中国曾经在很长一个时期一直使用汉五铢，魏晋南北朝时期都是这样，当然有的时候也铸新钱，但是钱币质量很不怎么样，也流传不久。所以说汉以前的自由和现在的自由不同。现在哪怕经济再自由，货币还是要统一的。如果货币谁想印就印，自由交易怎么进行呢？诸侯国不用干别的，光铸钱就可以了。其实也用不着国家禁，自己印的货币本来就没有信用，只有国家主权才能建立信用。

五铢钱　　　　　　　　金错刀

汉武帝时期还推行了很多举措，比如"均输平准"。所谓"平准"，就是国家调节物价：国家建立一个储备库，什么东西贵了就抛出来，什么东西便宜了就收进去，用这样的办法稳定市场，控制物价。所谓"均输"，就是国家对各地方上交的特产进行统一安排，规定某个地方特产桑麻，比如这个地方可以养蚕，就征收布帛；由国家统一征收、统一分配，类似后世的"统购统销"，建立一套国营的流通体制。[1]

"算缗告缗"更是对民间经济的一种管制、控制乃至抑制。什么叫"算缗"？实际上就是对老百姓征收财产税。穷人不会有太多财产，所谓对老百姓征收财产税，主要是针对民间富人，即针对"个体户""民营企业家"等等的"薅羊毛"行为。有权有势的、皇亲国戚"官二代"以及狗腿子有各种优免，是不会征的。汉武帝时代在原来"訾算"（财产税）的基础上扩大了征税范围（有"算商车""算缗钱""算马牛羊"等），用民间富裕阶层补财政窟窿。[2]

---

[1] 《史记》卷30《平准书》，第1441页。
[2] 林甘泉主编：《中国经济通史·秦汉经济卷》下册，北京：经济日报出版社，1999年，第668页。

当时肯定有很多人不交,谁会主动让国家"放血"呢?怎么办?汉武帝就采纳了杨可的建议:发动大家检举。一旦经过检举,国家发现某人尤其是没有官宦背景的平民富人有那么多财产,而不交财产税,就可以强行没收财产,而且拿出其中一部分奖赏给检举的人以兹鼓励。秦就有这种规定,并且夫妻之间互相检举都有奖励的,只不过我们不知道秦代的奖励检举是不是涉及财产税。但现在根据新出土文献岳麓秦简,可以证明秦代就有财产税即"訾税",而且征收力度不小。❶

到了汉武帝,这种秦税就青出于蓝而胜于蓝了,即所谓"杨可告缗"。《史记·平准书》中记载:"杨可告缗遍天下,中家以上大抵皆遇告。"大家互相告密,搞得凡是中等财产以上的人家都破产了,可见这股告密风刮的有多邪火,波及面有多大。❷

这个趋势到了汉武帝后期虽有所放缓,但还是波浪式地在不断强化。到了王莽时代发展到极端,开始搞"五均六筦,王田私属"。所谓"五均六筦",用现在的话讲就是对全国工商业进行国家垄断,在五个大城市设立国家统购统销的部门,然后进行六种管制(盐、铁、酒、采矿铸钱、山林特产和借贷业,全部由朝廷垄断,比汉武帝时的盐铁官营还极端)。"王田私属"则是宣布天下所有的土地都是国有的,不准买卖;奴婢不叫奴婢,叫私属,但这个私属也是由国家管制的。某种程度上就是发动一场运动,让奴隶国有化、土地国有化、商业国有化齐头并进。

要说搞国有化,认真点搞也罢了,偏偏王莽的特点是一拍脑袋就热,想起一出是一出,治国如同儿戏,折腾老百姓当耍猴。国有化了以后尽瞎胡闹,尤其是他的货币政策真把当时的人民给坑苦了。王莽

---

❶ 朱德贵、庄小霞:《岳麓秦简所见"訾税"问题新证》,载《中国经济史研究》2016年第4期;凌文超:《秦"訾税"平议》,载《简帛研究》2018年第2期;贾丽英:《秦汉至三国吴的"訾税"变迁》,载《历史研究》2019年第2期。

❷ 《史记》卷30《平准书》,第1435页。

执政期间搞了四次比较大规模的货币改革，不断地花样翻新，先是改铸大钱，后又改铸小钱，再后来实行品差不等的"宝货"，金、银、铜、龟、贝都作为货币材料，最后又罢大小钱，更行货布，把货币系统搞得异常复杂。他对周制很迷信，搞了一个"周官"，又要恢复秦统一以前各种各样的货币，什么布币、刀币之类的东西，但前提都是中央政府发行，用于敲诈地方、搜刮老百姓，也就是实际上的秦制极端化。

这种表面上"尊周"而实际上厉行秦制的"周表秦里"把汉武帝时期的"儒表法里"给大大地升级了。"周表秦里"其实就是捆住老百姓的手脚。皇上新瓶装旧酒，还喜不自胜、自认为高明，结果搞得货币市场极其混乱，以至后来造成一场人为的通货膨胀。❶ 当然，如果现在谁在货币收藏界有这些玩意儿，倒是奇货可居了。

市场、货币政策之外，在土地问题上王莽的"周表秦里"尤其突出。王莽推崇传说中的西周井田制，并把当时的一切灾难都归咎于井田制破坏以后地主阶级的土地兼并。新莽建国伊始，王莽下诏他的治国纲领曰：

> 古者设庐井八家，一夫一妇田百亩，什一而税，则国给民富而颂声作。此唐虞之道，三代所遵行也。秦为无道，厚赋税以自供奉，罢民力以极欲，坏圣制，废井田，是以兼并起，贪鄙生：强者规田以千数，弱者曾无立锥之居；又置奴婢之市，与牛马同栏，制于民臣，专断其命，奸虐之人，因缘为利，至略卖人妻子，逆天心，悖人伦，缪于"天地之性人为贵"之义。……汉氏减轻田租，三十而税一，常有更赋：罢癃咸出，而豪民侵陵，分田劫假；厥名三十税一，实什税五也。父子夫妇终年耕芸，所得不足以自存，故富者犬马余菽粟，……贫者不厌糟糠。……今更名天下田曰王田，

---

❶ 《汉书》卷24《食货志下》，第1177—1185页；《汉书》卷99中、卷99下《王莽传》，第4099—4194页。

奴婢曰私属，皆不得卖买。其男口不盈八而田过一井者，分余田予九族邻里乡党。故无田，今当受田者，如制度。敢有非井田圣制，无法惑众者，投诸四裔，以御魑魅。❶

王莽说：当年西周实行井田制，土地国有，国泰民安。到秦就败坏了，不仅横征暴敛，而且废除了井田，土地私有可以买卖，导致土地兼并，两极分化，富人田连阡陌，穷人无地立锥。而且私人买卖奴隶，非常不人道！到了汉代，说是减轻田税，但人头税不减，只便宜了富人，他们出租土地，国家只收三十分之一的土地税，他们的地租却拿走收成的一半，简直是强盗！怪不得农民辛勤劳动却不得温饱，富人的犬马都比农民吃得好，这怎么得了？所以我要恢复井田制，把天下土地和奴隶都收归国有，不准私人买卖。富人多余的土地必须分给穷人，无地农民由国家分配土地。有谁敢攻击土地国有制，严惩不贷！

这不简直就是打土豪、分田地吗？乍看起来，如此彻底的土地革命纲领，简直进步得不得了！过去我们都说历代农民起义是反抗地主阶级剥削，而"封建王朝"则维护地主镇压农民。可是从陈胜吴广到太平天国，连同小说里的"农民起义"如水浒好汉们，哪个提出过如此鲜明的"革命纲领"？我们过去认为的"农民领袖"们，除了针对朝廷（而非地主）的"不纳粮""无向辽东浪死"和泛泛的"均贫富"、谋"太平"，以及"王侯将相宁有种乎""杀到东京夺了鸟位"外，哪一个像王莽那样明确地谴责私人地主，控诉土地兼并和地租收取？哪一个提出过如此接近于"打土豪、分田地"的主张？不要说分田地，所有这些"农民领袖"们连减租减息都没有提出过呀！

然而正是这个王莽，这样的主张一出台，便天下大乱。从绿林、赤眉那样的贫苦农民，到刘秀那样的豪强地主，纷纷揭竿而起。结果是地主和农民这对"阶级敌人"联手推翻了新莽政权，王莽惨死于一

---

❶ 《汉书》卷99中《王莽传中》，第4110—4111页。

个长安商人之手,而被王莽"代表农民"如此血泪控诉的刘家,似乎反而变成民心所向,刘玄、刘盆子和刘秀接连被拥戴为帝。

这是怎么回事?历来的论新莽者,无论是斥责其"篡逆"的正统史家,抨击其"复辟倒退"的郭沫若学派,还是首开称赞王莽、"替他说公平话"先河的胡适❶,都不能解释这么大的反差。

其实在我看来,这没什么难理解的。王莽改制根本不是什么复辟周制,更不是什么"社会主义",甚至不是对他所抨击的西汉弊政的任何改变或缓解。他只是变本加厉,把汉武帝以来的秦制强化趋势进一步推向极端,从"儒表法里"发展到"周表秦里",结果就像秦末一样惹出大祸,如此而已。

王莽除了一大堆名词(以及货币的外形)外,对周制有一丝一毫的模仿吗?当然没有。他没有实行层层分封,而是进一步中央集权。没有实行货币与市场的分散,而是"五均六筦"控制得更紧。就在他上述最出名的"王田私属"诏中,也不是以恢复周制,而是以强化秦制为宣言。

王莽讲的"井田"不是周制,而是极端的秦制。我们前文已经论述,所谓周代的井田制,其实是既非国有,也非私有,而是小共同体的田制。秦制才是真正的国家土地垄断和管制的极端化,同时利用"鸟笼中的'私有'"来瓦解小共同体。而王莽的"王田"名义上是恢复井田,实际上更加强化了秦"田律"式的土地管制,甚至连秦时为瓦解小共同体而有所利用的、国家严控下的民间交易都禁止,民更加无所措手足了。这其实并不奇怪,先以国家暴力强推"小私有"来消灭"族庙公产",然后顺势取消"小私有"而归于"一大二公",这种事我们难道没见过

---

❶ 胡适:《王莽——一千九百年前的一个社会主义者》,载《读书杂志》第1期,1922年9月3日:"可怜这样一个勤勤恳恳,生性'不能无为',要'均众庶,抑并兼'的人,到末了竟死在渐台上,他的头被一个商人杜吴斫去,尸首被军人分裂,'支节肌骨脔分'!而二千年来,竟没有人替他说一句公平的话!"

吗？至于"田连阡陌"的大地产，古今中外都是凭政治抢夺圈占，而非"民间自由买卖"形成，王莽进一步强化秦制，不是更加恶化了这一灾难吗？

秦汉私有奴婢的买卖，确实是周制小共同体瓦解后才流行起来的弊病。但是秦制最可怕的还是"国有奴隶"的泛滥成灾。秦时广泛使用刑徒、罪隶、"收孥"、"居赀"为苦役，造成多少惨剧，至今仍有骊山等地大片的刑徒墓地和流传千古的孟姜女传说为证，也是直接造成秦末民变的原因。其实笔者曾指出，私有奴隶受虐待的程度受到奴价影响，奴价昂贵时奴隶主是不会随意挥霍自己的"财产"的。但是"产权不明晰"的国有奴隶（尤其是连做奴隶资格都没有的国有俘虏，如殷、秦乃至印加帝国人殉的那些牺牲品）没有这个限制，国有奴隶监工（有时本身就是奴隶）不像私人奴隶主那样爱惜自己的"财产"，古今中外都是大概率现象。古希腊最悲惨的不是私人奴隶，而是斯巴达城邦的黑劳士和雅典"国营"劳里昂银矿里的奴隶，而近世的古拉格更是例证，那里的苦难岂是美国内战前南方种植园可比的？而王莽并不解放奴隶，只是把私人奴隶没收为国家奴隶，这不是加剧了奴隶制、也加剧了秦制的危害吗？把"大观园"变成"古拉格"，结果激变天下，有何难以理解？

总而言之，西汉在汉武帝以前管理比较粗放，到了汉武帝以后就越管越严密，无穷尽地变着法儿出台新政策，越来越变成一种极端化的国家统制经济，从盐铁官营、均输平准、算缗告缗，一直发展到王莽时代的五均六筦、王田私属，把汉承秦制发展到了极端。但搞笑的是，这一切却是在"尊儒""从周"的名义下干的！

从汉武帝到王莽，看起来可以说越来越尊儒，汉武帝要"罢黜百家，独尊儒术"，到了王莽时代，不仅尊儒而且尊周，什么东西都要遵循周的说法，所有的官名都改成周的名称，很多制度名目都恢复周制的称呼，也就是说把儒家这套"推崇"到了极端。王莽时代，不仅嘴里讲的是儒家，而且声称要讲"原教旨主义"的儒家，讲到孔孟还不够，还要讲到西周，当时经常讲周公。所以，汉代经学中就有了一个争论：

儒家究竟是孔子的儒家还是周公的儒家？原来人们都说，孔子是儒家的教主；到了王莽时代，一批古文经学家却开始说，不对，孔子只不过是一个很有作为的传教士而已，真正的教主是周公。于是，儒教到底是孔子最伟大还是周公最伟大，便成了一个今古文之争很重要的话题。

古文经学"尊周不尊孔，传经不传道"，我曾指出它的实质是"尊官不尊士，从君不从道"。孔子"从周"，是想恢复周制；而王莽、刘歆"从周"，却是要推行"周官"。阎步克先生曾把从周制到秦制的变化称为"从爵本位到官本位"❶，而《周官》恰如其名，完全没有周制爵本位特征，而是典型的秦制"官本位"之书。

《周官》一书传说得自壁间，藏入内府，此前没人见过。刘歆突然抛出来，说是治国纲领（致太平之书），改称《周礼》，列入官学，要求天下传习之。《周礼》是不是完全意义上的"伪书"姑置不论，但它描绘的不是周制而是一种超级"秦制"却无可怀疑。连认可"周礼"非伪的朱熹也感叹，该书把专制"做得缜密，真个盛水不漏！"并不无嘲讽地说："禁治虾蟆，已专设一官，岂不酷耶！"❷我们且看这个"周官"的法网"缜密"到何等地步。

所谓"周礼六官"是个庞大的中央集权官僚体系。其中天官冢宰即后之吏部，有属官六十三；地官司徒即后之户部，有属官七十八；春官宗伯即后之礼部，有属官七十；夏官司马即后之兵部，有属官六十九；秋官司寇即后之刑部，有属官六十六；冬官司空即后之工部，"在汉代发现时已缺"，取《考工记》抵充，有属官三十，不及以上五官各自之半，一般认为是内容残缺。

且不论冬官的残缺，统共此中央六部有记录者，旧时常约言共有官三百六十，实数为三百七十六，每一官署皆有不少属员，实际上是376个"司局级单位"。其中有些"大衙门"编制惊人，例如天官冢宰

---

❶ 阎步克：《从爵本位到官本位》，北京：生活·读书·新知三联书店，2009年。
❷ 《朱子语类·礼三》。

下辖的"渔人"衙门编制有"中士二人，下士四人；府二人，史四人，胥三十人，徒三百人"，共计342人；"酒人"衙门有"奄十人，女酒三十人，奚三百人"，共计340人。地官司徒下辖"牛人"，编制为："中士二人，下士四人；府二人，史四人，胥二十人，徒二百人"，共计232人。……余如秋官司寇下辖"司隶"，编制有249人。春官宗伯下辖的"墓大夫"编制236人。而同为春官所属的"大师"，更是个编制650人之多的大衙门："下大夫二人。小师，上士四人。瞽矇，上瞽四十人，中瞽百人，下瞽百有六十人。视瞭，三百人，府四人，史八人，胥十有二人，徒百有二十人。"还有夏官司马中的"大司马"，编制为"卿一人。小司马，中大夫二人。军司马，下大夫四人。舆司马，上士八人。行司马，中士十有六人，旅下士三十有二人。府六人，史十有六人，胥三十有二人，徒三百有二十人"，也是437人的大衙门。

这些已经够惊人的了，而更有些"司局级单位"还面向全国各地撒网，编制了无数的"基层干部"。如地官司徒下辖的"乡老"，掌管农村，"二乡则公一人。乡大夫，每乡卿一人。州长，每州中大夫一人。党正，每党下大夫一人。族师，每族上士一人。闾胥，每闾中士一人。比长，五家下士一人"。好家伙，五家就设一干部，简直比改革前的人民公社还多！

城里则有"遂大夫"，掌管"每遂中大夫一人。县正，每县下大夫一人。鄙师，每鄙上士一人。酂长，每酂中士一人。里宰，每里下士一人。邻长，五家则一人"，这也比如今的居委会还多了。

还有管理市场的"胥师"，"二十肆则一人，皆二史。贾师，二十肆则一人，皆二史。司虣十肆则一人。司稽，五肆则一人。胥，二肆则一人。肆长，每肆则一人"。市场管制如此严格，让人叹为观止！其实这不就是王莽当时搞的"五均六筦"吗？

更惊人的是，连"山林川泽"也遍设官吏：

山虞：每大山中士四人，下士八人；府二人，史四人，胥八人，

第三章　法道互补："儒表法里"之下的强权与犬儒　229

徒八十人。中山下士六人；史二人，胥六人，徒六十人。小山下士二人；史一人，徒二十人。

林衡：每大林麓下士十有二人；史四人，胥十有二人，徒百有二十人。中林麓如中山之虞。小林麓如小山之虞。

川衡：每大川下士十有二人；史四人，胥十有二人，徒百有二十人。中川下士六人；史二人，胥六人，徒六十人。小川下士二人；史一人，徒二十人。

泽虞：每大泽大薮中士四人，下士八人；府二人，史四人，胥八人，徒八十人。中泽中薮如中川之衡。小泽小薮如小川之衡。❶

以上这四个衙门尤其可以凸显《周官》的秦制性质。秦制不仅有严格的《田律》，而且有"山林川泽之禁"，这是史有明载的。司马迁说："汉兴，……弛山泽之禁，是以富商大贾周流天下，交易之物莫不通"，❷即汉初一度松弛了秦制对山川的管制。叔孙通以"儒宗""皆袭秦故"，也暂未恢复。到了言必称周公、行必超秦皇的王莽，才变本加厉，"五均六筦"管到了山岭沟谷、江河湖海、一草一木、鸟兽虫鱼，无所不包。什么叫"任是深山更深处，也应无计避征徭"，什么叫"天高皇帝远，民少相公多"，看看《周官》便可领教。

前人说《周礼》设计的中央六部，官员"合计数万人"，看来只少不多。"封建"而非帝制的西周，能有如此规模的官僚机器吗？"不籍千亩""民不可料"的周制需要如此庞大的中央机关吗？当然不可能。不要说在"八百诸侯"层层分封的"天下"不可能有，就是在周天子直辖领地的"太原"和"王畿千亩"，西周时也不可能建立这样的"官本位"体制。

其实宋儒早就质疑，像《周礼》如此"官多田少"，社会怎么负担

---

❶ 《周礼·地官司徒》。
❷ 《史记》卷129《货殖列传》，第3261页。

得起？后来有人说，诸如族师、闾胥、比长这类基层干部，是自耕自养的，国家不负担。这是越说越像人民公社时代的大小队干部了。其实从宋朝起，秦制的基层管制就日益实现从"乡官（乡吏）"到"职役"的转变，小民不但要为朝廷出粮出力，还要为朝廷无偿当差办事。❶"职役"的沉重负担，有时甚至不亚于钱粮和力役。皇权不仅下了县、下了乡、下及编户丁口，而且延伸到"任是深山更深处"，皇责却小到不仅百姓饥荒不救济，却反问"何不食肉糜"，❷甚至连自己的爪牙都可以不给报酬而抓人当差！但这还都是秦制在后世变本加厉的事，需要一些相关的制度支持。不但西周不可能这样，秦汉时代似乎也还是以乡吏为主的。❸王莽如果当时就要推行职役，激起民变就更加理所当然，一点也不奇怪了。

总而言之，西汉后期国家垄断、中央集权对社会的强控制越走越极端，文化领域的"复周"以及制度层面的秦制强化互相拉扯，终于到王莽时代重复了秦末的那样一场大乱。其实二千多年来这种周而复始不知重复了多少次，所不同的是外包装的语言不停变换。

如果说中国在秦以后有一个儒表法里的状态，由汉武帝到王莽，我们可以说是很典型的周表秦里的过程。表面上说的是周礼，实际上搞的是秦制，而且两者都越来越极端。一方面独尊儒术，实际上是为强化秦制来造舆论，用的符号却是儒家的；另一方面，无论是在经济上、政治上、文化上，都实行强控制。

因此，如果仅就西汉一朝的历史看，从字面上看，似乎儒家倒是代表着统制经济的。关于这一点，我觉得有点像表象的"儒法换位"，因

---

❶ 参见梁方仲：《明代粮长制度》，上海：上海人民出版社，2001年。

❷ 这是关于晋惠帝的著名故事，人们一般都以此抨击他的白痴。但实际上，这个典故更能说明的是，皇权无限大的同时，皇责却无限小。朝廷如果救灾，那就是皇恩浩荡，草民必须感激涕零；如果不救，百姓只有束手饿毙，没有任何问责皇上的可能。

❸ 秦晖：《传统十论——本土社会的制度、文化及其变革》，第1—34页。

为以往传统经济思想史学者都认为,法家是主张经济管制的,儒家是主张宽松的。一直到了20世纪七八十年代,还有很多学者在讲所谓经济上的儒法斗争。台湾学者侯家驹先生曾写过两本书,一本叫作《先秦儒家自由经济思想》,一本叫《先秦法家统制经济思想》。❶那时候中国大陆正好在搞批儒弘法运动,大捧秦始皇,大贬孔夫子。同时统制经济也越管越紧,好像统制经济就是法家搞的。可是从西汉这一朝的历史看,好像恰恰相反,为什么会与人们的感觉拧巴着来呢?恰恰在于"儒表法里"的缘故,因为这个"儒"已经不是原来的儒了,也就是索绪尔说的,符号没有变,而"能指"所表达的"所指"已经不是原来的了。

经过叔孙通以"儒宗制礼"而"大抵皆袭秦故",经过汉景帝处理"辕黄之争"而禁言"受命放杀",经过董仲舒放弃革命、接受三纲,经过刘向、刘歆用《周官》来改造"周礼",经过这一切慢慢地偷天换日,后来的儒已经和以前完全不一样了。汉武帝以后,中央集权"独尊"是真的,但是"儒术"和孔孟时代有了很大区别。而且落脚点在"独尊"上。其实任何话语没有了"百家争鸣",只剩下"独尊"就已经变味了。所以,独尊是里,儒术是表,文化上的"罢黜百家"和经济上的"利出一孔"❷成为互相协调的东西。文化上的"罢黜百家"是经济上"利出一孔"的最好注脚。事实上,文化专制不管以什么样的意识形态为符号,不管"独尊"的是儒术还是别的什么术,只要"独尊",从根本上说就是与经济自由不相容的。焚书坑儒的秦朝和独尊儒术的西汉(尤其是独尊"周礼"的新莽)虽然口头上意识形态大相径庭,但做法和目的却殊途同归。

新莽的灭亡也是一个很有意思的故事。东汉及其以后的史家通常讲王莽是一个"篡汉夺权"的野心家,违背了刘氏的正统,天下老百姓只知道刘氏应该当皇帝,他篡夺了刘氏的皇位,因此大家都骂他。

---

❶ 侯家驹:《先秦儒家自由经济思想》,台北:联经出版事业公司,1983年;侯家驹:《先秦法家统制经济思想》,台北:联经出版事业公司,1983年。

❷ 《商君书·弱民》。

从刘氏宗室一直到像绿林、赤眉那样的老百姓都群起造反，把他推翻了。可是天下人果然认定了只有姓刘的人才能当皇帝吗？如果真是这样，汉朝为什么不一直延续到现在呢？中国历史上改朝换代不知倒过多少遍手了。赵家、朱家谁不说自己的"家天下"有血统合法性加持，不也照样灰飞烟灭了吗？

其实恰恰在这一点上，王莽和其他人不一样，王莽虽然是篡汉夺权（用旧史学观点来看是这样的），但是王莽和历史上无数乱臣贼子相比，有一点是大家公认的，就是王莽曾经德高望重，非常得人心，即使到了后来身败名裂，仍有很多文献记载了他先前的"感人事迹"。据说王莽一直律己甚严，生活很俭朴，而且礼贤下士，尊师重道，对儒生不错。尤其是执政公平，几个儿子犯了罪，他也不徇私枉法，而是一律严惩。更有名的是王莽针对当时西汉的社会积弊，批评的方向似乎与董仲舒等所谓大儒一致，但看起来更尖锐、更深刻也更严厉。即便后来身败名裂，这些话却被详加记载，作为"政治正确"言论流传至今，并且被频繁引用。

总之，王莽夺权时应该是深得民心的。其"合法性资源"至少不亚于后来的魏代汉禅、晋代魏禅，乃至同为外戚的隋代周禅，以及禅代后延续最久、最成功的赵宋代周。因此后人白居易写了一首诗《放言》，其中道："周公恐惧流言日，王莽谦恭未篡时。向使当初身便死，一生真伪复谁知。"说这个王莽当年是很有号召力、很得人心的，曾被寄予厚望，后来才发现他原来是篡汉夺权的野心家。但曹丕、司马昭、杨坚、赵匡胤同样篡权上位，他们原来的"贤名"还远不如王莽，为什么却成功了呢？

所以，所谓谦恭的虚伪，所谓臣民正统观念不接受篡位，都不能解释王莽的失败。实际上如前所述，后来起兵反王莽的所谓刘氏宗室，都不是西汉时真正有地位的刘姓贵族。刘盆子、刘秀，乃至刘秀的哥哥，以及更始帝虽然都姓刘，其实"盆子贫贱光武富，终究布衣素封徒"，不过是财产多少不等的平民而已。社会对他们这些没有贵族身份的"刘十代""刘八代"原本能有多少尊重？东西汉和东西晋等等不一样。东西晋、南北宋都可以说是前一个王朝偏安的结果，晋元帝、宋高宗就是前一个皇帝的儿子，包括南明和北元也一样。但东汉和西汉基本上是两个王朝，前朝声望对刘秀能够拱倒王莽，其实没什么太大作用。

还有一种流行说法，认为王莽是书生治国的失败之例。说他是儒家原教旨主义者，一切根据儒家教条行事，不切实际，所以失败。其实，"王莽谦恭未篡时"就说明他老奸巨猾，如果真是书呆子，他怎可能在"元、成、哀、平"时期黑暗的宫廷政治中一路崛起，积累如此声望？当然，成为"至尊"后就进入"信息茧房"，容易做出不切实际的蠢事，这也只能说与专制有关，与是否"书生"无关。正如说出"何不食肉糜"的晋惠帝，没人说他是书生治国一样。

至于说到王莽尊奉"原教旨"，其实王莽看重的古文经学"尊周不尊孔，传经不传道"，对其他儒家经典并不特别提倡。王莽真正推崇的不就是《周官》吗？这本来历不明的书就算文句不尽作伪，本来也几无影响，并没有经典地位。正是在王莽得势时，刘歆等人希意承旨拿出定本，改"官"为"礼"，奉为圣典，尊入学官，天下传习。所以与其说是"原教旨"造就了王莽政治，不如说王莽造就了"原教旨"（虽然未必伪造全文）。《周官》本来就是王莽为强化秦制而推出的，说他为其"教条"所误，乃倒果为因，不足为训。

其实，王莽后来闹到众叛亲离，原因没那么复杂，主要就是他执政以后采取的众多倒行逆施的政策造成的。王莽推行的那些政策，老实说和秦统一以后做的事情很类似，都是一通极端法家化的操作。他自恃甚高，不听劝也无人敢劝，最后自己走火入魔到"上了房顶下不来"的地步，把社会上各阶层都折腾得受不了。❶当然，王莽时代还要考虑

---

❶ 关于王莽为人及其新政，可参阅钱穆：《秦汉史》，北京：生活·读书·新知三联书店，2004年，第301—328页；吕思勉：《秦汉史》，上海：上海古籍出版社，2005年，第174—202页。

一个因素，就是历代大乱中经常有的——气候异常，出现大灾荒。❶ 这也是激起民变的一个原因。但是不能说"王莽谦恭未篡时"。大家都觉得他很伟大，但就是不允许他篡，一旦他篡上台，大家就觉得他血统不正，群起造反了，不是这样的。实际上是由于王莽那套极端的法家化的管制政策，导致新莽成为和暴秦一样很短暂的统一时代。

新莽虽然短暂，但遗留下来的很多东西对东汉还是有很多影响的，就像秦很短暂却对西汉影响很大一样。中国历史上几个比较短暂的王朝：秦、新莽、隋、元，虽然很短暂，但在历史上仍有相当重要的地位。下面我们谈到"汉魏之变"时还会提到这一点。

总之，西汉前期，经过秦末焚书以后长达近一百年的思想变化，尤其是儒、法、道三家关系比较复杂的演进，到了汉武帝时代基本上实现了所谓的"儒表法里"，或者说以法家思想改造后的儒家作为这个王朝的一种意识形态语言。在这个过程中，实现了在儒家框架下法家的专制主义和道家的犬儒主义的一种结合，即在儒表之下的法道互补。法和道于是成为以后中国人谈论问题时的两种角度。概括成一句话，就是"有为"之儒变成"法儒"，而"无为"之儒变成"道儒"。以后很多争论都可以纳入"法儒"和"道儒"争论的轨道里。虽然援引早期儒家道统的成分并不是没有，但已经被淹没在这种二元张力的结构之下。❷

---

❶ 关于两汉之际气候变化的研究，可参阅竺可桢：《中国近五千年来气候变迁的初步研究》，载《考古学报》1972年第1期；王子今：《秦汉时期气候变迁的历史学考察》，载《历史研究》1995年第2期。关于气候变迁与王朝兴替之间关系的研究，可参阅：布雷特·辛斯基著、蓝勇等译：《气候变迁和中国历史》，载《中国历史地理论丛》2003年第2期；陈强：《气候冲击、王朝周期与游牧民族的征服》，载《经济学（季刊）》2015年第1期；俞炜华、董新兴、雷鸣：《气候变迁与战争、王朝兴衰更迭——基于中国数据的统计与计量文献述评》，载《东岳论丛》2015年第9期；孙程九、张勤勤：《气候变迁、政府能力与王朝兴衰——基于中国两千年来历史经验的实证研究》，载《经济学（季刊）》2019年第1期。

❷ 详阅秦晖：《传统十论——本土社会的制度、文化及其变革》，第139—205页。

第四章

盐铁论战:
帝国经济中的"干预"与"放任"

我前面提到西汉出现了一个耐人琢磨的现象，就是从汉武帝到王莽，国家管制的比重越来越大，从盐铁官营一直到王田私属、五均六筦，秦制的色彩越来越浓。但另一方面，却表现得越来越崇儒，发展到王莽呈现出"周表秦里"的时代特色，字面意义和实际内容成了两张皮，"官儒""国儒"脱离"古儒""真儒"，成为国家的御用工具。

在这个过程中，社会思想论争也发生了一些变化，这里我们不是讲哲学，而是强调思想论争与社会变迁有关的部分。就像我和美术学院的人谈道家，因为立足点不同，肯定有很大的区别。在当时，与社会变迁密切相关的论争有一个非常集中的表现，就是汉昭帝时召开的"盐铁会议"。

桓宽写了一本《盐铁论》，用我们今天的话讲，内容就是"盐铁会议"的记录，当然这个会议记录是经过修饰的。❶《盐铁论》典型反映了当时思想领域的分歧和社会现实之间的互动。"盐铁论战"从表面上看，是关于国家经济政策应该是"有为"还是"无为"的讨论。汉武帝时把弦绷得很紧，施行高强度的国家有为政策，包括盐铁官营、均输平准、算缗告缗等。这些汉武帝制定的政策带有很浓的军事先行的色彩，理论上讲他这样做是为了打匈奴，就和秦始皇扫平六国要打仗一样，但也有人说是以打匈奴为名在穷奢极欲，扩张自己的利益。

汉武帝的这些做法一方面引起了非常强烈的不满，一方面也导致国力极大虚耗。汉武帝晚年，社会状况很不好，可以说民变四起，按了葫芦瓢起来，朝内也闹得剑拔弩张、沸沸扬扬，汉武帝的强硬政策还导致宫廷斗争加剧。汉武帝末期曾经发生过一些听起来不可思议的

---

❶ 盐铁之议召开于汉昭帝始元六年（前81），桓宽于汉宣帝时整理成册，即《盐铁论》，见《汉书》卷66《公孙刘田王杨蔡陈郑传》，第2886、2903页。

事情，比如"巫蛊之变"，太子被杀，汉武帝自己也给闹得心焦焦，惶惶不可终日。因此到了生命快结束的时候，汉武帝觉得再这样搞下去恐怕酿出乱子来，就在临死时发布了一个"罪己诏"。这是中国传统皇权政治里看起来有点好玩的一个事。历史上有些刚愎自用的皇帝在迫不得已时是会认错的，会发表一个罪己诏，说造成这样的局面是我的责任，"万方有罪，罪在朕躬"，皇帝出来承担责任，而且表示要改弦易辙。

当然，汉武帝究竟有没有发布过"轮台诏"，轮台诏是不是"罪己诏"，此后汉朝的政策是否因此立即改变，都是有争议的，近年来争议更激烈。❶ 不过可以确定的是，"崇周仇秦"的古儒传统对秦制的不满和抗拒，并没有因叔孙通、汉武帝和王莽对儒家一波又一波的思想改造，以及儒表法里、周表秦里的一次次实践而消失。无论武帝是真的"罪己"了，还是后世儒家借修史强加给他一个"罪己"，也无论武帝末年是否改弦易辙，"秦皇"与"汉武"的盖世武功和暴君形象都一直在流传，秦制的极端强化也一次次受到抵制。即便武帝不愿改弦易辙，他死后的所谓"昭宣中兴"也确实是秦制强化进程中的一个转折。有趣的是，中国历来所谓的中兴，都是王朝衰乱后的复苏，从传说中夏朝的"少康中兴"、周之"平王中兴"、汉之"光武中兴"（正统史观之言，实际上是东汉初创），直到清代的"同治中兴"无不如此。只有汉武帝末年，尽管民怨沸腾、民变频仍、乱象丛生、清议四起，却正是王朝开疆拓土、武功鼎盛之际，昭宣中兴反倒是武功收缩时期，所以"昭宣中兴"这个说法其实是从价值观上对汉武帝所作所为的一个否定。

汉武帝去世以后，汉昭帝即位时还是一个八岁的小孩。那个时候汉武帝已经快不行了，一方面急忙立幼子为太子，另一方面把他的生

---

❶ 参见辛德勇：《制造汉武帝：由汉武帝晚年政治形象的塑造看〈资治通鉴〉的历史构建》，北京：生活·读书·新知三联书店，2015年。

母给杀掉,说是"主少母壮"便会淫乱自恣,于是"立子杀母",把钩弋夫人给赐死了,以防皇帝太小出现母后干政的事。汉武帝随后就死了,刘弗陵继位,因为母后被铲除,不存在后党干政的问题,但皇帝太小,不可能亲政,因此当时有顾命大臣霍光、金日磾、桑弘羊等人,由大将军霍光辅政。❶

霍光上台以后改变了汉武帝的一些做法,其实就是所谓"文武之道,一张一弛",汉武帝这一朝搞得太过头,老百姓都受不了。在中国传统政治中,任何斗争都搀杂着个人权力的色彩,不完全是思想斗争。霍光要推行他自己的那一套,实际上也是要扩张霍氏一门的权势,当然会得罪一些人。当时与他对立的一个很重要的人是御史大夫桑弘羊,此人是汉武帝社会经济管制政策的主要执行者。所谓御史大夫,就是最高的监察长官;御史本是言官,但那时候的御史大夫比所谓言官权力大得多,是副丞相,掌握实权。

在汉武帝身后,桑弘羊与霍光产生了很严重的矛盾,这个矛盾看起来带有很重的权力争夺色彩。❷ 后来的史实表明,尽管通过盐铁论战斗争了桑弘羊,贤良文学受到了霍光的支持❸,但实际上在桑弘羊消失以后的很长一段时间,汉代政策虽有松弛,但总的来看并没有按照贤良文学的主张演进,直到"元、成、哀、平"时期,还延续了汉武帝以来国家管制不断强化的大趋势。❹ 不过话说回来,霍光对先帝政策的

---

❶ 《汉书》卷6《武帝纪》、卷7《昭帝纪》、卷66《田千秋传》,第208—212、217—218、2886页。
❷ 《汉书》卷68《霍光传》,第2934—2936页。
❸ 参阅郭沫若:《盐铁论读本·序》,《郭沫若全集》历史编第8卷,北京:人民出版社,1985年,第473页。
❹ 史载:"昭帝即位六年,诏郡国举贤良文学之士,问以民所疾苦,教化之要。皆对愿罢盐铁酒榷均输官,毋与天下争利,视以俭节,然后教化可兴。弘羊难,以为此国家大业,所以制四夷,安边足用之本,不可废也。乃与丞相千秋共奏罢酒酤。……宣、元、成、哀、平五世,亡所变改。元帝时尝罢盐铁官,三年而复之。"《汉书》卷24《食货志》,第1176页。

改变还是缓冲了汉武帝末年紧张的社会气氛，迎来了"昭宣中兴"，汉昭帝和汉宣帝时期，社会变得相对松懈和缓。从老百姓的角度看，只要政府少折腾百姓就能喘息，经济就能恢复发展。这个"昭宣中兴"就是由盐铁会议奠定的。

第一节 "大夫"与"贤良文学"争什么？

盐铁会议所争论的是，要不要改变汉武帝实行的政策。主张改变的是贤良文学，他们是霍光为了驳倒桑弘羊，从各地学术界招来的一批儒家学者，加入"国家队"参与辩论，另一方则是御史大夫桑弘羊。《盐铁论》这本书我是在"文革"期间毛泽东批儒弘法时看的，当时年轻，看过以后觉得桑弘羊很了不起，基本上是他一个人对战一群儒生。后来才发现所谓"大夫"是一个阵营，不是桑弘羊一个人，还包括支持他的丞相田千秋等，也是一个"团队"。但不管怎样讲，至少这本书写的是大夫和贤良文学在那里辩论，双方都很能言善辩。

整个这场争论，按照桓宽的描述，其实是贤良文学占上风。写这本书的人是在昭宣中兴背景下整理的，[1]这里头有很多有意思的内容，跟中国历史上很多类似的争论一样，后世的评论都和当时所处的政治社会背景有关。北宋有司马光和王安石的争论，简单比较的话，王安石类似于桑弘羊，主张强硬的国家管制，司马光类似于贤良文学，强调官不与民争利，主张实行宽松的经济政策。但是后世的评论则因时而变：凡是强国家主义流行的时代就说王安石、桑弘羊很伟大，说他们是改革家，贤良文学、司马光是保守派。到了搞放权让利、搞活市场经济的时代，又说王安石才是大坏蛋，司马光是改革派；这种说法如果套用在汉代，则贤良文学是改革派，而桑弘羊就成了保守派。

---

[1] 详阅王利器校注：《盐铁论校注（定本）》，北京：中华书局，1992年。

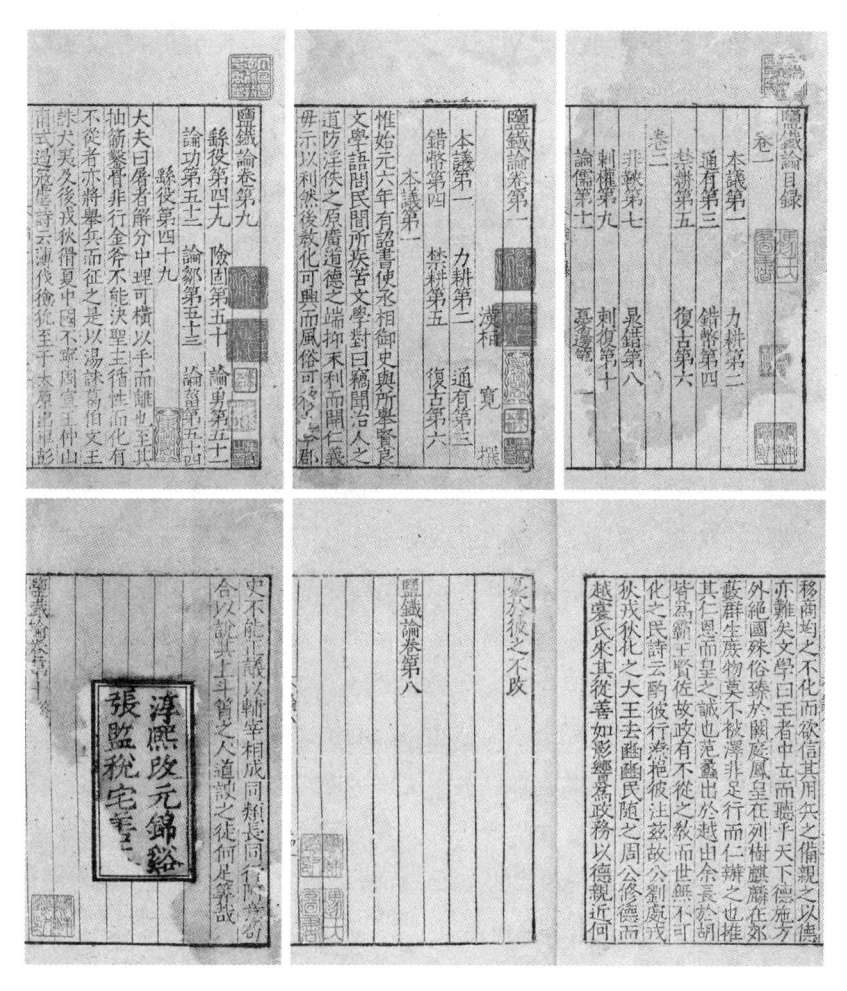

《盐铁论》书页

其实保守、改革就是一种价值判断。实事求是地讲，如果说改革就是改变现状，那贤良文学也是要改变现状，因为汉武帝时代是桑弘羊那一套占主流，即使在盐铁会议以后这种现象也没有显著改变，一直到王莽时代都是如此。贤良文学反抗这个主流，所以说贤良文学是改革派比较合乎实际。但是贤良文学改革最后并没有成功，尽管辩论赛中好像是占了上风，桑弘羊后来也在宫廷斗争中失败，被霍光杀掉了。霍光不会完全按照贤良文学的主张去行事，霍光虽要扩大他们家族的势力,但还是要以朝廷以及权贵利益为基础,不可能恢复汉武帝以前诸侯做大的割据局面。

从表面上看,有人说双方的辩论是一场儒法斗争,贤良文学代表儒家,而桑弘羊代表法家。❶但是我前面已经讲过,经过汉武帝以前一百多年的改造,到了汉武帝时代儒法其实已经合在一块了,也就是我们通常讲的"儒表法里"。当时在言论上没有哪个人说自己是法家,而在行为上没有哪个人完全按照儒家去做。❷但是从形式上看,政策上的确有"法道互补"状态下的一张一弛,有主张很强硬的,也有主张多一事不如少一事的无为而治。我们可以把强调强权的称之为"法儒",把强调无为的称之为"道儒"。法儒——也就是桑弘羊这派人,主张扩张朝廷的权力,而道儒强调的重点是朝廷应该推卸责任,于是形成了中国历史上经常有的"抑兼并"和"不抑兼并"的争论,或者说"国家干预"与"无为放任"的争论。

但后世人都喜欢把这些讲得很现代化,似乎主张国家干预的就和我们现在的左派比较相近,类似主张福利国家的;而主张无为的或者道儒,就和现在的右派或者自由派比较接近,是主张民营经济的,或者是主张自由竞争的。这个说法有很大的问题,实际上在当时的秦制背景下,桑弘羊不等于现代的左派,而贤良文学也不等于现代的右派,这种套用不仅简单化且容易扭曲。

桑弘羊或者当时的强国主义者是完全没有社会福利概念的,他们要求的强国很明显是要加强皇权,并不是要给社会提供服务。❸桑弘羊是明确反对国家搞救济的,反对国家对穷人提供保护。也就是说桑弘

---

❶ 例如,郭沫若:《盐铁论读本·序》,《郭沫若全集》历史编第8卷,第476页。
❷ 参阅王利器校注:《盐铁论校注(定本)》,"前言",第1—2页。
❸ 详阅秦晖:《中国经济史上的怪圈:"抑兼并"与"不抑兼并"》,载《战略与管理》1997年第4期;收入《传统十论——本土社会的制度、文化及其变革》,第35—47页。

羊和韩非一样，是极端反对福利政策的。❶我前面给大家提到过，像韩非这样的人，一方面要求扩张皇权，一方面却要推卸责任；他们一方面主张国家要把一切管死，但另一方面对老百姓，不要说什么公费医疗、义务教育，这些当然不会有，就是对那些快要饿死的人进行救济也被认为是不应该的，而且他的表达都说得赤裸裸恶狠狠。桑弘羊并不主张搞福利国家，尽管他是主张强国家的，主张国家集权以垄断工商之利。

相反，贤良文学是反对盐铁官营的，但我们不要以为反对盐铁管营就是主张盐铁民营。其实，贤良文学的主张就是要回到汉武帝搞盐铁官营以前那种状态。而我们知道，汉武帝以前的那种状态也不是我们今天讲的民营经济，如果说那时候有市场，市场背后也是以权贵为背景的，以吴、楚、齐等各大诸侯国、地方上的地头蛇为背景。前述汉初有一段时间，甚至连铸钱基本上都是各大诸侯与权贵私家铸的，而不是主要由民间或中央政府铸的。贤良文学的主张同样是反对民间自由竞争的，他们其实是主张由那些权贵寡头、地方诸侯充当经济生活的主体。

因此，这种争论和我们今天讲的经济自由与福利国家之间的左右之争有很大区别。今人评价这段历史往往都从自己的偏好出发，左派比较喜欢桑弘羊，右派比较喜欢贤良文学。但我要说，两者是不一样的。"秦制"中既没有自由也没有福利，这样一种弊病在类似争辩中也是无

---

❶ "大夫"桑弘羊说："共其地，居是世也，非有灾害疾疫，独以贫穷，非惰则奢也；无奇业旁入，而犹以富给，非俭则力也。今日施惠悦尔，行刑不乐；则是闵无行之人，而养惰奢之民也。故妄予不为惠，惠恶者不为仁。"《盐铁论·授时》，见王利器校注：《盐铁论校注（定本）》，第422页。桑弘羊此语本于《韩非子·显学》："今世之学士语治者多曰：'与贫穷地以实无资。'今夫与人相若也，无丰年旁人之利而独以完给者，非力则俭也。与人相若也，无饥馑疾疢祸罪之殃，独以贫穷者，非侈则惰也。侈而惰者贫，而力而俭者富。今上征敛于富人以布施于贫家，是夺力俭而与侈惰也。而欲索民之疾作而节用，不可得也。"

法改变的，甚至有可能会变本加厉。

盐铁论战就是一个典型案例，在昭帝时代的这场争论中，大夫和贤良文学在争什么呢？桑弘羊是力主国家集权以垄断工商之利的，因此其思想曾经被一些人叫作中国古代的"重商主义"，这个说法有一定道理，但不全对。为什么？因为西方历史上讲的"重商主义（Mercantilism）"不是说尊敬商人，更不是说要让商人去搞自由贸易。所谓"重商主义"，是说国家要重视对商业的控制，也就是说国家不能对商业活动掉以轻心、放任不管。重视商业的意思是要管制商业，把它抓到手里。这确实与桑弘羊的主张有点类似。但不同之处在于：西方"重商主义"的国家管制主要着眼于民族主义，虽然也存在本国王权与商人的矛盾，但主要还是针对外国人的。重商主义是要帮助本国商家与外国商家竞争，扩大出口，打压进口，为本国商家开拓更广大的市场。而中国法家如果说也有重商主义的话，其商业管制则几乎完全着眼于本国皇权自利，却敌视本国商人，从商鞅、韩非到桑弘羊都强调"利出一孔"（朝廷垄断一切利益），都以商为"蠹"，认为商人有害于国家（其实就是有害于皇权），所以必须"重租税以困辱之"，甚至"事末利……者举以为收孥"（做买卖牟利的要抓起来劳改）。盐铁官营就是重要的"抑商"措施。其实"抑商"也不是全抑，由于这种垄断提供了大量设租寻租机会，那些以皇权为后台的"红顶商人"反倒能够大赚。桑弘羊就是这样一个红顶商人。

如果说法家与"重商主义"还有那么一点相似，那么它与西方所谓的"重农主义（Physiocracy，或译重农学派）"就完全相反了。事实上这两个名词的翻译是有问题的，Mercantilism 的字面意思是"商业主义"，实际意思是控制商业，而非重用商人；Physiocracy 的字面意思是"自然规则"，完全没有"重农"含义，实际意思是反对人为干预，也就是反对 Mercantilism，主张顺其自然、自由放任的经济政策。只是这种政策被认为有利于农民（当时主要的产业者），中译者就把它译成了"重农"。这个学派的顺其自然、自由放任主张，据说倒是受到启蒙时代传入西方的中国道家"无为"思想的启发,但恰恰与中国传统的"重农抑商"毫无关系。

被译为"重农"的 Physiocracy 主要就是以自由放任反对国家管制,但中国的"重农抑商"恰恰相反,"重农"就是要管制农业,农民只能种地,不让农民经商。所以大家不要以为"重农"就是重视农民利益,就一定对农民有好处。民众早就知道这个道理,叫"一管就死""管一行死一行"。我国历史中经常有一种现象,就是朝廷不"重农",农民的日子相对来讲还比较好过,朝廷越重农,农民越倒霉。因为朝廷越重农,就把农民管得越死,就会整天折腾农民,指定必须种什么、不能种什么、如何种田,把种田人搞得非常狼狈。

"重商主义"也是这样。桑弘羊本人就出身于大商人。汉武帝时代启用的整商人的那些官员,几乎都是商人出身,桑弘羊之外,还有南阳铁商孔仅、齐之盐商东郭咸阳等。所以大家应该明白,秦制绝不是代议制——什么出身的人当了官就会照顾其所出身的那个群体,这是荒唐的想法。秦汉时代用钱穆先生的说法是"布衣卿相"❶,但绝不是代表布衣的卿相,而是代表皇上整治布衣的卿相。桑弘羊可以说是"重商主义"者,他本人也是商人出身,但他绝不是商人的代表,他只是皇权的代表。桑弘羊在中国历史上是以比较重视工商业闻名的,那时很多思想家都认为工商业不重要,农业才重要,农业是本,工商是末,他们提倡"崇本抑末"。桑弘羊则不然,他认为工商业非常重要,因为其利润丰厚,但是这个利润必须由国家垄断,决不能搞自由竞争,这怎么会有利于商人呢?

桑弘羊讲国家要垄断工商利益,尤其是盐铁之利,为的是什么呢?是为了集中资源给老百姓提供公共服务吗?是为了搞公费医疗或者义务教育吗?当然不是。把工商利益垄断起来就是为了朝廷,为了皇帝的利益。因此,桑弘羊本人和韩非一样,既反对自由放任,更反

---

❶ 钱穆:《秦汉史》,第198页。

对福利国家。在古今中外的思想史上,他们恐怕是国家福利政策最激烈、最直言不讳的抨击者。桑弘羊说"贫穷,非惰则奢也","施惠悦尔"就是怜悯"无行之人",韩非也说"贫穷者,非侈则惰也","今上征敛于富人以布施于贫家,是夺力俭而与侈惰也"。今天很多人对于福利政策也是不以为然的,但是他们的表述都不会这么难听,不能说这些穷人穷死活该,国家没责任。他们往往会说其实济贫用别的办法更好,比如发展民间公益组织或曰"第三部门",会比国家救济更有效率。比如说福利可以少一些,自由应该多一些,这样会给他们提供更多的就业机会。比如"授人以鱼不如授人以渔",给他们搞职业培训,会比救济帮助更大,等等。

只有韩非、桑弘羊们,敢于赤裸裸地讲,穷人不是懒汉就是醉鬼,他们穷死活该,救济他们就是养懒汉。桑弘羊在这个问题上的立场几乎完全重复了韩非的话。他在盐铁会议中就明确讲:你穷,说明什么?说明你懒。为什么要救济你?但是不救济又如何?西方"右派"会说,不给福利,应该给自由,鼓励他们自谋生计。但是法家却说:福利不给,自由更不能给,让他们四处流浪会有碍观瞻,给强国抹黑。所以国家应该强制收容,把他们抓去劳改,强迫劳动服苦役,这就是"怠而贫者举以为收孥"。毛泽东曾大加称赞这种"孥贫怠以绝消耗"的"大政策"。❶

所以我们不要以今推古,想当然地认为不搞"右派"的自由放任,就是"左派"的福利国家。桑弘羊和商鞅、韩非一样,自由、福利都不给,他们是反对济贫,而支持惩贫的。桑弘羊是强国主义者,但是这个强国家并不是为人民服务的,而是为皇帝服务的。

桑弘羊一派是如此,他们的反对者又如何?

贤良文学在会议上的主要主张是反对盐铁官营,但是正如他们的对手"反对福利国家并不意味着自由放任"一样,他们反对盐铁官营,

---

❶ 毛泽东:《商鞅徙木立信论》,1912年毛泽东在高等中学校读书时的作文。

却并不主张盐铁民营，更不是主张在盐铁业中实行对平民开放的自由竞争。他们只是主张回到前汉武帝时代的经济政策，而汉武帝以前的盐铁生产乃至铸币都是由大诸侯和权贵私家所把持的，并不是民间资本可以自由进入的。也就是说，贤良文学主张的实际上是贵族专营，这就有点接近于"周制"，或者古儒的初心了。只不过当时事实上已经是秦制，秦制下的权贵已经不是真正的贵族，也没有小共同体了。

而且贤良文学在反对中央政府经营盐铁的同时，也反对中央政府发行货币，这个主张是今天经济自由主义者也不会提倡的。大家知道，自由竞争要有一个交易媒介，而这个媒介一定要有公信力，这种公信力很难由私人提供，一般只能由国家提供。当然，不能像今天委内瑞拉那样的国家，公信力跌落到极点，通货恶性膨胀，欠中国的 500 亿也是准备赖账的。这个姑且不论，我们现在的货币都是所谓的主权信用货币。❶ 贤良文学反对国营盐铁的同时也反对国家铸币，主张维持汉武帝以前诸侯权贵铸币牟利的政策，其实是不利于"自由市场"的。可见，贤良文学主张的放任或者无为，并不是对老百姓无为，主要是对权贵无为。❷ 这种主张当然不是我们今天讲的自由竞争的市场经济。

贤良文学对于权贵是主张放纵的，但是对于民呢？他们的主张是重农抑商。在这一点上，贤良文学似乎比较传统。桑弘羊被认为是重视商业的，但是他所讲的"重视"，就是让你为国之重器多做贡献，就是重视管制、重视盘剥商业。而贤良文学在对商人的态度上也很糟糕，他们说搞工商的都是一些坏人，"商则长诈，工则饰骂"❸，中央政府搞国营是不好的，让老百姓搞好像也不行，那么谁搞最好？还是由那些贵族搞最好，像邓通、吴楚诸侯支持的商人搞最好。他们说，国家要

---

❶ 至少在基于区块链技术产生的数字货币（比如比特币）之前，是这种情况。

❷ 淮南王刘安的门客有道家有儒家，他们"集体创作"的《淮南子》中也有类似主张。

❸ 《盐铁论·力耕》。

制止"民淫好末,侈靡而不务本"❶,老百姓纷纷下海经商可不行,国家要管起来。他们要求取消土地私有,要"分土井田"❷,老百姓不能自由买卖土地,而且也不能离开土地,诸民必须世袭,不得改业,"黎民咸被南亩而不失其务"❸。

桑弘羊后来失势被杀,支持贤良文学的霍光家族以后也垮台了。"昭宣中兴"时期法家的经济统制有了一定缓和,酒类专卖被废除,盐铁官营也中止了几年,但元帝以后又再次强化,一直发展到王莽的恶性经济统制闯下大祸。

到了东汉,统治者再不敢像王莽那么玩了,国家的经济统制退回到类似汉武帝以前。但这时就出现了一种窘迫现象,朝廷财政越来越困难,整个东汉一朝,朝廷大都处在赤字预算的状态下,财政入不敷出。❹依现在来看,东汉实际上发行了最原始意义上的"国债"。当时官府向老百姓借债,"官负人责(债)数十亿万"❺。东汉中期以后的政府一直是高负债运行的。朝廷对社会的控制逐渐放松,但是放松的结果是什么呢?是出现了所谓的公民社会吗?是出现了所谓的民营企业家的盛世吗?都不是。按照贤良文学的思路,所谓放纵其实是放纵权贵,放纵那些"官倒"官商,让各级政府、各级地方权力部门都去谋利。这样的结果不是放任出了自由的平民经济,而是放任出了一个豪强大姓满天下、门阀士族势焰熏天的局面,而市场经济却日益凋敝。

前述东汉有一个现象,就是社会经济逐渐自然经济化,各种各样的交易活动尤其是跨地区的交易活动逐渐萎缩,货币流通量大为减少。以至有一种说法,到了东汉后期,当时那些大的豪强往往都是"闭门

---

❶ 《盐铁论·通有》。
❷ 《盐铁论·力耕》。
❸ 《盐铁论·力耕》。
❹ 参阅林甘泉主编:《中国经济通史·秦汉经济卷》下册,第791—792页。
❺ 《后汉书》卷51《庞参传》,第1688页。

成市",规模大到可以关起门来"自循环",不需要与外界发生交往。❶

因此我们可以说,大夫和贤良文学的争论反映了中国后世王朝经常可以看到的一种现象,尽管"文武之道,一张一弛",始终有"有为"和"无为"的斗争,但是这个有为、无为和我们现在讲的福利国家、自由放任迥异。今天我们讲的放任主要是给老百姓以自由,但是那个时候讲的放任,很大程度上是指给权贵以自由,放纵他们去聚敛,让这些当官的任意创收。到了北宋出现了王安石和司马光的争论,这又是一场到底是国家不与民争利,还是国家要把这个利益垄断起来的大讨论。强硬的有为政策搞到底会出现天下大乱,王莽就是这样,秦末也是这样,这都是中央政府强管制造成的。

如果中央政府不管,像东汉末年政府就是不管的,大家知道东汉既没有修长城也没有盖阿房宫,结果东汉政府后来什么事情都做不成,国家处于一种各地权贵为所欲为的状态,最后搞到诸侯林立。汉魏之际就是这样的状态,最后回到类似于秦以前的那种景况去了,出现了几百年魏晋南北朝的分裂割据。用我的话讲,出现了第一帝国与第二帝国之间的中间期,或者有人说相当于西欧的中世纪这样一种状态。东汉是一个所谓"道儒"支配的政府,但最后也导致了严重的社会危机。

像这样一种跳不出去的怪圈,其实是中国历史上不断反复的现象,很值得分析。中国后世历代都有这样一种源自法儒、道儒的争论,这并不是自由还是福利的争论,而是反自由还是反福利的争论。都是站在君主立场上博弈,"放"给贵族诸侯亦或收归国家。他们这些反自由者并不搞福利,而反福利的人也是如此,既反福利也不给自由。强调管制的一方主要想管制平民,而强调放任的一方主要想放纵权贵。于是就出现了一种现象,左是老百姓吃亏,右也是老百姓吃亏。

---

❶ 参阅翦伯赞主编:《中国史纲要》(修订本)上册,第157—167页;杨联陞:《东汉的豪族》,北京:商务印书馆,2011年,第1—58页;王子今:《秦汉史:帝国的成立》,北京:中信出版社,第263—273页。

我曾经在一篇文章中给这种现象起了个名字，叫作"尺蠖效应"。❶ "尺蠖"这个词挺有意思，为什么叫"尺蠖"？它是一种虫，一伸一缩好像在丈量什么东西。这个虫，英语叫 inchworm，"英寸虫"，实际上讲的也是这个意思。"尺"也好"英寸"也好，都是好像会丈量的一种虫。尺蠖一伸一缩，就像我们现在讲的一左一右、政策一放一收。但一放一收都是朝着一个方向，都是朝着有利于一些人而不利于另一些人的方向。

第二节　盐铁论战与北宋的"王马党争"

我们现在不妨将视野扩大，把盐铁论战跟北宋中后期的"王马之争"做一个比较。北宋的社会危机日趋严重，围绕难以为继的财政赤字和社会危机，从宋神宗开始，朝中产生了所谓的道儒和法儒关于要不要"抑兼并"的争论。

大家知道王安石主张抑制兼并，强调一切收归国有：金融要收归国有，要搞青苗钱，贸易要由国家管制，要搞市易务。而司马光则主张不抑兼并，无为而治。后世对这两个人的评价也是根据政治的变化有所不同，早先历史学家都说王安石是非常伟大的人，司马光是个保守派；到了改革开放以后，有些人说司马光才是伟大的市场经济的先驱，王安石是鼓吹国家管制的保守势力。但是我们今天看来，这两派其实对老百姓都很不客气。

王安石有一个很著名的观点，他说历代的儒家都强调皇上要节俭，反对奢靡，他却说，皇上为什么要节俭？天下就是他的，他完全可以"厚自奉养"，愿意如何奢靡都可以。天下那么大，皇上一个人吃穿用度能消费多少啊？为什么要他节俭呢，用不着的。王安石认为朝廷财

---

❶ 秦晖：《共同的底线》，南京：江苏文艺出版社，2012年，第217—250页。

政困难不是因为皇上花钱花得太多，而是因为朝廷不会捞钱，朝廷捞钱捞得太少，汲取能力太差，才导致经济困难。所以他有这样一种观点，说关键不在于要皇上节俭，而在于要严厉打击"阡陌闾巷之贱人"的发财梦。说社会上最糟糕的是出现了一大批"大农、富工、豪贾"，有一批富可敌国的人把朝廷不当一回事，以为有几个钱就趾高气扬得不行。以前只有官员能够坐轿，他们都得走路，现在他们也牛气起来了，坐着豪华的轿子，比我们官员的还漂亮。王安石说："阡陌闾巷之贱人，皆能私取予之势，擅万物之利，以与人主争黔首，而放其无穷之欲，非必贵、强、桀、大而后能。"❶ 他说天下之大害非但不能怪"人主"，连"贵、强、桀、大"即上层统治者都未必要负责，只能怪那些富有的"贱人"，如果朝廷不严加管束，"阡陌闾巷之贱人"都能阔起来。而一旦这些人牛气起来，"与人主争黔首"，就会和我们朝廷来争影响力。以前民众都只认当官的，现在麻烦了，有些人钱多得烧手便自我膨胀，拿当官的不当一回事，认为自己无所不能，比我们还要厉害，这怎么可以？

所以他说，对这些人一定要从严打击。显然他要打击的是所谓"阡陌闾巷之贱人"，而认为皇上怎么奢靡腐朽也吃不垮国家，甚至连官僚的待遇他认为也无妨提高。❷ 真正的问题在于平民中的富人可恶，他们钱多，国库的钱就少了。所以皇帝可以穷奢极欲，但是对"阡陌闾巷之贱人"的发财梦要严厉打击，这就是王安石讲的"抑兼并"。他曾做过一首著名的《兼并》诗："三代子百姓，公私无异财。人主擅操柄，如天持斗魁。赋予皆自我，兼并乃奸回。奸回法有诛，势亦无自来。后世始倒持，黔首遂难裁。……俗儒不知变，兼并可无摧。利孔至百出，

---

❶ 王安石：《度支副使厅壁题名记》，载《临川文钞》卷7。
❷ 《宋史纪事本末》卷37《王安石变法》："执政以河朔旱伤，国用不足，乞南郊勿赐金帛。诏学士议。司马光曰：'救灾节用，当自贵近始，可听也。'王安石曰：'常衮……不当辞禄。且国用不足者，以未得善理财者故也。'"

小人私阖开。"❶

可见他骂的还是"子百姓"中的"奸回"和"小人"。梁启超对王安石有一个评价，说王安石的"抑兼并"实际上是想让"国家自为兼并"，意即只许我兼并，不许你兼并。大家看看，王安石那一套是不是有点像桑弘羊再世？有趣的是在意识形态上，王安石也是由"儒表法里"走向"周表秦里"，他与王莽一样对包装为"周礼"的《周官》（其实是"秦官"）特别推崇，搞了一本《周官新义》作为"变法"的依据而列于"三经"之首，于是从神宗到徽、钦，北宋也像西汉从桑弘羊到王莽那样走向了末路。

司马光反对王安石。当王安石向皇帝宣传"民不加赋而国用足"时，司马光不客气地指出当年桑弘羊就是这样骗人的。这也是直接把王安石比作桑弘羊了。司马光认为，王安石的主张会导致国家横征暴敛，而官不应与民争利。我们知道司马光曾经讲过一句话，说"天地所生财货百物，止有此数，不在民则在官"。❷意思是，王安石你说你会理财，会把财富都搞到朝廷手中，实际上这个财富并不会增加，你所谓会理财，只不过是把老百姓的财富糊弄到了朝廷的口袋里。那么，司马光讲的"民"是什么人呢？

司马光讲的"民"可不是平民百姓，因为司马光、张方平、文彦博这一派人反反复复强调的是：皇上"为与士大夫治天下，非与百姓治天下也"。❸我们士大夫不能跟老百姓一样，作为士大夫是十分神圣的，皇上不能割我们的韭菜，至于百姓就无须顾忌了。所以陆游就曾经针对司马光这句话做过一个反问："自古财货不在民又不在官者，何可胜数？"实际上天下财富既不在中央政府手里，也不在老百姓手里，这种现象比比皆是，那么在谁的手里？他说"或在权臣，或在贵戚近习，

---

❶ 王兆鹏、黄崇浩编选：《王安石集》，南京：凤凰出版社，2014年，第22—24页。
❷ 《苏东坡集》卷36《司马温公行状》。
❸ 李焘：《续资治通鉴长编》卷221。

或在强藩大将……",总而言之是在权贵手里。❶ 所以,司马光的这种主张其实就是维护权贵阶层的利益,不要妨碍权贵聚敛私财。

因此我们看到一个现象,王安石搞的其实也不是福利国家,而司马光搞的也不是自由竞争,两派斗争产生的是一种"尺蠖效应"。在宋神宗时期,王安石受到重用,但是宋神宗一死便发生"元祐更化",司马光就把王安石那一派都打下来了。我们以前从同情王安石的角度认为,是王安石变法失败了,由此导致了北宋的灭亡。可是要知道,实际上这个说法从政治斗争的角度来讲是不对的,为什么呢?因为到了北宋后期,也出现了一种好像是两党轮流坐庄的现象,新党和旧党两派交替执政。元祐更化之后不久,新党卷土重来。宋哲宗亲政以后,又立起"元祐党人碑",把司马光这帮人给打下去了,出现了所谓的"绍圣绍述"时期。继而宋哲宗死后,再次出现了司马光一派重新站上政治舞台。当然,司马光、王安石这两个人当时都已经死了。然而没过多久,党派轮替再次发生,最终北宋是在王安石那一派执政的状态下灭亡的。北宋末年的蔡京、蔡卞这些人,从政治脉络来说都属于新党,用过去的话说,都属于"改革派"。当然,彼时讲的改革派是指强化国家垄断的改革派,不是像现在我们讲的要搞市场经济的改革派。

两派的斗争产生的是一种"尺蠖效应":北宋后期新党和旧党轮流执政,国家政策就像只一放一缩的尺蠖,无论如何变化,都只有利于权贵。这与尺蠖爬行时一收一缩,但只向一个方向移动不是很像吗?新党只懂得与民争利,严重损害了"阡陌闾巷之贱人"的利益;旧党只懂得放任无为,则使权贵得以放手圈钱。国家的"自由放任"只是放出了无数土皇帝,却放不出一个中产阶级;国家的经济统制统出了与民争利,却统不出社会保障。

北宋实际上是亡在王安石一派手里的。因此,现在经常听到有一

---

❶ 陆游:《书通鉴后》,钱仲联、马亚中主编:《陆游全集校注》第10册,杭州:浙江教育出版社,2011年,第109页。

种说法：王安石变法没有失败，但是出现了新法变质。老实说，这种变法怎么可能不"变质"呢？如果不"变质"又能怎样？难道能指望王安石搞出一个福利国家来吗？能指望王安石变成一个社会民主党人吗？根本是不可能的事。相反，司马光也不可能变成自由党。王安石搞的不是福利国家，正如司马光搞的不是自由市场一样。不管是王安石还是司马光，我觉得谈不上走样不走样。在北宋末年，按照王安石的做法，国家就是管制得很厉害，正是因为强化了国家管制，到了宋徽宗时期才会出现所谓的苏杭应奉局、西城括田所、花石纲等等。

大家看过《水浒传》就知道花石纲——国家在全国各地大规模搜刮奇花异石，这个政策就是由王安石的国家垄断纲领发展出来的。当然，可以说蔡京是一个贪官，王安石是一个清官。的确，仅就个人人品私德讲，王安石和司马光两个人都很不错，而且他们虽然政见争论针锋相对，但两个人的私人关系是不错的。可以说这两个人都是君子，无论就才干还是就人品来讲都是很难得的人。但是，他们背后这两党的争论，最后陷入了这么一个怪圈。❶

我们甚至都不能说，这种争论还是"儒法"之争、"周秦两制"之争。因为争论实际只涉及秦制内部的皇帝与官僚权贵（士大夫）间的分配。桑弘羊、王安石维护皇帝，贤良文学与司马光维护官僚，而秦制下的官僚并不同于周制下的贵族或小领主，他们没有小共同体，没有贵族对王权的制约。他们作为皇权的爪牙，只是"民少相公多"中的"相公"。如果只在皇帝和官僚的分配上做文章，而没有批判秦制，没有哪怕不是为草民而只是为贵族、为小共同体的维权，那么这种争论就无法避免秦制下的"尺蠖效应"，就只是专制主义和犬儒主义、"法儒"和"道儒"的杯水风波，不仅与平民，而且与"古儒"无关。我们甚至很难说，

---

❶ 关于北宋中后期的变法之争或"王马之争"，详见秦晖：《中国经济史上的怪圈："抑兼并"与"不抑兼并"》，载《战略与管理》1997年第4期；收入《传统十论——本土社会的制度、文化及其变革》，第35—47页。

这种争论的无结果是因为两方或一方是"乌托邦",因为事实上皇帝增加利益或官僚增加利益都是很现实的。只有改变秦制、恢复周制才是乌托邦,就像几百年后的黄宗羲、唐甄、吕留良等人对秦制的批判那样,那些人的追求才真是乌托邦。

曾有人这样评论"盐铁会议"的结果:这次关于商品经济的论战,一方是桑弘羊代表的统制经济取向,一方是贤良文学代表的自然经济取向,而代表商品经济取向的平民商人却是缺席的。因此我们也无法站在商品经济的立场上对两边评判优劣。❶

这话说得好。但在西汉那个时候,指望资产阶级(代表商品经济取向的平民商人)出台,可能太遥远了。更确切的评价应该是:在周秦之变末期的这场直接谈经济,间接涉及政治、文化与社会变迁的论战中,一方是桑弘羊代表的"法儒",另一方是贤良文学代表的"道儒",而代表周制的"古儒"——孔孟、子思、孔鲋、"鲁诸儒"和辕固生一类人却缺席了。因此不要说无法站在近代社会的立场上,我们甚至无法站在古儒的立场上对两边评判优劣。只能说这次论战表明,秦制经过不断进退调整后,已经在"法道互补""周表秦里"的框架下大致定型了。

当然,如果从现代立场看,就更加没法"代入"。这种争论说破天了,也没法变化为一种近代意义上对于国家权力和责任问题的真正意义上的左、右派之争。他们只是站在皇帝和官僚的角度阐发各自的立场并抢夺施政资源,每一方的每一次失败都会带来一轮清洗,这种反复震荡都没有跳出循环的"怪圈"。现代人切莫有太强的代入感。

---

❶ 孙竞昊:《盐铁会议的歧异与缺憾:兼论中国古代商人资本的性质和历史作用》,载《历史教学问题》2010年第3期。

第五章

强国弱民：
秦汉帝国的政治制度

第一节　秦汉的乡里制

大家知道"周秦之变"以后，中国从一个族群社会变成一个中央集权帝国管制下的"编户齐民"社会。社会的宗法血缘纽带疏散零落，国家对社会的控制强化。这种具体的控制模式是什么呢？就是现在史学界讲的"闾里什伍之制"，商鞅变法中就谈到了让人民编为"闾里什伍"，就是把老百姓编制起来，建立一种科层制的管理体系。

其中，最基本的结构就是所谓的"里"。这个"里"按照很多人的说法是"五家为邻，五邻为里"，一里为二十五家。当然，这些大概都是比较约莫化的说法。事实上哪怕组织化到现代人民公社的程度，也不可能整齐划一地按五进制或十进制建立基层组织。但是大致上我们从考古资料中还是可以看到，这个"里"的确是秦汉时代的一个基本的社会组织，"里"虽然大小不一定是像典籍记载的那样严格规划，但是的确有一个现象，就是早期的"里"都比较精简瘦小，到了东汉"里"就膨胀了很多。东汉的很多"里"，上百户都有，但是西汉和秦的"里"，一般大致就是在25户左右，或者有几十户，相当于后世一个自然村大小。这几十户的"里"是一个社会管理单位。

前面我们曾经讲过汉代人身份认定就是某县某里的人，从这个角度讲，汉代对"里"的名称也是有规范的。汉代在一个县的范围内应该是不允许有重名的里，但是不同县重名的里有很多，就像现在每个城市都有解放路、新华街、人民路一样，但同一个城市不能有几条街名称是一样的。

汉代万岁里、兴汉里、成汉里，这种带有歌功颂德性质的"里"名，好多县都有，还有什么长乐里、永丰里。好听的名字，古代人叫"吉语"，就是"吉祥之语"，这类词作为里的名称是很常见的。还有一种命名里的方式，就是用它的位置来命名，比如市南里、市北里、忠道里、平南里，在市场南边有一个里就叫市南里，诸如此类。但是有一个现象，就是那个时候没有或极少有以族姓来命名里的，那个时候没有张家里、赵家里，没有我们现在经常看到的，张家村、赵家寨、石家庄、王各庄、庞家堡、赵镇、沙家店，这种命名方式在秦汉是没有的，那是宋以后才逐渐流行起来的一种命名方式。可见秦汉时期对即便没有血缘关系的同姓里也是很忌讳，要刻意回避的。

这个"里"是怎么管理的呢？汉代史书对"里"的生活是怎么回事有几处记载，这几处记载看了以后令人印象深刻，因为给人的感觉是，它和我们通常讲的五口百亩之家的说法形成鲜明的反差。但是有一点，当时的确存在着把社会科层化的趋势。像《汉书·食货志》有这样的说法："在野曰庐，在邑曰里，五家为邻，五邻为里，四里为族，五族为党，五党为州，五州为乡。乡，万二千五百户也"，完全按照五进制乘上来，最后就乘到一万二千五百户。这当然是一种大概齐的说法了。

关于汉代的乡里到底是怎么一回事，历史上也是有争论的。在《汉书·百官公卿表》中就有另外一个说法，大致上是"十里一亭"，"十亭一乡"，有人又说汉代的基层编制是"乡、亭、里"三级制。可是这个说法仅此一处，我们看到的绝大部分考古材料都是什么乡什么里，很少看到有亭的。因此"亭"到底怎么回事呢？是不是十里一亭、十亭一乡？亭是否是乡与里之间的一个行政级别呢？

比如刘邦是泗水亭的亭长，亭长是个什么人物呢？是一个比乡长小、比里长大的"大队干部"吗？这就成了一个疑问。这个问题应该说现在基本上已解决了，因为大量考古发掘的材料已经证明，汉代其实就是在基层行政编制上实行乡里二级制的，乡与里之间并没有一个"亭"。那"亭"是什么呢？"亭"并不是一个行政区划，"亭"是一个负责治安和接待的组织，说白了，就是一个派出所。而且一般是设在乡一级的。也就是说刘邦是一个乡派出所所长，并不是乡长，也不是乡以下的干部，用我们今天的话讲他在职能部门，亭邮是另外一个系统。乡里是行政上的安排，亭邮的职责是负责治安和接待，上面官府来人了，要去接待，比如说招待所归亭长管，有些公家的事由派出所所长来出面。❶

亭和邮是另外一个系统的组织和机构，当时真正的行政区划系统是乡里，里是最基本的。按照《汉书·食货志》的说法，行政上的每一个级别都相当于汉代二十等爵制的一个爵位，也就是说，级别差异非常明显。"邻长位下士，自此以上，稍登一级，至乡而为卿也。于是，里有序而乡有庠。""春，令民毕出在野；冬，则毕入于邑。"春天让大家出去干活，冬天农闲了让大家都回来。"春将出民，里胥平旦坐于右塾，邻长坐于左塾，毕出然后归，夕亦如之。"有些人就说这是奴隶制，你看这就像个集中营一样。如果按照《汉书》的讲法，"春将出民，里胥平旦坐于右塾，邻长坐于左塾"，"里"是有围墙的，"里"还有门房，就是"里门"，里门旁边有两座房子，就是左塾、右塾，两个"村干部"分别住在两边。❷

秦汉一些史料表明至少有这种例子：两个"村干部"坐在里门的两边，老百姓出去的时候，他们开门让这些人出去，看着这些人头出去。从上述引文可以理解为好像出民、入民都是要点名的，否则就不需要这样布置。里长要负责把大家都弄出去，这是他的责任，要点名，好像不出去，有人在家偷懒是不行的，他要监督里民干活，点完了名以后他就回去了。这就产生一个问题，如果大家都出去干活了，"村干部"靠什么为生呢？似乎是有某种待遇的。从秦汉的资料看，这些人的确

---

❶ 参阅沈颂金：《汉代乡亭里研究概述》，载《中国史研究动态》1999年第10期；高士荣：《40年来秦乡里社会研究综述》，载《西安财经学院学报》2017年第1期；鲁西奇：《中国古代乡里制度研究》，北京：北京大学出版社，2021年。

❷ 不过班固说："此先王制土处民富而教之之大略也。"《汉书》卷24《食货志》，第1121—1123页。其实就像《周礼》中的制度一样，当时的很多现实制度都是"托古"入经，远古时未必有的。

有某种待遇，所以才会有张耳、陈余为魏名士，"乃变名姓，俱之陈，为里监门以自食，两人相对"这样的事。❶ 到了晚上，这些人回来了，里长、邻长这些"村干部"又跑出来，坐在两边，逐一数回来的人头，再点一次名，看看是不是有谁逃走了，有谁没有回来。而且还有规定，"入者必持薪樵，轻重相分"，回来还不能空着手，每人必须扛一捆柴。当然也分强壮老弱不同对待，"轻重相分"，壮年必须捆得多一点，老弱捆柴可以少一点，"班白不提挈"，头发白的人可以空着手，不用去砍柴。

"冬，民既入"，老百姓到了冬天不去干活了，"妇人同巷，相从夜织"，不是每个人在家里织布，而是大家都出来在一个公共场所，进行集体化织布。"女工一月得四十五日"，一个月干45天的活，一月只有30天，怎么能干出45天的活？加班加点嘛，"只争朝夕"，"一天等于20年"，这些"大跃进"时的语言，我们都很熟悉。为什么她们不能各自在家干活呢？据说"必相从者，所以省费燎火，同巧拙而合习俗也"，这样她们可以省下烧火点灯的费用，还可以互相学习，可以传帮带、交流经验，大家的纺织技术都提高了。❷ 我们插队的时候，妇女们经常在一起剥麻、剥玉米、捡种子，据说既省灯油又便于管理。给人的印象是，这个社会是一个非常军事化的社会，所以持秦汉奴隶社会说的人就说，看看这种描写，汉代的人不是奴隶是什么？他们都是这样一种受奴役的状态。我们却对这种场景一点儿也不陌生。

其实我们看到类似说法还有一些，像东汉的何休有一个说法：一里不是二十五户，而是八十户了，可能反映出东汉的"里"变大了。我前面从考古发掘角度讲的确也是这样，东汉的"里"要比西汉的大。"在田曰庐，在邑曰里，一里八十户，八家共一巷"，这里也叫"中里为校

---

❶ 《史记》卷89《张耳陈余列传》，第2572页。
❷ 《汉书》卷24《食货志》，第1121页。

画像石中的纺织图

室,选其耆老有高德者名曰父老,其有辨护伉健者为里正。皆受倍田,得乘马"。说这些人国家给他们的土地要比别人多一倍,而且还可以骑马,这些人都是由国家给他们待遇的。"父老比三老孝弟官属;里正比庶人在官。"也就是说"里正"是属于为国家办事的人,用今天的话说属于公务员。

下面这句话又和上面是一样的,"民春夏出田,秋冬入保城郭。田作之时,春,父老及里正旦开门坐塾上,晏出后时者不得出,暮不持樵者不得入"。又是这两个人像哼哈二将一样坐在门口,这些人都得出去劳动,迟到者就要关禁闭了,就不让你走,你必须按时出去,如果出去晚了,这个门就会关闭,无法出去了。而不持樵者不得入,不打柴者不让进来。"五谷毕入,民皆居宅。里正趋缉绩","生产队干部"监督妇女要纺织,"男女同巷,相从夜绩,至于夜中",必须每天纺织,干到晚上十二点钟。所以"女功一月得四十五日作,从十月尽正月止"。❶ 这又是一种说法，与之前的大同小异了。

秦汉时代的很多名词也和闾里有关。陈胜吴广被认为是闾左，闾左实际上是和闾里有关的。那么汉代的闾里是怎么回事呢？有很多材料把它描述成了组织很严密的一种基层单位，像我刚才提到的《汉书·食货志》的说法、东汉何休的说法，以及《管子》中的说法。大家知道，管仲本人是春秋时期人，但是《管子》这本书，绝大部分研究者倾向于并不是管子本人撰写的，一些人认为是战国时期的著作，也有很多人认为其成书于西汉。《管子》中的很多篇章也的确显示出它和西汉是有关系的，先秦诸子著作中很多都有这种问题。❷

《管子》中也有这样一段描写："十家为什，五家为伍，什伍皆有长焉"，十家有一个什长，五家有一个伍长，都是有组织的。"筑障塞匿，一道路，博出入，审闾闬，慎管键。管藏于里尉，置闾有司，以时开闭。闾有司观出入者，以复于里尉"❸，这里讲的也就是我上面讲的那种情况，一个居民点是有城墙的，大家都从这个闾门即里门进出。里门是有看守的，进出都在监督之下，大门是定时启闭的，早上打开，到了晚上就要关上。"管键"是钥匙，要保管好，保管在哪里？"管藏于里尉"，"里"的钥匙藏在里尉手里。"置闾有司，以时开闭"，说有人管这个事情，按时开门，按时关门。"闾有司观出入者，以复于里尉"，早上打开门，大家出去，晚上大家进来，有人清点了以后向里尉报告，说今天出去了多少人，所有人都出去了，还是有些人没有出去，都要报告；晚上回来了又要报告，说今天回来了多少人，全部都回来了还是有逃掉了的，每天都要向里尉报告。"凡出入不时，衣服不中，圈属群

---

❶ 《春秋公羊传》"宣公十五年"何休解诂，见《十三经注疏》整理委员会整理：《十三经注疏》，北京：北京大学出版社，1999年，第360—361页。

❷ 关于《管子》成书时间的研究，可参阅杨帆：《〈管子〉成书问题研究综述》，载《学行堂文史集刊》2014年第1期。

❸ 《管子·立政》。

徒，不顺于常者，间有司见之，复无时"❶，如果他看到迟到早退的，穿衣很不礼貌的，比如说打赤膊的，对各种命令和规定不遵从的，开门人看到这些，可以随时向里尉汇报，无论在什么时候都可以汇报。总而言之，从文献记载我们可以对于汉代的闾里制度有一个大概了解。

如果何休注和《管子》不能算是汉代的直接史料，那么张家山汉简《二年律令》的出土，则让我们看到上述内容不仅是汉代的实际情况，而且是写入法律条文的内容：

> 自五大夫以下比地为伍，以辨券为信，居处相察，出入相司。有为盗贼及亡者，辄谒吏、典。田典更挟里门钥，以时开；伏闭门，止行及作田者；其献酒及乘置乘传，以节使，救水火，追盗贼，皆得行，不从律，罚金二两。❷

如果我们仅仅看《史记》《汉书》，里面记载的官署的确比较简单，但实际上当时统治机构的复杂性远远超过人们的想象。汉代与"里"有关的官衔非常复杂，而且这些官衔现在都有具体的印文，我们现在对汉代的"里"，什么里唯、里祭尊、里祭酒等说法，很多并不是从《史记》《汉书》中得知的，而是从汉印封泥上了解到的。❸

长期以来关于汉代的考古发掘，我们对两类东西很关注，这就是在考古发掘中出土的各种各样的官印以及印章盖的封泥。当时很多文件要保存，不能让别人拆开。大家知道当时的文书不是纸，而是竹简，竹简写好以后把它卷起来用绳子捆扎，某某级的领导自己亲阅，是加密。现在加密可以在信封上贴一个封条，盖一个封印章——希腊-罗马考古，封印章就是一大门类——一拆就知道有人偷窥机密或者在

---

❶《管子·立政》。
❷ 张家山二四七号汉墓竹简整理小组编著：《张家山汉墓竹简［二四七号墓］（释文修订本）》，北京：文物出版社，2006年，"二年律令"，第51页。
❸ 参见王子今：《"闾左"为"里佐"说》，载《西北大学学报》（哲学社会科学版）1985年第1期。

搞破坏。当时也有这样的制度，但是那时没有信封，章也不是盖在纸上的，盖在什么地方呢？在竹简上写好了以后，用绳子一扎，把绳子打几个结，在结上捏一块泥巴，泥巴上盖一个章，这就等于是密封了。如果有人要拆开这个竹简就得把封泥破坏，一毁坏收发文件的人就知道文件失密了。

大家知道公章只有一个，但封泥可以有很多，每一个公文都要盖一个东西，因此封泥被发现的概率比官印本身要高。很多秦汉墓葬里有印章，或者有封泥。汉代也经常有一些物品，尤其是墓葬中的一些箱子或简牍上往往打有封泥，现在有些印章已经看不到了，但是封泥在出土文物中还可以看到。

我们已经发现了大量秦汉时期的官印和封泥，从中发现当时有大量以前我们不知道的基层官吏名称。封泥和印章上有很多官衔，与"里"有关的头衔实在是太多了，比我们在《史记》《汉书》中看到的要复杂得多，有单祭尊、单祭酒、里祭尊、父老、里唯（有人说就是里魁，也就是里正），还有平政、谷史，等等。这些官印和封泥给我们展示了一种复杂的、非常让人惊奇的基层管理体制。❶

这些里祭酒、祭尊、父老、里魁、谷史、平政到底具体管什么事？很多人做过研究，大致有这样的说法。一说那个时候汉代对基层的管理，从行政上来讲有县、乡、里三级。乡一级的官吏在正史中有啬夫，超过五千户的大乡则叫作"有秩"❷。秩是工资级别的意思，百石、千石、两千石、斗石小吏之斗石，叫作"秩"。❸什么叫"有秩"呢？"有秩"就是国家给他发工资。曾经有人说中国的官吏只到县一级，县以下是没有官吏的，这个说法至少在秦汉显然不对。啬夫（大乡）又叫作"有

---

❶ 可参阅张信通：《秦汉里治研究》，博士学位论文，河南大学，2013年。

❷ 参见严耕望：《中国地方行政制度史·秦汉地方行政制度》，上海：上海古籍出版社，2007年，第237—239页。

❸ 汉代基层官吏之秩，参见杨际平：《汉代内郡的吏员构成与乡、亭、里关系——东海郡尹湾汉简研究》，载《厦门大学学报》（哲学社会科学版）1998年第4期。

秩",从名字可以看出是从国家那里得到报酬的。

除了有秩、啬夫以外,乡级官吏还有三老、游徼、乡佐(相当于副乡长)、还有乡亭部吏。乡下面是里,我们看到的官印中有"里唯"这个名称。

世界上所有的文字最早都是从音发展而来的,西方的拼音文字是这样,中国的汉字其实也是这样。早期的汉语,同音必定同义,音和义是不分的,越到后来,同音义异的现象越厉害,以至书面语和口头语的差别也越来越大,现在的同音字意思可以完全不相干,但早期往往不是这样的。汉语的发展趋势在这一点上和西方语言有点不一样。因此很多人认为"里唯"就是"里魁",也就是"里正"。❶除里正外,当时还设有里父老、里佐、里治中等官吏。❷基层要供养的官吏可真不少。

汉代还有另外一套系统,在基层就是亭邮,管治安、传递信息、接待上级干部,类似于现在的派出所加邮电局再加招待所,但是这个招待所是内部招待所,只接待官员不接待老百姓。❸这个系统在县里的长官就是所谓的"尉",除了县令以外还有"县尉",是分管治安的。在乡里是"游徼"。游徼下设亭,亭也有一堆官,如亭长、亭侯、亭佐,还有一个求盗(专职管治安的)。❹因此有人认为当时存在与县令并行的县尉、游徼、亭、邮联系的治理体系,这是一套情治和信息系统。

---

❶ 参见张信通:《秦汉里治研究》,第116页。

❷ 参见王子今:《"闾左"为"里佐"说》,载《西北大学学报》(哲学社会科学版)1985年第1期;张信通:《秦汉里治研究》,第97—153页。

❸ 参见谢桂华:《尹湾汉墓简牍和西汉地方行政制度》,载《文物》1997年第1期;杨际平:《汉代内郡的吏员构成与乡、亭、里关系——东海郡尹湾汉简研究》,载《厦门大学学报》(哲学社会科学版)1998年第4期。

❹《续汉书·百官志五》:"亭有亭长,以禁盗贼。"本注曰:"亭长,主求捕盗贼,承望都尉。"《汉官仪》云:"尉、游徼、亭长皆习设备五兵。"《后汉书志》卷28《百官五》,第3624页。另见严耕望:《中国地方行政制度史·秦汉地方行政制度》,第237—243页。

秦汉官印中的乡吏名称

秦"内史之印"封泥

西汉"菑川厩长"封泥

现在一个县里面有4~7套班子，而那时一般有4套系统。

当时，还有一个祭祀系统或者说是崇拜系统。汉代的一些记载中曾多处提到所谓的"公社"❶一词，这个词一直延续到后来就是我们讲的人民公社的"公社"。古汉语中已经有这个词，它指的是什么？大家知道，所谓"社"就是一个庙，也即一个祭祀的场所，而且主要是土地庙。"社"字，左边是表示祭祀的"示"，右边是"土"，因此"社"就是土地庙。夏商周三代时祭祀中很重要的两个内容：一个是祭祀土地，一个是祭祀农业神，就是专管粮食作物的谷神。谷神就是稷，土地神就是社，合在一起是"社稷"，"社稷"作为国家的代称，比如"江山社稷"，亡国了叫丢了"社稷"，可见当时意识形态和祭祀也是国家管理的重要内容。而祭祀从中央到地方也有一套体系，如果信仰、祭祀、崇拜，我们都可以叫作意识形态的话，那么整个这一套部门也可以说对口那个时代的宣传部门，上级有这一套东西，在下面的基层也有这一套东西。

很多人认为汉代文书中讲的"公社"，一般讲是设在乡一级的，而且是属于国家规定应该设置的，这不是民间信仰，而是官方规定的信仰。这个里社在一些汉代史书中又叫作"置社""书社"或者"社弹"。关于"弹"，我后面还会讲到，也是最近几十年来秦汉史研究中人们讨论比较多的一个概念。❷ 在里一级，"社"也有一个管理人员，叫作"社宰"，负责安排祭祀，以及祭祀完了后负责处理祭品。大家可能都知道有这么个故事，陈平当年是一个里社宰，在乡里有一定的威望，原因就是每次祭祀完以后，他分祭肉分得比较公平，因此大家认为他是一个比较公道的人。❸

我们从官印和封泥中看到最多的官吏名，出自一种组织是"单"，

---

❶《史记》卷28《封禅书》、卷100《季布栾布列传》，第1378、2734页。

❷ 关于里、社、单的论述，详见秦晖：《传统十论——本土社会的制度、文化及其变革》，第92—97页。

❸《史记》卷56《陈丞相世家》，第2052页。

这个字在史籍中又被写成"僤""弹",单、僤、弹人们认为是一回事。这个"单"到底是什么呢?史籍中记载得很少,但是我们发现了大量有关单的官印和封泥,里面提到"单"下面的名堂,可以说非常之繁复。这个单也包含祭酒或者祭尊,按照已故国家历史博物馆前馆长俞伟超先生的说法,祭酒和祭尊应该是一回事,都是首领的意思。此外还设有"三老","三老"从名称上看应该是三个人,而我们现在从封泥上看有所谓的"左父老"和"右父老"的说法,也就是说所谓三老可能是几个父老的总称。而这个父老并不是宗法意义上辈分高的人,而是国家安排的一种职位,在单一级有父老,叫单父老,在里一级也有父老,叫里父老。俞伟超先生曾经指出,汉代基层设置的这些官吏往往在名称上和上级官吏是对应的。比如说我们现在中央有总书记,省委有省委书记,市委有市委书记,县委有县委书记,一直到村里还有党支部书记,都叫书记。秦汉时代也有这样的现象,比如郡有一个郡尉是管治安和军事的,县一级有县尉相当于县武装部长或者县公安局长,一直到乡、里,都有这个设置,汉代的"单"也有尉,而且有人还发现这个"尉"下面还管辖着一些人,这些人叫作"百众"。"百众"是什么人?我想大概是当时的民兵,或者用我们以前的话来讲叫作团练、民团。

除了尉以外,还有一些官是上级有这个称呼,下面也有这个称呼,比如长史。大家知道在汉代,郡县都有长史,里单也有长史,长史一般来讲是主官的副职,比如郡里面的长史就是郡守的副职,用现在的话来讲就是副郡长。在里中也有这个职位。还有谷史,现在发现的封泥还有所谓的谷左史、谷右史的分别。谷史管什么?有人说是管里单仓库的,相当于我们现在的集体仓库保管员。❶总之,有一系列非常复杂的设置,这是在单一级,这一级和我们前面讲到的行政系统、情治

---

❶ 俞伟超:《中国古代公社组织的考察——论先秦两汉的单—僤—弹》,北京:文物出版社,1988年。另,关于汉代"单"的新近研究,可参阅张信通:《秦汉里治研究》,第267—272页。

系统、信息系统、意识形态系统是平行的，有人称之为"民政社会系统"。可见当时这种组织应该是比较严密的，并不是通常有些人讲的所谓的"皇权不下县"这样一种模式。

我想大家都有疑问，秦汉时代生产力水平并不是很高，养得起那么多吃闲饭的干部吗？如果按照秦汉时代"里"的规模，大家知道一个里不过就是几十户、上百户，"里"这一级行政上要有里唯、里父老、里佐、里治中。在情治信息系统又要有一些人在邮里头任职。意识形态系统，要有社宰，还要有这么一大堆干部。里和单应该是同一级的，不过一个是行政，一个是民政，"单"还有那么多的称呼，加在一起，在几十户乃至上百户的一个居民点里头，各种各样的职位加在一起有几十个，这可能吗？所以我们认为，像这样的设置大概不可能全部设齐，或者会一人兼数职，但是从理论上讲，汉代在基层的管理体制已经具有了无所不包的功能。

像我之前讲的问题，汉代老百姓真的是集体出工、集体收工吗？而且出工、收工还要由领导点名，有这样的制度吗？从理论上讲，国家是能够做到的，只是国家在认为不需要的情况下，也可以不做。比如说要抓大家去修长城或者服劳役，完全能够做到监督到个人。如果仅仅去种自家的"责任田"，也可以不那么认真。对于这些设置，至少我个人是这样理解的，政府可以安排这么多的职位，但是在一般情况下实际上不会把它们都安排满，也就是说，几套班子开足马力运转的饱和度可以不高，或者人员上有重叠，可以兼任，像祭司、祭酒、谷左史、谷右史之类肯定不会天天都有活干。但它足以反映当时政府对社会的控制能力。

这么严密的控制其实就是为了维护皇权。可是我们知道，天底下没有一种制度是可以"永垂不朽"的，任何一种基于皇权安全的设置，都不可能让统治者完全放心，也不可能消除皇权面临的一切威胁。这也就是两千多年来中国一直是治极生乱、乱极生治，分久必合、合久必分的原因。秦始皇自认为他是始皇帝，要传帝位于一世、二世乃至

汉瓦当·"长乐未央"

万世，结果只传了二世，秦就亡了。以后也没有一个朝代能够"千秋万岁，长乐未央"——这是汉代宫殿瓦当上经常有的话，汉代长安最大的两个宫殿就叫长乐宫和未央宫。

没有一个朝代能够做到这一点，道理很简单，统治者对什么人都不放心，但是又不能什么事情都亲自管，因此他在设置官僚机构的时候按照法家的观点，就要强调"术"（权术），所谓的"君人南面之术"，要保证君主大权独揽，又要保证行政系统操作的可行性，"既要""又要"模式是有历史传统的。因此，就造成了中国两千多年来出现一些周而复始的怪圈，而其源头就在秦汉时代。

秦汉时代作为我们历史上的第一帝国，很多制度建设、制度安排以及这些制度安排要针对的问题，乃至虽然想针对但是又无法解决的问题，一直遗留了两千多年。每一个朝代都似乎能看到似曾相识的局面。

第二节 "五口百亩之家"与"闾里什伍之制"：规定与现实

秦汉乡村社会景观，人们谈得比较多的是两个概念，一个是"五口百亩之家"，这讲的是独立家庭经济，说每一家都是自给自足的。研究秦汉史的人经常张口就来，颇有点桃花源男耕女织的景象。但是同时又有很多人谈"闾里什伍之制"，感觉就像一个军营，甚至像个劳改营。这两种景象怎么才能统一起来呢？

现实生活很可能介于这两者之间，或者说新朝新政伊始管束严苛，到了王朝末年社会动荡时期便会松弛下来。西汉的经济、西汉的社会，毫无疑问基本单元是家庭，还特指的是小家庭。大家知道法家制度是不允许大家族、大家庭存在的，"民有二男以上不分异者，倍其赋"，很多迹象表明不仅秦有这个规定，汉大致也有类似的规定，包括不许族居、也不存在"率族而动"的现象。秦汉时代是实行小家庭制度的，这可以说是中国两千多年以来不变的一个现象。

有人老认为古代的家庭都是几代同堂的，那是政府表彰的一些非常少见的案例，而且通常都有官府信得过的身份。寻常人家如果有"百室合户""千丁共籍"的凝聚力，那你想谋反吗？除非是乱世，官府管不到，否则是不允许的。一般来讲百姓都是小家庭。但是小家庭是否都是五口之家？是不是一定有百亩土地？当然不一定，未必百亩，但是秦汉时代有所谓的"名田宅"制度，也就是说大部分人都有自己名下的土地，这个土地如果按照当时的观念，是国家分给他的。但这个所谓国家分配土地，也不知道是哪一代的事，很可能是一种说法而已。❶不过，大部分人都还是有土地的，虽然不一定是一百亩，家庭也不见得都是五口，就像所谓的"什伍之制"，不一定那么严格按照十进制、五进制规划。但是有一点，汉代朝廷对基层社会的控制还是比较严厉的。以前一直流行一种说法，说传统的政治制度非常宽松，国家只管到县城，县城以外是自治的乡村，所谓"皇权不下县，县下皆宗族，宗族皆自治"。我觉得从明清之际到晚清民国也许有这种现象，但那是"乱世"。在秦汉时代，在非乱世的情况下，从我们看到的材料综合分析，

---

❶ 不管是战国秦汉的授田制、名田制，还是北魏隋唐的均田制，国家分配土地都会出现由于人口增多而土地不敷分配的问题或现象。

当时政府对基层社会的管理还是相当严厉的。❶

尽管平时间里未必就像疫情时期一样，严管出入，也未必要点名，但是可以肯定当时朝廷如果需要，是可以对间里中的居民进行调遣的。按照商鞅的说法，当时的人口管理是"为户籍相伍"❷，"四境之内，丈夫女子皆有名于上，生者著，死者削"❸，说当时有一套比较完整的户口制度，所有人，不分男女，都有严格的户籍登记，出生了就登入，死了就删除。这个做法的目的是"使民无得擅徙"❹，任何人不得随便搬家，"行间无所逃，迁徙无所入"❺，"奔亡者无所匿，颉徙者无所容"❻，就是不能自由迁徙。这"不能自由"可以从两方面理解：如果未经官方同意，个人不能迁徙；但是官方如果要迁徙，你也不能赖着不走。秦汉时期国家不断地搞大规模的移民，不管是秦还是汉都曾经从关东大量移民关中，又从关中移民西北，像河西四郡，像北方的五原、朔方，也就是现在的河套地区、河西走廊地区，都曾经有过整批量的调拨移民，完全是官方行为。

从汉代的历史看，移民对民间对个人都是大破坏乃至恐怖至极的事，可想而知，一个家庭在一处落地生根、开枝散叶，生地种成熟地，总要积累点家当，有些坛坛罐罐。现在都有"搬三次家等于失一次火"的说法，何况是政府强制移民迁徙。东汉末的王符就曾经讲过当时的强迫移民景象。当时的人，国家不让迁移，个人如果移动就要受到惩罚，国家强制让你移而你不移也要受到惩罚。也就是说，个人是没有迁徙自由的，当然也不能拒绝被迫迁徙。

王符说"民之于徙，甚于伏法"，说强迫迁徙对老百姓来讲是天大

---

❶ 详见秦晖：《传统十论——本土社会的制度、文化及其变革》，第1—47页。

❷ 《史记》卷6《秦始皇本纪》，第289页。

❸ 《商君书·境内》。

❹ 《商君书·垦令》。

❺ 《商君书·画策》。

❻ 《管子·禁藏》。

的灾难，甚至比抓住杀头还要可怕。"伏法不过家一人死耳"，伏法不过就是一个人被杀了头，全家还不致完蛋，但是迁徙就不一样了，迁徙的结果是，"诸亡失财货，夺土远移，不习风俗，不便水土，类多灭门，少能还者"。迁到一个完全陌生的新地方，很多人都陷于绝望的处境，很少人能够生还，移民的死亡率相当高。因此当时的老百姓对这种强迫迁徙是非常恐惧的。每当朝廷下令迁民的时候，就要"至遣吏兵，发民禾稼，发彻屋室，夷其营壁，破其生业，强劫驱掠"，派一帮武装拆迁队，把百姓的庄稼都拔了，把百姓的房子都平了，然后把人赶走，而且是强行押解出去。这时候老百姓的反应，王符说："万民怨痛，泣血叫号，诚愁鬼神而感天心。"❶

秦汉时代的社会绝大部分居民点都是在围墙之中。乡村是这样，城里又是怎样的呢？是像电视剧里熙熙攘攘，马车人流不断，商贾店铺绵延吗？其实秦汉时代的都城基本上都是所谓的"宫城"。什么意思？城里头大量居住的不是一般老百姓，城墙里头的主要建筑也并不是民居，那个时候的城包括像长安这样的首都，某种意义上相当于明清以来的紫禁城，就是城里基本上都是宫殿。我们看到现在的汉长安80%以上的建筑区域都是宫殿区，包括长乐宫、未央宫、桂宫、北宫、明光宫，等等，除了这些宫殿以外，其余的地方有一大片还是政府的办公区，也就是所谓的官署区。大白话说就是，长安城要么是宫殿，要么就是机关大院，居民区占的地方很少。与现在电视剧描写的场景大相径庭。

汉长安据说有"九市"——九个市场，交易还是比较活跃的，但是汉长安的九市到底在什么地方，一直是后人研究的一个难题。因为汉长安本来就不大，现在通过考古发掘知道绝大部分地方都是宫殿和官署，所谓的九市在哪里就成了一个问题。现在很多人倾向于认为，汉长安的九市至少有相当一部分是在城墙外面的，汉长安的一些居民

---

❶ 《潜夫论·实边》。

尤其是老百姓往往居住在城外。后来的东汉洛阳也有这个特征。❶ 一直到明清都有这种现象，关厢——"关者城门也，厢者侧也"，往往是很热闹的地方，甚至比城内还要热闹。

汉长安的商业，似乎比隋唐长安还要活跃，市场也比隋唐长安（只有"东西二市"）更多，有人就说，这些活动主要是在城外进行的，一直到隋唐这个格局还是保留的，中国城市在隋唐以前的景观和宋以后截然不同。隋唐以前，城里基本是宫殿和衙门，在隋唐两代，城里头有了比较多的居民区，但是那时居民区和闾里什伍之制类似，也是有围墙的。❷

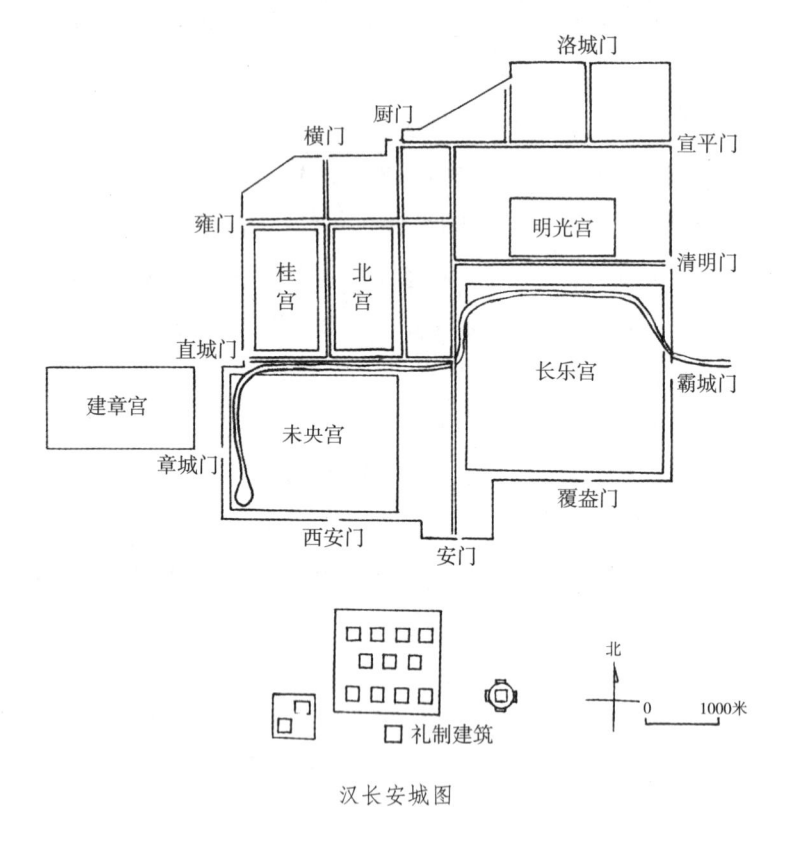

汉长安城图

---

❶ 参见钱彦惠：《西汉长安城市场研究——兼论汉魏洛阳城的市场》，载《考古学报》2020年第2期。

❷ 参见成一农：《中国城市史研究》，北京：商务印书馆，2020年，第65—74、100页。

总体来讲，一直到整个隋唐时期，中国城市的城墙里面基本上是一个个拥有高墙的大院子，叫作"里"或者"坊"。其实就是一个大城里套着一堆小城。而且当时的老百姓是不能够把房屋建在临街的，不能临街开门窗，必须建在坊内。就像前几年"清理低端人口"，清华校内不允许道路两旁房间开商店，甚至临街连门窗一律砌死。你们在校园里看看，那就是隋唐的"坊制"。一千多年前的制度照用不误。

因此当时城市的景观和宋代很不一样，进了城可以看到笔直的马路，马路两边基本上都是高大的坊墙，看不到民居，要走很远很远才看到有一个坊门。而且这个坊门早上日出后打开，下午日落前就关上。在门打开之前或者关上了以后，大街上根本没有任何人，就像宵禁一样。❶ 不是人们想象的人头攒动、商业繁荣、酒肆遍布。

秦汉时代，这种状态就更突出，城市里头连居民居住的坊都比较少。那时，无论城乡人口，政府都实行比较严格的管制政策。其中很重要的一项就是所谓的"八月算民"之制。❷ 什么叫"算民"？"算民"就是检查户口，核对人口。按照当时的规定，老百姓要缴纳人头税，这个人头税是一个会计单位，所以叫作"一算"，老百姓交的东西叫作"算赋"，实际上就是户口税。所谓"算民"就是清查户口。具体的检查过程叫作"案比"，也就是把户口簿摊开在桌子上，把所有的居民都叫来逐个核对。核对后，登记下来就是所谓的名籍名数。一场大乱或灾荒发生后，老百姓流散，史籍中往往就叫"浮游无籍""不书名数"，就是在户口上没有登记，"黑人""黑户""盲流"。每年造成户籍以后，要层层上交，一直送到中央。中央把这些户籍等资料都集中起来，

---

❶ 关于里坊制，参见成一农：《里坊制及相关问题研究》，载《中国史研究》2015年第3期。

❷ 汉王刘邦四年（前203年），"八月，初为算赋"，如淳注："《汉仪注》：民年十五以上至五十六出赋钱，人百二十为一算，为治库兵车马。"见《汉书》卷1上《高帝纪》，第46页；"汉法常因八月算人"，《后汉书》卷10《皇后纪》，第400页。

这个过程叫作"上计"。❶

"二十四孝"中有一个江革,被称为"江巨孝"。江巨孝具体的孝顺是怎么表现的?汉代的规定是每年到八月,一个县境内的老百姓,无论住在哪个偏僻角落,不分老幼都必须跑到县城去,由县衙点名核对户籍。每一家都要全家人到县里按时报到,县里头有关的官吏就拿着户口核对,张某在不在,李四在不在,张某死了就要删除,李四出生的孩子还没有报就要登记。每年八月都有这么一个固定不变的核对手续,而且这个过程,是相当劳民扰民的。因为要求所有老百姓都必须到县里,而不是县里派人下去调查。据说江革这个人对母亲很孝顺,八月算民的时候,母亲年纪很大了,江革就害怕用牛拉车,因为路况差加之牛不通人意,会比较颠簸。书上记载,每次八月算民时他都不用牛马拉车,而是自己拉着母亲坐的车到县里去,意思是他很体贴,会有意识地避开坑坑洼洼,让母亲尽量少受颠簸,少吃些苦头。❷这个故事也表明当时的"八月算民"执行力度之严格,"一个都不能少",老弱病残都得去。

现在还保留下来一块汉碑,是有关谷城县令张迁的。大家知道"张迁碑"很有名,名气大在书法上。张迁碑被认为是汉隶第一碑,是我们现在保留的隶书书法碑帖中最有名的。且不论书法,这碑其实还是珍贵史料。《张迁碑》中有一项说张迁"八月算民,不烦于乡,随就虚落,存恤高年"。意思是说张迁这个县长的确关心老百姓的疾苦,采取了一项改革,每到八月算民的时刻,不是让老百姓到县城,而是自己率领县里的干部到乡下去清点户口,为的是"存恤高年",不让这些老弱病残走路太辛苦。这句话也表明,"八月算民"执行起来绝不马虎,大部分情况下是老百姓必须到县里来点卯,碰到张迁这样的人民好干部,他就

---

❶ 可参阅:韩连琪:《汉代的户籍和上计制度》,载《文史哲》1978年第3期;钱剑夫:《汉代"案比"制度的渊源及其流演》,载《历史研究》1988年第3期。

❷ 《后汉书》卷39《江革传》,第1302页。

东汉张迁碑　　　　　　　张迁碑局部"八月算民"

会主动下乡。但这就是一桩很了不起的仁政，必须在碑刻上大加赞颂。

按照《管子》的说法，国家对老百姓管理要严格。国家必须"塞民之养，隘其利途"，每个人干什么事国家必须要有所管制，不能让这些人自由打工，随意谋生。所谓"隘其利途"，就是对这些人的收入途径要给予钳制约束。目的是通过制度设定，实现"予之在君，夺之在君，贫之在君，富之在君"。皇帝要百姓干什么，百姓就得干什么，你的东西都是皇帝给的，皇帝如果不想给，他就可以拿走，韭菜哪有不给割的道理？皇帝要你穷你就穷，皇帝要你富你就富，所以皇帝就有了至高无上的权力。"民之戴上如日月，亲君若父母"，❶实际上这讲的是汉代的社会管理。

---

❶ 《管子·国蓄》。

第五章　强国弱民：秦汉帝国的政治制度　281

第三节　唯上、弄权、枉法的酷吏与循吏及豪强

对于治理老百姓，秦汉时代的人们经常有各种各样的说法，其中司马迁的《史记》中就提到了两个概念，一个叫作"循吏"，循循诱导的"循"，也就是遵循儒家道德观念，比较强调用教化来治民的这些官吏；一种叫作"酷吏"，所谓酷吏是强调严刑峻法，冷酷铁腕，类似于专案组上"手段"搞逼供信的人。除了循吏、酷吏以外，当时还有一些非官方的"地头蛇"，他们是本地产生的或者我们称之为体制外的精英，这些人在当时的史籍中叫作"豪强"，用现在的话说，是国家"打黑"的目标。"豪强"这个词在秦汉时代史料中经常出现，而且带有强烈的贬义性。在秦汉时代，对"豪强"的贬义要超过"酷吏"。

我们通常讲循吏相对而言是比较儒家化的，他们往往强调要用道德观念来维护社会秩序。从我们现代的法治观念看，提倡靠善人来维持秩序，这是一种人治。现在讲的法治要以法律为准绳。如果以"道德挂帅"，讲伦理中心主义，就要依靠贤人来进行治理，所谓贤人就是好人、善人。如果寄希望于他们来治理社会，当然可以说这是一种人治，而不是法治。在秦汉时期谁是主张法治的？以前有一种说法，认为酷吏代表法家那一套，强调用法而不是用礼、用德来治理社会。因此有些人说，这个酷吏或者法家更接近于现代社会所讲的法治概念，而儒家就是主张人治的。

说儒家主张人治应该没错，儒家绝没有现代意义上的法治国家的思想，在那个时代肯定是没有的。但我们在逻辑上不能说，贤人政治属于人治，因此只要不是贤人政治就是法治。我们也不能反过来讲，所有的人治都是道德至上、伦理中心的，更不能说只要不讲道德就是秉公执法。这是两个不同的概念，但是并不是反义词。

实际上，所谓的酷吏、所谓的法吏，不是以伦理为中心的，不是道德挂帅的，但必须强调，他们的治理不是以法律为准绳，也不是提倡在法律面前人人平等的。所谓酷吏，实际上是一种权力中心主义的法家政治观，强调的是对权力的垄断。这种对权力的垄断与强调道德其实都属于人治，但是酷吏对法治的破坏作用——确切地说是对建设法治的阻碍作用，应该说要比伦理型的儒家人治更甚一筹。

我们清楚现代意义上讲的法治是什么。其实现代意义上的法治，说穿了就是以人权为基础的一种法律秩序，每一个人都有他的合法权利，应该得到保障。法律就是为了保障人权的，因此，法律对社会上的每一个人都构成约束，之所以约束就是因为害怕有人侵犯别人的权利。那么谁最有可能侵犯别人的权利呢？就是那些有权有势的人。法治首先要限制谁？首先是要限制政府，限制有权胡作非为的人。至于限制老百姓，那是次要的事。

但是秦代的法家不是这样。我前面已经从理论上澄清了所谓法家主张"王子犯法与庶民同罪"、法家"守法"、法家虽然残酷但"恶法亦法，胜于无法"、法家的性恶论有利于法治，等等，都是完全没有根据的奇谈怪论。秦代法家讲的"法"治就是我前面讲的——"法、术、势"，主要是管老百姓的，不是管皇帝的；是维护皇权，而不是维护人权的。与现代法治精神恰恰相反，法家只讲权力（power），不讲权利（right）。因此不仅皇帝是不受制约的，任何有权者对于无权者都是不受制约的。法家的做法可以说它是不讲道德的，但绝不能说它是讲法律的。更准确地说，它只讲"权力意志"，是靠赤裸裸的无限权力来进行治理的。

一直以来，史学家认为汉代的吏治体现了儒法两种传统，法家的传统就是酷吏，而儒家的传统就是循吏。而且曾经在一个时期，比较有代表性的一种观点认为，循吏以道德治理是比较落后的人治，而酷吏以刑法治理，虽然不是近代意义上的法治，但是却包含了一些近代意义上法治的因素，比儒家要进步。这种说法尤其在20世纪70年代非常流行。❶但是自20世纪90年代以来的一些学者,像研究汉代司法制度的于振波先生,提出了一些不同的看法,他认为如果从现代法治的眼光去衡量,法家比儒家距离法治更远,反映在汉代的吏治中,就是酷吏比循吏要离现在的法治更远。❷

汉代的"酷吏"不完全是一个贬义词,所谓"酷吏"其实就是公事公办、不讲人情、执法严苛的一类官员。就个人品格而言,他们有廉有贪,但是不管贪腐还是清廉,"酷吏"的一个主要标志是,为皇上办事非常干练强硬。如果为皇上办事手段强硬的同时又给自己捞好处,那就是贪腐的酷吏;如果为皇上办事严格用权,而自己又洁身自好不图私利,这就是所谓的清廉的酷吏。但不管怎样,他们都是酷吏。这种执法严苛的酷吏在汉代的史书中又叫作"文深""文恶"的"文法吏"或"文吏"。❸

"文法吏"所具备的主要素质就是一切按照上面的意志办事,专心事主,唯权是趋,不受到任何道德良知的约束。韩非曾明确讲,"人臣毋称尧舜之贤,毋誉汤武之伐,毋言烈士之高",不要讲什么理想道德,不要有什么圣君明主的观念,不管皇上圣还是不圣、明还是不明,只要办案者"尽力守法,专心于事主者,为忠臣"。❹不管上面交代的事做得对还是不对,只要上面怎么说你就怎么做,那你就是忠臣。因此,韩非提出一个观念,叫作"无先王之语,以吏为师"。❺什么叫"先王之语"?所谓先王是古代传说中尧、舜、禹、汤等贤明君主,儒家老是讲这一套,而且用这一套衡量来自上面的旨意。如果来自上面的旨意是合乎圣贤之

---

❶ 参阅周炽成:《闹剧背后:从思想史的角度看"评法批儒"运动》,载《现代哲学》2006年第2期。

❷ 于振波:《汉代的循吏与酷吏》,载《湖南城市学院学报》2006年第1期。

❸ 于振波:《秦汉时期的"文法吏"》,载《中国社会科学院研究生院学报》1999年第2期。

❹ 《韩非子·忠孝》。

❺ 《韩非子·五蠹》。

道的，就说是好的主张，我要贯彻。如果上面的主张和圣贤之道不符合，就说我要从道不从君，上面的规定是错的，我不能执行。

按照韩非的说法，主观能动性强，这怎么能行呢？像这样的官就不是好官，考察官吏的话这样的人就不能用，我们只要求这些官吏服从命令，照章办事，贯彻上面的意图，像AI一样服从指令。至于上面的意图对不对，是不是应该有自己的价值判断，这并不需要执行者思考。执行者不要有什么价值判断，也不需要有什么善恶是非这一类观念，只要严格执行皇上命令、执行上级指令，满足皇上的意愿，那就应该是人们引以为师的文法吏。

汉代虽然在汉武帝时期声称"尊宠儒术"，一直到后来的宣帝时代，按照《汉书》中的说法是"所用多文法吏，以刑名绳下"❶。一直到东汉的光武帝、汉明帝，都是号称"尤任文法"。❷ 汉儒董仲舒虽然被认为是促使汉武帝独尊儒术的代表，被认为是秦汉新儒学的典型，但是董仲舒在吏治方面的言论却和法家差不多。他也主张"名责实，不得虚言"，"不能致功，虽有贤名，不予之赏；官职不废，虽有愚名，不加之罚"❸。什么意思呢？就是说某人虽然是贤人，老百姓都说你好，但是你不能为皇上立功，那么我就不能赏你。相反的，即使有人没有贤名，大家都说你刻薄寡恩，心狠手辣，但是你能够为皇上认真办事，这也不能处罚。尤其在汉武帝时期，一方面号称是崇儒、独尊儒术，但是另一方面汉武帝恰恰是任酷吏、严刑法，"缓深故之罪，急纵出之诛"，

---

❶ 《汉书》卷9《元帝纪》，第277页。

❷ 东汉光武帝"既以吏事自婴，帝（明帝）尤任文法，总揽威柄，权不借下"。见华峤：《后汉书》，周天游辑注：《八家后汉书辑注》（上），上海：上海古籍出版社，1986年，第512页。光武帝"退功臣而进文吏"，直到汉顺帝时郡国举孝廉，"限年四十以上，诸生通章句，文吏能笺奏，乃得应选"，文吏仍与儒生并举。见《后汉书》卷1下《光武帝纪》、卷6《孝顺帝纪》，第85、261页。阎步克先生有详细论述，见阎步克：《士大夫政治演生史稿》，北京：北京大学出版社，2015年，第367—373页。

❸ 《春秋繁露·考功名》。

任用酷吏，大搞严刑峻法。这个时候酷吏开始泛滥。按照班固的说法，"自是以至哀、平，酷吏众多"，从汉武帝以后直到西汉末期哀、平时期，酷吏众多，即汉武帝以后的西汉后期，当时官吏是以严酷、严厉为风尚的。❶

那时候的一个特点是"上下相驱，以刻为明；深者获公名，平者多后患。故治狱之吏皆欲人死，非憎人也，自安之道在人之死"。❷意即所谓"深刻"是当时的时尚。我们知道"深刻"现在是指见解不浅薄，有想法有洞见，但在古汉语中，秦汉时代"深刻"这个词的词义和现在不同，那个时候的"深刻"就是绝不姑息、从严打击的意思。把可杀可不杀的坚决杀掉，就叫"深刻"，而可杀可不杀的不杀，这就叫"平"，比较温和、平缓。就是说即使太过于"深刻"，打击面扩大，滥杀无辜，这虽是罪过，却是一种比较轻微的罪过，如果有漏网的就是大罪。当时吏治上通行的风气是宁可错杀不能漏网。奉行"上下相驱，以刻为明"，如果执法者严刑峻法就会得到表彰，但是如果心慈手软，手下留情，就可能受到指责乃至制裁，所以"治狱之吏皆欲人死"，狱吏拿不到他们想要的证据就往死里整，不信你不招。于是这些官吏判案都是强调从重从严，强调多杀人，可杀可不杀的杀。

为什么酷吏都喜欢杀人呢？路温舒说，并不是因为他们对这些人有什么仇恨，而是如果放宽松了，就可能会被免职，遭到制裁。如果心慈手软，同情疑犯，就犯了大忌而不能再被重用了。所以，路温舒说"非憎人也，自安之道在人之死"，这些人死多了，证明罪犯猖獗，审案人的位置就可以保下来，他们的饭碗才有"可持续性"。因此在那种风气下，酷吏即使因为过于残酷被免职，也往往被上面看作是效忠能干、斗争性强的好吏。尽管斗争性可能太强，冒头过火了一点，采取逼供信拿到的口供未必符合事实，但是这都不要紧。倘若错杀了很

---

❶ 《汉书》卷23《刑法志》，第1101—1110页；卷90《酷吏传》，第3676页。
❷ 《汉书》卷51《路温舒传》，第2369页。

多人，办了很多冤假错案，招致很多不满，上峰会暂时让你回避一下风头，等这个风口过去，上面还是会用你的。但是如果你心慈手软或者比较较真地秉公执法，在上面人看来你就不再是一个好的工具，下场很可能还不如贪官污吏。因此就产生了很多有意思的故事。

汉代有一个很有名的酷吏叫尹赏，曾因用刑过重致使犯人残废，皇上为了有个交代就把他免职了。但是尹赏不久后再次复出，办了不少大案要案。临死时他把儿子叫到身边，交代道："丈夫为吏，正坐残贼免，追思其功效，则复进用矣"，说如果作为一个官吏，整人整得太狠，制造了冤假错案，会被罢免，但是以后皇上追思起你的能力和效绩来，很可能会再次受到重用。但千万不要"坐软弱不胜任免"，如果你被罢免是因为软弱，在皇上那儿你就失去了使用的价值。"终身废弃无有赦时，其羞辱甚于贪污坐臧。慎毋然！"❶ 在这种情况下，德治礼治当然谈不上。这跟我们讲的近代意义上的法治接近吗？我们不要说以维护公民权利为本的现代法治，即使是传统意义上所讲的秉公执法、清正廉明，在这样"只认皇上不认法"的背景下恐怕也很难实现。

在汉代，文法吏有很多讲究，文法吏在史书中又叫作"文史法律之吏"❷，或者叫作"文吏""刀笔吏"。在汉代人的观念中，吏和儒是相对立的，也就是说几乎是反义词。我们知道汉代据说是独尊儒术的，东汉的王充还曾经写文章谈论儒和吏的得失，核心观点是"儒有所长，吏有所短"。王充说儒不见得是没有用的，还是有点用的，吏也不见得是什么问题都可以解决的，吏还是有它的短处的。

> 论者多谓儒生不及彼文吏，见文吏利便，而儒生陆落，则诋訾儒生以为浅短，称誉文吏谓之深长。是不知儒生，亦不知文吏也。

---

❶《汉书》卷90《酷吏传》，第3675页。
❷《汉书》卷58《儿宽传》载："时张汤为廷尉，廷尉府尽用文史法律之吏"，第2628页。

儒生、文吏皆有材智，非文吏材高而儒生智下也；文吏更事，儒生不习也。谓文吏更事，儒生不习，可也；谓文吏深长，儒生浅短，知妄矣。

世俗共短儒生，儒生之徒亦自相少。何则？并好仕学宦，用吏为绳表也。儒生有阙，俗共短之；文吏有过，俗不敢訾。归非于儒生，付是于文吏也。夫儒生材非下于文吏，又非所习之业非所当为也，然世俗共短之者，见将不好用也。将之不好用之者，事多已不能理，须文吏以领之也。夫论善谋材，施用累能，期于有益。文吏理烦，身役于职，职判功立，将尊其能。儒生栗栗，不能当剧；将有烦疑，不能效力。力无益于时，则官不及其身也。将以官课材，材以官为验，是故世俗常高文吏，贱下儒生。儒生之下，文吏之高，本由不能之将。世俗之论，缘将好恶。❶

所谓的"独尊儒术"其实可能尊的是"术"，很难说汉王朝真正在尊儒，否则王充为儒辩护怎么会说儒有所长呢？如果当时真的是重儒轻吏，那么他就不会做这种论证，而是会反过来说，儒尽管有很多很多好处，但终究还是有点局限，应该说"儒有所短，吏有所长"才对。但是王充的语气完全相反，他其实是想表达：官场中经常认为儒是没用的，吏是可以解决一切问题的，这是时下流行的主张，但是应该重用儒生，儒吏至少应该平起平坐，但我们现在还做不到这一点。所以，"儒表法里"这个概念的确是这样。现实生活中韩非讲的"以吏为师"，到了东汉仍然如此，所谓"独尊儒术"只是宣传的需要，一是改造后的"儒"早已面目全非，二是在国家机器的张力中要有"儒"的"润滑剂"来缓解吏造成的紧张。

吏必备的技巧——我们现在讲的专业知识，是什么呢？是会灵活地使用法律条文，会非常精通于"自由裁量权"。法律这样解释那样解

---

❶ 王充：《论衡·程材》。

释,里头有非常大的弹性空间,善于利用这个空间,在汉代史书中就叫作"善史书"❶。古汉语有两个特征,一个是同音转假,一个是形式转假,音相近的和形相近的词往往可以转用。所谓的"史书"其实就是"吏书",吏就是"史"字上加一横。而且我们知道,中国早在三代就有所谓的巫史文化,巫就是搞宗教的,史就是记事的,具体办事的,因此"史"和"吏"两个字在早年是互通的。

这也就可以解释为什么中国很多官吏带有一个"史"字。大家知道长史、御史大夫、都御史、刺史等官职,其实长史、御史、刺史的史都是吏的意思,并不是长史长于历史研究,御史就是御用史学家,谬也,这些"史"其实都是"吏"的意思。当官专门有一种技巧,就叫"善史书",就是要会写文章。什么叫作会写文章?难道古人都不会写文章吗?用今天的话来讲就是会强词夺理,话看怎么说,类似于"讼辩""庭辩",巧舌如簧。一个人明明犯了罪,可以把他写成没罪,你明明没罪,我可以"以文内之"。"以文内之",颜师古解释为"饰文而入为罪"❷,明明没有罪,可以找出各种理由加之以罪,就是我们今天讲的罗织。

什么叫作罗织罪名?在什么情况下我可以把有罪的说成是无罪的呢?如果我揣摩上意,觉得上面是想帮这个人,或者这个人是得宠的,我就可以把有罪的通过种种文过饰非,说成是无罪的。如果我发现上面想整这个人,而此人又失宠了,或者要丢卒保车,或者要整他背后的人,他是个突破口,那么吏就可以想办法调动自由裁量权,把他的无罪也说成是有罪,表面上还能做到有礼有节令人信服。有了这个本事,那就很牛啦,大家都很害怕你,因为你的手笔,所谓的"刀笔"太厉害了,你能把黑说成是白,能把白说成是黑,你能把有罪的人说成无罪,把无罪的人说成有罪,如此之人谁不怕呢?这样的人于是就

---

❶ 例如,《汉书》记载,酷吏严延年"尤巧为狱文,善史书",见后文。
❷ 《汉书》卷90《酷吏传》,第3669页。

有了很高的地位。

史书中就说张汤"尽用文史法律之吏"。颜师古注："史谓善史书者。"❶ "史书"即"吏书"。西汉有一个很有名的官吏叫严延年，他的特点是"巧为狱文，善史书，所欲诛杀，奏成于手，中主簿亲近史不得闻知。奏可论死，奄忽如神"。说这个人非常厉害，他只要想杀一个人，写的奏书就会尽量罗织这个人如何如何该杀，而且他一手包办，别人都不得与闻。只要他把这个材料报上去，嫌犯就必死无疑，因为他很会罗织罪名。严延年的本事还在于，"众人所谓当死者，一朝出之，所谓当生者，诡杀之"，有一个人犯了罪，大家都认为他是该杀的，吏可以找出各种各样的理由让他逃生；众人认为不该杀的，吏可以罗列出各种罪状来"诡杀之"。颜师古解释说，"违正理而杀也"。

严延年的本事还在于，"吏民莫能测其意深浅，战栗不敢犯禁"，"案其狱，皆文致不可得反"。后面的人想要清理冤假错案，结果看他经手的案卷，罗织得非常之好，甚至连平反都无处下手。他可以振振有词地说你这一条有恶毒攻击，那一条有什么什么，可以把鸡毛蒜皮的东西都搜罗得很仔细，要平反冤假错案都很困难。总之，不论是"曲文以出之"还是"以文内之"，"巧为狱文，善史书"的酷吏都能"奄忽如神"，而且让人难以翻案。❷

这种事情多了以后就产生一种语义上的现象，就是所谓的"善史书"，这个"史"在这种意义上用得多了，几乎成了实事求是的反义词。今天看来是我们这些以史为业的人的耻辱。也就是说在汉代人的心目中，所谓"史"就是巧舌如簧地胡说八道，如果不能把胡说八道编造得天花乱坠，那别人就会说你不够"史"，如果说某人很"史"，那就是说这个人很会摇唇鼓舌、强词夺理地编排。《仪礼·聘礼》里面就有这句话"辞多则史，少则不达"。什么意思呢？就是说一个人话不能说

---

❶ 《汉书》卷58《儿宽传》，第2628页。
❷ 《汉书》卷90《酷吏传》，第3669页。

得太多，说得太多就容易漏洞百出露出破绽、偏离事实了，但是也不能说得太少，说得太少，该表达的表述不充分不准确。早在孔子时代就有这种说法，"质胜文则野，文胜质则史"❶，什么意思？"质"就是内容，"文"就是表达形式，如果你写的文章太过于强调内容而不注意形式，本来内容很好的文章，但是用词比较粗鄙，满篇都是"乡野粗俗"不登大雅之堂的语言，孔子认为这不好，因为文章太野，不够高雅。大家知道孔夫子是一个比较讲究词语表达之人，粗俗、鄙陋的表达他看不上眼。但同时他还强调，如果辞藻表达信达雅，但是内容很水很糟糕，用很好的表达去讲一种歪理，去讲一种不能成立的道理，在孔子看来这就叫"史"。言下之意，搞"史"的人就是净讲歪理的，尽是所谓的舞文弄法之徒。

什么叫作"史书"呢？汉代郡国挑选官吏都要挑选"便巧史书，习于计簿，能欺上府者"，"以为右职"。❷何为"右"？大家知道在古汉语中"右"尊"左"贱。现在"右派"有时是个贬义词，如果在汉代，"右派"则是属于比较受尊敬的，在当时"右"比"左"要尊贵，这是所谓的以"右"为尊。当时什么样的人可以被重用呢？就是那些"便巧史书，习于计簿，能欺上府者"。这些专门善于舞文弄法，善于把龌龊的事情说得理直气壮、冠冕堂皇，说得非常之高雅、非常"正能量"而高大上，善于从坏事中发现闪光点的人，很会设身处地从官方立场出发，这些人能够讨得上面的欢喜，可以欺上瞒下，这些人往往会得到尊贵的职位。

于是当时就有了一个俗语，叫"何以礼义为？史书而仕宦"❸，什么样的人是有礼义的？是那些靠着舞文弄法能够当大官的人。这当然是一种讽刺。因此，所谓"史书"就是舞文弄法之技，所谓"法吏"就是以权乱法之徒。与循吏相比，他们当然不太谈道德，但是他们并不

---

❶ 《论语·雍也》。
❷ 《汉书》卷72《贡禹传》，第3077页。
❸ 《汉书》卷72《贡禹传》，第3077页。

因此就更适合于法治。我们以前往往把德治与法治当作对立的两个概念，似乎只要是德治，就违背法治，只要讲法治，好像大家就不可以谈道德，这是一种极大的误解。

当时的这种文法吏往往被儒家轻视地称为"刀笔吏""俗吏"❶，尽管这样，刀笔吏还是盛行一时，风头盖过循吏。根据很多人的记载，这是汉武帝以后的一个很严重的社会弊病，这个风气在"独尊儒术"以后并没有减少，反而在西汉晚期愈演愈烈。

按照现在流行的说法，循吏代表儒家的礼治，而酷吏代表法家的法治，前者重视教化，后者重视严格执法。但是这个说法看来是不对的。现在不少学者认为，循吏的确是比较重视教化，比较重视道德，但是在法律适用的范围内，其实恰恰是循吏比较守法，比较依法办事。这里并不是指现代意义上的法治，而是传统意义上讲的依法办事。谁更能依法办事呢？不是酷吏，而是循吏。虽然循吏平时讲道德，但是真正该用法律的时候，他们还是相对能依法办事的。

司马迁在《史记》中写的《酷吏列传》，没有过多对酷吏和循吏两个概念予以道德上的评价，并没有说循吏是好人，酷吏一定就是坏人。在司马迁的《酷吏列传》里，他讲的酷吏中有很多是廉洁奉公洁身自好的。比如汉景帝时代的郅都，他是一个比较清廉的人。但是酷吏中也有很多贪赃枉法的，包括宁成、杜周。❷要总结的话，酷吏有一个共同的特点，就是不管是清官还是贪官，都忠实执行上级的旨意，以皇帝的利益为重。因此，酷吏往往都对豪强构成一种威胁，酷吏是打击豪强的，中央集权往往借用酷吏来"打黑"。

中国传统的一句话讲"强龙压不过地头蛇"，当然这未见得是真理，

---

❶ 如："夫移风易俗，使天下回心而乡道，类非俗吏之所能为也"；"今俗吏所以牧民者，非有礼义科指可世世通行者也，以意穿凿，各取一切。是以诈伪萌生，刑罚无极，质朴日消，恩爱寖薄。"汲黯骂张汤："天下谓刀笔吏不可为公卿，果然。"《汉书》卷22《礼乐志》，第1030、1033页；卷50《汲黯传》，第2318页。

❷ 《史记》卷122《酷吏列传》，第3133、3134、3154页。

强龙有时候就是能够压过地头蛇,在这个话语语境中,强龙就是酷吏,地头蛇就是豪强。豪强代表了一些地方势力,而酷吏是在法家的中央集权政策下,贯彻皇帝的意志,扮演打击豪强的一种角色。因此,酷吏对于豪强的优势其实也就是强龙对于地头蛇的优势,是法家化的一个很重要的内容。

酷吏不管是清廉的还是贪腐的,在无条件满足皇帝的欲望或者执行皇帝的旨意这一点上是一致的。也就是说,像郅都这样的清官在忠于皇帝的前提下也许比较理想主义,也许想为老百姓做一点好事,而宁成、杜周这样的贪官,他们当酷吏是为皇帝办事,同时自己也要捞好处,借机中饱私囊,但是,这两种人在无条件贯彻上级的意图或者贯彻皇帝的意图这一点上是一致的。因此,从今天的眼光看,酷吏打击豪强这样一种现象是不是应该无条件地予以肯定,就看站在什么立场上了。

在汉代,"豪强"是一个被人们经常提及的名词。豪强的特点是:第一,大多没有权贵身份,属于平民;第二,很有势力,在地方上就会"武断于乡曲"❶。所谓"武断于乡曲"就是在当地称王称霸,非常有势力,当然也会对当地老百姓造成灾难。但是,由于豪强作为地头蛇,是地方上产生的,要有地方的基础,要有地盘,要有地方上的观念,生活在一个熟人社会中,因此豪强的行为其实也是有制约的,也就是我们经常讲的"兔子不吃窝边草"。要世世代代在这个地方待下去,他生活的环境是熟人社会,如果是一个无赖,像刘邦那样的人,就很难成为豪强,或者很难稳定地成为豪强。刘邦这样的无赖当亭长完全是基于朝廷背景,刘邦当然不是豪强,但刘秀是豪强❷。这两个人虽然都

---

❶ 《史记》卷30《平准书》,第1420页;《汉书》卷24上《食货志上》,第1136页。
❷ 关于刘秀的家庭背景及起兵前的经济状况,参见宇都宫清吉:《刘秀与南阳》,载刘俊文主编:《日本学者研究中国史论著选译》第3卷,北京:中华书局,1993年,第618—645页。

是基层起家，但是背景却有很大不同。

刘邦可以说是一个无产的勇敢分子，他爹经常责怪他，就是因为他吊儿郎当没有治下产业，后来刘邦得到了国家，就对他爹说，你看，我的产业和我哥谁多？国家就成了他的产业。❶刘邦本人是一个混混刺头，他当上亭长完全是为国家办事，是国家授予他这种地位。但是刘秀就不一样，刘秀并不是基层干部，也不是什么派出所所长、片警之类。刘秀是一个大地主，是一个在地方上有很大势力的人。❷我们可以假设此人刘秀也是在地方上作威作福的，不是民主选举出来的地方领袖。但是，由于他是世世代代生活在当地的，因此我们可以设想，实际上他行使权力还是会受到一些制约。因为一个人如果祸害本乡本土，遭到乡亲们的唾弃，他不可能愿意生活在周围仇视敌对的环境中，"兔子不吃窝边草"的观念还是有的。

但是酷吏不管是清廉的还是贪腐的，一个共同的特点是"酷"，所谓"酷"就是解决问题不择手段。雍正年间有一个非常有名的清官是河南巡抚田文镜，这个人在电视剧《雍正王朝》中大家可能见识过，在剧中这是个非常重要的角色。在《雍正王朝》中，田文镜是一个正面人物，是雍正很欣赏的人，被视为"能臣"。《雍正王朝》这部电视剧是歌颂雍正皇帝的，当然也非常捧田文镜。田文镜是一个为皇帝办事不讲私情，敢于得罪地头蛇的人，绝对是一个强龙，而且他也很清廉，因此得到了雍正的表彰。

《雍正王朝》播后不多久，中视传媒影视公司又拍摄了另外一部电视剧，叫作《天下粮仓》，讲的是乾隆年间的事情。《天下粮仓》这部电视剧歌颂了刘统勋这个人物，他是乾隆表彰的一个人。刘统勋以什么出名？以对抗田文镜出名，田文镜在《天下粮仓》里变成了一个反面人物。究竟田文镜做了什么事？田文镜是清官不假，到死都很清廉，

---

❶《史记》卷8《高祖本纪》，第386—387页。
❷《后汉书》卷1《光武帝纪上》，第1—3页。

但他有一个特点，为了忠于皇帝可以肝脑涂地到不择手段，而且整天只讲皇帝喜欢听的话，绝对是报喜不报忧。

他治理下的河南年年都超额完成上级交办的任务，钱粮绝对年年超额。而且上面问，你们河南有什么困难吗？他绝对会讲我们没困难，其他地方有困难，我们愿意支援，我们是顾全大局的，我们是为皇帝分忧解难的。结果河南年年钱粮都超额，可是河南的老百姓就惨了。河南在田文镜执政时期多次发生大饥荒，但是田文镜很大公无私，从来不上报，不要国家照顾，并放出豪言：我们的困难我们自己克服。当然不是田文镜本人克服了，而是让河南的老百姓克服。冒歉为丰，匿灾不报，报喜不报忧，在大灾之年田文镜仍然苛征钱粮，结果导致河南的老百姓活不下去，大量流亡到邻省。陕西、安徽、山东都出现河南的流民，一下涌进大量流民，造成地方的治安及各方面的社会问题，于是灾民流入地的官员纷纷向雍正报告，说现在不得了了，有大量的河南灾民涌入我们这里。田文镜这下子瞒不住了，消息就"烂包"了。雍正发现问题的严重性，派人下去调查，一调查，果然是欺上瞒下好大喜功。雍正怎么办？

雍正说田文镜还是要保的，但出现这种情况也要有个交代，于是下了个诏书说：田文镜这个人一贯是个好臣子，现在也是很不错的，大家还是应该向他学习，但是他毕竟年纪大了，容易被下面的人蒙混欺骗，造成这样的现象是因为下面的县官据实不报，他受到部下的蒙蔽，所以有一些事情他不知道。这样就把事情给糊弄过去了。但当时有些人对这样的处理非常不满，乾隆年间就有人跳出来弹劾田文镜，比如刘统勋，于是乾隆就把田文镜的名誉给贬下去了。田文镜到乾隆年间，肱骨之臣的形象被破除，这说明什么？田文镜这个人其实就是汉武帝时代郅都那样的人，这个人虽然不是贪官，但是他为皇帝办事、向皇上表忠心是以牺牲百姓的利益为代价，的确会造成严重的社会问题。因此不管个人品质怎么样，这种制度是有问题的，这种制度不是德治，但也不能说它是法治。类似的状况在大饥荒中又重演了一遍。

汉代酷吏有一个特点，他们本人都是当时的法律专家，而且很多法律就是他们制定的，像张汤、杜周这些人本身就是汉律的制定者，某种意义上讲他们是最懂法的。但恰恰是他们有法不依，绝对是超乎法律之上，法律只是他们上下其手的工具。有的人明明有罪，他们可以"以文出之"，有的人明明无罪，他们可以"以文内之"❶，是属于知法犯法。而知法犯法的原因不是因为他们太讲道德，恰恰是因为他们心中只有皇帝，只有权力，惟此惟大。他们实行的既不是法治也不是德治，而是"权治"。谁的权力大，谁是上级，我就听谁的，皇帝怎么说我就怎么做，甚至皇帝不用说我都可以揣摩他的意思，然后按照他的思路做。至于这个意思合不合乎我自己制定的法律，这都不重要，只要我忠心地为皇帝办事，皇帝就会记得我，哪怕我过激了，杀人过多都不要紧，这就是我前面讲到的尹赏的逻辑。❷

相反，循吏是另外一种操作模式。如果按照司马迁的说法是"奉法循理之吏"，这些人"不伐功矜能"，用今天的话讲就是不追求政绩。讲得简单一点就是，这些人不一味讨好上面，贯彻朝廷旨意往往不是非常积极。"百姓无称，亦无过行。"他们也许显得比较平庸，并不是像郅都那样的角色，但是也没有什么过错。❸ 司马迁说这些人"不教而民从其化"。❹ 司马迁对他们的评价其实不低，这些评价本身包含了法治和德治两个方面。在《后汉书·循吏列传》中曾经提到一个任延，他本是县令，因廉洁奉公马上要升官当武威太守了。但他是个循吏，坚持原则比较死板，没有完全按上级意志办事，因此得罪了上级长官。光武帝很欣赏这个人，便在他赴任前召见了他。光武帝对他说："你还

---

❶ 严延年在河南太守任上，"摧折豪强，扶助贫弱。贫弱虽陷法，曲文以出之；其豪桀侵小民者，以文内之。"《汉书》卷90《酷吏传》，第3669页。

❷ 《史记》卷122《酷吏列传》，第3137—3144、3152—3154页。

❸ 司马迁说："奉法循理之吏，不伐功矜能，百姓无称，亦无过行。作循吏列传第五十九。"《史记》卷130《太史公自序》，第3317页。

❹ 《史记》卷119《循吏列传》，第3100页。

是不错的，但关键是不太会来事，不会处理上下级关系。你有时候还是应该通融一点，上级对你有些什么要求你就要做，不要认死理。"结果他怎么回答的？"善事上官，臣不敢奉诏"，说圣上要我巴结上司，我不敢这么做。❶ 表示他坚守一种道德观念，认死理，秉持着这种原则，决定了他即使是皇帝的话也要过过脑子考虑一下。在道德适用的范围内，循吏的确是比较重视教化的，但是在该用到法律的时候，他们也会比较严格地照律办事。

现在我们不断强调，当时的法治和近代讲的法治是两回事。近代讲的法治主要是讲政府要守法，讲的是老百姓的合法权利应该得到保障，不是说老百姓只要规规矩矩、不乱说乱动就叫法治。但是即使按照当时的法治标准，就是大家要遵守法律，此外没有什么公民权的含义，我们也应该讲法家酷吏与循吏相比，前者是法治的破坏者，而后者有点循规蹈矩，既讲德治，也不敢违背法治。在当时的情况下，德治和法治并不构成矛盾，与这两者都形成矛盾的是什么？就是法家的"权治"，皇上即法，有权力就有了一切，权力不受制约，权力可以为所欲为，既不讲道德，也不把"成文法"放在眼里，甚至不受统治者自己制定的法律制约，这种现象才是最糟糕的。而西汉时期，尤其以汉武帝时代为典型，按照司马迁的说法，整个体制是鼓励酷吏压制循吏的，在这种社会风尚下，能够贯彻最高权力的"投机者"往往如鱼得水，这种现象一直到东汉才有所改变。❷

---

❶ 任延"拜武威太守，帝亲见，戒之曰：'善事上官，无失名誉。'延对曰：'臣闻忠臣不私，私臣不忠。履正奉公，臣子之节。上下雷同，非陛下之福。善事上官，臣不敢奉诏。'帝叹息曰：'卿言是也。'"《后汉书》卷76《循吏列传》，第2462—2463页。

❷ 司马迁说："自宁成、周阳由之后，事益多，民巧法，大抵吏之治类多成、由等矣"；"自张汤死后，网密，多诋严，官事寖以秏废。九卿碌碌奉其官，救过不赡，何暇论绳墨之外乎！"《史记》卷122《酷吏列传》，第3136、3154页。"自中兴以后，科网稍密，吏人之严害者，方于前世省矣。"《后汉书》卷77《酷吏列传》，第2488页。

西汉这种政治制度必然造就一种非常复杂的官僚体制，同时又导致官僚体制会产生一些规则或者说是"潜规则"。现在很多人有一种说法：中国古代的皇权制度是比较简易的，那个时候皇帝只管到县一级，县以下是自治的乡村，皇帝基本上不管的。这个说法在晚清是不是能够成立姑且不论，但是在秦汉时代肯定是不成立的。

第四节　连续的历史，循环的怪圈

一　秦制的辉煌和暗淡

我们以前往往信奉一种简单的历史观：如果两种东西相比，其中一种比另一种"成功"，那么它一定就在任何方面都比另一种"优越"。战场上一方能够胜利，那么它一定在道德上是"正义"的。办事更有"效率"，那么它一定就会更为"平等"。老百姓对某个统治者更驯服听话，那么这个统治者就一定对百姓更有恩德。"成则王侯败则寇"，等于"得人心者得天下"，似乎成功者一定比失败者更"得民心"。某种制度安排具有"历史合理性"，那么它一定具有"道德合法性"……

但事实上，历史并不都是这样的，甚至有很大概率不是这样的。历史上多少次"蛮族征服"的成功，并不说明这些蛮族就是"仁义之师"。从地理大发现以来殖民扩张在全球高歌猛进，到19世纪几乎已经"瓜分"完整个世界，但殖民主义并不能免于"血和肮脏"的道德谴责。而这种谴责，就像马克思在论及"不列颠在印度的统治"时说明的那样，也不能否认殖民者引进的"资本主义"往往比前殖民传统体制或所谓"封建主义"更"进步"。反过来讲，很多前殖民地在取得独立后的发展远不如人意，举步维艰，甚至比殖民时期经济更凋敝、政治更专制腐败，但独立斗争仍然不能否定，人们也不会回过头去欢迎殖民复辟。

美国南方历史上存在过的黑奴制蔑视自由平等，践踏人权，早已被美国人包括白人视为国耻。但是20世纪70年代来以福格尔等人为代表的学者们通过计量经济学研究，证明当时奴隶制经济很有"效率"，如果不是南北战争失败，经济竞争未必能够淘汰它，甚至他们还证明当时黑奴的物质待遇不差，营养摄入等指标居然高于自由劳动者。这些说法当时以来一直受到"政治不正确"的批判，但学术上却站住了脚。经过多年辩论，到1995年美国经济史协会对178名会员进行调查，结果是65%的经济史学家和72%的经济学家同意福格尔、恩格曼等人的如下观点："与自由农业相比，奴隶农业是高效的。规模经济、有效的管理以及劳动力和资本的集约利用使得南方奴隶农业的效率大大高于北方自由农业"。❶ 但是，接受这个说法并不是说他们认为奴隶制就是好东西。事实上福格尔、恩格曼等人一直就表示：自由无价，奴隶制的效率并不能掩盖其道德罪恶及其应该被否定，相反，他们的研究只是证明单纯经济竞争并不能消灭奴隶制，因此南北战争的贡献就更伟大。

上述种种，都说明"历史合理性"并不等于"道德合法性"。就前者而言，东周时代几百年战争最终是秦国胜出，而且当时各国都出现了不同程度趋向于秦制的变革，最终是秦制最极端的嬴秦取得成功，这当然有其逻辑根据。而周秦之变后这种帝制能够长期延续，虽然没有一个王朝能够长治久安，但那么多次政治崩溃、天下大乱后最终仍然以秦制的方式改朝换代，也必有其深层原因。而近年来的早秦研究也证明，秦制能够在嬴秦走得最远并非偶然。法家那些"难听却管用"的"恶毒真理"，其实在商鞅等人说出口之前，就一直潜在地起作用。

这些年的考古成功结合文献研究，证明秦人先祖在从东方移居西戎之地前，就曾受到"强殷"的深刻影响，巨墓大陵、大量人殉之惊

---

❶ Whaples, Robert (March 1995). "Where Is There Consensus Among American Economic Historians? The Results of a Survey on Forty Propositions". The Journal of Economic History. 55 (1): 141, 146–147.

人,可谓源远流长。尤其春秋以后,以秦公大墓为代表的墓葬规格屡超周天子,显示秦人崇尚强权、无视礼制、久萌不臣之心。❶接受法家理论后,更是推动了周秦之变。尽管秦汉之际、新莽时期、汉魏之际,都因为这种体制的极端化,导致天下大乱,但刘邦、刘秀和曹操,仍然一次次重演"流氓战胜君子"的游戏,恢复了这种体制。如清人赵翼所言,秦汉间出现"天地一大变局","汉祖以匹夫起事,角群雄而定一尊。其君既起自布衣,其臣亦自多亡命无赖之徒,立功以取将相"。❷古儒的道德秩序,在这种"大盗"政治面前显得不堪一击。而一旦被"大盗"击败,君子们及其"王道"之邦的国民也将落入悲惨的绝境。如赵在长平之战中败于秦,四十万降卒被坑杀,赵国几乎成为孤儿寡母之邦。正所谓"兴,百姓苦;亡,百姓苦。"在这种竞争之局下,君子或学做"无赖",或屈从于"大盗",便成为一种大概率趋势。

事实证明,秦制虽有严重的积弊,但是在诸侯纷争中要夺取胜利,它远比"宋襄公式的仁义"有效。而在结束战争后,它的"集中力量办大事"的效率既会劳民伤财满足统治者的穷奢极欲,穷兵黩武带来王朝战争的深重灾难,但也能兴办诸侯时代办不了的大型公共项目、建立统一市场、促进经济发展和文化交流。中国在秦汉帝国时代与罗马帝国基本上是并驾齐驱,而到了中世纪,帝制中国在大部分时间比"封建"的欧洲要更为发达,却也是不争的事实。这应该是秦制优势的体现。事实上,直到近代民主制度出现前,"历史合理性"相悖于"道德合法性"是常见现象。周制失败于秦制也是无可避免的。

实际上,"强者政治"打败"长者政治"即便在中国以外的世界史

---

❶ 梁云:《战国时代的东西差别——考古学的视野》,北京:文物出版社,2008年。笔者认为,"强殷"的崛起可能是对中国早期小共同体本位国家的第一次挑战,但是最终被西周的诸侯联盟所挫败,"封建"之制因此又持续了800年,期间并进入了这种体制的鼎盛与衰亡。

❷ 赵翼:《廿二史劄记》卷2,"汉初布衣将相之局"。

上也是大概率事件，这与"先进战胜落后"并不是一回事。欧洲中世纪有些帝王以武功著称，如查理曼大帝、奥托一世等等，但他们都是在"以封建对封建"的战争中建立武功的。一旦碰到"帝制"集权的对手，哪怕是在社会发展上更为落后的对手，也往往落败。如13世纪初试绝对君主制的法兰西打败实际上是诸侯联盟的所谓"神圣罗马帝国"、15世纪政教合一的"西班牙双王"攻灭安达卢西亚穆斯林国家，乃至蒙古人在欧洲的成功。15世纪时欧洲已经出现"文艺复兴"和所谓的"资本主义萌芽"，但东罗马－拜占庭的专制帝国却不是被它、而是被东方的奥斯曼帝国消灭的。更为典型的是实行贵族共和制的波兰－立陶宛联邦，它也曾武功显赫，尤其在17世纪初以前，面对"封建"（贵族波雅尔议会制）的俄罗斯曾经长期据有军事优势，波兰军队甚至一直打到莫斯科。但是俄罗斯建立伊凡雷帝式的暴君统治后便逐渐扭转颓势，并反过来步步西侵，终于在1795年灭亡了贵族波兰。而此时波兰在经济发展、人民识字率等方面是远超俄罗斯的。甚至此后在俄罗斯帝国境内的波兰地区也仍然是经济、社会和文化，乃至新兴工业化最发达之地，但就是在武力上打不过俄罗斯。

所以不难理解，秦汉政治的逻辑尽管在"道德上"令人难以接受，但还是一步步完成了周秦之变。不过这个制度并不能长治久安。如上所述，尽管在整个中世纪时期，欧洲的发展和繁荣总体上不如秦制中国，但这期间中国多次王朝更替都遭遇天下大乱、人口锐减，经济几乎从头开始，这样的大起大落却也是世界其他地区极少见的。

由于秦制并不能带来长治久安，相反，它带来的社会危机比周制严重得多，危机积累导致的社会爆炸也更为剧烈。上古"封建"时期有文字可考的商周两代，国祚都长达600~800多年，但秦制各代没有超过300年的。由于秦、新、晋、隋更不要说十六国五代等"小朝廷"的短命，秦制下平均每个朝代寿命其实不到百年，而且"改朝换代"暴力的惨烈更是人类各民族仅见。但是，这些爆炸并不能带来制度更新，相反，它往往以"比恶"的形式造成流氓战胜君子的结果，古人的说法是"吃斋念佛的活活饿死,杀人放火的享受荣华"❶。最残忍无耻、最能突破一切道德底线的人,在这种游戏中才有最大的获胜概率。结果就是造成秦制的一次次重建,同时又开始新一轮的危机积累。这就是秦制王朝多短命,但作为制度的秦制"生命力"却如此持久的原因。

显然以"周制"来战胜秦制是没有希望的,这就造成不少大儒深感回天无力、悲观绝望。朱熹所谓"尧舜三王周公孔子所传之道,未尝一日得行于天地之间"❷,就是这种绝望的体现。当然,一代代在秦制下挣扎求生的百姓,也确实熬炼出举世罕见的含辛茹苦、任劳任怨、绝境求存逃出生天、逆势发展青出于蓝的能力,在秦制"集中力量办大事"的机制下这种能力也创造出了不少伟大奇观。但是"治乱循环"的怪圈却一直走不出去。这也就是近代国门一旦打开,他们发现了周秦二制之外的新天地,"崇周仇秦"的积淀就会带来"三千年未有之变"的原因。

秦汉时代根据法家的逻辑完成周秦之变,建立了中国历史上的"第一帝国",它既产生了伟大的文明,也积累了无数的弊病。秦制运作中的一些固有逻辑形成不少"路径依赖",对以后的历朝政治有着极大的影响,所以研究秦汉史不能"及汉而止",不了解秦汉政治惯性的深远影响,就很难理解秦汉史的意义。

许多研究断代史的人,往往很强调自己所研究朝代的特殊性。中国的史料浩如烟海,而且中国历史上比较重视史学,因此就造成史学分工细致,断代史的研究在中国史学中特别发达,这是很多国家都没有的现象。断代史研究发达造成了一个问题,很多研究断代史的人一辈子在自己那块自留地上精耕细作,谈到自己的领域如数家珍,但缺

---

❶ 艾衲居士:《豆棚闲话》,南京:凤凰出版社,2009年,第94页。
❷ 朱熹:《答陈同甫》,见《朱子全书》(第21册),上海:上海古籍出版社;合肥:安徽教育出版社,2002年,第1583页。

少一种全史的通透感。他们经常讲自己研究的这个朝代有什么重大的改革，解决了什么重大的问题，如何伟大，多么划时代，可是，我们拉通来看或者从高处俯瞰，以全史的视野会发现类似问题在历史上早就被解决过多次，但是似乎从来没有真正断根，反复循环的怪圈会再度出现，我们总能发现似曾相识的一幕。

比如研究明史的人说，朱元璋在粉碎胡惟庸、蓝玉这些"谋反集团"以后，取消了丞相制度，从此君主大权独揽，解决了君权和相权的矛盾。❶真的解决了吗？当然没有解决，以后到了张居正、严嵩当权时，他们又被认为是权相。到了清朝搞了军机处，据说军机处也是要根治这个问题，❷其实未必能彻底解决。可以说这是中国皇帝两千年以来一直有的一块心病，那就是基于法家性恶论原则，"以妻之近与子之亲而犹不可信，则其余无可信者矣"。皇上在内心深处什么人都不相信，又什么权都想揽，但却不能什么事都自己干；不能不大量用"爪牙"，却又不能真正信任他们。这就造成了从秦汉开始的一系列周而复始的怪圈。

明儒黄宗羲曾经深刻揭示了这些"法家怪圈"的成因：

> 三代以上之法……未尝为一己而立也。后之人主，既得天下，唯恐其祚命之不长也，子孙之不能保有也，思患于未然以为之法。然则其所谓法者，一家之法，而非天下之法也。是故秦变封建而为郡县，以郡县得私于我也；汉建庶孽，以其可以藩屏于我也；宋解方镇之兵，以方镇之不利于我也。此其法何曾有一毫为天下之心哉！而亦可谓之法乎？三代之法，藏天下于天下者也。山泽之

---

❶ 例如，张德信：《明帝列传·明朝典制》，长春：吉林文史出版社，1996年，第21页；安震：《大明风云》（第2版），长春：长春出版社，2005年，第62页。

❷ 例如，朱诚如主编：《中国皇帝制度》，武汉：武汉出版社，1997年，第74页；暴景升：《军机处与清代皇权》，载朱诚如、王天有主编：《明清论丛》第6辑，北京：紫禁城出版社，2005年，第257—267页。

利不必其尽取，刑赏之权不疑其旁落，贵不在朝廷也，贱不在草莽也。在后世方议其法之疏，而天下之人不见上之可欲，不见下之可恶，法愈疏而乱愈不作，所谓无法之法也。后世之法，藏天下于筐箧者也；利不欲其遗于下，福必欲其敛于上；用一人焉则疑其自私，而又用一人以制其私；行一事焉则虑其可欺，而又设一事以防其欺。天下之人共知其筐箧之所在，吾亦鳃鳃然日唯筐箧之是虞，故其法不得不密。法愈密而天下之乱即生于法之中，所谓非法之法也。❶

梨洲先生对"三代"的古儒缅怀之辞且不论，他对"后世之法"即秦制之法的治乱本质是说得很到位的：皇帝们"利不欲其遗于下，福必欲其敛于上；用一人焉则疑其自私，而又用一人以制其私；行一事焉则虑其可欺，而又设一事以防其欺"，这种秦制下的"分权制衡"（与近代相反，不是为保障民权而是为保障君权的分权制衡）就造成"其法不得不密。法愈密而天下之乱即生于法之中"，这就是以下几种怪圈的形成机制。

二 内朝与外朝的循环

中国有很多皇帝往往要在外朝之外另搞一个身边的亲信团伙、心腹小班子。这个班子有几个特点：一是人员构成品级都很低，并且不是贵族，只是基于皇帝的信任赏识才有了权力，才能参与机要，他们必然感激涕零肝脑涂地，因此皇帝也能够控制他们。二是这些人可以朝夕与皇帝相处，他们是皇帝的奴仆、秘书、卫士、近臣等等。这些人构成一个皇帝贴身的小机构，叫作"内朝"。所谓内朝，就是对于正式的政府即"外朝"而言，这些人是不"上朝""不列朝班"的——至少开始是如此。秦制下的皇宫一般都分为生活区（所谓后宫）和办公区

---

❶ 黄宗羲：《明夷待访录·原法》。

（以俗称"金銮殿"为主的议政场所，即狭义的"朝廷"），皇帝主持的帝国政府本来应该在办公区运作，但皇帝却往往在生活区另搞一个"不上班"的小圈子。皇帝经常把很多事情不是交给正式的政府去办，而是交给身边的这些人去办，这种现象从秦制一建立就有了，皇帝不放心丞相和外朝，秦制建立两千年来一直都没有解决这个问题。

我们知道从韩非论证出皇帝除了自己无人可信的规律后，皇帝始终解决不了与朝臣之间的信任问题。秦一开始建立的时候就有丞相，秦朝的丞相不止一个，所谓"三公"：丞相、太尉、御史大夫，御史大夫一般被认为是副丞相，或者也可以认为三公都是秦朝的丞相。到了汉朝也有丞相这个职位，丞相分管着大量官署，负责处理国家大事，这就是所谓的"外朝"。皇帝上朝的时候文武两班面圣奏事，这些大臣构成了当时的政府。但秦皇汉武都是铁腕皇帝，都是属于比较集权的，当时汉武帝对外朝不放心，或者说办事效率不高，亦或有所掣肘，总而言之不满意，于是就网罗了一些品级比较低的人。这些人本来并不是政府要员，但是汉武帝把很多事情交给他们去办，逐渐在他的身边形成了所谓的"内朝"。内朝这些人被称为"尚书"。什么是"尚书"？从字面含义讲就是为皇帝整理文牍、起草文件的，简单说就是皇帝的秘书。"尚书"这个词有点像后世所称的书记。"书记"这个词最早含义就是开会时做记录的那些人。本来在汉代，尚书是一个内朝官，简单说只是皇帝的贴身奴仆、私人秘书，因为与皇帝接触多，对皇帝的性格脾气比较了解，也深得信任。他们不是中央各部的部长，中央系统当时另有其人，就是三公九卿。汉代政治的发展到了汉武帝以后，内朝的权势越来越大，皇帝对内朝委以重任。这些人办的事一多，手中的权力大了，他们自己就需要有机构，势力就会逐渐膨胀。

此后尚书就逐渐成为一个庞大的机构，以至到了东汉光武帝时代就有了"六曹尚书"，相当于《周礼》所谓的"六官"，也相当于后来的六部。后来的六部主官是尚书，兵部尚书、吏部尚书等等。这个意义上的"尚书"就是从汉武帝时代来的，它最早含义是皇帝的秘书。

后来六部尚书成了正式的政府部长，中央六个部的部长，也就是变成新的"外朝"了。

由尚书们组成的机构在隋代叫作尚书省，这是正式的中央政府机构，尚书省已是外朝。尚书省的首长是尚书令，副首长是仆射，分左仆射、右仆射，这些人位列朝班，上朝的时候正式向皇帝上奏。但成为正式机构后，皇帝对他们又不信任了，认为朝臣在外面不知道搞什么鬼，而我身边的一些奴才才是可信的，于是尚书令、左右仆射常阙不补。

表面看，这是唐朝李世民的个人行为，李世民执政后就不设尚书令了。为什么？因为李世民在没有当皇帝之前曾经当过尚书令，也就是总尚书，或者叫总理，那时候他爹李渊是皇帝，李世民相当于现在的国务院总理。李世民当了皇帝就把尚书令悬空，也就是说这个官只能他当，虽不敢说前无古人，但是后无来者，我是终结者。

在很多搞个人崇拜的地方都有这样的现象，就是一个伟大人物当的官只有他自己能当，以后就没人敢当，也没有这个称呼或虚设其位了。比如孙中山很伟大，在国民党里叫总理（党的总理）。孙中山去世以后，国民党就再也不设总理了，所以国民党内一讲"先总理"，大家知道就是孙中山，因为国民党内只有他一个人当过总理。孙中山以后蒋介石成为国民党的一号人物，但不叫总理，而叫总裁（军界尤其是黄埔系的人则称"校长"）。蒋介石死了，总裁这个职位也就不设了，因为没有人自比蒋介石，没有人能够接着当总裁，于是到了蒋经国时代，国民党内最高首领叫主席，在党内蒋经国就是蒋主席了。老蒋曾经也叫蒋主席，但是那个主席不是国民党内的，是当时国民政府军事委员会的主席。

唐初中书、门下、尚书三省都是宰相机关，到开元中尚书省已经不再是决策和宰相机关了，而仅为执行机构。

其实，废尚书令不仅是个人崇拜的问题，更重要的是对整个外朝的不信任。唐贞观以后，皇帝们对中书省又疑神疑鬼不放心了，认为中书省的那帮朝官有可能串通勾结起来对我不利，我控制不了。于是又找了一批内朝的人，这些人并不是中书省的官员，但是皇帝授权他们具有"同中书门下"的职权。也就是说，他们虽然不是正式的政府官员，但是却行使了政府官员的职责，而真正的政府就被晾在一边架空了，或者成为安排一些老干部、离休干部的虚职。"同中书门下"这些官到唐朝末年就开始扮演越来越重要的角色，到了宋代，这些人就成了正式的政府负责人。大家知道宋代的一些人，像潘美、寇准、王钦若、文彦博等，社会上一般把他们叫作丞相，但他们真正的称呼不叫丞相，而是叫"同平章事"，这是简称，全称是"同中书门下平章事"。这个称呼听起来非常绕口，其实它的含义是：并不是真正的中书省、门下省的官员，但是已和这些官员一样可以讨论国家大事，所谓"平章"其实就是讨论、判断、决策的意思。也就是说同平章事并非官名，仅是职使。这些官职上的人在唐代最初只是品秩较低的皇帝近臣或私人秘书，到了唐后期、宋代，同平章事已经被看成是丞相，成了新一代的外朝官。

北宋同平章事不仅被看成是丞相，而且成了中书门下或称政事堂的真正长官。也就是说，宋代建立了一套政府机构，负责人就是同平章事，也就是丞相。除了同平章事以外还有副丞相，叫作参知政事，意思是可参与决策。一般来讲，我们在宋史中讲的相权就是同平章事的权力。南宋曾废同平章事直接改称丞相，但到了元代，在丞相之外又恢复了这个称呼，平章事领导的中书省成为当时正式的机关，平章事（后称平章政事，简称平章）与丞相成为中书省的领导人，平章或平章政事通常被视为丞相之副。

可是大家知道，根据皇帝猜忌疑心的规律，这种机构一旦常设，皇帝对他们使唤不顺手又生出疑虑和厌倦来，早晚会弃置一边再设一套班子。尤其是到了明朝，几任丞相都被朱元璋杀掉了，他总认为丞相在搞什么幺蛾子，也不知道朝臣在搞什么鬼。杀掉胡惟庸以后，他就废除了丞相制度，由皇帝直接管理政府的日常事务，也就是说皇帝兼任丞相。但皇帝毕竟只是一个人，精力顾不过来，于是皇帝又找了一些人来当他的助手，这些人的正式称呼是大学士，不是部长，也不是尚书。这些人原来的身份是什么？是陪皇帝读书的。现在有些人洋洋得意于他们曾经给首长讲过课，或者接待的时候得到青睐被一眼看中，所谓大学士指的就是这样一拨人。这拨人曾经给中央首长讲过课。皇帝认为他们有才干，但是大学士仅是五品之职，地位较低，皇帝授予他们相当大的权限，让他们参与论政和决策。这个班子由于原来是不上朝的，只是在皇帝身边的所谓内朝官，因此在明代就有了一个总称，叫作内阁。内阁里头的人叫作内阁大学士。内阁大学士到了后来权力也很大，而且人数逐渐增加，人数多了的结果就需要一个头，即首席大学士，这些人在明代被叫作"首辅"——皇帝助手中权力最大的第一助手，一人之下万人之上，后来的严嵩、张居正等人，一直到崇祯皇帝死时最后一个首辅魏藻德，都是这样的人。

当时的首辅已经被认为是丞相，而且其中的一些人比如张居正、严嵩当时被称为"权相"，实际上他们又成了权力很大的人，而且正式上朝，实际上就是新的外朝。就这样一茬一茬人用久了放在一边，再弄个新机构出来叠床架屋。

内阁从明代开始逐渐被人当作是中央政府的简称，一直到现在，我们还是用"内阁"这个词翻译国外的中央政府。实行议会制的国家竞选以后产生一个执政党，这个党就组建一个内阁，内阁负责人有的称为总理，有的译成首相。"内阁"这个词后来就是政府的别名，尤其是中央政府的别名。但是很少有人知道这个中文词最早并不是指政府，而是指皇帝身边的一个秘书班子，一个在后宫为皇帝起草文告、陪他读书、陪他玩耍、解答他各种疑难的一些随从。但是到了永乐皇帝时，内阁已经成了正式的中央政府机构。一直到清初还有内阁，当时也是正式的决策机构，也就是变成了"外阁"或外朝。

同样的道理，清朝皇帝对内阁又疑心重重，不放心的结果是在内阁之外又设立一个小机构，起初叫作南书房，后来叫作"军机处"，一直就设在后宫乾清门边上，挑选一帮皇上认为可靠且资历浅的贴身奴才，在那里参与机要。这个机构到了雍正以后职能越来越重要，权力也越来越大，机构本身也不断地发展，原来那些"南书房行走"或"军机处大臣上行走"的亲信奴仆，变成堂而皇之的军机大臣。这样军机处后来又成为一个正式的政府机构，而有的军机大臣到了清代中期以后又被人称为宰相，当时在民间或者在官场上人们也称他们为"相国"，写信时往往称他们为"徐相""李相"等。❶

现在一些搞断代史的人经常讲，明代设立内阁就解决了皇权与相权的矛盾，或者清代设立军机处就解决了皇权与相权的矛盾。按照这种说法，汉武帝当时设立内朝就已经解决了皇权与相权的矛盾，说白了，就是把相权给架空了。可是这个虚置不能解决问题，皇帝毕竟没有三头六臂，毕竟需要有人给他办事，而给他办事的人需要得到他的授权。得到他授权的这些人，一旦势力大了，皇帝又会对他们不放心，疑心生暗鬼，再弄一些品阶比较低的秘书另起炉灶，如此反复。这是秦制条件下永远不可能彻底解决的问题。❷

中国历史上内朝与外朝的循环演变，如下图：

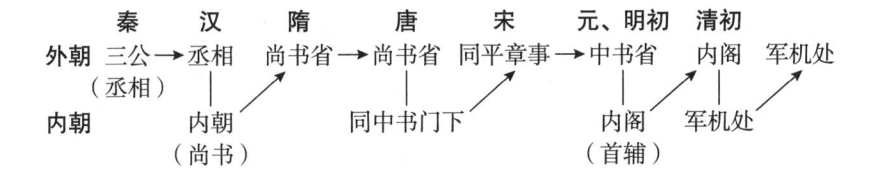

```
        秦        汉         隋          唐          宋         元、明初      清初
外朝   三公  →  丞相      尚书省  →   尚书省  →   同平章事  →   中书省       内阁       军机处
      （丞相）    |          ↗           ↗                       |          ↗          ↗
内朝             内朝                  同中书门下                 内阁       军机处
                （尚书）                                         （首辅）
```

---

❶ 清朝后来形成了这样的惯例，殿阁大学士有宰相之名而无其实，军机大臣有宰相之实而无其名。《清史稿》卷302《刘统勋传》："世谓大学士非兼军机处，不得为真宰相。"见《清史稿》，北京：中华书局，1977年标点本，第10468页。关于上述历代政治制度的演变，参阅严耕望：《中国政治制度史纲》，上海：上海古籍出版社，2013年。

❷ 关于中国历史上内外朝的分权循环，详见秦晖：《传统十论——本土社会的制度、文化及其变革》，第139—227页。

三　钦差大臣与地方"诸侯"的循环

对一墙之隔的"外朝"尚且疑神疑鬼，何况远在四方的"封疆大吏"？这就造成秦汉以下，皇帝或者朝廷对于地方官员的不信任。"强龙"与"地头蛇"的斗争，"过江龙"与"坐地虎"的转换，成为秦汉开始延续两千年的又一怪圈。

"封建"制下的诸侯、卿大夫等地方统治者，皇帝是不能任免的，他们世代相承。而郡县制其实就是皇帝派受宠的奴才（郡守、县令等）去治理不受宠的奴才，而受宠的奴才是皇帝可以随意任命的。皇帝任命了这些地方官，这些地方官为皇帝治理地方，但是这种体制决定了皇帝从来就没有对谁完全放心过，包括这些地方官。皇帝总是会怀疑这些地方官权力大了就尾大不掉，朝廷指挥不动，且结党营私干些蝇营狗苟的勾当。

中国历代的皇帝经常有这种心理，因此设有多重有密报权的眼线。于是，在正式的地方行政体系以外，就要派一些人到各地去视察，去检查指导，这些心腹去"私访"后写材料密报。这些人在传统时代叫作"钦差"，他们由皇帝授权到外地去出差办事，但他们并不是地方官，而是巡行之官，他们不是固定在一个地方任职，而是领了皇帝的命令，到各地去指导视察工作。可是这些钦差的权力特别大，他们的话语直达皇帝耳边，所以一到地方就往往把地方官架空，后者说有什么事不要向我汇报了，面向钦差汇报吧，直接由钦差掌管一切。渐渐钦差就架空了原本的地方政府，成为实际上的地方官。用民间的话来说，"过江龙"过一段时间就变成了"坐地虎"，逐渐成了新一茬的地方官。

这些"坐地虎"经营一地久了，与地方势力盘根错节，中央又对他们起疑心了，循环往复要派出新的钦差去对他们进行监督检查，乃至越俎代庖，取而代之。由此就形成了中国行政机构发展过程中一个很奇怪的现象，即中国的行政级别有越来越多、叠床架屋这种规律，而且之所以会重重叠叠就是因为钦差在一处待久了,尾大不掉发展出自己的势力,皇上又要新设一摊。

秦代建立中央集权以后最初建立的是郡县制,当时秦有三十多个郡,郡下面就是县,实行郡县两级的政权。东汉末,州成了郡以上的一级行政区划,三国以降,实行州—郡—县三级政区制度。郡这个称呼一直维持到隋唐,隋唐都曾短暂地改州称郡,并恢复州县或郡县两级制,但是唐后期州上面还有道,宋代变成路,元代路之上又设省。在唐宋之间的一个时期,中国的行政层次变得很复杂。而郡以上的这些行政区划是怎么来的呢?其实最早就是由这些钦差建立起来的。

秦建立了郡县制,到了西汉,汉武帝就对地方官越来越不放心,于是就派了一些人到地方去检查工作。这些人就是"刺史"。所谓"刺史"是什么官?刺史本来是一种言官,为皇帝提供情报、提出建议和批评、对政事进行监督的非常任官员。从名称我们可以知道,所谓"刺"其实就是打探的意思,现在还有一个词叫"刺探"。"史"就是吏,前面说过,中国古代"史"和"吏"是不分的,所谓"刺史"就是皇帝的眼线,为皇帝打探消息可以越级密奏的官员。武帝初置时,官秩仅六百石。❶汉代最大的官吏俸禄万石,这个官食级别和刺史之间差的可不是一星半点。历史上,皇帝的亲信最初都有这个特点:工资少,身份低,授权大,人人怕。

皇帝派这些刺史到各地去检查工作,一次两次,这个临时性工作逐渐变成一个例行的事,为了方便起见,皇帝把天下上百个郡划成14个监察区。其中首都周围诸郡由司隶校尉负责——这也很有意思,只是武职"校尉",既不是将军也不是文官,却成了首都中央直辖市包括近畿几个要害郡的实际长官。为什么?原来这是个特务岗位,最初是用来监视朝廷高官和皇亲国戚的,后来整个首都和首都附近就都归他管了。

---

❶ 《汉书》卷19上《百官公卿表上》,第741页。

其他天下郡国则分属13个刺史部，每部设一名刺史。每一个刺史固定监察着几个郡或者是十几个郡，这13个刺史部由于是按《禹贡》等古籍中的九州命名的，所以通称为"州"。在西汉和东汉初中期，所谓州不是一级正式的行政层次，而且刺史也不是常任的，最早的刺史是常驻长安的，只是皇帝有事派人去下面走一走，后来走的路线逐渐固定化，甲专门负责视察西北这一片，乙专门负责视察南方那一片，于是就有了专属区，但是刺史当时并不是常任的。可是随着皇帝对郡守、县令的隔膜戒心渐长，疑心生暗鬼，总觉得自己的宏伟蓝图不能实现是有人做梗，或者有人想取而代之，有的皇帝本身得国不正，害怕他人效法，也就越来越猜忌他们，反之，授予刺史的权力越来越大，他们被派出到外地驻扎的时间也越来越久。

久而久之，州到了东汉末年就成了一级郡以上的行政层次，州的长官就是州刺史，到了东汉末年已经有了另外一个称谓，叫作牧、州牧❶。当时县官叫作令，郡官叫作守，郡上设州官叫作牧，刺史已经成为正式的地方官或者封疆大吏。所谓"牧"相当于放羊，羊就是老百姓，放羊的是官员，官员和老百姓的关系相当于牧人和羊群的关系，这是当时的观念。到了东汉末年，州已经成了一级行政区。东汉以后还有郡，但是"郡"事实上等于降了一等，成了州以下的单位。

可是随着时间的推移，皇帝又认为地方官行事诡异，猜忌他们恐有二心，唐朝的时候皇帝又要派一些钦差到各地去检查工作，这些人叫"巡察使"，巡察使从名字也可以看得出来，他们最早的职责是到地方上去巡视、察看的，是走动的，并不是要到地方常驻。而这些人也有一定的视察范围，这个视察范围在唐代叫"道"，在宋代叫"路"。其实不管是"道"还是"路"，大家从这个字面意义可以看得出来，指的是这些巡察组视察走的路线，我走山东这一条路，你走浙江那一条路，于是一片地方就叫作某某道。唐代所谓的关内道，这个道、那个道，

---

❶ "州牧"一词出自《尚书·周官》，西汉时曾改刺史称州牧。

到了宋代就叫作"路",中国现有的省名很多都是从宋代的路派生出来的,比如广西就是宋朝的广南西路,广东就是宋代的广南东路。当时,"道""路"之设影响很大,外国也学,今天朝鲜、韩国的"道",和日本的"北海道",都是这么来的。

"道"和"路"本是巡察使巡行的路线或者是其监察的范围,到了唐宋成了一级行政区。唐中期更名巡察使为按察使,并将差遣制改为常置制。这个时候州又变小了,州变成道或路下面的二级行政区划。州下的郡就更是越来越多,越来越小,后来就小到没有了。以前中国的州很少,《禹贡》当然不是真正夏朝的作品,很可能是战国时期的作品,那个时候说是天下有九州。西汉最早设立的州即刺史部也只有13个,后来州越设越多,到了唐宋时期州已经很多了。大家知道,近代以州为地名的往往是一些很小的地方(只有"贵州"例外,它是一个省),最大比如广州、柳州、梧州等现在留下来的都是市,其他绝大部分州,民国时都改称县。现在很多单名县在民国以前大都是州,比如河北的蔚县、易县、定县、深县,就是以前的蔚州、易州、定州、深州。那个时候州已经有几百个之多。

宋代路的官员(安抚使等)由唐代按察使、转运使、采访使等演变过来。到了宋代,至少从南宋开始,皇帝对路的官员又有猜忌。由于对权力垄断的疑心病使他总是焦虑重重,皇帝免不了又派一些人到地方去视察,这些人很抖擞地拿着"尚方宝剑"去做皇帝交办的事情,所以叫作"行中书省事",简称行省。行省在南宋就已经出现,但是当时行中书省事是临时的,是朝官(中央的官吏)而不是外官。这些人到了地方,地方上很重视,中央来的人嘛,尽管级别低一点,但他们是皇帝的耳目,得罪了不知道会被密报成什么。所以正式的地方官哪怕级别更高,也得低三下四请示汇报,自居下级。

南宋陆游有一首诗,开篇就是"往者行省临秦中,我亦急服叨从戎"。行中书省事的人来到了陕西,陆游本来是南方人,当时在四川陕西一带任职,朝廷派人前来视察,他马上整理服装,穿得整整齐齐地去参见，于是写了这么一首诗。❶但是这首诗讲的行省还是钦差而已，并不是我们后来讲的一个省的官员。可是行中书省从南宋到金和元，越设越普遍，而且视察组到了地方就不走了，逐渐就成为路的上级了。因此到了元朝，行省又成了一级地方行政区划。以至我们现在都把省当作地方上的一级行政区。其实学过历史就会知道，"省"最早讲的是中央机构，指中书省、门下省等机构（现在日本的省还是这个意思，如外务省、文部省等就是中央政府外交部、教育部，不是地方区划），而行中书省也就是"行省"，本来是中央派出的行走官，但行着行着就不走了，他管的地方就成了现在的"省"。

行中书省的领导人在元代叫作行省平章，全称是平章政事，前面说过元代的平章相当于政府总理或副总理。这个政府总理怎么会变成省长呢？原因就是政府总理往往派出一些工作组到地方去检查工作，这些人逐渐就把原来的省长给取代了，他们就成了省长，叫作行省平章。当时不仅中书省有特派员叫行省，中央其他机构如御史台也有特派员叫行台，枢密院也有特派员叫行院，后来行台、行院消失了，行省不走了就成地方官了。

到了明代，行省的正式称呼改叫布政使司，布政使司的首脑叫布政使，虽然正式的名称改了，但民间仍然延续元代的称呼叫作省，即所谓明代的十三行省。以至一直延续到现在，我们还是把中央以下一级行政区划叫作省。这就是由中书省、行中书省、行省而演变过来的称呼。

明代设立的省级正式官员是布政使司，但是到了明代中叶，皇帝逃脱不了对地方大员多疑病的陷阱，于是又派出了一些总督、巡抚，它们一般是由两个部门派出的，一个是兵部，受命到地方主持军务；一个是都察院。这些人的头衔都是兵部和都察院的官员，通常是兵部侍郎，同时又兼都察院副都御史（或佥都御史），甚至有挂兵部尚书或都

---

❶ 陆游：《夜观秦蜀地图》，钱仲联、马亚中主编：《陆游全集校注》第2册，第451页。

察院都御史衔的。当时兵部侍郎可以很多，搞了N个侍郎，到处外派。而御史其实就是本意上的刺史，到了地方看到哪个不顺眼的就抓去审查。因此，所谓的总督、巡抚，当时的正式官称很长，一般是"兵部侍郎（左侍郎或右侍郎）兼都察院左（或右）副都御史总督某某地方军务""兵部侍郎（左侍郎或右侍郎）兼督察院左（或右）副都御史巡抚某某地方"。

也就是说，所谓总督、巡抚其实都是中央机关兵部和都察院派出到地方上检查工作的人。因此明清两代巡抚在书信中有一个尊称叫"部院"，比如巡抚某某，就被尊称为部院某公。什么叫"部院"？部就是兵部，院就是都察院。所谓部院是指某人不是地方官，而是朝官，是兵部和都察院派出的官员，不是省政府的官员。被派到地方指导工作后，因为权力通天，基层的人要向他汇报，而不向省长汇报，渐渐地巡抚变成了真正的省长，原来的省长布政使（前身也是巡行官"行省"）如今便退居二线了。

巡抚和总督原来也不是常设的，也没有一定品级和辖区，"巡"抚就是巡行的，"部院"就是朝官出差，但到后来按照秦制的规律，巡行之官又成了真正的地方官，"过江龙"又成了"坐地虎"，这是又一轮的循环。断代史的著述往往强调说，本朝的这一改革彻底消除了地方上的尾大不掉，加强了中央集权，意义重大云云。只盯着一朝看，似乎真解决了问题，放在中国历史长河中俯瞰，就是"太阳底下没有新鲜事"。从西汉设立刺史起，过江龙变成坐地虎已经不知道多少茬了，除了名词有所变化，实质上翻不出什么新鲜花样。权力机构中的任何人都不过是皇帝的工具，内迁怕外朝失控，外放怕形成诸侯。

中国历史上"钦差"与"封疆大吏"的循环，见下图：

	秦—西汉	东汉	唐	宋	南宋、金	元	明	清
正式地方行政	郡县 →	郡县	州 →	州	路 →	路	行省 →	布政使司	巡抚、总督
钦差		州刺史	道按察使		行中书省		巡抚、总督	

第五章　强国弱民：秦汉帝国的政治制度　315

四 地方分权与地方集权的循环

第三种变化也是最早发生在秦汉之间的，但是一直延续到后世，那就是我们不断强调的，朝廷对地方不放心，除了经常派出钦差去取代地方官员的职权，把地方官给架空，采取的另一个措施是，在地方上实行分权和垂直管理制度。也就是说并不把一个地方上的所有事务都交给一个人总揽，害怕"块块"原则会导致某些个人成为一方诸侯，尾大不掉，国家控制不住乃至发展成为割据势力。因此按照法家的逻辑，往往规定地方权力要分为几个平行的体系。

秦代就规定郡这一级设立郡守，也就是太守，管行政。但是同时又设立郡尉，管军政、管治安。同时郡一级还安排了一个平行的机构长官，叫作监御史，监御史是中央御史大夫的下属官吏，负责监察。按照秦始皇原来的制度设计，郡守、郡尉和监御史是平行的，他们之间没有上下级关系，他们分别对中央的长官负责。比如郡尉对太尉负责，不对郡守负责，郡守对丞相负责，监御史对御史大夫负责，他们各自有上司，彼此之间没有上下级关系，形成一种互相制约、互相掣肘的关系。

有些人说"分权制"是西方的特产，而且分权会造成扯皮，不如中国的集权有效率。其实，中国历史上的分权制远比西方要发达得多，大概出现也更早。"分权会造成扯皮，影响效率"的问题也同样存在。可是正如仿佛类似的性恶论，在此地导致怀疑君主性恶，所以要限制君权，在彼地却可以推出臣民性恶，所以要剥夺民权一样，"相似的"分权也可能推出相反的逻辑，导致相反的发展。中国历史上根据法家的韩非式性恶论，一直非常重视对臣下的"分权制衡"，以维护君权的安全，为此不惜牺牲效率。但在另外的地方，性恶论推出的分权其实恰恰分的是君权，以制衡国王，并维护民权的安全，为此同样不惜牺牲一些效率——有人说你讲的是西方吧？西方当然有这种现象，不过那也是比较晚近的事。在这以前，西方同样有为了维护皇权来实行分权的主张，不信的话你读读马基雅维里。

所以其实无所谓东西方，只要站在皇上不信任臣下的角度，分的都只能是属下之权。秦制下法家的主张当然也是如此，前述秦始皇时代郡一级的"分权"就是这样的安排——这也是秦制郡县与封建诸侯的不同之处。诸侯的权力虽然有"附庸的附庸不是我的附庸"的等级区割，但在面对直接附庸时却是集权的，它可能带有小共同体温情的色彩，却没有制度上的分权制衡问题。如果一个诸侯只能理民不能调兵，或者不能监察卿大夫，他就不是诸侯了。

可是分权制带来最大的问题是：一旦地方有事往往很难协调，由于政出多门，导致互相不能配合，很多事情互相掣肘，推卸责任，办不成事，遇到大事就乱成一锅粥，皇帝的政令贯彻也受到阻碍。这个时候为了贯彻皇权的意志，提高效率，朝廷就会派钦差到地方指导工作，而钦差大臣到了一个地方就拥有全权，胡子眉毛一把抓，所有的人都得听他的。他因此就形成了一种集权。等到过江龙变成坐地虎，这种集权体制就留在了地方。

前述秦代的郡实行"分权"，到了汉武帝以后就发生变化，随着刺史的崛起，郡守、郡尉和监御史的权力都逐渐被州的权力所覆盖，拥有钦差资格的州刺史或者是后来的州牧，就成了地方上的集权者，军政、民政、财政、司法、监督都由州牧统管。州牧成了一个地方的军政大员，最终就出现了东汉末到三国的现象——群雄割据。三国时代的那些群雄几乎都是州牧，像大家知道的袁绍、曹操，都是兼领几个州的州牧，还有当时的刘表（荆州牧）、陶谦（徐州牧）、刘璋（益州牧），等等。刘备也是通过代理徐州的州牧而初步形成势力，又"依刘表""借荆州"而逐渐崛起的。这些州牧都割据一方，据地称雄，既有财权，又有兵权，完全成了一方军阀，后来甚至成了一方诸侯，中央集权就受到严重的威胁。

为解决这个问题，到了唐宋之际，路制取代了州（道）制，而路制的一个特点就是分权分得七零八落。宋代的这些路不仅一个路就设立了很多衙门，而且每个衙门都在中央有它的上级，彼此不相统属。

一个路由安抚司（别称"帅司"，长官为安抚使）管行政，又设置了转运司（即"漕司"，长官为转运使）管财政❶。安抚使如果在路内要搞什么形象工程或者政绩工程，得向转运使报告，通过转运使向中央提出报告，要求拨款，不能随便花钱。此外，还有提点刑狱司（又称"宪司"）管司法，提举常平司（又称"仓司"）管市场等。那个时代倒真是司法独立，不过所谓司法独立不是对皇权独立，而是对同级地方官独立。老实说，对同级地方官独立也很重要。提点刑狱使和安抚使是平级的，互不统属，司法独立于行政。除此之外，路还设立了其他的一些机关。由于分权程度高，宋代的路制还出现一个很有意思的现象，就是每一个司管辖的路境、路名和划界都是不同的，所以我们讲宋代有多少路的时候就会有各种各样的说法。同一时期如果是按照帅司系统，可以说有若干路，但是按照转运使司的系统，路可能更多。

比如北宋初年西北地区有一个陕西路，比今天陕西省规模要大，下辖京兆府、河中府、凤翔府。后分为永兴军路和秦凤路，这是漕司（转运司）管辖的。西北地区由于与辽、西夏接壤，安抚司（帅司）的地位重要，帅司多，辖区相对较小。北宋晚期陕西二漕司路各分三帅司路，分别是永兴军路下有永兴军路（治京兆府）、鄜延路（治延安府）、环庆路（治庆州），秦凤路下有秦凤路（治秦州）、熙河路（治熙州）、泾原路（治渭州）。所以宋朝的路到底有多少，是说不太清楚的，因为每一个衙门管辖的路不同，这可以说是分权分到了极致。

中国历史上地方分权与地方集权的循环，见下图：

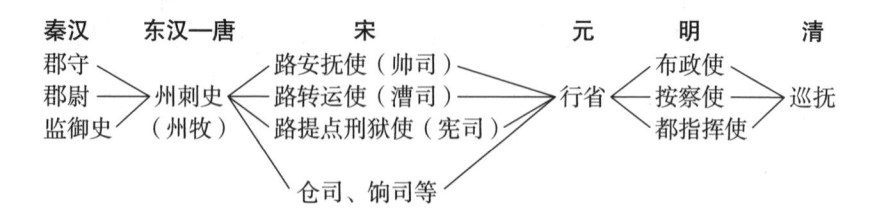

```
秦汉          东汉—唐           宋                    元        明              清
郡守                      路安抚使（帅司）                    布政使
郡尉    ——→  州刺史  ←—  路转运使（漕司）  ——→   行省  ←—  按察使    ——→  巡抚
监御史         （州牧）    路提点刑狱使（宪司）                都指挥使
                         仓司、饷司等
```

---

❶ 唐初设转运使时，本管运输，故转运使司又称"漕司"，宋初掌管财赋，太宗时，又委以边防、刑讼、按廉等任。

这套制度造成的行政职权叠床架屋、彼此掣肘非常严重，宋朝很多事情干不好与此有关。尤其在战争中弊病尽显。因此到了南宋就经常出现陆游所说的"行省临秦中"现象，皇帝得频频派出中书省的钦差到地方统筹一切，全权处理。这就出现了前面讲的行（中书）省制度。也是由于战争需要，金、元两代不断强化行省的权力，开始矫枉过正，到了元代，行省就成了一个地方集权的代表。大家知道元代的行省和宋代的路形成鲜明对比的是，行省平章不仅可以管民政，而且可以调动军队，可以管司法、管财政。❶像跷跷板，分过头了集，集过头了又分，两头摆动。元代行省权力大到什么程度？大到了每一个行省都有自己的省军。结果不用到元代末年天下大乱，还在元代中期，泰定帝死后就发生了一场大变乱，叫作"天历之变"，当时陕西行省出兵进攻外省，其军队打到山西、河南。陕西行省被中央收复后，四川行省平章又宣布独立，然后就跟其他省打仗，每一个行省都有自己的军队，又搞成了一种很复杂、易生变的局面。❷

朱元璋发现不对头，明代就废除了行省（虽然行省俗称仍流行），改为布政使司。这可不是仅仅换个名词，而是重新回到了类似秦代那种地方上的"分权"：布政使（藩司）管民政，上属中书省（朱元璋废中书省后经六部上属皇帝）；都指挥使（都司）管军政，上属五军都督府；提刑按察使（臬司）管司法，上属都察院。官品虽有差异，却互不统属，各有上司与下属。尤其是藩司所属州县与都司所属卫所，辖境重叠却不重合，分别管理的民户与军户、民田与屯田也交错插花分布，至有同城同街，左邻军户属湖广都司偏桥卫，向湖广交屯租，右舍民户属贵州施秉县，向贵州交田粮，其混乱有甚于宋代的漕司路与帅司

---

❶ 关于中国历史上钦差与地方"诸侯"的循环以及地方分权与地方集权的循环，详见秦晖：《传统十论——本土社会的制度、文化及其变革》，第139—227页。另相关中国历史上行政区划与行政组织之沿革变迁，参见周振鹤：《中国地方行政制度史》，第58—199页。

❷ 《元史》卷32《文宗纪》，北京：中华书局，1976年，第704—721页。

路。这样的体制自然也是弊端百出。

所以后来又需要上面派钦差来统一事权,这就是明代形成、清代定型的巡抚一职,它由"过江龙"变成"坐地虎"以后,又成了独揽一方大权,民政军政司法一把抓的大吏。到了民国,巡抚变成督军,又发展成军阀割据的土壤……

法家体制始终解决不了这些问题。这也就是为什么我认为汉魏之变不如周秦之变深刻的原因之一。因为秦皇汉武造成的或面临的这些基本问题,其实一直延续到清末。

第六章

汉魏之变：
儒表法里中的"儒里化"阶段

我在绪论里面曾提到秦汉在中国历史发展中占有很重要的地位。作为中国中央集权专制帝国的第一次兴盛或者第一帝国时代，其建立并向下一阶段的演变具有非常丰富的政治学意义。因此秦汉史学习的重点应该是周秦之变和汉魏之变，就是这套体制是怎么建立起来的，它又发生了什么样的变化。

也许有人会说，从晚清看到的中国传统好像和秦汉有很大的不同。的确是这样，这也告诉我们抽象地讲"传统"如何如何，是过于简略省事、过于偷懒的办法，其实这个传统一直在不断变化。当然有一些东西没有改变，还一直延续下来，但是有一些东西是变化了。总结一下，就秦汉这个阶段而言，我们讲的周秦之变一直从西周延续到王莽时代，所谓的礼崩乐坏，春秋战国发展下来建立了一个按照法家逻辑建构起来的"霸道"秦朝。秦朝很快出现问题导致天下大乱，二世而亡。天下大乱以后就有一个调整过程，曾经有过恢复周制的企图，比如项羽要采用分封诸侯的办法治理天下。汉初也曾经有过比较发达的分封制，各个诸侯国有很强大的势力。但是自文景以来就出现了中央集权不断强化的趋势，周制的残余越来越萎缩，秦制则越来越巩固。前面讲过，再总结一下：第一，是解决了诸侯的问题，首当其冲消灭异姓王，接着又拿掉了几个最强大的同姓王，最后通过推恩令，"众建诸侯而少其力"，逐渐把剩下来的同姓王也给化解掉了。到了东汉可以说郡县制已经基本取代了封建制。

国家对社会、对经济的控制也是从汉初比较松散的状态逐步强化。从汉初诸侯可以铸钱的各自财政逐渐变成盐铁官营、均输平准、算缗告缗、王田私属、五均六筦，一直发展为王莽那样一种国家无所不包的垄断状态，也就是我讲的周表秦里的状态。

虽然儒家从汉武帝以来就得到了所谓的"独尊"地位，但是儒家本身经过了非常系统的、非常成功的法家化改造或者说"以法入礼"，因此那个时候的儒家已经不是孔孟时代的古儒，而是儒表法里状态下的"法儒"或"道儒"。

但是这样一种状态当然也不能说后来就直线延续到今天。

这种状态到了后来又发生了一些调整，如果我们说汉武帝以后这两千年的历史基本上是儒表法里的状态，而在一定程度上我们应该讲，儒虽然是表，但是这个表并不是没有向里进行渗透。至于这个渗透是否能够完全颠覆秦制，使国家回到周制那样一种状态去，其实是不太可能的。但是在现实的规则或者潜规则中，儒家的这一套占有比以前多一些的地位，也就是说儒家有过一定程度的往里渗透，不单单是浮在表面的意识形态，某种程度上也变成了里，这个阶段的确发生过。这就是所谓的汉魏之变。但是，所谓一定程度的"儒里化"并不等同于在整体上改变了儒表法里的格局。

我们浓缩简述这一段过程：东汉末年中国就出现了所谓的合久必分的局面，一开始是群雄割据、豪强遍布，最后是三分天下，再后是非常短暂的西晋统一。这个统一大概只维持了三十多年。其实真正的统一还不到三十多年，也就维持了十多年，然后就发生了八王之乱、永嘉之乱，又出现了汉末天下大乱的状态。这次大乱以后，很长一个时期就没有统一，先是东晋十六国，后是南北朝，最终由于北周的发展出现了统一的趋势，然后由杨坚代周建立了隋，隋完成了最终的统一。但是，隋和秦、新莽一样，都是很短暂的王朝，二世而亡，又导致天下大乱。直到唐的建立，进入了一个比较稳定的、以统一为主的时期，中国历史进入了第二帝国时代。

从东汉末的社会动乱，公元184年黄巾起义（站在另外一个立场上也可以说是黄巾之乱）以后，统一的集权帝国已不复存在，出现了类似于诸侯林立的局面。大家知道，正式的三国鼎立是比较晚的事，三国中的魏国正式立国是在曹操死了以后，他的儿子曹丕才正式把汉给废掉，以魏代汉是在曹操死了以后才实现的。到了西晋，所谓的八王之乱本来也是分封造成的，体现了周制一定程度的回荡。

但是，东汉末年的大乱并不是一朝突变。事实上，自从王莽的"周表秦里"走到极端引发社会大崩溃以后，历史的钟摆就已经开始往回荡了。

第一节　东汉以后宗法复兴

中国历史学界早就有人认为由秦汉到隋唐，中国历史似乎转了一个圈，隋朝做的很多事情都是秦汉做过的。而隋唐以前这一段比较分裂的、混乱的历史也有点类似先秦时代的那种诸侯林立的情况，甚至，社会面貌也有某种程度的类似。比如说，前面讲到过西周是一个族群社会，而在魏晋南北朝这段时间，也是世家大族、门阀士族势力比较兴盛的时代。西周是世卿世禄的贵族制度，很多人的政治地位是继承的，不是官僚制，而是贵族制。魏晋南北朝这段时间实行九品中正制，"上品无寒门，下品无势族"❶，也导致了某种贵族身份的世袭现象，出现了比较长期稳定的各种依附关系。

西周时代是封建制，每个人都有自己的主人，"人人亲其亲，长其长"，国家几乎直接控制不了多少人口，也就是说那个时候没有编户齐民制度，或者说即使有也只在周天子能够直接控制的那块领地上。西周、春秋时期也有查户口，编订田籍、户籍的做法，像周宣王"料民于太原"❷，以及鲁国的"初税亩"❸，但这些范围都很小，领主各行其便，没有一定之规。那个时候所谓的查户口、编户口只是每个领主在自己的领地上进行，周天子也只是在王畿所在的西安或洛阳附近

---

❶ 《晋书》卷45《刘毅传》，第1274页。
❷ 《竹书纪年·周宣王》。
❸ 《左传·宣公十五年》。

的一块地方进行,不可能跑到楚国去查户口,也不可能跑到秦国去大索貌阅(隋朝的"查户口"),出了诸侯的那一亩三分地别处管不了。这种现象到了魏晋时期有一定程度的复归。实行均田制以前的北魏,有人说是宗主督护制,所谓的"百室合户""千丁共籍"❶,很多宗主带领着庞大的族群,而国家能够掌握的编户齐民比起秦汉尤其是西汉有明显的萎缩。

因此,整个魏晋南北朝时期在一定程度上,好像历史复归转了一个圆圈,但这个循环只是表面上的。魏晋南北朝时代的社会和先秦的社会还是有很大的不同,而且周秦之变奠定的基本格局也没有发生颠覆性的变化。魏晋南北朝各个分裂的政权仍然基本上是官僚制帝国,并没有出现西周式的层层分封的封建制占统治地位的状况。也就是"儒里化"在程度上是有局限的,并没有使中国真正成为一个儒家理想中的权责对应、小共同体本位、和谐的"父父子子"的社会,并没有导致所谓三代盛世真正的复归,只是有些形似。或者打个比方说,历史钟摆来回摇摆,向秦制摆动的幅度大,向周制摆动的幅度小,抑或只是表面上有些像。

魏晋南北朝的社会的确比秦汉有了很大的不同,这个变化也就是我们所要解释的汉魏之变。这个变化时间持续比较长,虽然国家正式的分裂是在公元184年黄巾之变后才出现,到魏文帝以魏代汉才正式确立,但是这个苗头早就有了。中国很多事情都是物极必反,秦制的衰亡也是一样。秦制这一套,秦始皇搞得天怒人怨;王莽得罪了各色人等,只不过王莽搞的是"周表秦里",后世学乖了的表现是穿一个儒家的"外套",外形上看是尊周那一套,实际上搞的是"超秦制"的中央集权。周表秦里也导致了社会的崩溃,新莽和秦一样是个短命王朝。社会混乱中出现了以刘秀为代表的新势力。

前面我曾提到过,中国历史上这种前后相承的王朝,性质上往往

---

❶《晋书》卷127《慕容德载记》,第3170页。

有很大的区别。北宋南宋、东晋西晋基本上是同一个王朝的延续，南宋的高宗赵构就是徽宗的儿子康王，而且宋朝在垮台的时候，宋钦宗已经在一定程度上授予了他很大的权力，宋高宗从来没有成为平民。东晋也是一样，东晋的开国皇帝晋元帝也是西晋皇室直系嫡亲，他建立的朝廷基本上是西晋朝廷的延续，无非就是原来的朝廷被颠覆了，统治阶层偏安跑到另外一个地方重建了和原来没什么区别的体制。但是西汉东汉就不是这么回事。

刘秀虽然也号称汉的宗室，但已经是八竿子打不着的旁支宗室，基本上已经平民化了。按照宗法继承制度，天子或皇帝的儿子中太子继位，其他儿子降一等作诸侯王，那么过一代，诸侯王的嫡长子就是世子继承王位，其他的儿子再降一等，再下一代还是一样，这样下去，经过十几代，那些旁支基本上就已经是平民了。刘秀虽然打的是西汉的宗脉，但起兵的时候其实是一个豪强，虽然有钱，但并没有太大的血统优势。

周行几百年，秦的突变是不可能一下子把它的烙印抹去，在与秦制的博弈过程中还会时不时冒头，但从大趋势看是一次次被秦制战胜。

秦制的最大特点是老有强龙和地头蛇的斗争，即中央集权和小共同体的力量、地方的力量、分封制的力量博弈。刘秀虽然本人是豪强，但他一旦当了皇帝还是要搞中央集权，统领大一统的天下是每一个怀有雄才大略当皇帝人的梦想。但是，由于东汉是在王莽搞中央集权过分强化导致社会大乱的背景下建立的，因此新产生的朝廷在一定程度上就要出现调整。作为对王莽时代"周表秦里"的逆反，东汉的儒表也逐渐向秦里渗透。东汉出现了明显的儒表渐里趋势。

王莽"从周"本来是表演性质，但是他强化秦制失败后，"从周"却有点弄假成真了。王莽"从周"是要强皇权，东汉跟着"从周"，古文经学仍然兴盛，"从周"却变成主要是强宗族了。刘秀出身"素封"豪强，依靠强宗大族崛起，东汉建立以后在很多具体制度上不仅继承了秦制，而且也继承了莽制。北京大学的阎步克先生认为东汉很多制度来自新莽，这一点没错，东汉基本上仍是中央集权官僚制的帝国。❶但是，由于王莽把官僚制帝国的逻辑贯彻得太极端，弊端百出，东汉虽然继承了这个体制，却出现了一些弱化的趋势。

比如最明显的一点是，东汉国家的财政运作能力要比西汉弱得多。不但闯下大祸的"王田私属"无人胆敢再试，连贤良文学们也反对不掉的盐铁官营，东汉也不声不响就取消了。还有，东汉经济史上有一个很有趣的问题，就是"汉金消失之迷"。文献中经常提到西汉黄金动辄几十斤、几百斤甚至几千斤的赏赐现象，到了东汉，黄金似乎一下子就地遁没有了。其实不是黄金没有了，而是中央政府可以支配的黄金变得很少。西汉的中央财政通常是比较充裕的，所谓的"太仓之粟陈陈相因"❷，用我们今天的话讲，就是说国库充盈。但是到了东汉，情况截然相反。东汉的朝廷一直在财政上非常困难，至晚从汉章帝之后，朝廷长期入不敷出，财政赤字很大。❸到了汉安帝年间出现所谓的"官负人责（债）数十亿万"，有点像今天的美国，国债非常惊人。也就是说东汉政府集中资源的能力要比西汉弱，尽管作为皇帝，扩张中央集权仍然是施政的主要着眼点。

西汉已经出现的趋势乃至王莽时代的一些趋势，在刘秀上台以后也仍然延续。比如前述，汉武帝搞内朝，刘秀进一步扩大了内朝，六曹尚书制度很可能新莽时代就已经是如此这般，刘秀自然继承过来。比如派中央工作组到地方上去检查工作，乃至架空地方，用"过江龙"

---

❶ 阎步克：《士大夫政治演生史稿》，第366—377页。
❷ 《史记》卷30《平准书》，第1420页。
❸ 汉和帝永元年间，已经是"仓帑为虚"，"比年水旱，人不收获……中州内郡，公私屈竭"，"百姓愁苦，县官无用"，见《后汉书》卷43《何敞传》，第1481—1484页。另参见马大英：《汉代财政史》，北京：中国财政经济出版社，1983年，第161—170页；张捷：《秦汉时期财政运作研究》，博士学位论文，华东师范大学历史学系，2012年，第196页。

来监督乃至覆盖"坐地虎",这样的制度西汉就开始有了,东汉进一步发展,就是所谓的刺史、州牧,所谓的十三州制度,这在东汉也是继续推进的。谁承想这些政策却走向了它的反面,十三州刺史本来是为强化皇权派出的中央工作组,但是这些中央工作组派出的时间太长了,走动的"视察员"在一地久待不动,而且中央工作组拿着"尚方宝剑",钦差大臣权力很大,到地方去以后久而久之,自己就变成"坐地虎",而且比原来的坐地虎强大得多,尾大不掉更严重。由于这些原因,东汉尽管力图重新巩固乃至强化中央集权,但是反中央集权的或者封建制的因素,实际上在东汉一朝就已经开始冒头。

最明显的一点是社会生活中宗族势力的扩大,强宗大族兴起。对于宗族势力,秦和西汉都是竭力打击、想方设法划大为小,直至到个人。那个时代是鼓励六亲不认,强制分家,不许族居,实行严格的非宗族性的编户齐民制度。但是到了东汉,强宗大族又再度冒头。❶

关于这一点,很多人说东汉出现强宗大族,到魏晋南北朝时就出现了门阀士族,出现了宗主督护,出现了"百室合户""千丁共籍",似乎这个时代中国又恢复到族群社会中去了。❷可是如果大家真的注意当时反映基层实际状况的出土简牍,比如走马楼吴简,就会知道,其实当时的世家大族只是高层的时髦,社会上并不普遍,和明清时代尤其是晚清岭南一些地区农村到处都是祠堂、宗族,族庙公产比重很大的现象相比有很大距离。❸彼时的宗族应该说主要是一种贵族现象,一般的平民百姓中还是编户齐民居多。但是的确这个时候已经出现了一些贵族世家整合抬头现象,他们有自己的依附者,形成了一种类似于封建的状态。

---

❶ 这一"出现"表现为持续性的存在或延续,参见杨联陞:《东汉的豪族》,第1—58页。

❷ 可参阅谷川道雄:《中古中世社会与共同体》,马彪译,北京:中华书局,2002年;蒙思明:《魏晋南北朝的社会》,上海:上海人民出版社,2006年。

❸ 详见秦晖:《传统十论——本土社会的制度、文化及其变革》,第1—34页。

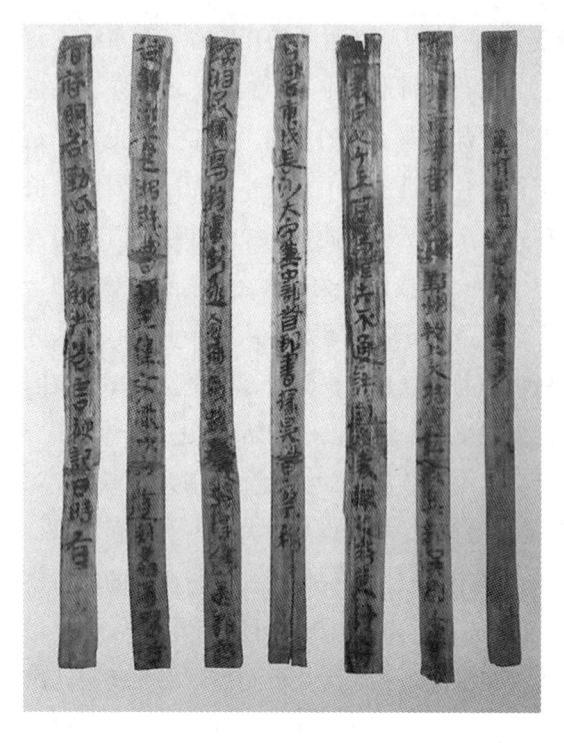

走马楼吴简

第二节　以礼入法：法律的儒家化

东汉仍然延续王莽的做法，什么东西都要遵从周制，而且莽朝的很多制度也延续了下来，但像王莽那样所谓周表秦里的"秦里"却已经失去了势头，"周表"开始影响到里了。

这个变化反映在很多方面，首先汉代的法律发生了一些潜移默化的演变。我曾经提到儒家的思想在周秦之变中受到改造，其中很重要的一个内容就是"以法入礼"，用法家行事杀气腾腾的东西取代儒家那套主要建立在血缘伦理基础上的温情覆盖下的礼。但是到了东汉出现另外一个趋势，那就是瞿同祖先生曾经提到的，在曹魏时代发展到很高程度的法律儒家化，用他的话讲是"以礼入法"。

"法律的儒家化",最早的表现是"《春秋》决狱"。大家知道秦汉的法律是非常反宗法的,是典型的法家法,有很多原则和儒家是截然相反的,比如说鼓励告亲,禁止容隐,提倡六亲不认,而且还假定每个人都可以有自己的财产,造成一种好像非常个人主义化的表象。这个法律一直就没有大的改动,从《秦律》到汉初的《九章律》,到以后张家山汉墓出土的《二年律令》,一直都带有很浓的法家色彩,就是反宗法的色彩。但是在汉代的司法实践中,早在西汉中后期就已经出现了不按法律而按儒家经典进行判案的例子。到了东汉这种例子开始多了起来,就是所谓的"《春秋》决狱"。

所谓"《春秋》决狱",就是这些判案的法官不是根据法家化的汉律来判案,而是按照儒家伦理原则来判断是非。比如儿子告发父亲,按照法家规定是应该鼓励的,但是在儒家看来这种做法就是违背伦理,大逆不道,应该惩罚。尽管秦汉的法律都是鼓励告亲的,但是在现实司法实践中有一些人是从儒家经典出发,并不从法律出发,按照所谓《春秋》大义而不是按照法律的条款来办事。❶

这种"《春秋》决狱"就使得法家化法律的效用在降低,而宗法伦理作为一种潜规则开始逐渐流行起来。这个趋势一直到曹魏时期的陈群、刘劭开始系统地修改法律为高潮。瞿同祖先生说,儒家之系统修改法律,自魏晋始。❷ 我觉得瞿同祖先生的这个说法是非常之高明的。中国现在保存下来比较完整的法律,最早的一部是《唐律疏议》,也就是唐律。唐以前的法律没有完整保存下来,只有文献中的吉光片羽。最近我们通过考古发掘,在睡虎地发现了秦律简牍,在张家山发现了汉律简牍,但是这些简牍也只是一部分,全部的我们没有看到。但从后来的史籍中,人们收集吉光片羽,自晚清以来就有人进行汉唐法律对照研究,代表人物是晚清的沈家本先生。沈家本先生研究过汉

---

❶ 参见张建国:《两汉魏晋法制简说》,郑州:大象出版社,1997年,第53—67页。
❷ 瞿同祖:《中国法律与中国社会》,第362页。

唐法律的演进，他当时觉得这个汉律和唐律有很大的区别❶，而瞿同祖先生在民国年间又进一步判定这样的区别主要发生在魏晋，就是陈群和刘劭修改法律。无论是修改以前的秦汉律还是修改以后的曹魏时期的法律，全文都没有保留下来，我们都没有看到。但是瞿同祖、沈家本这些先生从历史上遗留下来的一些吉光片羽、断简残编中得出的推论，我认为还是可以成立的。也就是说他们从有限的资料中得出的结论，是有说服力的。

现在我们看到的材料比瞿同祖、沈家本那个时代要多得多，比如睡虎地秦简、张家山汉简都是20世纪70年代以后才出现的，他们都没能看到。看到这些材料以后，我们应该承认这些前辈的确很了不起，他们当年的结论并没有被我们新看到的材料所推翻，而是我们新看到的材料进一步证实了他们的论断。

陈群、刘劭系统修改法律主要是做了哪些工作？他们修改前后的法律原本我们都没有，无法一窥全貌。但我们知道的是他们强调了一些法家化的法律所不重视的原则。这些原则把儒家的血缘亲情伦理观、小共同体本位的价值观引进了法律，使得这个法律相当程度上变得伦理化。❷

法家法律有两个特点，第一个特点是特别强调政治挂帅，一切从皇权出发，为了皇权可以六亲不认。谋反毫无疑问是大罪，但是不孝呢？不孝看是为什么而不孝，假如是为皇帝而大义灭亲那是好的，假如不是为皇帝而杀爹当然还是有问题的。但是不孝本身并没有成为法律惩办的一个原则。当然基于人之常情，一般的社会甚至包括西方社会都认为子女尤其是未成年子女应该听爹的，公民对未成年子女有监护权，现代法

---

❶ 沈家本认为：大约唐法轻于汉法。沈家本：《汉律摭遗》，载《历代刑法考》，北京：中华书局，1985年，第1397页。
❷ 参见瞿同祖：《中国法律与中国社会》，第362—363页；张建国：《两汉魏晋法制简说》，第146—151页。

律也是承认的。因此即使是秦律,针对父子还是有一些区别。

比如秦律认为儿子和父亲是各有财产的,秦律有一个规定,说"父盗子,不为盗",而"子盗父母"不是"公室告",也就是说父盗子,不违法,"子盗父母"就是非公室告,什么叫"非公室告"?虽然是违法的,但是法院不一定要立案,用我们今天的话来讲,可以通过民事调解,通过私下调解的办法来解决。❶ 但是,秦汉法家式的法律都没有单独把伦理作为一种法律条文,尤其是宗族伦理、血缘亲情基础上的宗法伦理,都没有视它们是一种司法原则。

我们知道法家法律最严厉惩罚的是政治犯罪,触犯了皇权,触犯了统治秩序,这是最大的罪。其次,法家法律从财产法的角度似乎比较现代化,就是我讲的"伪个人主义",有一些好像是强调个人的东西,强调每个人都有单独的财产。这种伪个人主义和国家强化控制是联系在一起的,不是真正的近代意义上的个性解放。在皇权之下,好像法家的法律更多地承认个人相对于族群的独立性,实则压抑消灭了中间环节,使之形成皇帝凌驾万民之上的结构。

因此,汉初的法律基本上是沿袭秦律,约法三章提出的是"杀人者死,伤人及盗抵罪"。❷ 主要惩罚的是杀人、伤人、偷盗,其实就是民间个人与个人之间的那些侵犯行为。当时并没有明确这些偷盗要受到更高一级伦理规则的制裁。

但是到了陈群、刘劭修改法律以后就不是这样了,史籍上记载,陈群、刘劭是按照儒家的孝悌亲亲的逻辑把原来通过"《春秋》决狱"实行的那些原则给法律化了。到了魏晋南北朝时期,北齐河清年间的《北齐律》,在这一点上就表现得更明显。完整的《河清律》我们现在也没能看到,但是人们都认为《唐律》是继承《隋律》,《隋律》不是

---

❶ 睡虎地秦墓竹简整理小组编:《睡虎地秦墓竹简》,"法律答问释文注释",第98、117—118页。

❷ 《史记》卷8《高祖本纪》,第362页。

继承北周律的，而是继承《北齐律》的。❶我们现在看到的《唐律疏议》，基本框架就是在北齐河清年间建立的，而北齐《河清律》确立了两个最重要的原则："十恶"和"八议"。❷这是法家化法律中从来没有出现过的内容。

什么叫"十恶"？就是所谓的"重罪十条"，这个"重罪十条"规定是不赦之罪。古代皇帝经常大赦天下，即位要大赦，大婚要大赦，皇子诞生，皇帝一高兴就要大赦，表示皇恩浩荡，与民同庆。但是，隋朝开始规定有一些罪过是不能赦免的，有些特别严重的罪过在大赦天下中不在赦免的范围，这就是所谓的重罪、不赦之罪。北齐《河清律》就规定了"重罪十条"，后来演变为"十恶"。❸这"十恶"是不赦之罪，因此有了一个成语"十恶不赦"。现在的十恶不赦已泛指了，比如某个人罪恶滔天，那就是十恶不赦。实际上最早这个十恶不赦是有确切的所指，是指十种重罪。哪十种重罪呢？其中有一些政治性的罪，比如说谋反、内乱、大逆、叛降等等，这当然不能赦。但是这十恶中有一些是伦理犯罪，比如不敬、不义、不道，其中有一种叫"不孝"，这个行为成为重罪之一、十恶之一，成为不赦之罪。这是曹魏时代才开始的一种变化。

除了"重罪十条"以外，北齐《河清律》还有所谓"八议"的

---

❶ 参见程树德：《九朝律考》，北京：中华书局，2003年，第391页；陈寅恪：《隋唐制度渊源略论稿》，载《隋唐制度渊源略论稿·唐代政治史述论稿》，北京：商务印书馆，2011年，第111—112、125—127页。

❷ 当然，"八议"入律不始于北齐。瞿同祖："八议之入律，亦自魏始，为吸收礼经最重要之一事。《唐六典》注云：'八议自魏、晋、宋、齐、梁、陈、后魏、北齐、后周及隋、唐皆载于律。'"瞿同祖：《中国法律与中国社会》，第363页。

❸ 北齐时，"重罪十条：一曰反逆，二曰大逆，三曰叛，四曰降，五曰恶逆，六曰不道，七曰不敬，八曰不孝，九曰不义，十曰内乱。其犯此十者，不在八议论赎之限。"隋文帝时，"又置十恶之条，多采后齐之制，而颇有损益。一曰谋反，二曰谋大逆，三曰谋叛，四曰恶逆，五曰不道，六曰大不敬，七曰不孝，八曰不睦，九曰不义，十曰内乱。犯十恶及故杀人狱成者，虽会赦，犹除名。"《隋书》卷25《刑法志》，北京：中华书局，1973年标点本，第706、711页。

规定。这个八议主要是伦理上的规定。也就是同样的一桩罪行，除了这个罪行以外还要考虑八种因素，也就是所谓的议亲、议贵、议功，等等。❶ 总而言之，有人杀了人，官府要考虑所杀的人是陌生人还是亲人。如果杀了亲人，那罪过要大。杀了至亲又比杀远亲的罪过更大，因骨肉相残是禽兽之举，其实禽兽也未必，所谓虎毒不食子，人做的事也许往往禽兽都不如。杀人不是可以一碗水端平的，要议亲。

还有反过来的，是不是为了你的亲人而杀人，比如说为了给父亲报仇杀了仇人，如果要议亲的话，这就成为一个可以从宽处理的条款，是符合伦理要求的。2018 年的于欢案放在历史上是可以从宽处理的，因为事出有因，为双亲报仇，符合"孝悌之道"。但是如果你杀了爹，那罪过就大了，就不是一般的杀人罪，是伦理犯罪，非常严重。

所谓议亲之外，还要议故，要考虑人情世故的安排，比如你原来是皇帝的朋友，犯了罪，皇帝可以拉你一把，好像也是可以酌情减免的。所谓的议贵是要在社会中分出上下尊卑，在上者侵犯在下者，要比在下者侵犯在上者罪过小。如果是平民伤害了贵族，比贵族伤害平民的罪过大，儿子伤害了父亲或者说子弟伤害了父辈，要比父辈伤害子弟的罪过大，主人和他的附庸之间也有这种不平等的关系。不平等的关系就是所谓的上下尊卑，所谓的"礼"就是规范这种关系，这是儒家最典型的特征。

但是法家是不承认小共同体内上下尊卑的，所有人都是皇帝的奴才，在这一点上是强调平等的。法家讲的法治当然和我们今天讲的在法律面前人人平等不是一回事，这主要是两个因素造成的：

第一，法家讲的人人平等，皇帝不包括在内，皇帝至高无上，他不跟平民在一个层面上，不会跟你去讲平等。法家毫无疑问是要维护

---

❶ "八议"出自《周礼·秋官司寇》："以八辟丽邦法，附刑罚：一曰议亲之辟，二曰议故之辟，三曰议贤之辟，四曰议能之辟，五曰议功之辟，六曰议贵之辟，七曰议勤之辟，八曰议宾之辟。"《汉书》卷23《刑法志》："周官有五听、八议、三刺、三宥、三赦之法。……八议：一曰议亲，二曰议故，三曰议贤，四曰议能，五曰议功，六曰议贵，七曰议勤，八曰议宾。"第1105—1106页。

皇权的。第二，虽然法家并不承认贵族和平民之间的差别，但是实际上在法家的治理中，受宠的奴才和不受宠的奴才之间仍然没有任何平等可言。可是这种没有任何平等不是通过法律本身表现出来的，而是通过以权力曲解法律表现出来的。也就是说法家假定天下的人都是皇帝的奴才，皇帝可以决定任何人的生死，不是说只有平民百姓是奴才，王公大臣就不是奴才，不是的，所有人都是皇帝的臣下之奴。但是，奴才有被青睐得势的，也有失势的"背锅侠"或压根不讨喜欢的。而受宠的奴才往往可以给不受宠的奴才罗织罪名，就是我前面讲到过汉代酷吏的做法，生死都可"以文内之"，也可"以文出之"。但是在法律上规定所有的人都是奴才，因此奴才应该平等，不承认除了皇帝以外民间还有主从之分（奴隶除外），不承认一些人是贵族，一些人是贵族下属的世世代代的隶属民，不承认君王之下有截留的东西。

我们不能说这是法治，也不能说这是在法律面前人人平等，但是在权力面前是人人平等的。也就是说有权势的人在法家制度上可以欺负无权无势的人，只是这个有权势的人很可能是不确定的。身份地位无衡定，皇帝看中了你，便得道升天，皇帝一个不顺眼，一撸到底也不是没有。而儒家讲的所谓贵族、所谓长辈，都是一种固定的身份，相对而言是稳定的。

"八议"还有议功、议贤等等。有道德的人杀了没有道德的人，如果按照这种理念，罪过也要轻一些。当然了，当时不可能承认有道德的人可以不经法律杀那些没有道德的人，但还是可以从最通俗的角度讲，好人杀坏人的罪过要比坏人杀好人的罪过轻。我这里讲的"好坏"不是正当防卫意义上的，不是谁先杀谁的问题，而是即使在一般的案件中，当事人的道德水平也会成为量刑中应该考虑的一个因素。因为道德不能量化，当时口耳相传的民意可作为其参考。也就是同样的行为、同样的侵犯，认为是有道德的人侵犯了不那么有道德的人，罪过会比相反的侵犯要小一些，这就是所谓的"议贤"。这些条文告诉人们，平时积德很重要，没准关键时候会保一命。"十恶""八议"这些内容加进去以后，法律便带有浓厚的儒家伦理色彩。后人就认为这是"法律的儒家化"。

随着法律的变化,当时人们的观念也发生了一些演变。大家知道在法家理论盛行时期,儒家认为社会礼崩乐坏,人心不古,世风日下,就是贾谊讲的"借父耰锄,虑有德色;母取箕帚,立而谇语"。虽然到了汉代好像没有那么极端,但通常人们认为西汉一朝,社会上的家庭气氛以及温情脉脉的儒家伦理这些东西还是比较淡薄的,一直到西汉末都是这样。

西汉盛行的是短丧、薄葬,《史记》中有很多例子,父母死了,儿子守丧时间很短。❶ 父母去世要有三年之丧,这是先秦儒家就已经有的说法,很可能西周也是实行久丧的。❷ 既然儒家讲的那一套是周制,我们也应该相信,在宗族制度下,五服之内的或者是至亲的,主要是对父亲,实行久丧,三年之丧。但是在西汉,这样做的应该说较少。长沙马王堆1号辛追墓似乎是个例外,可能和墓主人的身份有关,她是诸侯长沙国丞相利苍的妻子。但是到了东汉厚葬就普遍了,尤其是读书人,所谓的大儒们,开始争相标榜久丧、厚葬和守孝。

以至到东汉后期这股风气愈演愈烈,当时很多人认为三年之丧都太短,要守更久,表示道德更高,甚至有人守了二十几年丧的。❸ 后来就出现一个问题,道德讲得太极端容易虚伪化,所以有人说久丧里头有很多猫腻。一个人在父母庐墓旁边居住,服丧二十几年,大家都夸他是道德典范。后来人们发现他在服丧期间讨了好几个小老婆,生了若干孩子。❹ 大家知道,在服丧期间是不能办喜事的,也许有人说这是

---

❶ 参见范志军:《汉代丧礼研究》,博士学位论文,郑州大学,2006年,第103—114页。
❷ 参见黄益飞:《殷周三年丧制考论》,载《三代考古》2015年,第455—459页。
❸ 参见范志军:《汉代丧礼研究》,第100—103页。
❹ 《后汉书》卷66《陈蕃传》记载,乐安郡赵宣葬亲后,在墓道中"行服二十余年,乡邑称孝,州郡数礼请之",后陈蕃为乐安太守,才查出他五个儿子都是在行服期间所生,揭穿其沽名钓誉的骗局,并且治了他的罪。见《后汉书》,第2159—2160页。

很虚伪的欺世盗名。这些虚伪的东西能够大量出现说明社会上的确有这样的氛围，世风如此。如果社会上对这种行为嗤之以鼻、根本无人理睬，虚伪也就没有市场了。虚伪是为了沽名钓誉，这种行为有名有誉可钓，有人才会效法。

第三节　官员选拔标准的道德化

　　同时，当时的官员选拔也越来越强调所谓的道德标准，儒士的清高成为当时很重要的一项政治资源。这个风气越到后来越泛滥成灾，甚至在魏晋南北朝期间变成很要命的风气。大家知道，陶渊明不为五斗米折腰，挂冠而去，这在当时都被誉为美德。可在法家看来这是非常严重的罪行，明朝朱元璋安了个罪名叫"不为君用罪"❶，就是承蒙组织上看得起给你安排工作，你却故作清高推辞不去，这是非常大的罪过，个人在君王面前没有说"不"的权利。

　　汉代经常有人标榜自己是非常谦虚的，看破世俗的，国家征召你，你说我不是这块料，不能接受任命。这是一种美德，这是一种清高的慎独。但此风气风靡一时，就有很多人效法，以至到了魏晋南北朝时期好多人标榜自己是在野的，是处士，是清流，像竹林七贤乐于悠游林泉之下，属于那种很清高潇洒不拘小节的人。这种风气也就影响了朝廷对官员的选拔标准，即以道德相尚，越是辞官不做的人说明没有权力欲，就越要把他拉入到体制内。

　　大家知道，法家有一个很明显的用人标准，就是不太过问道德，而道德的考核标准，随意性太大，法家强调以客观标准来取人。比如秦汉时代的二十等爵制，简单明了，不管你是好人坏人，割下敌人脑

---

❶ 《明史》卷93《刑法志一》、卷94《刑法志二》，第2284、2318页。

竹林七贤与荣启期

袋便给你爵位。这种标准用黄仁宇先生的话讲是"数目字管理"。❶当然这只是军功爵,战场上是这样。后来二十等爵制普及到民间后,在一定程度上也有客观标准,比如秦始皇时曾实行"百姓纳粟千石,拜爵一级"❷,汉文帝也听从晁错的建议令民入粟拜爵❸,就是百姓能够给国家提供多少公粮,国家就给你几级爵位。给国家交公粮越多,国家就说你是个先进人物,给你提高爵位。如果交公粮交得少,对不起,那就是落后分子。这是法家的一套奖惩措施。从这个角度讲,隋唐以后实行的科举制恐怕就很难说是一种儒家制度,因为科举制最显著的标准是力图按照客观标准去取人,不是按照道德标准去取人。

---

❶ 黄仁宇:《万历十五年》,北京:三联书店,1997年,第275—277页。
❷ 《史记》卷15《六国年表》,第751页。
❸ 《汉书》卷24上《食货志上》,第1133—1135页。

科举制，第一是每个人以个人身份去应国家的挑选，不用考虑德望人缘，既不是家族推荐去的，也不是乡里乡亲举荐去的，一个人参加科举和你所在的小共同体没有任何关系，考生只代表自己，国家在这个问题上不承认有什么积德人脉、品行贤良。第二，从科举考试发展过程来讲，越来越向形式主义发展。对这个形式主义，不能过于狭隘理解为是不重视治国的实际才能。它的道理在于受主观上人事关系的牵制比较少。大家知道中国人现在考托福成绩相当不错，甚至比有的英国人美国人考托福的成绩都高。但考托福拿高分的人，实际英语运用水平并不见得很高。但是为什么托福考试还是有它的可取性呢？托福考试一个最大特点是完全客观，甚至不用人而用电脑改卷，在标准答案面前人人平等。至于这个标准答案是不是合适，是不是能考出考生的真才实学，这完全是另外一个问题。但是这样一种考试最大好处是在这个客观标准面前，没有任何人际关系和人情世故的考虑。科举考试大体也是这个思路。

科举考试在早年还是要考一些实际问题和反映真知灼见的。比如说当时的科举考试很重要的一个内容是考"策论"。所谓"策论"是皇帝、考官出一些和现实有关的题目，让考生做一篇论文。比如三农问题应该怎么解决，比如现在遇到经济危机应该怎样拉动内需，比如就业不足有什么对策或者如何应对匈奴的袭扰等等。按理说这是真要考治国思想的。可是这种考试后来发现一个很大的问题，就是这种题目往往没有标准答案，开放式的答案也比较多元化。答案一多元化就可能造成人情和个人关系，甚至老百姓中的小共同体认同可能就会起作用。这个社会存在着错综复杂的人际关系。比如说我是一个广西人，就偏袒广西人给同籍学子高分；你是河南人，有人托关系送礼就给河南人比较高的分。或者我是一个左派，看到比较左的观点就很喜欢；我是一个右派，看到比较右的观点就觉得对胃口。于是就会造成一些左派逐渐凝聚在甲的周围，一些右派逐渐凝聚在乙的周围。

法家很不喜欢这种做法，法家喜欢除了一人之上，其他人都是平等的奴才,天下所有人都是皇帝的臣民。除了皇帝以外,你们不能互为主奴,要严厉防止在社会上发展出贵族和附庸,发展出民间的依附关系。那怎么办呢?只能使得考试答案越来越形式化,在价值上是中立的。纯粹就考记忆力、做语言游戏的能力,也就是考诗文是否对仗、符不符合平仄,能不能非常规整地纳入四六骈体文等等,这个是有客观标准的。而且这个标准必须是价值中立的,既谈不上左也谈不上右。

像这样的考试,要说考真知灼见的治国之才是不可能的,但是这种考试的确也有它成功的一面。它发展的极端就是八股文。八股的题目限定在儒家的四书五经,后来的标准以程朱理学为宗。标准八股文的文字结构格律非常严格,而且考生必须把这个文字填进去,基本上不可能表达自己的思想。但是八股文要填得非常严整也不容易,就像严格的旧体格律诗一样,不但要讲究长短,每一句的字数都要一样,而且平仄、对仗、用典很有讲究。所以有人说科举考试是一场安排得非常巧妙的智力测验。也就是说科举考试,如果不作弊,要有很高的智商才能够考出好成绩。当然这个智商和考生是否有治国所需要的真才实学不是一回事。非常聪明的人不见得有治国之策,这和真才实学无关。那科举考试是要做什么?目的何在呢?是选拔道德高尚的人吗?不是的。

我们讲科举的时候,经常会提到一个典故,那就是,唐太宗跑到科举考场,看到大家都在那儿做考卷,非常认真地答题,他很高兴,说了一句话"天下英雄入吾彀中矣"❶。大家知道什么叫"英雄"吗?英雄在古汉语中完全没有道德含义,所谓"英"就是聪明,"雄"就是大胆,英雄就是既聪明又大胆的人,这种人是不是好人很难说。因此英雄这个词在古汉语中的语感有点类似于我们今天讲的枭雄。《三国演义》

---

❶ 王定保:《唐摭言》,西安:三秦出版社,2011年,第4页。

中的煮酒论英雄，曹操说，"今天下英雄，唯使君与操耳"。❶意思不是说我们俩是大善人、大贤人，而是说天下只有我们两个人最能干，或者只有我们两个人最聪明、最大胆。甚至由于"英雄"这个概念的非道德色彩，因此在隋唐以前"英雄"这个词甚至经常具有道德上的贬义，若社会混乱就说彼时"英雄群起"，言下之意这个社会很多人胆大妄为，到处都是野心家、阴谋家，都想在浑水摸鱼中崛起。一个安定的社会应该是没有多少英雄的，大家都比较中规中矩。因此，唐太宗说，科举考试可以使"天下英雄入吾彀中"，就是说科举考试主要是把智商高的人都控制起来，并不是要把有德性的人都挑选出来。

可是儒家是所谓的伦理中心主义者，儒家是很重视道德标准的。道德标准能够通过科举考试考出来吗？当然是考不出来的，也无法量化，但是可以"装"出来，假如一个人几十年地"装好人"装下去，靠这套规则约束自己的行为差不多也就是好人了。

科举考试考的就是搞语言文字游戏的智力。这个语言游戏是高智力游戏，不是智商高的人是做不好的。科举时代有句话，某些人是读书的种子，另外一些人不是读书的种子，实际上说的就是这个意思，科举考试需要有比较高的智力。老实说，往往有些人怎么学都学不会，以至于老于科场，好在科举没有年龄限制，所以有人几十年还是一个童生。在考官看来这些人就是不可救药，在这场选拔中屡试不第证明是智商不够。从这个角度讲，科举相当成功。

科举是一种儒家的制度吗？我觉得这个问题很有意思。清代废科举，今天很多人都很遗憾，说科举制度是不应该废除的，说它和近代西方文官考试制度很类似，说科举制度能打破贵族的界限等等。❷虽然

---

❶ 语出《三国志·蜀书》卷32《刘备传》，第875页。
❷ 参见罗志田：《清季科举制改革的社会影响》，载《中国社会科学》1998年第4期；刘海峰：《为科举制平反》，载《书屋》2005第1期；刘海峰：《为科举制平反不等于否定废科举》，载《北京大学教育评论》2008年第3期。

政府也规定了有些人比如触犯刑律者、有孝在身者、戏子等不得参加科举，但这部分人比较少，科举应该比贵族制的人才选拔面要宽广得多。大家熟知的"朝为田舍郎，暮登天子堂"，一般老百姓也可以通过科举脱颖而出。可是晚清别的制度都保留，甚至在光绪年间废科举的时候满族人还是照样掌权，一般国民都还拖着辫子，什么东西都没有改掉，唯独就把科举给废掉了。这是偶然吗？这是因为当时全盘西化了吗？这是因为当时的人们过于激进吗？都不是。

看看历史就知道，其实从宋元以来对科举的批评从来就没有断，很多批评并不是基于西学也不是基于什么世界潮流，恰恰是很多人认为科举违背以道德为标榜的儒家价值，会妨碍人们追求道德内省，会使人们变成整天沉迷于文字游戏而忽视了品德修养。所以，真正反对科举的往往都是一些大儒。甚至包括以他的思想为科举标准题库的宋代大儒朱熹。

> 古者学校选举之法，始于乡党而达于国都，教之以德行道艺，而兴其贤者能者。……今之为法不然，虽有乡举，而其取人之额不均，又设太学利诱之一途，监试、漕试、附试、诈冒之捷径，以启其奔趋流浪之意。其所以教者，既不本于德行之实，而所谓艺者，又皆无用之空言，至于甚弊，则其所谓空言者，又皆怪妄无稽，而适足以败坏学者之心志。是以人材日衰，风俗日薄……而议者不知病源之所在，反以程试文字之不工为患，而倡为混补之说，以益其弊。❶

朱熹的著作《四书章句集注》在明清成为科举的标准答案和题库，当时出题都要在《四书集注》里挑选，而且必须以朱熹的解答为标准答案。偏偏就是朱熹本人对当时的科举有非常强烈的批评，甚至说南

---

❶ 朱熹:《学校贡举私议》，见傅云龙、吴可主编《唐宋明清文集》第1辑《宋人文集》卷4，天津：天津古籍出版社，2000年，第2066—2067页。

宋要想收复中原，除非三十年不搞科举，如果搞科举肯定没戏。❶宋元以下很多儒家学者都有这种见解。再举一例：

> 杨、墨之害，甚于申、韩，佛、老之害，过于杨、墨。……科举之学，其害甚于杨、墨、佛、老。人岂知哉，夫何甚为我、兼爱、寂灭、虚无，杨墨之学，盖足辟矣。至于富贵利达，患得患失，谋之终身，而不知反者，则又佛、老之所无也。……属联比对而点缀纷华，某题主某新说，某题立某程文，皮肤口耳，媚合有司，《五经》《四书》，择题而出，变《风》变《雅》，学《诗》者不知丧吊哭祭，学《礼》者不知崩薨卒丧，学《春秋》者不知呜呼！此何学哉？富贵而已，利达而已，觊觎剽窃而已。……朱子谓庐山周宜干有言，朝廷若要恢复中原，须罢三十年科举始得。❷

我们要问，儒家设想的人才选拔是以什么为标准？主要是基于道德的选拔。而道德由谁评判？由那些德高望重的地方长老来评判。这种制度就是古儒讲的"乡举里选"。古汉语早就有了"选举"这个词，我们看明清时代地方志都有《选举志》这一条，这个选举当然不是今天讲的一人一票的民主选举。在古汉语中"选"和"举"是两个概念，选是上面到下面去挑选人才，皇帝派人到地方上去考察干部，发现张三不错是个苗子，李四口碑颇佳是可造之材，上面派人来挑人才叫"选"。"举"是下面的人向上面推荐人才，比如我们这个里，一些名望很高的老人说这里有个五好家庭，他家有一个大孝子，对邻里都不错，

---

❶ 朱熹对科举的批评，可参阅黄强：《朱熹："科举制"拨乱反正的理想主义者》，载《东南大学学报》（哲学社会科学版）2008第4期；邓洪波：《讲道以化科举：南宋书院建设的目标与理想——以朱熹、张栻等理学家为中心的讨论》，载《北京联合大学学报》（人文社会科学版）2011年第3期；张全明：《朱熹对科举态度的转变及其改革主张》，载《南都学坛》2011年第5期。

❷ 《郎中庄定山先生昶》，载黄宗羲著，沈芝盈点校：《明儒学案》（修订本）下册，北京：中华书局，2008年，第1081页。

宋代科举考试图

在地方上大家都认为他是一个贤良之才，我们就向皇帝推举他当模范，举荐皇帝用他。前面讲的"鲁人从君战，三战三北"，"仲尼以为孝，举而上之"，也是这种意思。

这里我们看到，不管是"选"还是"举"，都是以道德为标准的，那就必须在交往半径中是个熟悉的人，在人口密集居住的地方才有这种条件，否则像美国西部邻里之间隔着很远就不行。邻里们感觉某人在地方上口碑好，贤良正直、济困帮贫、敬老爱幼，当地的父老乡亲都说这个小伙子不错，于是政府就有可能把你选上去。这个就叫"乡举里选"。当然推举制无法标准化，弹性尺度很大，人际关系起的作用很关键，其弊病也是一望而知，这就是另一个话题了。

后来的科举考试与这根本是风马牛不相及，明清的科举考试完全凭文章，而且文章是八股文，完全不管考生有没有德望人缘。因此理论上来讲，这是与儒家的用人原则也就是和乡举里选格格不入的。宋元以后很多人一再讲科举制度有很多弊病，要求恢复乡举里选。讲这种话的人更不知道所谓的西方民主制度是何物，这的确是基于儒家的观念。我们就会理解为什么科举制度在传统制度中，在晚清的变革风潮中被废除了，除了当时的进步观念、西学影响以外，很重要的是科举制在历史上很早就饱受非议，尤其是它作为一个法家的政治主张，和儒家的政治主张比是有很大的区别。

科举是做文字上的智力测验，而秦汉的二十等军功爵最初主要考的是武艺，就是看杀人的本事，砍多少个脑袋给你提一级。这两个"考试"一文一武，考的能力当然很不同，但是有一点是一样的，那就是都很重视客观标准，与道德无关。你割了几个脑袋就给你一级爵位，这和科举考试中你填八股文填得好就给你官做，是同样的道理。因此唐太宗才会说考生是天下英雄，而不是天下善人，不是天下贤良来入吾彀中。

秦汉二十等爵是法家式的按照客观标准挑人，宋元以后的科举制也是按照客观标准挑人的。科举制是用儒家经典作题库，作标准答案，但是这个制度安排并不是儒家的，所以科举制可以说是最典型的"儒表法里"制度。表面上看起来科举制的推行好像是儒家的胜利，实行的是儒家那一套，实际上真正的儒家都不喜欢科举制度。梁启超甚至说，科举对儒家的伤害超过焚书坑儒。❶ 晚清还有人说，为保孔教，必须废科举。要捍卫儒家的道统就要废除科举，为什么？因为这个科举完全把儒家的道德理念变成了敲门砖。❷

一个与"儒表法里"相反的例子，或者可以说是"法表儒里"的

---

❶ 参梁启超《戊戌政变记》："况士也者，又农工商贾妇孺之瞻仰而效也。士既为是，则举国之民从而化之，民之愚国之弱皆由于此，昔人谓八股之害甚于焚书坑儒，实非过激之言也。故深知中国实情者，莫不谓八股为致弱之根源。"梁启超：《戊戌政变记》，载《梁启超全集》第一册，第193页。"昔人"指顾炎武。顾炎武在《日知录·拟题》就说过："愚以为八股之害等于焚书，而败坏人材，有甚于咸阳之郊所坑者但四百六十余人也。"梁启超对科举制的批评，可见程禹文：《论梁启超对封建科举教育的批判》，载《首都师范大学学报》（社会科学版）1996年第2期。

❷ 参见宋德华：《论丘逢甲的维新思想——兼与康梁等人相比较》，载《广东社会科学》2011年第5期。

例子，就是20世纪70年代"批林批孔"运动掀起高潮的时候，大学里招收"工农兵学员"，实行的就是"推举制"。由大队、公社、县三级选拔或者街道、厂矿、区市推荐。为的是培养"又红又专的接班人"，关于"又红又专"，蒋南翔有一个通俗的解释，"专"就是"能干"，"红"就是"听话"。一边在批"孔老二"，一边使用儒家的方式挑人才，这倒是与科举刚好相反了。当然这只是可笑而已，就像笔者前已指出"九品中正"并非真正"乡举里选"一样，推荐上大学本身也只是儒表而已，其服务于秦制的实效还不如考试呢。

梁启超曾经提到，为什么西方的基督教得到那么多人的信仰？很重要的一条是，西方人的基督教信仰不是敲门砖，人们读《圣经》不是因为政府把《圣经》作为一个考试科目，谁考上了就可以当官，不考了便弃置如敝履。中国的科举最大问题就在这儿。按照梁启超的说法，在儒家经典中《孝经》是非常重要的，但是由于《孝经》不在《四书》里头，不作为科举考试的题目，现在的士子没有几个人读《孝经》，因为这和科举无关。如果是这样，儒家的道统怎么还能传承呢？他说正是因为《圣经》不是敲门砖，而是人们真正的信仰，基督教才能传承到今天。

梁启超说，现在大家都不读《十三经》了，都不读《九经》了，只读《四书》，为什么呢？因为《四书集注》是科举规定的出题范围，是题库。像我们每次高考之前公布一个考试大纲，大家根据这个大纲去复习。这样一来，真正的儒家经典就没人看了，人们看的都是《四书集注》，不列入标准答案的《孝经》之类的干脆没人理。因此他说，如果我们不废除这样的制度，那么孔教就要灭亡，这种制度对儒教的伤害比焚书坑儒有过之而无不及。

因此这个考试尤其是明清时代以八股文为标准的科举考试，虽然表面上是儒家的胜利，因为儒家经典成了标准答案，实际上却是法家的胜利。因为确定的原则是不讲道德的，也完全不考虑平日的人脉口碑。每个人以个人身份直接面对国家的挑选，其间没有任何中间环节，没有家族，没有宗族，没有社区。科举考试中的举人那一场考试正式的称呼叫"乡试","乡试"并不是在乡里进行的,而是在省里进行的。但为什么还叫"乡"试?就是因为古代儒家有"乡举里选"的说法,所以考举人叫作"乡试"。举人还有一个比较文雅的名称,叫作"乡荐",中国比较有文才的人说话往往绕着圈子,不说巡抚要说部院,不说御史要说直指,不说兵部尚书要说大司马,等等。明清时代的人若要比较文雅地称呼某个人是举人,就说这个人是得了"乡荐"。若望文生义真以为这个"乡荐"是本乡的人推荐,完全不是,所谓"乡荐"是在省里考试中了举人,像范进中举,乡荐就是中了乡试。科举考试中,在省里头集中考试,考上的就是举人,有了举人的资格,就可以到北京参加全国性的会试,会试通过了就是"进士"。这和所谓"乡举里选"完全没有关系,但是乡试这个名词就是从乡举里选中来的,乡试过关了的人叫举人。"乡举"带有过去的痕迹,好像是乡里头推荐出来的道德典范,乡里头挑出五好个人,或者是先进个人,这些人就是所谓的"乡荐",其实完全不是,只剩下名词的包装似乎还有些儒家的痕迹的,内容早就替换掉了。我们通过这些词语还可以追溯其发展变化。从前述的官职设置也好,选拔机制也罢,我们看到穿着不同戏服的人上演着一遍又一遍的同样戏码。

第四节 社会组织变化:小共同体的复兴

汉魏之际,法律上、观念上发生了一些变化,反映在社会组织上是东汉末年出现了一个现象,一些日本学者像宫崎市定、谷川道雄把这个变化描述为乡里制的危机。[1]前面我给大家讲过,秦汉时代中国第

---

[1] 宫崎市定:《中国聚落形态的变迁》,张学峰等译,上海:上海古籍出版社,2018年,第26—30页;谷川道雄:《中国中世社会与共同体》,马彪译,北京:中华书局,2002年,第83—88页。

一帝国基层是国家编制起来的编户齐民，国家给这些老百姓按照闾里什伍这样的编制组成一套非常严密的管制系统，县下面有乡，乡下面有里，而且与行政系统并行的还有治安系统、民政系统、祭祀系统等等，但是这套制度在东汉末年就出现了非常严重的危机，当时朝廷无暇顾及地方，地方上社会动荡，原有的结构松弛败落，于是就出来一种新的居民点叫作"村坞"，这个村坞就标志着中国历史上"村"的概念出现。

汉语中的"村"是在三国时期出现的。现在经常讲"乡村"，其实在古汉语中，"乡"出现很早，"村"出现很晚，以前只有"乡里"没有"乡村"。"村"是什么呢？"村"的最早写法是"邨"，现在有些地方的"村"还是这样写的，"村"是从屯从邑。什么叫"从屯从邑"？宫崎市定这些日本学者探讨"村"字起源的时候，认为是从曹魏屯田开始的。❶也就是在兵荒马乱的岁月，由一支军队的驻地演变而来的概念，现在我们也把村、屯当作一个类似的同义词。村、屯是在兵荒马乱中形成的，有可能会打破政权的相对建构，不完全是政府规定的原来那种体制下的布局。很可能是一场战争打过来，原来的人都逃散跑光了，他们跑到另外的山头，也不一定是原来同乡同里的人，四面八方的难民集中在一个地方，也不是政府组织的，他们为了自保亦兵亦农，建立了防御工事，像我们现在经常讲的"寨"，有围墙的寨子就是所谓的"坞"。在当时兵荒马乱的条件下很多县城、郡城都破败了，甚至首都亦被兵火焚烧，满目疮痍残垣断壁了，很多有势力的人就把自己的统治中心转到了这些村坞。

一个例子是东汉末年的董卓，那时候洛阳已经变成瓦砾堆了，他

---

❶ 宫崎市定:《中国聚落形态的变迁》，第83—89页。谷川道雄:《魏晋南北朝隋唐史的基本问题总论》，载谷川道雄主编:《魏晋南北朝隋唐史学的基本问题》，李凭等译，北京：中华书局，2010年，第6—7页。宫川尚志《六朝史研究·政治社会篇》，日本学術振興會，1956年，第437—471页。堀敏一《中国古代の家と集落》，汲古書院，1996年，第289—310页。

把汉献帝从东汉首都洛阳挟持到长安,"挟天子以令诸侯",但是长安也已毁灭了,成为一片废墟。汉献帝在长安就暂住在残留的官舍里。董卓本人并不把他的统治中心设在长安,而设在今天的眉县,当时叫作"郿坞"。这个郿坞就是董卓屯兵的地方,是董卓的军事基地。❶大家知道,京剧《凤仪亭》中吕布会貂蝉就发生在这里。当然凤仪亭是演义,但董卓据郿坞是历史。像这样的地方,又处于英雄群起时期,在原来乡里体制崩溃后,遍地都是流民、流兵的情况下,人们自发组织起来进行防御,形成一个个居民点,这些居民点就叫作"村落",有的地方叫作"屯聚"。这种村落、屯聚,有人还叫作"村坞""坞壁""堡寨"等。总而言之,是在原有社会组织溃散、兵荒马乱的时代,老百姓为了自保而自发组织起来的一种有凝聚力的社会组织。

这种组织里头的居民是什么性质的身份呢?我们知道国家编制起来的闾里什伍乡里组织,它的居民是对国家承担责任的编户齐民,国家按照户口编制起来,可以指挥他们今天修长城,明天修阿房宫,为朝廷纳粮当差,属于朝廷的人。他们的管理者不是他们自己的主人,而是与他们同样属于朝廷,却比自己得宠的人,即"受宠的奴才管治无宠的奴才"。可是,在村坞、坞壁、堡寨这一类土围子里头,主要聚集的是什么人呢?就是所谓的"私属"。什么叫"私属"呢?他们已经不属于国家了,国家管不了他们。他们都投靠委身于寨主,寻求庇护于一个豪强。有点像《水浒传》里面寨主、庄主下面有一帮庄客这样一种组织。当时的史籍把这些人叫作"私属",这个"私"也就是不属于官府,而属于个人的意思。也有人把他们叫作"徒附",一个人很有本事,周围的人来依附他,就叫"徒附"。如果这些人中有很多是亲属,就叫作"宗族"。还有一些人与他们没有血缘关系,却跑过来依附,这叫"宾客"。

古汉语中,"客"最早指的是一种依附者,很长一个时期,"客"

---

❶ 《后汉书》卷72《董卓传》,第2327、2329页。

的含义都有奴人、奴仆、家人的意思。大家知道什么叫作"门客"？像冯谖就是孟尝君的门客，荆轲是燕太子丹的门客，专诸是吴公子的门客，等等。门客是依附于主人的，当时所讲的"主客"关系近似于我们今天讲的主仆关系或者主从关系。主人和他的仆从，我前面提到过《水浒传》中的庄主和庄客之间便是这样的关系，庄客就是庄主的喽啰。可见当时的"客"和我们现在汉语中讲的"作客"不同。当时的"客"其实就是投靠主人、到人家的地盘上"客居"，做他的依附者的意思。

当时人们提到的坞壁、堡寨这一类居民点中，聚集的主要就是宗族、宾客、私属、徒附，总而言之，这些人已经是朝廷控制不了的人，导致国家户籍上的人口大为缩小。他们体现的主要是生存自保状况下需要"抱团取暖"的一种小共同体的凝聚力量，毕竟个人单枪匹马难以苟活。这些寨子内部都是自治的，与秦汉时代的闾里什伍乡里组织主要体现国家整合的科层化功能已经有了很大的不同。

这个时候这种坞壁、堡寨有了一个很明显的特点，由于它是民间形成的，因此民间的草根认同就起了很大的作用。草根认同，最基本的是基于血缘和婚姻关系的亲缘、亲族的认同，或者是族群的认同。秦汉法家帝国编制的社会组织，是一种"爹亲娘亲不如皇帝亲"的非宗族、高度科层化的组织形式，但是到了东汉以后就有了变化。东汉以后出现了族群组织的复兴，那个时候史籍中经常谈到各地都存在着所谓的世家大族、强宗豪右、门阀势力之类。由于家族的兴起，魏晋南北朝时期，中国兴起了一种学问，叫作"谱牒之学"。世家大族为了彰显自己的凝聚力，都在修家谱、续族谱，追根溯源往上查五代查十代，尽可能使该家族显得源远流长、势力显赫。当然那个时代的家谱、族谱和明清时代的家谱、族谱不是一回事，区别还是很显著的，这一股风气在秦汉时代是没有的。

一个有权势的大家族通常包含很多人，而且这些大家族往往本身成为一个土寨主，对它的成员可以进行保护和自治，以至国家都不能对它们进行有效的控制。反映在当时的户口上，就是当时很多户有几千个人、上百个人，但只报一户，其实是一个土寨主，这种现象史书叫作"百室合户"或"千丁共籍"。这一种制度就叫作"宗主督护"。所谓的"宗主督护"就是一个实际的或是模拟的大家族——里头的人不见得都有真正的血缘关系，但是人们假定他们就像一个家族一样，听从家主的，而不是听从朝廷的。这种"宗主督护"制在北魏前期表现得特别明显，当时经过"五胡入华"，众多游牧民族侵扰，可以说国家的基层治理机能受到很大的损害，整个社会好像在某种程度上又退回到了封建时代，就是诸侯林立、山寨林立的那种状态。

这种情形在中国历代混乱时期都不同程度地存在过，在东汉、西汉之间的王莽时代已经有了萌芽。王莽时期，据说东汉光武帝的一个外戚樊宏，他家同族亲属们聚居而住，有老弱千余家，这实际就是坞壁。❶当时还有冯鲂"聚宾客，招豪杰，作营堑，以待所归"。❷第五伦当时也聚众，"宗族闾里争往附之"，"伦乃依险固筑营壁"，进行防御，外面有所谓的贼寇，他就抵抗。国力孱弱或王朝末期也就奈何不了他这个"地头蛇"。我们经常讲"强龙不压地头蛇"，他也算地方的豪强了，于是"省长"接见他，后来委任他当了地方官员。❸其实这个人与其说是朝廷命官，不如说是一个很有势力的土豪，以至于朝廷也不能不承认他的地位。

从某种意义上讲，这些组织首领都已经成了类似于明清时代的土司，或者说先秦时代的那些世卿世禄的贵族，历史的钟摆在一定程度上有点像回到了先秦时代的那种状态。但是新莽只是很短暂的一段时期，很快东汉又再度恢复中央集权。而东汉末年的大乱，可比王莽、

---

❶ 《后汉书》卷32《樊宏传》载：樊宏"与宗家亲属作营堑自守，老弱归之者千余家"。第1120页。

❷ 《后汉书》卷33《冯鲂传》，第1147页。

❸ 《后汉书》卷41《第五伦传》，第1395页。

比东西汉之间的大乱持续的时间更长。东汉末年军阀混战，三国鼎立互相攻防，一直到西晋短暂的统一之后，马上就出现所谓的八王之乱、永嘉之乱、五胡入华。那个时候整个中国北方像欧洲在罗马解体以后那种状况，内部不断发生内战，外部的蛮族又大举侵入。所以很多搞中国古代史的人，在古史分期问题上，往往把这个时期的中国和欧洲中世纪对比，中国有五胡入华，罗马帝国灭亡以后有蛮族入侵。此时不仅国内混乱，而且周边的少数民族也逐鹿中原，建立了五胡十六国。

当时形成大大小小的这些坞壁、堡寨，内部结构又是怎么样的呢？这个时期的历史，给出了一些可供分析的个案。其中有田畴的徐无山坞壁、庾衮的禹山坞壁，这都是当时的小共同体。这些小共同体有如下特点：第一，他们的首领不是朝廷命官，不是通过科层制体制一级一级任命的，而是经过推举由地方上有实力有德望人缘的人来担任。

当时兵荒马乱，一大帮人集中到徐无山里，田畴就对这些父老乡亲们说，承蒙大家看得起我，不以我为不孝，大家都来投奔，现在我们已经有了很多人。但是大家如果吵吵嚷嚷，久议不决，恐非久安之道。因此现在我们推举一个人当头吧。于是大家附和道，很好，那我们就推举你吧，田畴就这样当了后世讲的寨主，或者说当了老大、当了舵把子。

> 畴得北归，率举宗族他附从数百人，扫地而盟曰："君仇不报，吾不可以立于世！"遂入徐无山中，营深险平敞地而居，躬耕以养父母。百姓归之，数年间至五千余家。畴谓其父老曰："诸君不以畴不肖，远来相就。众成都邑，而莫相统一，恐非久安之道，愿推择其贤长者以为之主。"皆曰："善。"同佥推畴。畴曰："今来在此，非苟安而已，将图大事，复怨雪耻。窃恐未得其志，而轻薄之徒自相侵侮，偷快一时，无深计远虑。畴有愚计，愿与诸君共施之，可乎？"皆曰："可。"畴乃为约束相杀伤、犯盗、诤讼之法，法重者至死，其次抵罪，二十余条。又制为婚姻嫁娶之礼，

兴举学校讲授之业，班行其众，众皆便之，至道不拾遗。❶

庾衮也是一样，庾衮在禹山这个地方，"乃集诸群士而谋"，他说"二三君子相与处于险，将以安保亲尊，全妻孥也"，我们这些人在这兵荒马乱中走到这个地方，是为了保护我们这个家庭、家族生存下来，但是"千人聚而不以一人为主，不散则乱矣"，一千个人集中在一个地方，如果没有一个人当主子，或者一哄而散，或者起内乱，因此必须推举一个人做主。然后大家忙说，好吧，今天的主人不是你是谁？"今日之主，非君而谁？"庾衮据说是个君子，他还不想干，犹豫了一会，然后就说"古人急病让夷，不敢逃难，然人之立主，贵从其命也"。这个活我知道也不好干，但是既然大家信得过推举我，我就勉为其难吧，于是他就当了寨主。

> 衮乃率其同族及庶姓保于禹山。是时百姓安宁，未知战守之事，衮曰："孔子云：'不教而战，是谓弃之。'"乃集诸群士而谋曰："二三君子相与处于险，将以安保亲尊，全妻孥也。古人有言：'千人聚而不以一人为主，不散则乱矣。'将若之何？"众曰："善。今日之主非君而谁！"衮默然有间，乃言曰："古人急病让夷，不敢逃难，然人之立主，贵从其命也。"乃誓之曰："无恃险，无怙乱，无暴邻，无抽屋，无樵采人所植，无谋非德，无犯非义，勠力一心，同恤危难。"众咸从之。于是峻险陋，杜蹊径，修壁坞，树藩障，考功庸，计丈尺，均劳逸，通有无，缮完器备，量力任能，物应其宜，使邑推其长，里推其贤，而身率之。分数既明，号令不二，上下有礼，少长有仪，将顺其美，匡救其恶。及贼至，衮乃勒部曲，整行伍，皆持满而勿发。贼挑战，晏然不动，且辞焉。贼服其慎而畏其整，是以皆退，如是者三。时人语曰："所谓临事而惧、好

---

❶ 《三国志·魏书》卷11《田畴传》，第341页。

谋而成者，其庾异行乎！"❶

这种推举，毫无疑问并不是普遍意义上的民主，也不是一人一票产生的。这些有可能被推举的人，基本上就是所谓的"地头蛇"，就是属于集团内比较有势力的人物。但毕竟坞主不是朝廷自上而下任命的，这一点没有问题。这些坞主他们的性质是"地头蛇"，不是"强龙"。这和刘邦那样的人完全不同。我们前面讲过，秦末刘邦类似于派出所所长，他这个所长是政府任命的，刘邦在当地毫无德望人缘可言，他是一个二流子，连他爹都看不起他，当地的人也鄙视他。但这些人是好勇斗狠之徒，国家可以把打人打得脸上不见血、身上不见伤这些难办的事情交给他们去办。这些人是一些无赖、刺头，可以给国家办"脏活"。

像刘邦这样的人，当然就和田畴、庾衮这样的人有很大区别。前者作为基层精英，是一个强大帝国末梢的特征，但是像田畴、庾衮这样的人，一直在基层"倒行逆施"，这个帝国肯定是比较成问题了，处于一种不像秦汉那样的状态，这是其第一个特点。

第二个特点，这种小共同体往往有很强的整体性。个人在这个里头只是整体的一部分，其中不可能有秦汉帝国时代那种所谓的伪个人主义。法家鼓吹所谓的"勇于公战，怯于私斗"，要使人都互相告发，使人与人之间冷酷无情，只听政府的，不听爹的，不听族长的，"爹亲娘亲不如皇帝亲"，每个人之间都可以互相独立，但是大家都必须当朝廷的奴才。朝廷把个人原子化了以后，就可以用朝廷所垄断的资源，把社会整合起来。简而言之，前面讲过秦汉的法家帝国，它的特征是专制的国家主义+反宗法的伪个人主义的结合，专制国家鼓励大家六亲不认，只认皇帝。但是到了这个时候，情况就不是这样了。这时国法已经不起作用了，靠什么制衡呢？起作用的是这些小团体内部的一

---

❶《晋书》卷88《庾衮传》，第2282—2283页。

些规定,它对个人有很强的约束力。皇帝已经管不着大家了,盛行伪个人主义、各顾各的,没有家庭、家族、乡里、小共同体这种认同,像这样一种偏向是不可能在兵荒马乱的状态下生存的,因此也不被允许,个人都必须服从小共同体。

小共同体变成了一个大家庭,不仅在观念上有约束力,有凝聚力,甚至在财产类型上,也有族庙公产——一个属于小共同体所有的财产类型。像徐无山的田畴,他就规定了,我们这些人,要规规矩矩,制定了20多条规矩。而且"又制为婚姻嫁娶之礼,兴举学校讲授之业,班行其众,众皆便之,至道不拾遗",在我们所处之地,人人都变成了君子,大家大公无私,形成了一个很良好的社会风尚。庾衮在禹山上,从历史书上的说法看,他几乎就是搞了一个很小的宗族公社,类似于在一些史籍中看到的,聚族千人不分家,千人同爨。宋到明清时代有人说有些大家庭,一千口人都不分开,怎么吃饭呢?像一个大食堂,敲钟开饭,一千个人跑到一个大厅里一起吃饭。❶据说这种大家族有的连穿衣也不分彼此,好的衣服都挂在一个公共大衣柜里头,各家的媳妇如果回娘家,要穿得好一点,就从中挑一件好的。还有一种不那么公产的办法,柴米油盐由整个大家族共管,但是吃饭还是各家各搞自己的小灶。怎么办呢?就是每天由大家族的"财务部门"给每个家庭发食材,或者每隔一段时间一个小家庭到大柜上领柴米油盐,然后自己在家里做。此种情景,跟秦汉时代所谓的五口百亩之家很不一样。

---

❶ 《宋史·孝义传》表彰了若干数世同居公爨的家族。例如,北宋初年,江西奉新胡仲尧"累世聚居,至数百口"。《宋史》卷456《胡仲尧传》,第13390页。族谱记载胡氏家族人口多达800人,吃饭时"东男膳堂,西女膳堂。一日三膳,苍头击鼓。膳者咸集,莫相混乱"。见黄勇:《华林胡氏:从胡城开始不分家,800人一起生活,形成华林义门》,https://www.thecover.cn/news/2840591,2023年9月20日。《宋史》还记载,北宋时,"方纲,池州青阳人。八世同爨,家属七百口,居室六百区,每旦鸣鼓会食。"《宋史》卷456《方纲传》,第13396页。《明史》卷296《孝义传》也表彰了若干数世同居共爨的"义门",不赘。

庾衮当时把大家都召集起来，共同起誓——大概是类似于歃血为盟那样的，然后他规定"无恃险，无怙乱，无暴邻，无抽屋，无樵采人所植，无谋非德，无犯非义，戮力一心，同恤危难"，大家都说可以，我们都宣誓。然后据说他就"峻险陋，杜蹊径，修壁坞，树藩障"，把大家集中在一起建立了一个山寨，这个山寨有很强的设防功能，在各个路口都设置了岗哨，每一个小路都有人把守。山寨外面修了围墙，围墙外面树立了一些诸如鹿角一类的防御工事，建立了一套防御体系。在内部据说是"考功庸，计丈尺，均劳逸，通有无，缮完器备，量力任能，物应其宜"，这个听起来很像人民公社，所有的一切都组织得井井有条。"考功庸"，每个人干活卖力不卖力，要有考勤。"计丈尺"，每个人干了多少，这个"丈尺"大概指的是纺织，要有统计。"均劳逸"，大家同样卖力，不许有人偷懒。"通有无"，大家必须公产，不能有的人富有的人穷。"缮完器备，量力任能，物应其宜"，在团体中每个人都可以得到任用，叫作"人尽其才，地尽其用"。"使邑推其长，里推其贤"，这两句话大家要注意，这就是儒家理想中所谓的乡举里选。

我前面提到过，儒家认为社会精英不是由朝廷根据所谓的客观标准来挑选的，而是应该根据德望人缘，像刘邦那样连自己爹都认为他是无赖的人，肯定是不行的。"使邑推其长，里推其贤，而身率之。分数既明，号令不二"，从这里可以看出小团体相当有凝聚力。"上下有礼，少长有仪"，这里讲的"礼"显然是一种温情脉脉的礼，不是法家式的礼。因为这种礼有很强的保护功能，而且罩着一层所谓宗族的外衣。从这里头可以看出，这个小共同体从社会组织形式来讲，有点像秦以前的族群。从观念来讲，儒家的那种按照宗族伦理、小共同体本位、熟人社会、亲人社会在信息对称、重复博弈情况下建立起来的伦理秩序，应该是起着相当大的作用。

第五节　政治逻辑变化

在这个时候，政治逻辑也已经发生了变化。法家政治的特点是，第一强调性恶论；第二强调强者政治，不是长者政治。我能够成功治理，不是要你们把我当作爹，对我怀有一种感情，而是要让你们怕我，你们知道惹不起我，但是你们又贪图从我这里得到赏赐，靠"赏罚"治众。这种治理强调的是"以吏为师"，强调的是要找能干的人和听话的人。这些人由国家控制起来，像科举制度，"天下英雄入吾彀中"，要挑的并不是所谓的好好先生，在地方上有德行的人，而是像刘邦那样德薄敢出头的人。这样的状态在东汉末年以后，发生了很大的变化。

这个时候的政治逻辑，已经出现了一种泛道德化。人们评价一个人，不是说这个人能不能干，而是说这个人有没有德，是不是德隆望重。东汉末年有一种人特别服众望，而且政治能力也在逐渐扩大。这些是什么人呢？当时被叫作"清流"。所谓"清流"，当然是一个儒家的概念。最初指的是在东汉的政治中，从道不从君，对抗宦官和外戚的那些士大夫、知识分子，像李膺、陈蕃、张俭、杜密这样的人。上述几人当时都曾经受过迫害，当权的那些贪官污吏、外戚宦官曾经痛恨他们。

东汉末年有一个很著名的政治案件，就是所谓的"党锢""党锢之祸"。这些清流们议论朝政，抨击腐败，外戚集团或者宦官集团把他们打成了"朋党"，把他们镇压判罪了，那个时候就叫作"党锢"。古汉语中的"党"从来就是一个贬义词，与党有关的词，除了乡党以外，其他全部是不好听的，什么狐群狗党、结党营私、死党、乱党、党同伐异等等，孔子也讲君子"群而不党"。当时"党"的含义是一个具有强烈贬义性质的词。朝廷上那些把持朝政的昏聩势力把这些坚持正义的儒生打成了"党人"，并把他们禁锢起来，这就叫作党锢。这个禁锢倒不一定是把他们关起来，确切的意思是不允许他们踏入政界，但有些人是真给关起来了。

经过党锢之祸,这些儒生积累了很多声望。到了汉献帝时代,通过董卓、袁绍的几次清洗,宦官和外戚势力同归于尽,整个朝廷也就瓦解了。解体了以后,谁被社会所重视?就是这些清流。清流们当时虽然没有在朝为官,但是他们在乡里、在社会上得到了人们的普遍尊重。这些积累的好名声,使他们成为地方上的道德评判者。于是朝廷请他们来评判人才。而且评判的标准就是所谓的"寒素清白",是不是清流,是不是贪污,对乡里怎么样,是不是很刻薄?是不是一个夏洛克式的吝啬鬼,还是一个急公好义、关心地方公益的人,等等。由他们来评论这些人,而且按照道德标准把人才分为九等,向政府进行推荐,这就是魏晋时期所谓"九品中正制"的起源。❶ 有品评资格的这种长老,一般来讲是大族出身,也就是所谓的清流,这些人被称作"中正官",由中正官给他们熟悉的人进行道德打分。李四这个人不错,很孝敬父母,帮助邻里,因此是"五好家庭"中的人,可委以大任,应该当官。张三这个人不行,像地痞流氓一样是个无赖,不治产业,横行乡里,打爹骂娘、跟兄弟关系不好,乡里更不用说了,这样的人不能用。这套制度,显然是以德望人缘为依据的。

这样的政治逻辑,在东汉就已经出现,甚至最早的时候,在西汉就已经有苗头。在西汉,这个原则就已经存在,就是汉代所说的"察举"和"征辟",当时采纳董仲舒的提议、"独尊儒术"以后,就有一种以道德考核、录用人物的标准或途径。那个时候有一些人被选拔,叫什么呢?叫"孝廉",一听这个名字就会知道,这是一种道德的标准。一些人被推荐,因为他孝敬父母,为人清廉,有很强的道德含义。后来到了科举制度的时代,用很多古词作科举术语的代称,"孝廉"一词被文雅的人用来指举人,所谓"举孝廉",所以举人也叫孝廉。但是大家

---

❶ 关于九品中正制的渊源,可参阅张旭华:《九品中正制研究》,北京:中华书局,2015年,第56—88页。

知道科举制下的孝廉根本就和"孝""廉"是没有关系的。科举制下的举人就是文章写得好。

但汉代的孝廉不是,汉代的孝廉真的是要"举"的。也就是说他是乡举里选的产物,除了孝廉以外,还有所谓的方正、贤良。这些人有一个共同点,都是以道德取人,讲究所谓的德望人缘。这种上察下举以道德取人的模式,就是察举征辟,这种制度就是魏晋时代九品中正制的先驱。❶但是在两汉时期,像这样的人,在当时的人才选拔和官员任用中,只是其中的一个途径。虽然孝廉之名汉武帝时代就存在,但是实际上一直到西汉末年,官吏主要不是从这个途径产生的。即使到了东汉也不是,虽然有了这些名目设置,但是由这些名目出身当官的人并不多。到了东汉末年、三国时期,这种现象就比较多了。因此整个政治在一定程度上具有了一些儒化特征。

像徐无山的田畴、禹山的庾衮,实行的都是以小共同体为基础的乡举里选,就是所谓的"邑推其长,里推其贤"的一种制度产物。这种制度与秦汉、与明清有很大不同。秦汉搞军功爵,明清搞科举,都不是乡举里选。这一段时间,乡举里选产生的地方上有硕望宿德的人物,往往对地方利益比较重视,是不是能够无条件听皇帝的话,就不好说了,他们都是盘踞一方的头脸人物。像这样的情况,就成为当时政治的一个很重要的特点。

再一个政治逻辑的变化就是上层政治宗族化、门阀化。我前面讲过九品中正制从理论上讲,并不是根据出身来判断人,而是根据道德来判断人。根据一个人所谓的道德评出最优到最劣九等,道德最好的叫作上上品。然后是上中、上下、中上、中中、中下、下上、下中、下下,最糟糕的就是下下品。本来这个制度并不是按照血统,但是由一些所谓德高望重的长老来进行推荐,势必要产生亲疏之分。久而久之会出现所谓的君子的儿子是君子,小人的儿子是小人,所谓"龙生凤,

---

❶ 参见阎步克:《察举制度变迁史稿》,沈阳:辽宁大学出版社,1997年,第1—2页。

凤生凤，老鼠生儿会打洞"，于是九品中正制就变成所谓的"上品无寒门，下品无势族"，变成了一套靠出身取人的制度了。

魏晋时期就出现了上层政治的宗族化、门阀化，它与秦汉时代的军功爵制不同，很多政治精英是门阀士族专任，其他人很难进入这个领域。这便造成当时贵族政治成分之大，中央集权的色彩相对淡化，贵族制度本身就是世卿世禄世代相承的，不是皇帝给予的。甚至在魏晋南北朝期间有一个现象，当时的一些大族，像北方的崔、卢、李、郑，南方的王、谢、桓、庾，既使朝代变了，他们的势力依然稳固不变。这样的情况，肯定会造成中央集权的弱化。

第六节　经济现象的变化

当时的经济也出现了变化。我前面已经讲过，随着中央集权的第一帝国走向没落，反映在国家经济上，就是中央财政变得比较弱化。从汉武帝一直到王莽，国家对经济的垄断和管制非常强。通过所谓的盐铁官营、均输平准、算缗告缗、五均六筦、王田私属，所有比较盈利的产业都由国家垄断。中央财政因此聚敛了巨额的财富，所谓"太仓之粟，陈陈相因"。到了东汉，情况就发生了很大的变化。地方上有很多很富裕的豪强，但是中央财政就比较萎靡不振，汉安帝时期已经是"官负人责（债）"，用今天的话来讲，像美国一样，国债非常多，负债数十亿万钱。

一　货币衰退

汉魏之变，经济上另一个显著的变化就是，我前面提到的汉金消失之谜。❶西汉朝廷经常赏赐黄金，动不动就是几十几百乃至几千斤。到了东汉突然间就少了，整个东汉朝廷在历史记载中的用金量还不如

---

❶ 关于汉金消失之谜，详见秦晖：《汉"金"新论》，载《历史研究》1993年第5期。

西汉武帝一朝的三分之一，而且还出现了一个现象，黄金和其他贵金属都由称"斤"而改称"两"，一直延续到现在。现在我们论黄金论白银都是论两，"黄金万两"。但是秦汉时代黄金往往是论斤的，这就在经济史上留下了所谓的汉金消失之谜。

关于这一点，早在宋朝就有人提出，秦汉时代好像黄金很常见，而今却成为难得之物，这是为什么呢？他最后的回答是，这个黄金是有神力的，一个社会如果秩序良好，黄金就会冒出来；一个社会如果秩序不好，黄金就会跑掉、遁走了。这是一种说法。当然也有人说，之所以黄金少了，是因为佛教传入以后，大量黄金被用去塑佛像的金身，磨成金粉写经，做各种各样的用途，因此用来做货币、用来做价值尺度的就少了。总而言之，有各种各样的说法，但是从此以后汉金消失就成了一个谜。

以至到了20世纪40和50年代，郭沫若先生还提出了一个很独到的见解。他认为秦汉时代讲的黄金多少多少，或者金多少多少，其实讲的不是黄金，而是黄铜。还有人说，当时如果讲黄金，那就是金，如果讲的不是黄金，而是金，那就是指铜，不是真正的黄金。也就是说，那时黄金才是金，金却不是黄金。然而，今天的人们已经基本上不太相信这个说法。有几个最简单的理由，第一，在秦汉时代的史籍中，有大量金铜并举的案例，他们不以黄金和铜并举，也不以黄金和金并举，而是金和铜并举，甚至有这样的规定，一斤金等于多少铜钱。在这样的背景下，当然不能说金是铜，只有黄金才是金，这个说法显然是不能成立的。第二，化学史家和考古家已经证明了一点，黄铜是一种发现很晚的合金。中国人乃至外国人能够冶炼黄铜比能够冶炼红铜和青铜是更晚的事，一般认为这都要在十几世纪以后才有。在秦汉时代根本没有黄铜，当然也就不可能有所谓黄金是指黄铜的意思。在考古发掘中，人们也没有看到那个时代的黄铜，但是看到大量同时代的黄金。第三，在秦汉时代，考古发掘中出土了很多除了作为货币没有别的解释的黄金形态，总而言之，当时以币块的形式存在大量的黄金。大家知道出土的黄金有两种，一种是现在我们讲的金条、金块、金元宝，那种就是一块一块的。它本身就是作为黄金的价值尺度而存在，并不是一个实用的东西。像金项链、金手镯、金耳环、金做的发簪甚至金做的碗，这些东西其本身是工艺品，甚至是实用品，但并不是货币，而是一种高档消费品。

秦汉时代的考古，以出土金锭块为多而少见金器闻名。这个时代出土了各种各样的金锭块，包括马蹄金、麟趾金、金饼，像这样的东西，如果不是作为货币用，好像是很难解释其用途的。后世出土的黄金比秦汉更多，但是绝大部分是金器，就是实用器物。另一个很有意思的现象是，在秦汉，主要是汉代，我们看到朝廷颁布了很严厉的《铸钱伪黄金弃市律》，也就是说打击伪币，打击盗铸钱币，其中有包括打击所谓的伪黄金。长期以来人们不知道什么是伪黄金，所谓伪黄金，顾名思义，应该是可以流通的，作为货币用途。因为假如只是一个器物，家庭私用，好像没有什么伪不伪的，也不必禁它。例如，如果我搞一个金戒指，这个戒指可以是纯金，也可以只是镀金，对此并不要紧。但是如果我这个金作为货币用，是纯金条还是镀了一层金的铜块，这个问题就非常大了。一个镀金的铜块就是伪币，但如果它只是装饰品，用不着禁。而且有人还专门在《唐律疏议》中找到了唐朝的一个规定，与汉代的法律形成鲜明对比。唐朝有一条法律也是禁止伪币的，禁的是什么呢？禁止伪铜钱，就是假的铜钱，讲得简单一点，就是成色和重量都不达标的铜钱。还禁止什么呢？禁止不够尺寸的布帛。因为唐代使用布帛作为货币，因此当时有规定，一匹帛标准长度和宽度是多少。如果长宽不合度，就是伪币，也要禁止的。但是这个规定专门说，一般的金首饰、银首饰不是拿来流通的，就没有禁的必要。因此黄金被作为所谓的伪黄金，当时要禁，原因就是它是货币。

在考古发掘当中还发现了一种现象，汉墓中有很多金饼，一般人认为那是货币。但是在汉代的一些墓葬中，还发现了一种东西，叫作鎏金铜饼，像洛阳一个汉墓中就有发现，这是在铜饼上鎏了一层金。

很多人说，这大概就是所谓的伪黄金，像现在我们有些不法分子制造的伪金条、伪金币，实际是铜的，镀了一层金，政府肯定要打击这种行为，因为这等于是制造伪币。根据这些发现，现在一般都认为西汉的确是一个通行黄金的时代，但是东汉以后就不是这样了。

大家知道，西汉大量流行铜钱，就是汉五铢钱。五铢钱以后，中

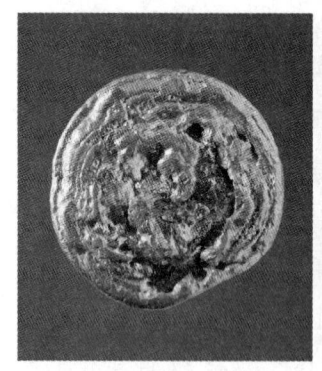

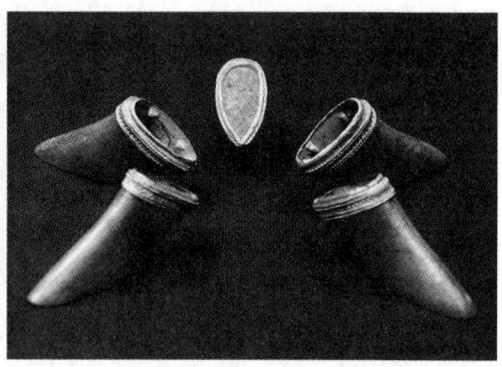

金饼　　　　　　　　　　　麟趾金

马蹄金

国再也没有这么大影响的金属货币形式。尽管三国、魏晋南北朝也铸过钱，但是量很少。大家如果玩古钱就会知道，在收藏古钱的市场上，五铢钱虽然年代很久，但是非常不值钱，原因就是它的存量实在太大。五铢钱的数量是非常多的，价值并不高。但是比五铢钱很晚的许多钱，在古钱收藏中是很珍贵的。魏晋南北朝时期的很多钱，甚至宋代的很多钱，都很珍贵。

魏晋南北朝时期，人们多用实物交易，乃至用布帛为币。甚至一直到唐代，仍然大量用布帛作为货币。当时朝廷赏赐的往往不是黄金和铜钱，而是布帛。借债也是借布帛，朝廷的财政储备还是布帛，说军费就说多少多少匹。所以当时朝廷的官库中堆满了布帛，黄巢起义，一把火烧掉了朝廷的仓库，于是就有了《秦妇吟》这首诗里面的两句，"内库烧为锦绣灰，天街踏尽公卿骨"，内库所藏既不是粮食也不是别的，就是布帛。

你看唐律和汉律，会发现很有趣的对比。凡是犯罪计赃的，贪官要判断赃款的多少，汉代的规定是坐赃多少两以下，要怎么怎么处置，或者多少斤以下要怎么处置，是用黄金计价；到了唐代变成贪赃在多少匹以下，要怎么处置。当时有些罪可以通过罚款来抵罪，比如当时皇帝出行老百姓要躲避，躲避不及，就有罪，但是这个罪是可以用罚款代替的。汉代规定罚黄金多少，唐朝规定罚布帛多少匹，变成了这样一种制度。老实说，这种现象的确比较普遍。大家只要看一看在河西走廊出土的居延汉简，其中有大量用钱做买卖的例子，买一个烧饼多少钱，买一袋谷子多少钱，把一车鱼运到城里卖掉赚了多少钱。但同样是河西走廊的敦煌文书中几乎就看不到用钱，无论是向国库交税还是民间的借贷，甚至社区修水渠，大家凑钱搞公益，修一段渠道，用的全是实物，或者是纺织品，或者是粮食。在隋唐、魏晋南北朝时期的敦煌文书中几乎没有提到金属货币。但是秦汉河西汉简中使用货币的记录很多，这到底是什么原因呢？

中国西部出土的隋唐文书有两类：一类是敦煌文书，一类是新疆吐鲁番地区出土的吐鲁番文书。敦煌文书中的借贷、地租基本都是实物，而不是货币。吐鲁番的文书记载用货币的情况就很多，年代和敦煌文书基本同时，都是隋唐时期。吐鲁番文书有一个特点，即它用的货币不是唐朝的货币。大家知道，唐朝主要用开元通宝，是铜钱，可是吐鲁番地区使用的银钱，考古发现有很多波斯银币，不是唐朝的货币。这意味着什么呢？意味着吐鲁番之所以用银币比较多，是因为它是一个国际贸易重镇，丝绸之路上的一个国际商道重镇。它的货币很大程度是由于国际贸易，唐朝国内用钱则比较少。

西汉用黄金、用钱很多，到了东汉就出现用钱很少的情况，汉金消失之谜，在我看来，很可能不是黄金消失了。真正的可能是东汉以后，黄金本身并不少，但是它不再作为通货，或者说作为货币用的黄金越来越少，黄金退出了流通的舞台，而主要变成了器饰。从考古发掘中我们也发现，汉代以后的墓葬中，很少发现金锭，发现的黄金绝大部分都是器饰。

我曾经提到一个现象，就是经典与现实的悖论，或者说言与行的悖论。魏晋南北朝时期，按照我们的说法，社会风尚比较提倡清高。法家的第一帝国开始走向衰落，小共同体本位的、儒家的宗族观念正在兴起。可是反映在学术界，大家知道魏晋南北朝时期，流行的是玄学、佛教、道教。儒家反而在那个时期被认为是比较衰落的。从我刚才讲的事例来看，魏晋南北朝时期是自然经济的时代，用钱很少。但是恰恰在这个时代，以《钱神论》为题目的文章出现好几篇，不止一人写过。❶ 最著名的一篇是鲁褒写的，他说货币非常神通广大，可以使你生、使你死、使你美、使你丑、使你善、使你恶，甚至他把儒家讲的"死生有命，富贵在天"，改成了"死生无命，富贵在钱"，这挺有意思。❷

---

❶ 参见叶世昌：《古代中国经济思想史》(修订版)，上海：复旦大学出版社，2021年，第198页。

❷ 鲁褒：《钱神论》，见曹道蘅选编：《汉魏六朝文精选》，北京：商务印书馆，2018年，第131—133页。

但是很奇怪，这个时代恰恰又是一个货币最不管用的时代。在中国历史上，这的确是一个很有意思的现象，人们如果只看文人笔下描写的，和当时的社会现实往往形成了非常鲜明的对比。

二 自然经济化

为什么那个时代会出现货币衰退和自然经济发展？大家可以看看东汉年间崔寔的《四民月令》，《四民月令》就已经体现出东汉经济发生了变化。大家知道，五口百亩之家的小农很难自给自足，他们往往需要交换，因此秦汉时代交换是比较活跃的。东汉开始到魏晋南北朝有很多是一个经济单元，"百室合户""千丁共籍"，是一个比五口之家大得多的小共同体。这个小共同体就完全有可能或者有更多可能是自给自足的。小共同体"百室合户""千丁共籍"，其中可以生产各种各

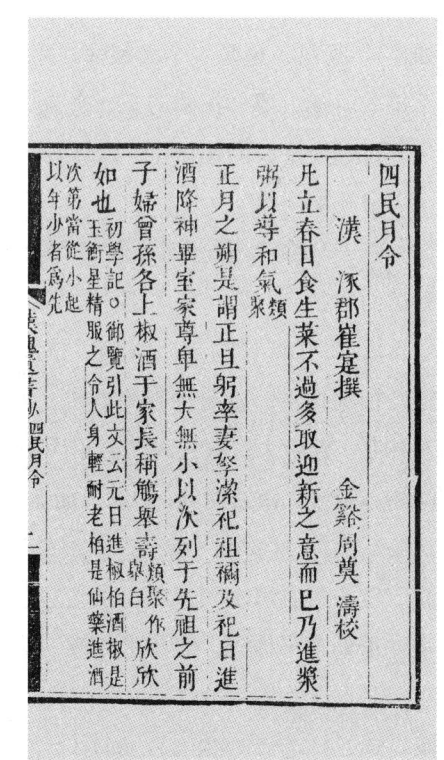

《四民月令》书页

样的产品，因此与外界交往就不那么需要了。

《四民月令》的作者崔寔，是东汉中期人，出生在一个官宦世家，做过几任边郡太守，父亲崔瑗，祖父崔骃，《后汉书》都有传。崔寔虽然出身于仕宦之家，但是有过经营家庭经济的经验，史书记载，"寔父卒，剽卖田宅，起冢茔，立碑颂。葬讫，资产竭尽，因穷困，以酤酿贩鬻为业。时人多以［此］讥之，寔终不改。亦取足而已，不致盈余。"崔寔看来是个清官，虽然当过五原太守、辽东太守，但是官越做越穷，死后，竟然家徒四壁，无以敛葬，还是其他做官的朋友故旧为他置备的棺椁葬具。❶

《四民月令》是依照一年十二个月的次序，安排每个月家庭需要做的事项。首先，正月里要做的事就是祭祖："正月之朔，是谓正旦，躬率妻孥，洁祀祖祢。及祀日，进酒降神毕，乃室家尊卑，无大无小，以次列于先祖之前。子妇曾孙，各上椒柏酒于家长，称觞举寿，欣欣如也。"可见，这是一个大家庭，并非五口小农之家，而且提到在青黄不接的时候，要"振赡穷乏，务施九族，自亲者始"，"十二月，请召宗族婚姻宾旅，讲好和礼，以笃恩纪"，看来，这个大家庭还生活在一个大宗族中。

春天开耕后，依照时令气候，分别安排各种粮食、蔬菜等种养收藏。种植的谷物有：粟、黍、麦、稻等；蔬菜有：葱、蒜、芥、韭等，还种植有瓜果；油料作物有：大小豆、胡麻等。另外，栽种竹、漆、桐、梓、松、柏等竹木，以及桃杏等果树。为纺织，还种植桑麻。除了种植业和林业，这个大家庭还经营若干手工业或副业，有食品加工包括酿酒、酿醋、制酱、做饴糖等；纺织，涵盖了当时纺织的几乎整个过程，包括织染、漂练、"女红"等环节，另外还采药制药。农闲时，还要修治农具、住宅与农田水利工程。虽然这个大家庭也与外界发生商品交易活动，正如本书提到，粜出大小麦、大小豆、粟、黍、胡麻等，卖纺织

---

❶ 《后汉书》卷52《崔寔传》，第1731页。

品缣帛敝絮等；籴入粳稻、粟、豆、麻子等；还买布、韦履、白犬（供祭祀）。但是这些商品交易量应该占的比重不大，这个大家庭基本上是可以自给自足的。❶ 这种经济模式，学界又称之为庄园经济。而且，这个大家庭或宗族基本上就是一个小社会，还要办学堂教育幼童，设有武装防卫设备和练习战射，以防止外部贼寇袭击掠夺。

东汉末年的政治思想家仲长统说，当时豪强的庄园经济，"豪人之室，连栋数百，膏田满野，奴婢千群，徒附万计"，而这种获得像公侯一样财富地位的豪强很多，"以财力相君长者，世无数焉"。

> 汉兴以来，相与同为编户齐民，而以财力相君长者，世无数焉。而清絜之士，徒自苦于茨棘之闲，无所益损于风俗也。豪人之室，连栋数百，膏田满野，奴婢千群，徒附万计。船车贾贩，周于四方；废居积贮，满于都城。琦赂宝货，巨室不能容；马牛羊豕，山谷不能受。妖童美妾，填乎绮室；倡讴［伎］乐，列乎深堂。宾客待见而不敢去，车骑交错而不敢进。三牲之肉，臭而不可食；清醇之酎，败而不可饮。睇盼则人从其目之所视，喜怒则人随其心之所虑。此皆公侯之广乐，君长之厚实也。苟能运智诈者，则得之焉；苟能得之者，人不以为罪焉。源发而横流，路开而四通矣。❷

前面讲过西汉时期延续了秦朝抑制豪强的政策。但是，东汉朝廷似乎对豪强的抑制不如西汉积极。像仲长统，对于他讲的东汉的这种经济现象，给出的治理对策是恢复井田制，"限夫田以断并兼"。❸ 因此可以说东汉的经济政策是"不抑兼并"。这也许与刘秀本身是豪强出身有关。

光武帝刘秀建立东汉政权后，曾经"度田"，就是丈量田亩数以及

---

❶ 崔寔撰，石声汉校注：《四民月令校注》第2版，北京：中华书局，2013年。
❷ 《后汉书》卷49《仲长统传》，第1648页。
❸ 《后汉书》卷49《仲长统传》，第1651、1653页。

清查户口、年纪等信息，国家好收租税派赋役。地方官吏上报的时候，陈留郡的一个吏就在木牍上写着："颍川、弘农可问，河南、南阳不可问。"刘秀不明白什么意思，后来继位的汉明帝当时才十二岁，和他父亲刘秀说："河南帝城，多近臣，南阳帝乡，多近亲，田宅逾制，不可为准。"就是说，帝都洛阳所在的河南郡，近臣多，帝乡南阳郡——刘秀出身南阳，近亲多，近臣近亲占有大量田宅，并且在查清登记的过程中，他们为了逃避税赋，不以实登记，而地方官也不敢得罪他们。这种情况在当时是比较普遍的，"刺史太守多不平均，或优饶豪右，侵刻羸弱，百姓嗟怨，遮道号呼。"当然了，刘秀对发现弄虚作假的官员也做了严厉惩罚。❶ 总之，虽然对刘秀度田实不实，学界有争论❷，但是整个东汉一朝对豪强的抑制和打压应该是不及西汉严苛的，东汉的豪强就比较普遍。

豪强的兴起，自然带来了庄园经济的发展。史书记载刘秀的外家樊氏就是南阳当地有名的富豪，他的外祖父樊重不仅经营土地，还制作漆器等器物，"有求必给"，有什么需求，自己就生产满足了，可以"闭门成市"。

> 樊重治家产业，起庐舍，高楼连阁，陂池灌注，竹木成林，六畜杂果，檀漆桑麻，闭门成市。❸

> 樊宏字靡卿，南阳湖阳人也，世祖之舅。其先周仲山甫，封于樊，因而氏焉，为乡里著姓。父重，字君云，世善农稼，好货殖。重性温厚，有法度，三世共财，子孙朝夕礼敬，常若公家。其营理产业，物无所弃，课役童隶，各得其宜，故能上下勠力，财利

---

❶《后汉书》卷22《刘隆传》，第780—781页。
❷ 参见晋文：《东汉光武帝的度田问题》，载《中国史研究动态》2022年第4期。
❸《东观汉记》卷12《樊重传》，载刘珍等撰，吴树平校注：《东观汉记校注》，北京：中华书局，2008年，第459页。

岁倍，至乃开广田土三百余顷。其所起庐舍，皆有重堂高阁，陂渠灌注。又池鱼牧畜，有求必给。尝欲作器物，先种梓漆，时人嗤之，然积以岁月，皆得其用，向之笑者咸求假焉。赀至巨万，而赈赡宗族，恩加乡闾。外孙何氏兄弟争财，重耻之，以田二顷解其忿讼。县中称美，推为三老。年八十余终。其素所假贷人间数百万，遗令焚削文契。责家闻者皆惭，争往偿之，诸子从敕，竟不肯受。❶

经营庄园经济的不仅有地方豪强，还有达官贵戚，当然二者之间往往也是有联系的。像马援的儿子马防兄弟"奴婢各千人已上，资产巨亿，皆买京师膏腴美田"；刘秀的儿子济南王刘康有私田800顷，奴婢1400余人。❷他们占有大量土地，使用若干奴婢等经营种植业以及手工业，就像《四民月令》所描述那样，往往形成闭门成市、自给自足的局面。这种庄园经济模式的普遍导致东汉朝自然经济的趋势发展。

魏晋南北朝仍然延续了庄园经济模式的发展。《颜氏家训·治家篇》描述了当时庄园的经济生活："生民之本，要当稼穑而食，桑麻以衣，蔬果之蓄，园场之所产，鸡豚之善，埘圈之所生，爰及栋宇、器械、樵苏、脂烛，莫非种殖之物也。至能守其业者，闭门而为生之具以足，但家无盐井耳。"这段描写与《四民月令》的内容非常接近，除了食盐，其他生活所需都能够自产自足。

除了庄园经济，魏晋南北朝时期的坞壁经济、寺院经济等也比较凸显，这种小共同体经济共同的特点就是自给自足、闭门成市，同时导致商品交易萎缩，货币逐渐淡出流通领域，自然经济占据主导地位，而这个趋势就是从东汉开始的。

---

❶《后汉书》卷32《樊宏传》，第1119页。
❷《后汉书》卷24《马防传》，第857页；卷42《刘康传》，第1431页。

第七节　汉魏之变不如周秦之变深刻

一　魏晋封建论、宋代近世说与"中世共同体革命"说

上面说的"汉魏之变"开始了整整一个历史阶段。这个阶段，短的界定以王朝存废计，从公元220年曹魏正式代汉、秦汉"第一帝国"在名义上结束，到589年隋灭陈恢复统一，延续了370年。而从实质来说，自公元184年黄巾之乱（或黄巾起义）起，汉帝国实际就已经天下大乱，黄巾被平定后，又陷入军阀割据。280年司马灭吴、三家归晋的短暂统一仅维持21年，在301年的"三王伐赵"（八王之乱的内战阶段）后又进入大规模战乱，至再次统一已历400多年。而长的界定以社会变化论，自公元25年东汉建立起，王莽"周表秦里"的极端集权改革就已经物极必反，出现了一个"周表及里"、侵蚀秦制的过程，宗族复兴，市场衰退，皇权对全国政治、经济的控制已经开始逐渐弱化，汉魏之变端倪已现。❶而时至隋统一以及唐初，门阀政治余风仍盛。一般认为直到中唐时期，政治上科举制成为官制主流，经济上"两税法"取代租庸调，所谓"唐宋间变革"渐次展开。换言之，从汉魏之变到唐宋变革，期间跨度长达七八百年。

这么长的时段足以构成历史分析的一个单元。事实上我们前面也论述了这个时期与第一帝国的许多不同。然而这些不同的深刻程度究竟如何？它们是否足以构成周制与秦制之外的第三种制度？如果不是，那么这个时期只是历史的循环——周制的复归吗？而这个阶段以后出现的隋唐"第二帝国"自安史之乱后又逐渐陷于乱世，经晚唐藩镇和五代十国又出现了"第三帝国"（宋元明清），期间经历了所谓的唐宋

---

❶ 当年"魏晋封建论"学者中确实有人把"封建化"的变革上延到东汉，如何兹全：《汉魏之际封建说》，载《历史研究》1979年第1期。

之际变革，那么它与第一帝国又有多大的区别？它只是秦制的复归与强化吗？抑或是第四种制度即所谓"近世"的出现？

长期以来，史学界确实有不少人非常重视汉魏之变。当年以唯物史观社会形态进化论为基础的"魏晋封建论"学派，把汉魏之变视为"奴隶社会"向"封建社会"的演变。但这一派学者们对周秦之变的评价则并不一致。如尚钺就把西周视为氏族社会末期，而秦汉才是奴隶社会。❶ 其他学者，包括当时接近于魏晋封建论的苏联汉学古史主流学派，则把周秦之变视为"奴隶社会"内部的变化，并有从早期奴隶社会变为发达奴隶社会、从亚细亚生产方式变为古典奴隶制等多种说法。显然对他们来说，相比周秦之变而言，汉魏之变作为"社会形态转变"的重要性更为突出。

我们的东邻日本，中国史研究领域长期流行古代（上古）、中世（中古）、近世的历史分期，而且对中国学界影响颇大。从早年的内藤湖南、宫崎市定，到世纪之交的谷川道雄等人，都把魏晋直到唐中叶这段时间视为中国历史上的"中世"，而三代至秦汉都属于"上古"，❷ 换言之，汉魏之变属于上古到中世的剧变，周秦之变则仅仅是上古内部的演变。宜乎前者比后者更重要了。

而另一方面，对"周制与秦制"深有研究的冯天瑜先生，认为中国历史"第一次大更革（周制演为秦制）发生于周秦之际"❸，但同时又称"周制历时三千年、秦制历时两千年"，这似乎又是说秦制并未否定周制，只是叠加于其上与周制并存至近代。他还认为秦制与汉制不同，汉制是周秦二制的混合，且真正传承了两千年的是汉制而非秦

---

❶ 尚钺：《先秦生产形态之探讨》，载《尚钺史学论文选集》，人民出版社，1984年，第295—336页。

❷ 谷川道雄：《魏晋南北朝隋唐史的基本问题总论》，载谷川道雄主编：《魏晋南北朝隋唐史学的基本问题》。

❸ 冯天瑜：《周制与秦制》，北京：商务印书馆，2022年。

制。[1] 按照这个说法，周秦之变和秦汉之变哪个更重要似乎还有疑问，而汉魏之变实际上就在很大程度上给忽略了。

但"汉承秦制"似乎是史家共识，尽管秦汉之际确实出现过某种程度的周制回潮，但很快平息，并为汉武帝至王莽的秦制强化所覆盖。如果要说周秦二制的混合，似乎魏晋时期，即日本汉学界所谓的"中世"更为适合此说。汉魏之际，国史中"第一帝国"（秦汉帝国）崩溃，世族门阀，宗主督护，"百室合户""千丁共籍"，成为时代景观。瞿同祖谓汉魏之际陈群、刘劭变法，以礼入法"法律儒家化"，亦即表征。如谓周秦混制，与其指为秦汉之异，不如说汉魏之异也。但这一"中世"模式也并未传承两千年，而是几百年后就在"唐宋变革"中消失，并为"近世"取代了。所以，说汉魏之变甚于秦、汉之异，应该是没有问题的。但是汉魏之变是否比周秦之变更深刻，则大有疑问。

而到了"中世"再往后的所谓"近世"，其比"上古"的秦汉差异多少，那就更成问题。北宋中期的王安石、司马光两党之争，几乎与西汉中期的盐铁论两派之斗如出一辙。如果说北宋在不少人印象中似乎还比较宽松，那么明清又如何？至少明代历史，几乎就是西汉历史的全盘复制：两者都是底层"亡赖"起兵，扫平群雄而成功定鼎，然后大杀功臣，杀光了良将导致藩王尾大不掉，接着藩王叛乱，汉、明都打出"清君侧"旗号。虽然燕藩成王，而吴楚败寇，但结果都是"削藩"以后"大抵皆袭秦故"。甚至"内朝"架空"外朝"、过江龙变成坐地虎、地方分权变集权，两个王朝也都各演了一遍。若说明王朝像欧、日"近世"，实在不如说明与汉更加相似许多。如果说"唐宋变革"是"贵族政治"变成了"平民政治"，那西汉不早就是"布衣卿相"了吗？

所以不但"汉承秦制"，就是明制比汉制（及其所承的秦制）也相差不了多少。但期间的魏晋"中世"却是个异数，很值得研究。

---

[1] 冯天瑜：《历代皆行汉政法》，载《华中师范大学学报》（人文社会科学版）2022年第2期。

二 奴隶与农奴，还是大共同体与小共同体

"魏晋封建论"者很强调秦汉私奴婢（王莽希望收归国有而不成的那种"商品化"的奴隶）与魏晋南北朝"私属""徒附"（被认为是私家农奴）的区别。他们经常面对的一个反驳是：秦汉私奴婢与魏晋私属就算比其他朝代多，但能比当时的"齐民"小农多吗？自从井田制下的集体生产消失后，从秦到清不都是农业立国，而农业主要是小农生产吗？小农生产又肯定会"两极分化"，那就都是"地主封建制"了。

而他们对此的回击往往是：从古希腊到今天的发达农业都有大量小农，小农不能决定"社会形态"。

今天的我其实对"社会形态"已经不那么感兴趣，但我认为他们对"奴隶""农奴"之分的重视，倒也不完全是受意识形态影响。实际上，在没有秦制（专制官僚帝国）的时代，比如古希腊 - 罗马和欧洲中世纪，区分私人之间的各种依附确实很重要——即便你不相信什么"主义"。

西方中世纪的名言："没有一个人（农民）没有主人"，反过来也可以这样讲，对贵族而言没有一个人没有附庸。但附庸的种类却很多，有人说是奴隶，有人说是农奴。而且由于他们不考虑对国家的依附，所以还会特别计较这些私人附庸到底是农奴还是奴隶。大家知道在西方学界这种争论其来久矣，并不是"社会形态"理论出现后才有。有人说某种附庸是奴隶，反驳者就会提出附庸还有一部分财产，所以应该算农奴……这种争论从西方传到中国，一直到改革初年的古史分期问题中，讨论得非常多。

老实说，即便在西方，是奴隶还是农奴，往往也是说不清楚的问题。例如，有些农奴不是他愿意当农奴的，他其实更愿意在主人身边直接侍候（当奴隶），可是主人不要，就要他"耕田奉上"，就是主人命令他不当奴隶而必须当农奴。就"不自由"这一点而言，他和奴隶有什么分别？

农奴和奴隶有时很难区别，但总而言之他们都是依附于个人的。

而人与人之间的个人依附和个人对于专制国家或者朝廷的依附,尽管都是不自由,区别却非常大。西方人长期面临的是第一种不自由(个人依附),摆脱贵族、实现平等之类诉求都是针对这个问题的。针对这个问题他们就会计较,依附于个人的人中,他们到底还保留了多少个人自由,比如说他是半自由的农奴,还是完全不自由的奴隶?

然而即使在西方历史中,深入了解就会知道,实际上真正最悲惨的,往往不是私人所有的农奴或者奴隶,而是"人身产权不明晰"的那些贱民。换言之就是国家控制下的那些奴隶、农奴乃至其他"非人"人口。他们并没有具体的自然人主人,也不像西周的殷民七族、怀姓九宗那样拥有自己的小共同体。例如古希腊斯巴达的希洛人(又译黑劳士),由于他们有家庭生产,有人说他们是农奴,但其实他们的处境比所谓奴隶还悲惨。他们不是归属于某一个主人(就这一点而言他们其实不是农奴,也不是奴隶)。斯巴达经济是"国家化(或曰城邦化)"的,斯巴达人不种地,只为国家打仗,而国家通过奴役希洛人来供养他们。没有一个斯巴达人拥有属于自己的希洛人,希洛人只属于斯巴达国家,但是国家对他们非常之残暴。

残暴到什么地步?每年春天斯巴达的小伙子(就是斯巴达的平民)会成群结队地拿着刀到乡下去砍杀希洛人,为什么?因为希洛人人数远远超过斯巴达人,后者认为人数太多会对自己构成威胁,所以要实行"灭丁制",就是把一部分"多余"的希洛人青壮年不分青红皂白地给杀掉。

私人奴隶主会这么干吗?我们知道古希腊一般的私有奴隶其实处境并不是太差,虽然理论上讲奴隶主不会把奴隶当人(仅是"理论上讲",其实自然人是有情感的,对自己的牛马、宠物都会有情感,主仆之情就绝不会有?),但是至少会把奴隶当作自己的财产,对自己的财产也不会随便挥霍浪费的。当然这很大程度上取决于财产的价格。比如罗马共和国晚期,战争规模很大,战俘很多,奴隶非常便宜,当时有句成语叫作"便宜得像撒丁人一样",那时可能主人不把奴隶当一回事，可以随便虐待甚至随便杀害，倘若奴隶价格很贵，谁会这么"浪费"自己的财产？

可是国家的奴隶就不一样了。国家不是自然人，没有七情六欲，作为一个机构，它也不可能面对奴隶，负责管理的都是具体的受委托人。那些受委托人往往身份也很低，他们也是穷人，一旦他们有了国家给予的惩治权，就不把那些奴隶看作是自己人，甚至也不是"自己的财产"，那他们对那些奴隶当然就会比主人更凶残。

古典时代，突出的例子就是上面讲的希洛人，可以随意屠杀他们的斯巴达人不是他们的主人，甚至都不是斯巴达贵族。还有一个例子是雅典的劳里昂银矿。这是古典雅典的一个国有企业，据说曾经提供雅典城邦大概一半以上的公共财政收入，我曾经实地考察过它的遗址。劳里昂银矿是用奴隶劳动的，但是谁来管理奴隶呢？不是奴隶主，而是城邦派来的监工、狗腿子，这些人对奴隶普遍比主人对奴隶凶得多，使得银矿用的奴隶处境非常悲惨。因为奴隶不是这些监工的财产，监工除了讨好上级以外，没有什么要照顾奴隶的理由。但如果你是奴隶主，你是会有这种理由的，尤其在奴隶价格很贵的情况下。

可是这些事近代西方人是不去想的，因为那时他们已没有这种问题了。到了现代极权主义起来，他们就知道奥斯维辛、古拉格的厉害了。但长期以来他们一直有个观点，说极权主义是现代现象，古代没有这个东西。

既然没有这个东西，他们就没有这种问题意识。其实仅凭常识，国有奴隶的状况是什么样，看看古拉格就知道了；而个人奴隶是什么情况，看看大观园就知道了。大观园无疑也很悲惨（我指的是园里的奴仆们），但那悲惨能够跟古拉格相比吗？大观园有奴仆不愿离开的例子，但是古拉格的人有不想离开的吗？西方人长期以来谈到极权主义是例外，谈到古代他们往往只知道"大观园"（个人奴隶），不知道"古拉格"（国家奴隶）。这当然不能怪他们，但是如果秦制下的中国人也不知道，那不是太可悲了吗？

所以真正对秦汉社会影响大的，不是私奴婢，而是刑徒、罪隶、"城旦""收孥""居赀""闾左""七科谪"这类皇权奴役下的贱民，他们是奴隶还是农奴其实不重要，重要的是他们面对的不是自然人主人，而是皇权爪牙。主人也许不把他们当人，但至少会把他们当作自己的财产来看护；而爪牙不仅不把他们当人，甚至不会把他们当成有价值的财产来爱惜。其实在美洲印加帝国等地的人殉人祭，以及我们熟悉的殷商，这种情况也很常见。

我们知道早在殷商时代，小共同体的温情就是与雏形大共同体的残酷并存的。令人震惊的殷墟大规模人殉并不是什么奴隶制，尤其不是什么私有奴隶制的罪恶，而就是"国家的牺牲"，那些牺牲品是连做奴隶的资格都没有的。近年来在凤翔秦公大墓和礼县早秦遗址看到的大规模人殉，更使一些学者推测作为"东夷"西迁的秦人先祖可能很早就继承了殷商雏形大共同体人殉的传统。❶

而周秦之变，更使得这种雏形大共同体传统在发达的大共同体本位条件下进一步放大。当然，那时已有私人经济和奴隶制，即便是国家也懂得利用贱民的劳动，而不是仅以他们为"牺牲"了。秦献公时期下令"止从死"，废除了可能源自殷商、西周内地未见，但是自西周到战国秦人一直就有的巨墓大陵殉人之制（秦始皇又一度恢复）。❷然而即便改牺牲为奴役贱民，在这方面大共同体爪牙比私人奴隶主更残酷也是大概率现象。

现代考古工作者对秦汉大规模刑徒墓葬的发现令人触目惊心。例如1980年，秦陵考古队在陕西临潼县秦始皇陵西约1.5公里的赵背户村发掘了32座秦代刑徒墓，共出土100具人骨架。少数是一墓葬一人，多数是一墓葬多人。尸骨大多采取"屈肢"的埋葬方式。墓

---

❶ 梁云：《战国时代的东西差别——考古学的视野》，北京：文物出版社，2008年。

❷ 这种废除当然不可能彻底，事实上秦始皇陵仍有此制。直到朱元璋和努尔哈赤都用人殉，当然都是亲随而非战俘了。

葬内的遗物基本是锄头、镰刀、凿子等劳作的工具，很符合刑徒的身份。❶

2000年西安市文物保护考古所在西安北郊一施工工地也发现了7座秦代刑徒墓，它们均位于秦都咸阳渭河南岸宫殿区遗址以东约2000米处，均为竖穴土坑墓，一般长2米、宽1米左右，7座墓中最多的葬有7人，最少的2人，共发掘出31具尸骨，这些尸骨有的平放，有的叠压，可以看出大都是扔进墓坑去的。31具尸骨中有的头部被击打过，有的没有脚趾，有的腓骨骨折，有的身首异处，显系被杀戮后埋葬，有的俯身作挣扎状，显然是被活埋。个别的手、足、颈还戴着铁制刑具。❷

专家从两处现场对人骨形态的粗略观察，基本的印象是骨骼都很粗壮，包括一些十五六岁的刚成年个体也是如此。上、下肢骨的肌脊显著隆起，一些个体的小臂骨（尺、桡骨）明显有被肌肉强烈牵拉而形成的骨适应结构。有些个体有骨折现象和程度不同的关节炎。从这些可以推测出，这些人群当时从事繁重的体力劳动。西安北郊刑徒墓中葬者多被打击、虐杀。而从赵背户村刑徒墓群人骨的出土状态和骨骼上未见明显的致命性创伤，又可以推测所有的个体基本上是无伤死亡。而导致这些身强力壮的青壮年人死亡的原因，最主要是劳动强度过大而使身体最终不堪重负，过劳而死，被官吏们草草埋葬，处境相当凄惨，让人叹息。❸

汉代历时长，国家奴隶的悲惨状况从考古得到的证明更多。晚清以来邓秋枚、端方、罗振玉、范寿铭等人都著录过汉刑徒墓砖，散存

---

❶ 《陕西发现2000年前的刑徒墓志铭，内容让人叹息，难怪大秦二世而亡》，https://xw.qq.com/cmsid/20201117A02UCX00

❷ 中国新闻社报道：《西安北郊首次发掘出秦刑徒墓》，https://www.chinanews.com.cn/2000-08-31/26/43991.html

❸ 《陕西发现2000年前的刑徒墓志铭，内容让人叹息，难怪大秦二世而亡》，https://xw.qq.com/cmsid/20201117A02UCX00

洛阳故城南郊东汉刑徒墓地

于社会上的实物也有数百块之多。特别是洛阳汉魏故城南郊，今偃师县佃庄镇西大郊村当地一条小路两侧经常出露残碎人骨，得名"骷髅沟"，1964年中国科学院考古队考察证实那是一处大规模的刑徒埋葬地，估计该处刑徒墓约有1.6万座之多。

当时发掘了其中516座东汉刑徒墓，出土墓砖800多块。死者均为密集浅埋，死亡年龄集中在25~34岁之间。经鉴定的个体中，有8%被验出有打击或砍击创伤，应为当时致死。还有很多死者有陈旧性创伤导致的骨折错位愈合或严重感染的症状，"足可表明当时刑徒受到极其严厉的残酷迫害"。

但该报告指出，这些东汉刑徒还算是逐个单埋，而此前发现的秦始皇陵刑徒墓和西汉阳陵刑徒墓"都是无次序乱葬坑",❶ 相比之下东汉刑徒似乎还不算最惨了。

除墓葬外,出土简牍中也有在大规模刑徒工程中处死患病刑徒("当迁疠所定杀")的残酷规定。❷ 而孟姜女的故事更反映了人们对秦代苦役的可怕记忆。秦末民变因此而发,新莽民变与王莽的"私属国有化"政策也有明显关系。坦率地讲,刑徒、戍卒之类的"临时奴隶"理论上是有期限的,但我不认为他们值得那些无期限的私奴婢羡慕,因为前者面临的待遇大概率地会比后者主人给予的待遇更恶劣,而前者是否能熬到期限,谁也没有把握。

官私"奴隶"待遇不同如此,官私"农奴"的区别也一样。魏晋时期的曹魏屯田卒、屯田客,与民间经济中的"宗族""宾客""部曲""私属""徒附",通常都被"魏晋封建论"者用作那时"封建农奴制"的例证。但其实在当时人们的心目中,官府奴役下的屯田卒、屯田客和民间私人的"宗族""宾客"是明显不同、甚至如云泥之别的存在。史籍中多有屯田卒、屯田客逃亡、抗争的记载,甚至有屯田客吕并据陈仓起义、雍凉戍卒梁犊的起义、南阳侯音以不堪苦役之民起义等大规模民变。但我们却极少看到宗族、宾客、部曲、私属对主人造反的记载。相反,倒是有很多远近民众相率归附坞壁砦堡、争相成为私人附庸的史实,如前面提到的田畴、庾衮之例。谷川道雄等人把当时的坞壁砦堡称为"道德共同体",❸ 也是因为这种小共同体的温情性质。

更有甚者,所谓的"中世"时期朝廷恢复"编户齐民"、打击私属

---

❶ 中国社会科学院考古研究所编著:《汉魏洛阳故城南郊东汉刑徒墓地》,北京:文物出版社,2007年,第3—50页。

❷ "甲有完城旦罪,未断,今甲疠,问甲何以论,当迁疠所处之,或曰当迁疠所定杀。"睡虎地秦墓竹简整理小组:《睡虎地秦墓竹简》,法律答问释文注释,第122页。

❸ 参阅谷川道雄:《中国中世社会与共同体》。

徒附现象的努力，按"封建农奴制"理论，似乎应该属于国家"解放农奴"的"进步"政策。但是我们却从来看不到"翻身农奴把歌唱"的图景，相反，这种"土断人户""检定黄籍""大索貌阅"的行为却往往导致不愿被"解放"的"农奴"们拥戴"农奴主"，对官府发动大规模反抗，如著名的南齐唐㝢之起义等。

所以，我们与其把注意力放在性质上不易分清、时代上高度重叠的"奴隶－农奴之分"上，不如去关注秦制下更有实质意义的大共同体本位与小共同体本位的升降转换。同为"奴隶"，私奴婢就算没有人身自由，在主人眼里至少还是有价值的资产。而官家刑徒在监工眼里就完全命如草芥。同为"农奴"，"宗族""宾客"在小共同体中还可能得到"礼遇"，而屯田卒、客在"典农都尉"的凛凛军法下只有"民少相公多，一日三遍打"的感受。

所以一些学者的"中世共同体革命"说很值得一评。在谷川道雄等人的笔下，那种"非封建的中世"主要特征并非"农奴制"，而是以道德凝聚力为基础的"豪族共同体"。田畴、庾衮们并不依靠上级封主的分封，而是凭表里如一的儒家宗法道德（不仅仅是"儒表"），把他们的坞壁砦堡治理得井井有条、温情脉脉。这种说法曾经引起意识形态影响下的日本"战后历史学"的批判：一是批判其忽视阶级矛盾，二是批判其不讲"生产关系"而只讲道德，两者都背离了某种主义。❶

其实，包括谷川在内的日本学者喜谈"共同体"，本身就是受马克思影响的结果。我自己在没有读过他们的书之前，在20世纪80—90年代受先师赵俪生先生影响也经常提到"共同体"，那同样源自马克思的启发。在我看来，谷川罕言农奴制而大谈共同体并以此强调中国"中世"的"非封建"性质，本身就有点此地无银。因为马克思不但经常提到中世纪西方社会的共同体性质，而且西方农奴制本身也与共同体

---

❶ 谷川道雄：《中国中世社会与共同体》，第7—8页。

高度相关。中世纪的"剥削"与"温情脉脉",在马克思笔下也是"一体两面"的。他曾指出中世纪农奴是有(共同体)保障的,而近代无产者则毫无保障(当然,这后半句显然已经过时)。俄国马克思主义鼻祖普列汉诺夫甚至有在农奴制俄国存在"两个阶级:剥削者的公社(共同体)和被剥削的个人"❶的名言。所以,如果按谷川的描述,欧洲的"中世"不也是"非封建"的吗?或者说,如果欧洲"中世"是封建的,那中国中世为什么就不是?

当然,中国的所谓"中世"与欧、日"中世纪"确实大有区别。而最重要的区别在我看来,就是中国的秦制,或大共同体本位体制,在魏晋隋唐间并没有消失,甚至没有变成"残余"。

日本学者所说的中世共同体,其实近似我所讲的小共同体,即虽无自由平等却有道德温情的、以直接人际关系维系的小半径依附性群体。但是,日本学者并没有大共同体概念(这与日本人的本土问题意识有关),这导致了他们不仅过分突出魏晋以降的"中世"特性,而且忽视了所谓中国"上古"(主要是秦汉)直到其所谓的"近世"的连续性。他们认为"唐宋变革"实现了"贵族社会"向"平民社会"的转变。但关键问题是:这个"平民"是指"近世"的公民还是指秦制下的"编户齐民"?如果指前者,秦汉为什么就不是"近世"?如果指后者,宋明为什么就不是"上古"呢?

三 倒退回"战国"并不等于倒退回"西周"

汉魏之变最明显的有限性,就是黄巾之乱后的长期战乱和分裂割据,与"西周封建"不可同日而语。要说"倒退"的话,那时好像倒退回了"战国",却完全不像倒退回了西周。

首先我们要清楚:大共同体本位或者秦制,与小共同体本位或者周制的区别,并不等于"统一"和"分裂"之别。崇周仇秦的古儒也是

---

❶ 普列汉诺夫:《我们的意见分歧》,北京:人民出版社,1955年,第43页。

汉画像石中的劳作场景

主张"春秋大一统"之制的,他们从来没有把战国乱世看成是他们认为的理想的周制。只是他们追求的是贵族制的大一统,并非皇权－官僚制的大一统;是"王道"的大一统,并非"霸道"的大一统;是"人人亲其亲,长其长,而天下平"的大一统,并非"以受宠奴才治理无宠奴才"的大一统。

因此版图统一并不等于秦制,而分裂也不等于周制。魏晋以降数百年间,天下绝大部分时期处于分裂状态,但是尽管中华裂为数国,每国仍是比赛趋秦,如战国故事,尤以孟德、孔明为甚。曹魏一方面搞九品中正、以礼入法,另一方面却大兴屯田,军法"典农",经济上的国进民退,堪比汉武王莽。政治上也号称重典治国,只论赏功罚逆,而不论道德。曹操的死敌诸葛亮,治蜀手段也差不多,乃至在20世纪70年代中国"批儒弘法"运动中,曹操与诸葛亮都被封为"法家"。魏蜀水火,趋秦则一,去周之远,亦可见矣。魏军灭蜀时收缴版籍,据说有民94万,而官吏就有4万之多,❶平均24个百姓就要养一个官吏,就是"以吏为师"的秦代也没有这么高的比例。

---

❶ 《三国志》卷33《蜀书·后主传》。

西晋建立，号称"以孝治天下"❶，有人说那是因为司马氏弑君篡位，得国不正，不敢称忠。这个说法其实有点无厘头。儒表法里，说一套做一套，汉以下哪个朝代不如此？实际上东汉以来孝风大盛，前已述及。西晋称孝多过表忠，不过援例而已。但废屯田改占田，有点"国退民进"的样子，分封诸王，也确实弱化了秦制，不久便导致了八王之乱，从此刚恢复统一的天下又陷入长期战乱与分裂割据。但是整个东晋十六国南北朝，诸国都仍是官僚制，而非贵族制国家。除了少数民族游牧部落色彩严重的地方有些"胡化"状态外，没有哪个实行了周制。

"中世道德共同体"的代表，如前述的田畴、庾衮等豪族的坞壁砦堡，由于并非受封采邑，而是在战乱中据说是以儒家道德凝聚而成，所以被认为是"非封建"的。但其实我前面已经分析：欧洲日本的"封建"也有道德因素，而欧洲中世纪的领主领地，其实最初也是在罗马帝国解体后的战乱中，以及民族大迁徙的动荡中凭实力形成，所谓封主－封臣关系，往往是事后建构的，并非"创业"之源。这与西周的天子分封、血亲殖民确实不同，但却并非魏晋与西欧之别。

那么后两者的区别何在？首先一眼可见的区别，就在于坞壁砦堡的持续性太差。与欧洲的领主可以延续几百年（比如波旁家族"封建"于1327年，至今仍在西班牙和卢森堡延续其名义上的领主地位）相比，中国"中世"的坞壁砦堡寿命都很短。如典型的田畴徐无山、庾衮禹山"领地"，都为创业者及身而止，连"二世而亡"的寿命都没有。田畴在徐无山只自立了十多年，就迫于形势而献土于曹操，自己与宗族三百余口都迁居到了曹操的"首都"邺城，❷"封建主"就这样又恢复为秦制下的编户齐民。庾衮的禹山坞壁更短暂，只有两三年就在外部威

---

❶ 李密：《陈情表》。
❷ 《三国志》卷11《魏书·袁张凉国田王邴管传》。

胁下率众迁走，先后在林虑山、大头山建坞，为时都只有一两年，最后庾衮意外身亡，庾氏举族南渡，虽仍为大族，但已不再是坞主。总之，这个"道德共同体"作为人群存在不到十年，作为领地始终在游移中，每地立足平均不过两年。❶ 这种"封建"也实在太短暂了。

门阀士族作为宗族，寿命则要长得多，北方崔、卢、李、郑，南方王、谢、桓、庾，显赫之期都跨过若干王朝。但是门阀政治虽然号称"上品无寒门，下品无势族"，毕竟这些士族既无领地，也无完全世袭的封爵，他们仍然是"朝廷命官"，只是政治上有些"恩荫"特权，经济上"占田""荫客"的性质也不同于领地，与周制贵族的"世卿世禄"和西欧中世纪的贵族都无法相比。阎步克先生认为这些门阀士族本质上仍是官僚的"变态"，而非真正的贵族，❷ 的确如此。

当然，由于门阀士族的存在及其巨大能量，这一时期的皇权相对而言比较受限，也可以说有一些贵族政治的成分。但是这些成分仍然不能压倒官僚政治。尤其是南朝通过"寒门掌机要"，士族显贵逐渐被架空，北朝通过孝文帝改革消除了宗主督护，中央集权的程度又在提升。

这个时期，强制分异、"不许族居"的法家反宗法政策已经取消，世家大族聚族而居形成风气，谱牒之学也兴盛起来。如果仅看这些，似乎古儒理想的宗法小共同体本位，即周制确乎有复兴之势。

然而这种族群共同体复兴的趋势仅限于上层，至于民间社会，正史中很少提及，而这一时期留存的户籍资料为考古发现者，如长沙走马楼吴简，敦煌文书中的西凉、西魏，乃至唐代乡籍、差科簿和社邑文书等，❸ 都显示了民间仍盛行小家庭多姓杂居的非宗族村落。尤其是

---

❶ 《晋书》卷88《庾衮传》。
❷ 阎步克：《变态与回归：魏晋南北朝的政治历程》，https://m.thepaper.cn/newsDetail_forward_10436846
❸ 唐耕耦、陆宏基编：《敦煌社会经济文献真迹释录》第一辑，北京：书目文献出版社，1986年，第109—361页。

走马楼吴简"吏民田家莂"显示的多姓杂居状态,可以说比秦汉同类资料反映的有过之而无不及。而比起明清乡村,尤其是东南地区乡村中平民聚族而居现象之普遍,可以说"中世"中国的平民乡村反倒是极端无宗法的编户齐民状态——即最不像周制而像秦制的状态。❶

当然,从正史上看,这一时期皇权直接掌控的编户齐民比西汉有剧烈的减少。仅看官方数字,西晋统一时统计三国人口总数共有146万多户,767万多口;通过搜刮隐匿,颁布户调式,太康元年即增加到245.98万户,1616万多口,太康三年又增加到377万,约2262万口,❷ 绝对数仅及西汉末期人口统计峰值的38%。但从相对增速之高也可以看出,朝廷对于搜刮隐匿户口还是非常重视,而且很有实效。不像过去所说,门阀士族控制朝廷,恣意荫客;坞壁砦堡横行,民皆私属,似乎真是"中世纪领主时代"了。至于人口绝对数的下降,三家归晋时的700多万当然不包括大量隐匿者,但经过一再搜检,太康三年的2200多万就应该搜检得差不多了,仍然隐匿的比例应该比过去想象的为少,而乱世兵燹灾难造成"白骨露于野,千里无鸡鸣",与西汉相比人口真实减少应该还是主要的。

从实际情况看,分裂时期的各个帝国(各国统治者大都称帝)并非徒有虚名,不是像中西"封建"图景设想的那样,国王不能直接对全国征税,仅靠诸侯纳贡和王庭直辖领地收入来维持运作——当代中世纪史的研究证明,其实西方中世纪也并非真正如此、完全如此。而在中国的这一时期,各国都未见有像西周"王畿千亩"那样的直辖领地制度,除大战乱造成的崩溃状态外,通常朝廷仍然可以令全国的编户齐民纳粮当差服兵役(就像走马楼吴简和敦煌西凉西魏户籍显示的那样)。而且当时如同战国时期,战争规模大、频度高,西方中世纪式

---

❶ 秦晖:《传统十论——本土社会的制度、文化及其变革》,第1—34页。

❷ 邹纪万:《中国通史:魏晋南北朝史》,台北:众文图书有限公司,1992年,第124页。

的贵族军或日本明治前的那种职业武士，即中国所谓的军户制，在当时虽然存在，却并非普遍。全国范围内的"抓壮丁"，如《木兰辞》所描写的"可汗大点兵"式的征兵制仍然是主流，这种情况下没有"古代军国主义"，没有"集中力量办大事"的秦制，那是要被淘汰出局的。"战国趋秦"的逻辑是如此，这个时期的逻辑同样如此。

所以秦制在这一时期的延续完全可以理解。而秦制下的"官逼民反"，即朝廷通过官僚制对编户齐民进行高强度榨取导致的社会矛盾，仍然是主要的社会问题。"农奴反抗领主的斗争"却几乎不见于史籍。相反，如前所述，那时朝廷的"土断""检籍"和"大索貌阅"往往引起强烈反抗。而民众主动归附坞壁砦堡，甘为豪族荫客，造成所谓"道德共同体"现象。陶渊明描写的"桃花源"，其实也就是以徐无山、禹山式的小共同体为艺术原型。

然而，这些"道德共同体"在这一时期多产，是因为当时人们的道德水平最高、儒学最发达吗？未见得。我认为，这恐怕还是那种"与其做国家奴隶，不如做私人奴隶"的社会心理造成的结果。这与其说是"中世"景观，毋宁说是对现实存在的秦制的抗争。如果抗争成功，或者我们会看到"中世"或周制的复归。但正如我们所见，田畴、庾衮们的"桃花源"都失败了，那怎么还能谈得上走出秦制呢？

这一时期，传统秦制下的各种大规模社会冲突，如陈胜吴广式的民变，即民众抗役抗粮抗差，瓦岗水浒式的民变，即民众投奔土豪山寨以抗官，乃至历代皆有而这一时期最多见的李特式民变，即"盲流"民众反抗朝廷户口控制和强制遣返，都频频发生。而这一时期的民变特点主要有二：一是与其他朝代的流民如明代的刘通李原、清代的川陕楚白莲相比，这一时期的"流民起义"多是举族而流，如李特李雄与所谓的"乞活"军，这反映了当时小共同体一度活跃的现实。二是因"五胡"的因素，这一时期特有的一种民变如北魏末六镇之乱，带有"反汉化"色彩，但当时孝文帝所谓的汉化，其实就是恢复秦制常态（尤其针对"百室合户""千丁共籍"的改革，明显带有消除小共同体的目的），所以所谓反汉化，其实还是反秦制。

而周制下特有的民变，如小共同体本位下放逐厉王却不改朝换代的"国人暴动"，乃至西方中世纪类型的民变，如只反贵族不反国王的"扎克雷运动"之类，在这个时期的中国却基本见不到。

四 秦制下的推荐与考试之争："九品中正"为何不是"乡举里选"？

这个时期政治制度演变的基本线索，就是从察举到科举，期间又经历过一个非常有特色的"九品中正"制。有关过程前已述及，这里要提到的是：整个这一过程的反对声音，就是以周制为理想的"乡举里选"。那时的人们指责科举、指责察举，乃至指责九品中正，理由都是它们不符合"乡举里选"。而这一过程中的每次变革，却也是以实现"乡举里选"的理想为幌子和旗号的。

以强调道德、重视基层举荐的"乡举里选"来反对"客观考试"的军功爵与科举，好像比较容易理解，但它为什么也反对察举与九品中正？在"中世"史观看来，古儒"从周"是强调道德，中世"道德共同体"也以道德来凝聚，而九品中正更是最典型的以道德为标杆、以推荐为基本手段的选官制度。"近世"的朱熹反对科举时，也是为九品中正说了好话的。但为什么在九品中正制实际推行时，它却恰恰被"乡举里选"论者所极力反对？

"乡举里选"历来被认为是"周制"。但秦火之后，现存先秦文献中却找不到这个词。今天我们看到这个词出现的最早文献是在汉代，当然汉人也是把它作为周制，即"成周乡举里选之制"来称引的。新莽"周表秦里"物极必反之后，东汉继续"从周"，却不敢那么强化"秦里"了。汉武帝时名额极少、只是装装样子的"举孝廉"，进入东汉后获得了重视，名额大幅增加。但是对察举的实效，汉章帝就提出了批评：

> 夫乡举里选，必累功劳。今刺史、守相不明真伪，茂才、孝廉岁以百数，既非能显，而当授之政事，甚无谓也。每寻前世举

人贡士，或起畎亩，不系阀阅，敷奏以言，则文章可采；明试以功，则政有异迹。文质彬彬，朕甚嘉之。❶

意思是：乡举里选这事真做起来就要靠功劳。如今地方官不明真伪，推荐上来的都不怎么样。而过去推举的人都起自农耕，不靠门第，不仅文章好，政绩也不错，这才像话嘛。

显然，皇上对当时的选拔不满，认为不符合"乡举里选"的要求——"儒表法里"的皇上，明面上还是拿儒家说法做标杆的。但是所谓乡举里选要靠"功劳"，就大有讲究了。对谁有功劳呢？一个为皇上横征暴敛的酷吏，皇上觉得他有功劳，但苦于征敛的乡里会认为他有功吗？真的搞乡举里选，哪怕不是一人一票，而是让乡里"父老""德望耆宿"来推举，这样的酷吏能出头吗？

所以那时的"选举"往往两头招怨。皇上抱怨选出来的人护着小圈子，不肯为朕当鹰犬，而乡党觉得皇上抛开乡里寻爪牙，只会网罗一些坑亲杀熟之辈。但是显然，古儒描述的乡举里选更容易为后一种抱怨提供理据。

有人会说：靠道德推荐不是毛病很多吗？不要讲"九品中正"造成的门阀之弊，就是我们这代人，经历过"文革"时代的"推荐上大学"和改革后的考试上大学，谁不知道后者相对公平？

推荐上大学的确是弊端百出，今天有些没经历过那个时代的年轻人，困于如今的高考之弊，就美化那种推荐制，我是不能苟同的。但是我也知道，那时的农村不仅上大学靠推荐，村里的很多位子也靠推荐，比如生产队的卫生员，就是所谓"赤脚医生"，以及民办教师等等。当时这些位子并不是投票"民选"或者考核上岗，其实通常是名义上"群众推荐"、实际上是生产队干部推荐的。在赤脚医生拥有某些制度化待遇（工分补贴、脱产培训机会之类）的情况下，也会有推荐制下

---

❶ 《后汉书》卷3《章帝纪》，第133页。

优亲厚友的毛病，但一般来说问题不大。为什么？因为这些人就是为本村服务的。乡土感情就不用说了，即便只从"理性自私"考虑，生产队长如果推荐自己一个傻儿子去干赤脚医生，他就不怕把自己的病给治坏了？

而推荐到"外边"上大学就不同了，在当时，上大学就等于踏进了"国家干部"的门槛，一般人高不可攀。而推荐不当的后果本村并不承担。生产队长把傻儿子推荐上去当了国家干部，自己父以子贵狐假虎威，本村朝中有人也可沾光，对自己对本村不都是"有益无害"嘛。至于对国民如何，那就是另一回事了。

"九品中正"之所以不同于"乡举里选"，就是这个道理。本来"乡举里选"就不是为秦制准备的。西周"封建"之制人各有主，主人的主人不是我的主人，不可能有庞大的中央集权政府，天子也不可能越过各级领主把各地人才都弄来奉事自己。宋儒中的"周礼"专家王十朋就指出：二刘版《周礼》那种"进士之制，自乡而升之司徒，自司徒而升之学，自学而升之司马，皆以递推，而以身至于天子畿内"的说法根本靠不住，至少西周绝不是这样的。王十朋认为，"成周宾兴之法，初不过宾之于乡而用之于乡耳，是未尝递推也，又不过献其书耳。是其身未尝至于天子之畿内也。"❶ 这话说白了就是：古代理想的"举人"，原本是乡里推举出来治理本乡本土的，没有进京赶考、入朝为官之说。

另一宋儒王与之，则进一步强调："成周宾兴贤能出于其乡，不过宾之于乡而亦用之于乡，此正所谓'出使长之，入使治之者也'。""大抵一乡利病、风俗善恶，惟一乡知之。今一乡之中有可推者，因民兴之而因以治民，必能兴利除害，与民周旋于比闾族党之间，可谓公天下之心。"❷

确实就像我前面说的"赤脚医生"之例，如果"乡举里选"只是

---

❶ 王十朋：《周礼详说》，见《古今图书集成·经济汇编·选举典》第39卷。
❷ 王与之：《周礼订义》，见《古今图书集成·经济汇编·选举典》第39卷。

一乡之人推举乡长以治其乡，一里之人选出里长以治其里，那当然是行得通的。假如真是一人一票的选举，那和今天的民选其实差不多（这就可以理解晚清许多儒者都觉得西方的选举类似"乡举里选"）。即便在贵族制下，由德高望重的"父老"来推举，在一个"在地情感"起作用的小范围熟人社会（小共同体）内，也可以大体做到权责对应，不会弄出个酷吏来坑亲杀熟。

但是，"九品中正"是这么回事吗？

要之，"乡举里选"必须有两个要素：一是以小共同体内民意为基础，二是以小共同体自治为实质。先谈民意："有善焉乡里先知之，有不善焉乡里先知之。"❶ "人之实行，能掩于人之所不知，而不能逃乎乡党之公议。故古之论秀，必本于乡。""公议之在乡里，昭昭乎不可泯没，安能掩其所不知？"❷ 在一个口头议论能起很大作用的小半径熟人社会（现代社会学所谓的"口传社会"），这种议论犹如陌生人社会中的自由媒体，有相当的"舆论监督"功能。即便没有一人一票而是在贵族长老制下，长老们的作为也是受"公议"制约的，正如宋人王禹偁所说："古者选于里，举于乡，是故乡老之荐不滥。"❸——这与"天高皇帝远"、治者与被治者没有直接人际关系的大共同体本位的秦制，完全不同。

再谈自治：乡举只为治乡，并不是为"天子"选官，给朝廷提供爪牙，"乡举"也与"吏部"无涉。更不会有出自"乡荐"的"举人"还要"进京赶考"的事儿。遍观古儒对"乡举里选"的向往，你会发现这确实就像今天不少人从西方汉学那里找来并大为宣扬的"国权不下县"的情景，有所区别的只是并非"国权不下县，县下惟宗族"，而是"国权不下县，县下惟选举"。

可惜古儒这样说时，指的都不是"实然"，而是"应然"，这只是

---

❶ 湛若水：《新论》，见《古今图书集成·经济汇编·选举典》第41卷。
❷ 章俊卿：《群书考索续集·乡评》，见《古今图书集成·经济汇编·选举典》第40卷。
❸ 王禹偁：《乡老献贤能书赋》，见《古今图书集成·经济汇编·选举典》第41卷。

他们对"周制"的向往,而且通常都是用这套说法来抨击现实,说如今礼崩乐坏,秦制把这套好东西都已经败坏了。只是到了近代他们才惊讶地发现,原来在西方却"保留"了这套好东西!

而当时我们这里搞的是秦制,皇上要垄断人才为爪牙,令"天下英雄入吾彀中",那么由此乡推荐某甲人朝廷而专亲此乡、彼乡推荐某乙入朝廷而偏袒彼乡,皇上能允许吗?更何况,皇上为了"家天下"还要搞回避制和流官制,存心就是要把甲乡的人派到乙乡去搜刮,乙乡的人派到丙乡去苛敛,就是要消除"在地感情"。即便这样,为了防止官员对治地产生归属感,还要令他们频繁调任,不得久治一地。那些人即便在家乡还知道"兔子不食窝边草",对乡亲有点"孝廉"样,而秦制不就是存心让他离"窝"觅食、到外地陌生人社会去割韭菜吗?这样引人学坏,"贪不贪,一任官,雪花银子三万三"又何足怪哉?

因此明儒朱健指出:"贤能之兴,皆出于民,此乡举里选之所以为公也。……后世选举之法,坏人自科目始。吁!科目岂能坏人?亦教之者有以坏人也。"❶乡举里选本是最公道的办法,但后世给搞坏了。朱熹说是科举考试搞坏的,唉,考试怎能搞坏?其实都是被制度教坏的呀。有秦制在,就是不搞考试而搞推荐,就能好吗?没准更坏呀。

前面提到的王与之更是一针见血:"选举"败坏的根源就在于秦制,"自后世乡举里选之法坏,如天下之官吏悉总于吏部,至吏部而受任者,其为人贤不肖,何自知之?"❷

由于秦制下无论推荐还是考试都是给皇上找鹰犬,所以"天下之官吏悉总于吏部"是变不了的。而在古儒看来,只要是秦制,无论推荐还是考试,都是违背"乡举里选"本意的。推荐为权贵把持,突破"乡举治乡"的小共同体本位初衷,就成为门阀政治而遭到诟病。而朝廷抛开乡里直接对个人进行智商考试以选拔爪牙的方式,更是屡受抨击。

---

❶ 朱健:《古今治平略·三代贡举》,见《古今图书集成·经济汇编·选举典》第41卷。
❷ 王与之:《周礼订义》,见《古今图书集成·经济汇编·选举典》第39卷。

朱熹并不是这种抨击的开创者。早在科举实行之初的唐朝，代宗时宰相杨绾就对"进士不乡举，但试辞赋浮文，非取士之实"做出严厉批评，当时得到过广泛的共鸣。❶但是后来的"改进"，不过是把朝廷在省里举行的考试改叫"乡试"，考中者叫"举人"，以应"乡举"之名而已。无怪乎朱熹对这种典型的儒表法里更加不满。

至于推荐，历史上往往就是以"乡举里选"之名进行的，因为乡举里选的本意确实就是乡里荐举。但是，一旦与秦制挂钩，大共同体本位的推荐很快被认为与小共同体本位的真正乡举里选背道而驰，就像推荐本村卫生员变成了推荐外出上大学一样。

汉代的察举征辟本来就号称古制："汉之取士，犹有乡举里选之遗意也。"❷但正如上引汉章帝所言，当时上下都认为它实行得很糟，不合古义。以至于"举秀才，不知书；举孝廉，父别居；寒素清白浊如泥，高第良将怯如鸡"。这很虚伪不是吗？这首民谣历来是抨击儒家"虚伪"的证明。其实虚伪固然，但不是什么"家"天生虚伪，而是儒表法里之下，说的是周制，做的是秦制，能不虚伪吗？

到了曹魏的九品中正，朝廷专门委任负责道德推荐的"中正官"，"九品中正之官设之于州县，是即乡举里选之遗意"❸。但是很快人们就发现："中正任久，爱憎由己，遂计官资以定品格，天下唯以居位为贵。"❹不但造成门阀，甚至秦政下最恶劣的"认官不认爹"都泛滥起来："时不知德，惟爵是闻。故闾阎以公乘侮其乡人，郎中以上爵傲其父兄。"❺

以至于后来卫瓘、刘毅都相继提出"九品始因魏初丧乱，是军中权时之制，非经久之典也。宜用土断，复古乡举里选之法"❻，"尽除中

---

❶ 洪迈：《容斋五笔》卷一（四库全书本）"五经秀才"条。
❷ 章俊卿：《群书考索续集·乡评》，见《古今图书集成·经济汇编·选举典》第40卷。
❸ 马端临：《文献通考》卷36《选举考》。
❹ 马端临：《文献通考》卷36《选举考》。
❺ 《晋书》卷50《庚峻传》，第1393页。
❻ 马端临：《文献通考》卷36《选举考》。

正九品之制,使举善进才,各由乡论"❶。九品中正,在这里已经成了"乡举里选"的反义词。

但是到了南朝,"九品"名目倒是没了,而所谓恢复了的乡举里选仍然虚伪不堪:"乡举里选,不覈才德,一以官婚胄籍为先"❷,还是门阀那一套。最后改行科举,连乡里、道德、举荐的影子都没有了,但乡试、举人和"孝廉",还是从"乡举里选"得名。

所以后来参修《资治通鉴》的刘攽,就指出在秦制下,提倡"乡举里选"只能是乌托邦:"乡举里选之法,难全行于今。自三代之盛,诸侯列国与郡县不同,及事久远不传,……欲法前世,一使郡县议其行实而察举之,固难矣。"❸ 具有史家眼光的刘攽清楚地知道,"乡举里选"只适于三代诸侯列国盛世,郡县制帝国是没法搞的。

但是面对秦制之弊,"论成周选举之法,孰不知乡举里选之为公论?"❹ 只要不是叔孙通那样纯粹御用文人的"法儒",不是无所谓信仰而只背经书作为敲门砖的利禄之徒,由于那些秦制批判者在西学东渐之前唯有"儒表"可藉,他们还是一直都把"乡举里选"当成敲打秦制(包括敲打挂羊头卖狗肉的"科举"和推荐爪牙的"九品官人")的棍子,到了近代,又把它当成了嫁接西学"选举"的桥梁。❺

而在那个所谓的"中世",周制并没有真正复兴,用道德推荐来为秦制服务,仍会引起崇周仇秦人士的不满。这就是他们反对九品中正的原因,而这也是"中世"并没有真正走出秦制的证明。秦制本身的性恶论特质,也决定了它不可能接受"基于道德的推荐"。九品中正制

---

❶ 《晋书》卷36《卫瓘传》,第1058页。
❷ 《古今图书集成·经济汇编·选举典》第40卷。
❸ 刘攽:《送焦千之序》,见《古今图书集成·经济汇编·选举典》第41卷。
❹ 朱健:《古今治平略·三代贡举》,见《古今图书集成·经济汇编·选举典》第41卷。
❺ 而今天号称"新儒家"的一些叔孙通之徒,却专以"科举"来对抗"选举"。我看就不要说孔、孟、黄宗羲了,他们比朱文公、王十朋、杨绾等的见识都差得太远了吧!

最后是两头不讨好：一批人批评它不是真正的"乡举里选"，另一批人则认为它不如考试选爪牙。事实上，考试也确实比荐举更有利于秦制，并且发挥了更大的作用。但是前一批人对此就更不满意了，直到最后他们在国门打开后发现了真正的"选举"。

五 "儒表法里"的格局未变：《河清律》与北齐的"反礼教"苛政

如前所述，汉魏之变的一个要点就是陈群等人修改成文法。"以礼入法"进行儒家化改造的结果，使很多条文变得比秦汉法不同，甚至看起来截然相反：原来鼓励告亲，禁止容隐，现在要承认容隐，惩罚告亲了；原来强制分家，民有二男不分异者倍其赋，现在则不准分家，祖父母在，子孙别籍异财者徙三年。

若当真这么实行，家中最年长者只要不死就不能分家，爷爷不死，成家诸孙就必须四代同堂，曾祖高寿，就会有五世同堂，即便曾祖去世，爷爷辈兄弟友爱一点就可能六世同堂。那中国岂不都是超级大家庭吗？以前人们不看统计，往往真这么想。传统农村大家庭多，往往是文学中的场景。

但实际上当然不是这样。从秦汉简牍、敦煌文书直到明清册籍，看过了就知道从秦以来直到近世《大清律》废除之时，无论城乡，中国人都是小家庭为主。兄弟完婚，大概率就会分家，父母仍在，也会商量着谁跟谁过，而极少听说谁因此被"徙三年"的。为什么？现代的一个法律原则中国人在这里用得很好：不告不理。父母如果不告官，分不分家官府通常不会管。但是触犯秦制的行为，就不可能不告不理了。"儒家化法律"在维护秦制和维护小共同体伦理方面孰轻孰重，还是很拎得清的。

前面说过，法家在周秦之变中是挑动小共同体中的"伪个人主义"的。为的是尽可能消除民间组织资源，原子化的个人好控制。皇上想"利出一孔"，族群所有的井田制就要打破，张三李四之间"民得买卖"，但国家要收走你的田更容易，这就是秦《田律》的精神。拆分"族庙公产",会更便于"一大二公"。通过"大独"摧毁"小群"而实现"大群",近世章太炎("文革"中他也被封为"法家")说得很透。当年的统治者自然也不会不懂。

但是法家并非杨朱,不会搞"真个人主义"。为皇上六亲不认可以,为自己就不行。如果反皇上呢?那儿女"告亲"就不为罪,而是大功了——这一点在秦汉是确定无疑的。魏晋"以礼入法"之后其实也没有改变。直到明清,虽然《河清律》以来的宗法条款和反分家条款已经代代承袭了上千年,清代东南乡村宗族组织也日益活跃,但秦制对宗族的控制也日益娴熟。从长房嫡派年尊者控制宗族,变成科举功名最高的缙绅控制宗族,加上不时的"毁祠追谱"动作。侵犯族权无视礼教,如果有利于朝廷,所谓的伦理就不是障碍。清初的"钱氏家变案"就是一个典型。

一般地讲,如果与大共同体本位不矛盾,法家并不反对、甚至比儒家更支持在小共同体内实行尊卑之分。例如前已述及,秦汉法家虽然鼓励"告亲",但夫告发妻比妻告发夫更受奖励;儿子告发父亲偷了自己的东西,这在鼓励告亲的当时并非罪过,官府常常不予受理(属于"非公室告"),而父亲告发儿子偷了自己的东西,那就必须受理。所以法家其实还是支持男尊女卑、父高于子的。前面说过,甚至父为子纲、夫为妻纲也是法家(而非儒家)先发明的。只是这一切都必须服从于皇权至上。皇上需要你杀爹你就得杀,倘不需要,你弑父当然还是大罪。

在周秦之变的"进行时",法家为了打破周制,会更加支持"伪个人主义"。但是到了周秦之变"完成时",法家就不那么鼓吹"个性解放"了。为了建立"一大二公",法家可以支持分光"族庙公产",但"一大二公"完成后,不仅"大公"不能侵犯,小公(比如"生产队")也不能侵犯了。从这个角度讲,汉魏之变时法律变得更强调"礼教",这并不会影响"儒表法里",也不会真正颠覆秦制。当然,这种礼教只能用于束缚百姓,不能束缚皇上,甚至也不能妨碍皇权自己需要时破坏

"礼教"。

这在北齐表现得最明显。

前面提到，瞿同祖先生在研究"法律儒家化"时，北齐《河清律》被视为一个里程碑。从陈群、刘劭改律，到《河清律》载入"十恶八议"，瞿同祖视为"以礼入法"的完成，此后的《唐律疏议》等等就只是抄作业了。但在现实中，恰恰是《河清律》的礼教精神，被北齐统治者破坏得最严重。我这里指的还不是皇室内部的伦理破坏。大家知道两晋南北朝时期是中国历史上皇室伦理败坏最甚的时期，骨肉相残、弑父屠兄、上烝下报、乱伦兽行、变态性交层出不穷，并非仅仅北齐如此，这就姑且不论了。我指的是北齐对百姓横征暴敛中的礼教破坏，这在历史上也是不多见的。

我们知道，在这个暴君频出的"中世"，短命的北齐又是最暴虐的皇权之一。北齐文宣帝高洋，继秦始皇之后第二次发动了大规模修建长城。秦始皇当时在统一中国之后，以举国之力征发50万人修长城，结果落下了流传千古的孟姜女悲惨记忆：她的丈夫被征发苦役死在长城上，孟姜女痛哭而亡，泪水据说冲倒了长城……❶

不过按这个传说，法家秦始皇似乎还是遵守礼教的：根据夫为妻纲、妻守闺中的礼教，秦始皇懂得男女有别。他只征发了孟姜女的丈夫，没有把她也抓走。

而北齐高皇帝比秦始皇更厉害，思想也更解放：北齐当时是南北分

---

❶ "孟姜女传说"现已成为"国家级非物质文化遗产"。哭倒长城之说最早见于日本藏国宝唐初类书《琱玉集》引《同贤记》所载："杞良，秦始皇时北筑长城，避苦逃走，因入孟超后园树上，超女仲姿浴于池中，仰见杞良而唤之，问曰：'君是何人？因何在此？'对曰：'吾姓杞名良，是燕人也，但以从役而筑长城，不堪辛苦，遂逃于此。'仲姿曰：'请为君妻。'……夫妇礼毕，良往作所，主典怒其逃走，乃打煞之，并筑城内……闻良已死，并筑城中。仲姿既知，悲哽而往，向城号哭。其城当面一时崩倒。"传说并非秦史，但秦长城之役多悲剧是事实，而秦长城之役没有征发女性的记载，也是事实。

治的北朝两国之一，与北周分据华北的东西两边。只拥有四分之一壁江山的他，却要与统一天下的秦始皇争胜，高皇帝在位期间6次修长城，最多时征发了180万人，是秦始皇征发人数的三倍多。高皇帝是怎么做到的？他的具体办法是突破礼教，实行"男女平等"，连女人也一块抓走！并且打破父母包办婚姻的传统——由朝廷来包办，把全国少女与寡妇全部抓来，强行"配军"，然后两口子都送去修长城。说什么礼教森严，女子不出闺门，父母之命媒妁之言，寡妇从一而终——高皇帝统统不管那一套。时代不同了，男人能做苦力，女人也能做！北齐全国的娜拉都被强征出走，奔向祖国最需要的地方，成了五大三粗、战天斗地的铁姑娘……❶

前些年我曾在京西马刨泉村边的"北齐岭"（原名北祁岭）上，考察了北齐长城的遗迹。当时真是感慨万千。这就是走出了秦制的"中世"？这就是颁布了《河清律》、实现了"表里皆儒"的北齐？这到底是"以礼入法"，还是"以法入礼"？这究竟是"法律的儒家化"，还是伦理的法家化？

六 "贵族社会"之后的"平民社会"？

综上所言，汉魏之变尽管比秦汉之异要变化更大，但并没有改变秦制的基本特征，所以它与周秦之变是不能相提并论的。与周制演为秦制过程中的"高岸为谷，深谷为陵"般的社会剧变相比，汉魏之际乃至魏晋以后数百年间尽管战乱频仍，但社会规则的改变并没有那么大。东汉时期尽管从王莽的"周表秦里"轨道走了出来，出现了儒学复兴、周制回归的某些迹象，但不仅周制完全复归不可能，"部分复归"

---

❶ 北齐文宣帝天保六年（公元555年）三月"发寡妇以配军士筑长城"。"是岁……诏发夫一百八十万人筑长城，自幽州北夏口，西至恒州，九百余里。"（《北史》卷7《齐本纪》，北京：中华书局，1974年标点本，第253页）在短短20多年中北齐修长城共有6次，《北齐书》，《北史》均有记载，文繁不引。

也极其不易。几个世纪的分裂战乱,与其说是"回到西周"、回到"封建",毋宁说实际是"回到战国"。而"战国趋秦"的逻辑仍然在这个时期起作用。自北魏孝文至杨隋改革,"第二帝国"(隋唐)兴起,秦制再度消灭"封建"余绪。所谓科举制度,即为儒表法里在第二帝国时期一大发展——而这一发展,直到"第三帝国"(宋元明清)时期仍在深化。所谓"唐宋之际变革"不过是这一深化的又一说法罢了。

阎步克先生对"上古""中世""近世"之说有一个回应,他认为魏晋到隋唐的历史是"常态—变态—回归"。❶ 历史当然不可能完全"循环",但我确实觉得"上古""中世""近世"似乎讲的是欧洲,而"常态—变态—回归"恐怕更接近于我们这段历史的实际。不少人说,经过"唐宋之际革命","中世"的"贵族社会"变成了"近世"的"平民社会"。但这是什么样的"平民"?他们与"上古"秦汉的"编户齐民"究竟有多大的不同?如前所述,从"贵族社会"向"平民社会"的演变,在南方充满了严酷的检籍、土断,以及客民激烈的抵抗,在北方则拿"百室合户""千丁共籍"开刀,也激起了许多民变。这就使人感到,这种"平民社会"究竟有多"近世"?为什么这么多人宁愿做"中世"的"贵族农奴",而不愿做"近世"的"平民"?

传统的官修史书总是说:"豪强"坏,朝廷好,"贵族"坏,官僚好,"私属徒附"悲惨,"编户齐民"幸福。我也相信其中有部分事实,好坏其实不总是"物以类聚"。正如朝廷有昏君明君、官僚有清官贪官循吏酷吏,"豪强"有恶霸地头蛇,也有田畴、庾衮这样公认的好人乃至以道德凝聚的"豪族共同体","私属徒附"中肯定有力图逃奔朝廷重入编户者(可惜我们很少听到这种类似内战前美国南方黑奴逃奔自由的故事),但也明显有"远近归附"坞壁而抗拒"检籍"的人(这种故事我们听到的太多),至于"编户齐民"就更不用说,既有花木兰,也

---

❶ 阎步克:《变态与回归:魏晋南北朝的政治历程》https://m.thepaper.cn/newsDetail_forward_10436846

有孟姜女,"范丹贫穷石崇富","朱门酒肉臭,路有冻死骨"说的都是他们。我们要做的,是分析一下概率:到底是朝廷、官僚好的概率大、编户齐民幸福的概率大,抑或豪强、贵族、私属徒附的相应概率大?这需要做大样本的计量分析,我没有这个能力,但仅就我读史的感觉而言,后一类故事似乎明显更多。

而那时人们向往的"桃花源",不管是陶渊明描述的那个"不知有汉,无论魏晋"的小共同体,还是白居易说的那个"县远官事少""有丁不入军"的两姓村,似乎都更像坞壁,而绝不似编户齐民,这又是为什么?进而言之,秦汉时代,乃至秦制下的历朝历代,史不绝书的一件事,就是朝廷为了扩充"编户齐民",而对那些"浮游无籍""不书名数"的黑人黑户严加打击。从秦之禁民擅徙,汉之八月算民,直到隋唐大索貌阅,明初大军点户,给人的印象是那时国人逃避编户,追求"浮游无籍",就像美国南北战争前南方黑奴逃奔联邦管辖的自由州。而那些"浮游无籍"的人是一种什么生存状态?可想而知不会大量处于鲁滨逊式的离群索居状态。而那个时代只要是"群",也不会是现代的自由公民社会。无论田畴庾衮、桃源朱陈、坞壁砦堡、宗主督护、水泊梁山、矿徒棚民,都多少存在"人身依附关系",按某些理论的说法就是"农奴"。那么,为什么人们宁愿做"农奴"也要逃避为"编户"?不就是与其依附于官府,不如依附于民间吗?

所以我当年曾信从"魏晋封建论",也觉得秦汉与古罗马帝国在某些方面很可比(详后),却从不称秦汉为"奴隶社会"。虽然秦汉的"私奴婢"与罗马奴隶相当类似,但问题是除此之外更多的其他人❶:秦汉的"编户齐民"与罗马公民的区别可太大了!而秦汉与明清的编户齐民的区别又太小了。因此无论说秦汉与罗马是同类"社会形态",还是把秦汉与明清分属"上古"和"近世"两端,都难以让人信服。

---

❶ 秦汉的私奴婢应该是总人口的少数,而罗马帝国按今天的主流看法,奴隶也绝非人口的多数。

第七章

秦汉经济：
中国古代第一次商品经济高潮

从世界范围来看，铁器和牛耕兴起后，不仅带来了农业生产率的急剧提升，更进一步导致作为经济组织的血缘或地缘小共同体的解体，核心家庭成为主要的经济组织。农业生产率的急剧提升，意味着有更多的粮食剩余来供养更多的人口包括非农人口，还导致分工和商业的发达。由于贸易量大幅增加，交通更加拓展和繁密，导致金属货币的出现和广泛应用以及城市的繁荣。金属货币为大规模的批发贸易与地区间的贸易提供了便利条件，而小商品交易也无须再物物交换，结果又促进了制造业、农业、商业和市场的发展，并使经济专门化随着效率和生产率的提高而全面深化，欧亚旧大陆普遍出现了历史上第一次商品经济的高潮。西方是以古希腊、古罗马为代表，这一时期在西方历史上又称为"古典时期"，因此，西方历史学界常以"古典（或古代）市场经济"来称呼古希腊、古罗马的经济。与之相应，我国战国秦汉时期，随着铁器牛耕的普及，也出现了这一经济趋势，商品经济初次兴起，不妨也以"古典商品经济"或"古代市场经济"来指称这一时期的经济，并且做一番上下、东西的对比观察。

第一节　集约农业的起源

中国是西亚、美洲之外世界三大农业发源地之一。大约在 8000 年前的新石器时代，中国这片大地上的先民开始了种植农业和畜牧业，最早培育了粟、黍、稻等农作物，驯化了猪、狗、鸡等禽畜，而且最早掌握了桑蚕技术，种桑养蚕纺织。进入国家、文明阶段，农业成为立国之本，官民都非常重视农耕生产。

我们知道，先秦时就有"五谷"的说法，五谷是当时国人主要种植的农作物，一般是指稻、黍、稷、麦、菽。一般来说，稷就是粟，脱壳后为小米；黍是一种大黄米；菽是豆类的总称。不过，先秦时代北方水稻种植较少。孔子说："食夫稻，衣夫锦，于女安乎？"❶物以稀为贵，那时稻和锦都是比较珍贵、高档的衣食。❷北方主要的粮食作物是粟。古代常以"社稷"来指代国家，孟子曰："民为贵，社稷次之，君为轻。"❸社是土地神，稷本意是粟，这里指谷神，可见先秦时土地和以粟为主粮的农业对于国家的重要。

一 "北粟南稻"向"北麦南稻"演变

秦汉时代，农业延续了先秦"北粟南稻"的格局。北方黄河流域主要种植粟，主食以小米为主。另外还主要种植黍，一种具有黏性的黄米。秦汉的政治和经济中心在关中和关东或者说黄河中下游地区，主要种粟，因此，秦汉时粟往往就成为粮食和财政的代名词。秦王政四年（公元前243年），秦国遭了蝗灾，粮食歉收，财税不足，就让"百姓纳粟千石，拜爵一级"。秦国还设有"治粟内史"一职，到了汉景帝的时候，就把"治粟内史"改称为"大农"，位列九卿，相当于农业部长兼财政部长。《史记》说汉武帝初即位时，府库充足："京师之钱累巨万，贯朽而不可校。太仓之粟陈陈相因，充溢露积于外，至腐败不可食。"❹南方长江流域则以种稻为主，《史记·货殖列传》载："楚越之地，地广人希，饭稻羹鱼，或火耕而水耨。"❺司马迁游历过楚越故地，这一描述应该是他亲眼目睹过的。

当然北方有水源、水利条件的地区也种稻，因为：一、水稻高产，

---

❶ 《论语·阳货》。
❷ 参见孙机：《汉代物质文化资料图说》（增订本），上海：上海古籍出版社，2008年，第22页。
❸ 《孟子·尽心下》。
❹ 《史记》卷30《平准书》，第1420页。
❺ 《史记》卷129《货殖列传》，第3270页。

单位面积相对产量高;二、稻米长期以来被认作是"细粮",相对于"粗粮",吃起来口感好。古籍中常以"稻粱"并称,类似于后人所言的"细粮"。❶"稻粱"的"粱",不是指高粱,而是指粟、小米,甚至偏指精细的小米。高粱属于粗粮,口感不佳,现在多用于酿酒。而且,高粱原产于非洲,一般认为两汉魏晋时期才传入中国,在汉代种植面积比较有限。❷早在战国时,魏国的史起批评西门豹治邺时未能有效利用漳水灌溉农田,所以魏襄王就任命史起为邺令。史起上任后,决漳水灌溉邺附近的土地,原来的盐碱地变得可以种"稻粱"了("终古斥卤,生之稻粱"),邺从一个穷地方变成了富地方❸。西汉时,长安近畿地区因有郑国渠等沟渠的灌溉,也种植水稻。❹再如,东汉时邓晨当陈留郡太守(陈留郡在今天河南开封以东一带),"兴鸿郤陂数千顷田,汝土以殷,鱼稻之饶,流衍它郡。"❺洛阳、陕县等地出土的陶仓上常标出盛的是"稻"或"白米",西安出土的陶罐上还有标"粳米"的。❻可见,由于战国秦汉水利工程的修建,北方的水稻面积似有扩大之势。

从汉代开始,北方小麦种植逐渐推广扩大,也就是开始了"北粟南稻"向"北麦南稻"格局的演变。西亚最早培育了小麦,虽然4000年前小麦就传到了我国,但是前2000年小麦并没有成为主粮,小麦成

---

❶ 例如:《荀子·荣辱》:"今使人生而未尝睹刍豢稻粱也,惟菽藿糟糠之为睹……"《列女传·母仪·楚子发母》:"子发之母,刺子骄泰,将军稻粱,士卒菽粒,责以无礼。"

❷ 参阅赵利杰:《试论高粱传入中国的时间、路径及初步推广》,载《中国农史》2019年第1期。

❸ 《吕氏春秋·先识览·乐成》。

❹ 元鼎六年(前111年),儿宽为左内史(后改置左冯翊,在今西安东北一带),奏请穿凿郑国渠六辅渠,汉武帝说:"……今内史稻田租挈重,不与郡同,其议减。"《汉书》卷29《沟洫志》,第1685页。

❺ 《后汉书》卷15《邓晨传》,第584页。

❻ 孙机:《汉代物质文化资料图说》(增订本),第22页。

为北方人的主粮是后2000年的事情。为什么小麦传入中国后的前2000年没有成为主粮？可能受限于当时的磨面技术。今天北方人作为主食的面食，是小麦磨成面粉后，用其制成馒头、面条等。没有掌握磨面技术，或者不将小麦制成面粉，那么，2000年前的人使用小麦应该主要是"粒食"，就是像大米、小米一样整粒蒸煮后食用。以这种食用方法，当然小麦口感不佳。先秦秦汉古籍中，不乏这样的记载。例如，《潜夫论·思贤》载："夫生饭秔粱，旨酒甘醪，所以养生也，而病人恶之，以为不若菽麦糠糟欲清者，此其将死之候也。"菽麦与糠糟并称，都属于难以下咽的劣等食物。《论衡·率性》说："豆麦之种，与稻粱殊，然食能去饥。"为什么豆麦与稻粱不一样呢？《论衡·艺增》又说："稻粱之味，甘而多腴；豆麦虽粝，亦能愈饥。"稻粱甘美，豆麦粗粝。小麦粗粝、口感不佳，很可能主要就是与食用方法未经过磨制有关。不过，这一情况在汉代逐渐得以改变。

磨面须用石磨，据考古发掘，石磨汉代开始普及起来，这是面食流行的前提条件。汉唐将面食统称为饼。"饼"最早见载于《墨子·耕柱》。西汉时，"饼"已经比较流行了，史籍中有不少买卖"饼"的记录。❶东汉刘熙《释名》："饼，并也，溲麦使合并也。胡饼，作之大漫沍也，亦言以胡麻著上也。蒸饼、汤饼、蝎饼、髓饼、金饼、索饼之属，皆随形而名之也。"可见，东汉时面食种类已经较为丰富。

石转磨和面食的流行与小麦播种面积的扩大相互促进。汉代已经出现了冬小麦，叫"宿麦"。《四民月令》讲八月的事务安排，其中有："梨种麦粢黍，凡种大小麦，得白露节可种薄田，秋分种中田，后十日种美田。"可见，是秋天种植大小麦。汉武帝元狩三年（公元前120年）"劝（关东）有水灾郡种宿麦"。❷《淮南子·地形训》就说，"东方"也就是"关东"黄河下游地区"其地宜麦"。小麦于夏季成熟，早于秋

---

❶ 孙机：《汉代物质文化资料图说》（增订本），第18—21页。
❷ 《汉书》卷6《武帝纪》，第177页。

粮成熟,"种宿麦"可以让遭受水灾的百姓早点收获粮食,也可以解决只种秋粮时青黄不接的问题。因此,两汉政府都曾经推广种植冬小麦。西汉时董仲舒曾上书:"春秋它谷不书,至于麦禾不成则书之,以此见圣人于五谷最重麦与禾也。今关中俗不好种麦,是岁失春秋之所重,而损生民之具也。愿陛下幸诏大司农,使关中民益种宿麦,令毋后时。"❶东汉安帝时,"诏长吏案行在所,皆令种宿麦蔬食,务尽地力,其贫者给种饷。"❷出土的尹湾汉简记载了西汉末东海郡(今连云港、临沂一带)的一些统计数据,据推算,东海郡的垦田数为206226顷,而"种宿麦"107300多顷,达到了耕地面积的一半。❸因此,汉代北方小麦种植逐渐推广扩大,"北粟南稻"的种植格局逐渐向"北麦南稻"的格局演变。

秦汉时代,除了种植业,纺织业也是一项非常重要的家庭经济活动,所以古人常以"耕织"并称。商鞅辅政,"内立法度,务耕织,修守战之备,外连衡而斗诸侯"。❹商鞅变法"务耕织"的具体做法之一是,"僇力本业,耕织致粟帛多者复其身"❺,"耕织"同为"本业",奖励耕织,粟帛生产得多,减免税赋。《墨子·非命下》:"农夫怠乎耕稼树艺,妇人怠乎纺绩织纴,则我以为天下衣食之财将必不足矣。"秦始皇时"男子力耕不足粮饷,女子纺绩不足衣服"。贾谊说:"古之人曰:'一夫不耕,或受之饥;一女不织,或受之寒。'"❻战国秦汉已经是"男耕女织"的家庭经济模式了。

当时可谓是一个"桑麻"时代。棉花传入中国比较晚,先秦秦

---

❶ 《汉书》卷24上《食货志上》,第1137页。
❷ 《后汉书》卷5《安帝纪》,第213页。
❸ 杨际平:《从东海郡〈集簿〉看汉代的亩制、亩产与汉魏田租额》,载《中国经济史研究》1998年第2期。
❹ 《史记》卷6《秦始皇本纪》,第278—279页。
❺ 《史记》卷68《商君列传》,第2230页。
❻ 《汉书》卷24上《食货志上》,第1126、1128页。

汉时代纺织物主要是丝织品和麻织品，❶因此需要大量种植桑麻，提供纺织原料。孟子说："五亩之宅，树之以桑，五十者可以衣帛矣；鸡豚狗彘之畜，无失其时，七十者可以食肉矣；百亩之田，勿夺其时，数口之家可以无饥矣。"❷孟子虽然讲的是一个理想的模式，但是五口之家，有田有宅，种五谷，植桑麻，养六畜，在战国秦汉确实是普遍的农村家庭经济模式。董仲舒也说："生五谷以食之，桑麻以衣之，六畜以养之。"《史记·货殖列传》："沂、泗水以北，宜五谷桑麻六畜。"❸

汉代的丝织品总称"缯"或"帛"，根据制作方法不同，分为锦、绫、罗、绮、绢、纱、縑等不同类别。❹汉代丝织品不仅深受匈奴喜爱❺，而且行销西方，辗转售往罗马，成为罗马贵族喜欢的奢侈品，这就是众所周知"丝绸之路"的来历。

二 代田法、区种法与"复种革命"的端倪

从古至今，中国农业的一大特点是精耕细作，这种集约农业就是从秦汉时开始的。❻精耕细作的集约农业，最大的特点是土地单位面积产量高（即"单产"高）。为了实现高单产，就要在单位面积土地上投入较多的劳动、肥料，甚至包括种子等。

秦汉时代，农业技术的一大进步是西汉赵过代田法的发明（或改

---

❶ 此外还有葛织品和毛织品。

❷ 《孟子·梁惠王上》。

❸ 《史记》卷129《货殖列传》，第3270页。

❹ 关于汉代染织业，参阅林甘泉主编：《中国经济通史·秦汉经济卷》上册，第409—422页。

❺ "匈奴好汉缯絮食物"，见《史记》卷110《匈奴列传》，第2899页。

❻ 关于秦汉农业是否是精耕细作的集约农业，学术界有争议，主要争论点在于精耕细作的集约农业的普及程度，但是秦汉已经出现了精耕细作的集约农业则无异议。参见杨际平：《秦汉农业：精耕细作抑或粗放耕作》，载《历史研究》2001年第4期；韩强强：《秦汉农业精耕细作问题评述》，载《农业考古》2017年第1期。

良)以及推广。史载：

> 武帝末年，悔征伐之事，乃封丞相为富民侯。下诏曰："方今之务，在于力农。"以赵过为搜粟都尉。过能为代田，一亩三甽。岁代处，故曰代田，古法也。后稷始甽田，以二耜为耦，广尺深尺曰甽，长终亩。一亩三甽，一夫三百甽，而播种于甽中。苗生叶以上，稍耨陇草，因隤其土以附[苗根]。故其诗曰："或芸或芓，黍稷儗儗。"芸，除草也。[芓]，附根也。言苗稍壮，每耨辄附根，比盛暑，陇尽而根深，能风与旱，故儗儗而盛也。其耕耘下种田器，皆有便巧。率十二夫为田一井一屋，故亩五顷，用耦犁，二牛三人，一岁之收常过缦田亩一斛以上，善者倍之。过使教田太常、三辅，大农置工巧奴与从事，为作田器。二千石遣令长、三老、力田及里父老善田者受田器，学耕种养苗状。民或苦少牛，亡以趋泽，故平都令光教过以人挽犁。过奏光以为丞，教民相与庸挽犁。率多人者田日三十亩，少者十三亩，以故田多垦辟。过试以离宫卒田其宫壖地，课得谷皆多其旁田亩一斛以上。令命家田三辅公田，又教边郡及居延城。是后边城、河东、弘农、三辅、太常民皆便代田，用力少而得谷多。❶

代田法以甽垄异位的轮耕法取代了休耕法。休耕法是古今中外广泛实行的一种恢复地力的耕种方法。众所周知，直到中世纪，欧洲才将休耕制从"二圃制"改为"三圃制"，即"耕一休一"改为"耕二休三"。代田法在同一块土地上进行甽垄换位，可以连年耕种，提高了土地的利用效率。代田法又以甽垄替代了"缦田"（就是在平地上撒种播种），在沟甽中播种，等禾苗长起来后，则将除草后垄上的土推到甽中禾苗的根部，这样可以使根深入土中，起到保墒作用，抗风又耐旱。用代田法耕种，"用力少而得谷多"，甚至在试验中每亩增产一斛以上。另

---

❶ 《汉书》卷24上《食货志上》，第1138—1139页。

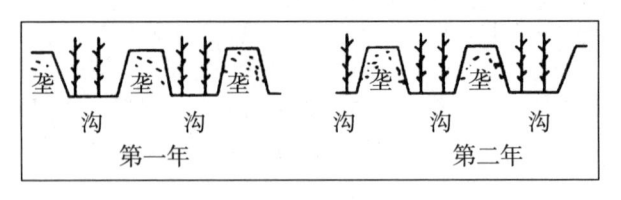

赵过代田法示意图

外,赵过在推广代田法的同时还改进了田器,"其耕耘下种田器,皆有便巧",改进的工具提高了生产效率,开沟甽一般需要用牛来犁耕,如果没有牛还以人力替代。代田法不仅在三辅、弘农、河东等中心地带推广,而且也推广到边疆"边城",这在居延汉简中获得了证实。

区种法是另一种精耕细作的农业技术,将土地分为若干小的区块,以方便进行灌溉、施肥、除草等田间劳作,以及进行等距植株和合理密植。❶据《氾胜之书》,区种法还有这些好处:"区田以粪气为美,非必须良田也,诸山陵近邑高危倾阪及丘城上,皆可为区田。区田不耕旁地,庶尽地力。凡区种,不先治地,便荒地为之。"❷所以,东汉明帝时,"以郡国牛疫,通使区种增耕",因为"郡国以牛疫、水旱,垦田多减,故诏敕区种,增进顷亩,以为民也"。❸区种法可以不需要畜力和机械,甚至可以不需要太多土地,而主要是通过在小块土地上密集投入劳力、肥料、种子来获得产量或实现增产。因此,区种法可以在荒地上、灾后耕牛短缺的情况下增加播种面积和产量,也因此得到了汉代皇帝和政府的推广。

从一些史料来看,秦汉时代出现了农业"复种革命"的端倪。《荀子·富国》说:"今是土之生五谷也,人善治之,则亩数盆,一岁而再获之。"当时黄河流域有的地方可以"一岁而再获之",因此,有人说这应该是复种轮作。《周礼·地官司徒·稻人》郑玄注引郑众注:"今时

---

❶ 林甘泉主编:《中国经济通史·秦汉经济卷》上册,第219—221页。
❷ 万国鼎辑释:《氾胜之书辑释》,北京:中华书局,1957年,第63页。
❸ 《后汉书》卷39《刘般传》,第1305页。

谓禾下麦为荑下麦，言荑刈其禾于下种麦也。"《周礼·秋官司寇·剃氏》又引先郑注："又今俗间谓麦下为夷下，言荑夷其麦以其下种禾豆也。"❶《四民月令》五月的安排："可灾麦田，夏至先后各二日，可种黍"，六月也提到"可灾麦田"，北方大部分地区正是在夏至前收获小麦，因此"灾（灾）麦田"，应该就是焚烧收麦后的麦田，因此，过些天，到夏至前后二日，就可种黍了。可见，汉代已经出现了麦和禾（禾一般指粟）或豆等的轮种。❷

《四民月令》还提到，六月收麦子、葵、芥子后，六七月可种小蒜、冬蓝、冬葵、芜菁、大小葱、苜蓿、稻、蓝等，很可能这些农作物之间也存在轮种关系。另外，《氾胜之书》提到了套种，在种瓜的同时，种薤或小豆。

复种技术是中国精耕细作集约农业的一个重要内容，秦汉时代复种技术已经初现端倪，之后随着该种植技术的普及，对提高土地单产起了非常重要的作用，也间接影响了人口的增长。

集约农业的结果主要体现在土地单产高和农业劳动生产率高。宁可的研究得出了以下几个估算结论：

（1）汉代一个农业劳动力垦田亩数是14市亩多，一家农户占有耕地数字为29市亩弱；

（2）汉代粮食单产约在每市亩140斤左右；

（3）汉代农业人口平均口粮数每人每年480斤左右；

---

❶ 过去，这则史料常被引用说明汉代出现了复种。最近这一观点受到了挑战，罗振江认为"禾下麦""麦下禾豆"并非复种，而是作为绿肥使用的技术。当然，即使是绿肥，也略有集约的意味，而且正如罗文所述，那离复种也只有一步之遥了。罗振江：《"禾下麦""麦下禾豆"复种说辨析》，载《中国经济史研究》2024年第3期。

❷ 关于代田法、区种法与复种等汉代农业耕种技术，可参阅许倬云：《汉代农业——中国农业经济的起源及特性》，桂林：广西师范大学出版社，2005年，第105—125页。

(4）汉代农业劳动生产率约为每个农业劳动力平均年产粮（以粟计）2000斤左右，一家约在4000斤左右。

因此，他认为："从汉以来的两千年间，我国农业生产虽然有所发展，特别是单位面积产量有明显的增长，但由于每人占有的耕地面积趋于减少，因此农业劳动生产率、每个农业人占有的口粮数和全国每人平均占有的粮食数，仍在汉代已经达到的水平上徘徊。"❶

对汉代粮食单产的估算，争议很大，宁可先生的估算是居中的数字，有人认为汉代粮食单产只有每亩70市斤左右，而吴慧估算汉代亩产达264市斤。❷同样，吴慧估计汉代的农业劳动产生率也比较高，达年产粮3578市斤。❸

精耕细作集约农业、土地单产高与人口密度高，三者具有递进的因果关系，是自古以来的"中国特色"，可以说，这种特色基本上从秦汉开始。

第二节 秦汉的水利工程

也许秦汉时期，至少西汉以前的粮食亩产不应太低估，因为那时作为经济中心的北方黄河流域一带，其农业生产的气候、水利条件较优，平均气温较高，水资源也远较现在丰富，而且在战国秦汉时期，

---

❶ 宁可：《有关汉代农业生产的几个数字》，载《北京师院学报》（社会科学版）1980年第3期。

❷ 参见赵德馨、周秀鸾：《汉代的农业生产水平有多高——与宁可同志商榷》，载《江汉论坛》1979年第2期；杨际平：《从东海郡〈集簿〉看汉代的亩制、亩产与汉魏田租额》，载《中国经济史研究》1998年第2期。

❸ 吴慧：《中国历代粮食亩产研究》（增订再版），北京：中国农业出版社，2016年，第141页。

为了农业生产，修建了众多水利灌溉工程。

关于秦制的治水功能，史学界曾出现过有趣的讨论。前德共中央委员、汉学家魏特夫在受到斯大林清洗、与苏联决裂后，到美国写出一本《东方专制主义》，❶ 把水利灌溉事业需要中央集权作为"东方"国家出现"专制主义"的主要原因。由于冷战因素，这本书在我国受到过三波大批判，其中1990年和1994年先后在北京与上海举行了两次高规格的批魏专题研讨会，"组织文章"上百篇，从中精选了19位当时国内史学领军人物所写的15篇文章，加前言、附论共17篇，编成《评魏特夫的〈东方专制主义〉》一书出版。❷

然而有趣的是，对于古代中国存在强大专制权力这一点，这些文章都没有提出反驳。除了一些人着力论述古代专制不仅东方独有、魏氏特别强调"东方"专制是基于西方偏见外，这些文章主要是针对"治水社会"论进行证伪。论者一曰中国的季风气候不同于埃及、美索不达米亚与中东的大陆性干旱气候，上古农业要么靠天吃饭，要么有排无灌，后来北方形成雨水型旱作农业，南方是高湿丰水区的稻作农业，都与西亚北非那种沙漠包围中完全依靠工程措施引河灌溉的绿洲式农业根本相异。二曰中国古代王权成长的夏商周时代并无国家级大型水利的建设，战国秦汉虽然确实出现了郑国渠、都江堰等工程，但那都是统一之前修的，"大一统"帝制出现后，尤其是汉以后，这种大型灌溉工程反而极少见。唐宋明清都是专制政治，但决非"治水"使然。三曰中国古代专制者发动的水工通常以漕运、润陵等为主，往往截水供舟，禁民引溉，因漕害农，甚至专制官僚还常常以权谋私在渠上设碾牟利、兴苑自娱，造成弃水祸农，而漕运本身也主要是政权自我维

---

❶ 卡尔·A.魏特夫：《东方专制主义——对于极权力量的比较研究》，徐式谷等译，北京：中国社会科学出版社，1989年。

❷ 李祖德、陈启能编：《评魏特夫的〈东方专制主义〉》，北京：中国社会科学出版社，1997年，第4页。

持用的调拨运输与军事运输,而非民间商运,即便从以贸促农的角度看也并非农业之利。四曰唐宋以后政府不仅水工有限,水事管理职能也萎缩,主要灌区的用水分配、水权纠纷等都依靠民间自治来解决,等等。

总之,其中没有一篇文章否认中国古代或"古代东方"存在"专制主义",但篇篇都否认中国存在"治水社会"。仅从如下章节标题就可见一斑:"水力文明、水力社会、水力国家、水力专制主义等东方专制主义之批判""'治水社会'——一种历史的虚构""《周礼》中有所谓'分配灌溉用水'的'专职官吏'吗?""古代中国不是'治水社会'""驳魏特夫:'治水工程–灌溉农业'国家起源论""驳魏特夫:'治水工程–国家–东方专制主义'三位一体的'东方专制主义'起源论""魏特夫:'治水社会'国家起源论错误的根源"❶,等等。

这些文章几乎都倾向于反对夸大水利工程、主要是灌溉工程对中国古代农业的重要性,只有一篇文章提到"中华水利文明"是"举世无双的农本文明,中华民族生存与发展的基床"。但该文也否认这种"水利文明"是靠中央集权专制体制来运作的。该文强调"中国古代掌水官署"通常连中央直属机构(如三省六部)都不是,而只是某一部门的下属,"不仅不是国家机构的全部,而且不属国家权力中枢",其事为"诸事之末",其人亦"列卿之最末者"。❷这些文章大都指出:中国传统农业的主体是雨水农业而非灌溉农业,灌溉工程基本是地方事务而非中央统筹,"秦始皇组织筑长城、辟驰道,就是没有组织全国性水利工程"。❸而另一方面,专制主义之说固然"抓住了中国封建政体特点",❹魏特夫关于强国家下的民间私有财产"软弱性"之说在前资本主

---

❶ 《评魏特夫的〈东方专制主义〉》一书目录。
❷ 《评魏特夫的〈东方专制主义〉》,第172—173页。
❸ 《评魏特夫的〈东方专制主义〉》,第155页。
❹ 《评魏特夫的〈东方专制主义〉》,第156页。

义社会也是"不言自明"的,但这些都是各民族历史上曾经有过,"不独东方如此,西方也是如此"❶……

应当说这些文章的确有效地颠覆了魏氏的"治水社会"论,尤其是证伪了那种把中国与埃及、西亚型灌溉社会相提并论的谬说。但有趣的是:由于这些论证都在刻意说明古代中国专制者并未如埃及、两河流域诸王权那样承担治水的公共服务责任,却并未否认中国古代存在专制权力,也没有说这种专制比埃及、两河流域的王权更温和、更可制约,于是,这些本意在于谴责魏氏贬抑中国的论说,听起来倒更像是责怪魏特夫过于美化——而不是丑化了秦制皇权。魏特夫关于中国"治水社会"的第一个例证就是大禹治水而为王。而我们的批判者则指出"禹治水的神话是战国以后才有的","孔子不言禹治水",《论语》只说"禹稷躬稼而有天下"。❷总之,他们论证的就是皇帝们"不治水,照样要专制"。魏特夫模式中的帝王还真有点大禹式的"治水公仆"形象,而如今这些统治者却被中国学者论证为无责治水、有权剥民、不兴水利、只贻吏患,成了只勒索不服务的坏蛋了!

应该说这些作者有点矫枉过正。中国确实不同于埃及、两河,但灌溉农业还是有的。皇帝搞"家天下"并不是为了修水利,但治水还是有利于巩固皇权的。郑国渠、都江堰、西门豹渠(漳河渠)、芍陂等最著名的水利确实都修成于秦统一前,但白渠总是统一后修的嘛,而且秦统一前,"秦制"已经在战国七雄尤其是秦国内部形成,对统一前的那些工程也不能说没起作用。秦制朝廷对搜刮漕粮的运河确实比生产粮食的灌溉工程更重视,但后者也不是无所作为,粮食总要生产出来才能被搜刮呀。除了灌溉与漕运,还有河防等等也很重要。秦制从一开始,其强大的动员能力就被强调用于"耕战",虽然实际上它更重视"战",甚至不妨说在和平时期它对长城、驰道、皇陵、皇宫等的重

---

❶ 《评魏特夫的〈东方专制主义〉》,第112页。
❷ 《评魏特夫的〈东方专制主义〉》,第42页。

视也超过对灌溉的重视，但其用于水利的动员能力还是可以远超周制的。下面我们就本着不虚美不掩恶的原则，实事求是地谈谈这些问题。

《汉书》记载水利工程事业的篇章叫《沟洫志》，沟洫之名始于先秦，不过，先秦的沟洫制，其实是排水工程，而不是蓄水灌溉工程。《周礼·考工记·匠人》："匠人为沟洫。"郑玄注："主通利田间之水道。"《周礼·地官司徒·小司徒》郑玄注："沟洫为除水害。"传说中的大禹治水，也是导水排水。殷周时代，开垦荒地，发展农业种植，往往要开挖沟洫，因为古人选择川泽附近比较低湿的土地作为农田，所以排水、洗碱是垦田播谷的前提。❶

但是，到了战国秦汉时期，可能随着土地开垦和人口增加，以及交通的需求增加，出现了不少大型水利通航和灌溉工程。司马迁说：

> 自是之后，荥阳下引河东南为鸿沟，以通宋、郑、陈、蔡、曹、卫，与济、汝、淮、泗会。于楚，西方则通渠汉水、云梦之野，东方则通沟江淮之间。于吴，则通渠三江、五湖。于齐，则通菑济之间。于蜀，蜀守冰凿离碓，辟沫水之害，穿二江成都之中。此渠皆可行舟，有余则用溉浸，百姓飨其利。至于所过，往往引其水益用溉田畴之渠，以万亿计，然莫足数也。❷

司马迁说，鸿沟等人工运河或水渠既可以行舟，也可以灌溉，特别是这些水道上又引出多不可数的分渠用来灌溉，因此百姓很受益。

战国秦汉修建的大型水利灌溉工程，除了秦国李冰父子修建的都江堰、前面讲过的魏国漳河渠，还有不少。下面以关中地区为重点，考察一下关中水利工程的历史变化。

战国后期秦国强大，对关东六国虎视眈眈，形成了巨大的威胁，

---

❶ 参见李根蟠：《先秦时代的沟洫农业》，载《中国经济史研究》1986年第1期。
❷ 《史记》卷29《河渠书》，第1407页。

而首当其冲的便是函谷关东边的韩国，而后来秦灭六国也确实是先灭的韩国。因此，韩国就想出了一条妙计，派他的水利工程专家郑国去秦国，游说秦国修建大型水利工程，以消耗秦国的国力，使秦国无力或无暇东顾。秦国在郑国的主持下，开凿咸阳北泾水东注洛水这样一条东西向的引水渠，用来灌溉。修到中途，秦国发觉了韩国的计谋，但还是让郑国将渠修完了，并且命名为郑国渠。郑国渠修成后，使得原来关中不适宜农耕的四万余顷盐碱地，因得到灌溉而变成了沃野，"亩收一钟"，一钟应为十石❶，相对秦汉一般土地常亩收二三石，亩产高数倍之多。因郑国渠秦国变得更加富强，最后统一了六国。

> 而韩闻秦之好兴事，欲罢之，毋令东伐，乃使水工郑国间说秦，令凿泾水自中山西邸瓠口为渠，并北山东注洛三百余里，欲以溉田。中作而觉，秦欲杀郑国。郑国曰："始臣为间，然渠成亦秦之利也。"秦以为然，卒使就渠。渠就，用注填阏之水，溉泽卤之地四万余顷，收皆亩一钟。于是关中为沃野，无凶年，秦以富强，卒并诸侯，因命曰郑国渠。❷

西汉汉武帝时期，修建了众多大型的水利工程。首先是黄河瓠子（今河南濮阳西南）决口堵口工程。元光年间，黄河在瓠子决口，河水泛滥流于东南，在"河决天定"的主张下，一直没有堵塞决口。20多年后，由于河南等地遭灾歉收，汉武帝才决心堵塞决口，发动数万民工，加之汉武帝亲自指挥，命令群臣都负薪填堵决口，最终成功堵塞了决口。这次特大型水利工程的成功，让汉武帝非常兴奋，在决口处还建了一座宫殿——宣房宫。也许黄河决口堵口工程的成功，极大地激发

---

❶ 西汉庄熊罴言："临晋民愿穿洛以溉重泉以东万余顷故卤地。诚得水，可令亩十石。"郑国渠下"亩收一钟"，此言"亩十石"，二者应等同。《史记》卷29《河渠书》，第1412页。

❷ 《史记》卷29《河渠书》，第1408页。

了西汉君臣"人定胜天"的意志,加之汉武帝好大喜功,"用事者争言水利",各地开工兴建水利工程。司马迁说:"自是之后,用事者争言水利。朔方、西河、河西、酒泉皆引河及川谷以溉田;而关中辅渠、灵轵引堵水;汝南、九江引淮;东海引钜定;泰山下引汶水:皆穿渠为溉田,各万余顷。佗小渠披山通道者,不可胜言。然其著者在宣房。"❶汉武帝时期,还开凿漕运、修龙首渠等等,有的工程获利,有的则劳民伤财未获其利。

汉武帝时期,关中的水利灌溉工程除了"关中辅渠、灵轵引堵水"(堵一作"诸"),最重要的应该是白渠的修建:

> 太始二年,赵中大夫白公复奏穿渠。引泾水,首起谷口,尾入栎阳,袤二百里,溉田四千五百余顷,因名曰白渠。民得其饶,歌之曰:"田于何所?池阳谷口。郑国在前,白渠起后。举臿为云,决渠为雨。泾水一石,其泥数斗。且溉且粪,长我禾黍。衣食京师,亿万之口。"言此两渠饶也。❷

白渠从郑国渠上穿渠,从泾水的谷口引水到栎阳入渭水中,流经今泾阳、三原、高陵、临潼,长200里,灌溉面积达4500余顷。白渠是关中仅次于郑国渠的水利灌溉工程,后来白渠和郑国渠往往被连称为"郑白渠"。郑白渠既能灌溉洗盐,又能放淤增肥,不仅可以降低土壤的含盐量,还可以增加土壤的肥力。郑白渠的灌溉面积约4.5万顷,因郑白渠的灌溉,关中平原成为粮食高产的沃野。

"泾水一石,其泥数斗",虽然引含沙量较大的泾水灌溉,既洗盐又增肥,但是泥沙沉积也会导致渠道淤平堵塞,抬高渠道,使得河水不能流入渠内,只得在原引水渠口上游重新开凿新渠口引水,才能继续灌溉。因此,西汉以后郑白二渠屡坏屡修,郑白渠的灌溉面积逐渐

---

❶ 《史记》卷29《河渠书》,第1414页。
❷ 《汉书》卷29《沟洫志》,第1685页。

缩小,最后不得不废弃湮没了。

史载,前秦苻坚就曾因"关中水旱不时","依郑白故事",修复破坏的郑白渠。❶到唐代,宗室李知柔任京兆尹时,"郑白渠梗壅,民不得岁",李"治复旧道,灌浸如约,遂无旱虞"。❷不过,唐代郑白渠上富商大贾以及权贵争造水碾(水力碾磨)盈利,屡禁不止,水碾堵截渠水,破坏灌溉,以致郑白渠的灌溉面积急剧缩小。唐高宗永徽六年(655年),郑白渠的灌溉面积只有一万顷左右,至100多年后大历年间,灌溉面积下降到6200余顷,与汉代不可同日而语。

> 永徽六年,雍州长史长孙祥奏言:"往日郑、白渠溉田四万余顷,今为富商大贾竞造碾硙,堰遏费水,渠流梗涩,止溉一万许顷。请修营此渠,以便百姓。至于咸卤,亦堪为水田。"高宗曰:"疏导渠流,使通溉灌,济汲炎旱,应大利益。"太尉无忌对曰:"白渠水带泥淤,灌田益其肥美。又渠水发源本高,向下枝分极众。若使流至同州,则水饶足。比为碾硙用水,泄渠水随入滑;加以壅遏耗竭,所以得利遂少。"于是遣祥等分检渠上碾硙,皆毁之。至大历中,水田才得六千二百余顷。❸

到唐末,郑国渠完全堙废。唐宋期间,白渠几经疏浚修复,至北宋太宗至道元年(995年),白渠灌溉面积还不到2000顷。后北宋政府又征调民力从泾水上游凿渠引水,经过30余年到大观四年(1110年)才完成,更名为丰利渠,灌溉面积增加到3953顷。元朝在丰利渠上游凿"王御史渠",明朝又在更上游处穿大小龙山为"广惠渠",但灌溉面积越来越小了。到清朝,泾水引水渠口已经无法再上移了,乾隆二年(1737年),在大龙山洞口下筑坝,堵塞原渠口,拒绝泾水入渠,而

---

❶ 《晋书》卷113《苻坚载记上》,第2899页。
❷ 《新唐书》卷81《李知柔传》,北京:中华书局,1975年标点本,第3603页。
❸ 杜佑:《通典》卷2《食货志二·水利田》。

专引北山各沟壑流下的泉水,取名为"龙洞渠",灌溉面积700多顷。从此,泾水不再流入旧渠,白渠完全废弃。❶

从关中一地,可窥见汉代水利灌溉工程之兴盛,甚至若干地区灌溉条件远优于后代,也许对汉代粮食亩产不应太低估。

汉代水利工程的一大变化是,漕运的兴起,可以说汉代以后"国营水工"就以漕运为主。秦与西汉都定都在关中,关中平原地称膏腴,农业兴盛,当时有"天府之国"的美誉❷。但是,首都冠盖云集,除了皇室、权臣、贵族等以及保卫京师的军队,还有被迁徙来的关东豪强等各种非农业人口,关中毕竟面积、物产有限,无法供养如此众多的人口,因此,必须通过漕运将关东地区的粮食等物产包括珍宝异物运输到关中首都。

汉武帝之前,漕运是通过黄河入渭河,一路逆流而上,将关东的货物运输到长安。汉武帝时,在大司农郑当时的建议下,修建了渭河漕渠:

> 是时郑当时为大农,言曰:"异时关东漕粟从渭中上,度六月而罢,而漕水道九百余里,时有难处。引渭穿渠起长安,并南山下,至河三百余里,径,易漕,度可令三月罢;而渠下民田万余顷,又可得以溉田:此损漕省卒,而益肥关中之地,得谷。"天子以为然,令齐人水工徐伯表,悉发卒数万人穿漕渠,三岁而通。通,以漕,大便利。其后漕稍多,而渠下之民颇得以溉田矣。❸

在修渭漕以前,关东漕粟要走弯弯曲曲的渭河水道900多里到长安,而且还有行船困难等问题,运输时间长达6个月,需要非常多的漕运人员。在渭河南侧沿秦岭修一条直的漕渠,只要300里,而且由于渠道及水量稳定,行船便利,还可以灌溉渠下的农田,所以汉武帝

---

❶ 参见戴应新:《关中水利史话》,西安:陕西人民出版社,1977年,第11—22页。
❷ 《史记》卷55《留侯世家》,第2044页。
❸ 《史记》卷29《河渠书》,第1409—1410页。

采纳了郑当时的建议，三年后渭漕修成，果然获得了漕运兼灌溉一举两得的效果。特别是，汉高祖时，关东漕粟岁不过数十万石，而汉武帝开通渭漕后，漕粟达400万石。❶

刘秀建立东汉，定都洛阳，关中漕运自然就不需要了，渭漕就逐渐废弃了。大一统的隋唐帝国又定都关中后，对关中漕渠进行了恢复。隋文帝开皇四年（584年），任命宇文恺负责开凿广通渠，引渭水自大兴城东到潼关入黄河，方便漕运关东的粮食等物资。隋炀帝时，征发百万劳力在关东开凿通济渠、永济渠等运河，构筑了以洛阳为中心的大运河，北达涿郡（今北京），南通余杭（今杭州），是隋唐漕运的大动脉，而开封便是南北运河的交通枢纽。唐玄宗开元年间，开挖了三门峡谷"开元新河"，重修了关中漕渠，漕粮可以从关东便利地运到长安，漕粮的年运输量又提高到了400万石。经过安史之乱和唐末战乱，关中漕运彻底破坏废弃，大运河也溃决污泽而淤塞不通。五代后周大规模地整治大运河水道，恢复其通航功能。北宋选择无险可守的开封作为国都，就是因为来自江淮地区以及黄河下游地区的漕运可以到达开封。❷元大都建在北京，因此，元朝修会通河，将原来隋唐大运河从"人"字形南北拉直，变成了"一"字形的京杭大运河。元代的漕运以海运为主，而明清的漕运就严重依赖于京杭大运河，为维持漕运，明清两代对大运河投入大量财力和民力，耗费巨大。

第三节　秦汉"名田宅"制度

传统时代的经济以农为本，因此土地制度尤其重要。我们知道，

---

❶ 《汉书》卷24《食货志》，第1127、1171页。

❷ 参见戴应新：《关中水利史话》，第26—33页；全汉昇：《唐宋帝国与运河》，重庆：重庆出版社，2020年。

秦国商鞅变法"为田开阡陌封疆,而赋税平"❶。《汉书·食货志》:"及秦孝公用商君,坏井田,开阡伯(陌)",又记董仲舒言:"(秦)用商鞅之法,改帝王之制,除井田,民得卖买,富者田连仟伯(阡陌),贫者亡(无)立锥之地。"❷依照《史记》《汉书》的记载,商鞅变法是废除了井田制,而实行了新的田制。因此,过去很多人都说,井田制是国有制,商鞅变法是变土地国有制为私有制,土地私有制导致了土地兼并,"富者田连仟伯,贫者亡立锥之地"。❸

首先,井田制是"国有制"还是"族庙公产"?前面已经论述过,我认为井田既不是国有也不是私有,而是当时族群社会中一种小共同体的公田制。像"坏井田,开阡陌"这样的一种变化,如果从所有制的角度讲,其实就是战国时候瓦解族群社会小共同体的公田制。

其次,商鞅"坏井田、开阡伯"而推行了"土地私有制",如今史学界仍然坚持此种说法的恐已不多。因为20世纪70年代以来,人们从睡虎地秦简与青川秦牍等出土简牍中已明确知道,秦朝实行的是严格的国家授地制,而不是什么"土地自由买卖"。人们从《商君书》《韩非子》一类文献中也不难发现,秦代法家经济政策的目标是"利出一孔"的国家垄断,而不是民间竞争。睡虎地秦简中的《田律》就有这样的规定:"百姓居田舍者毋敢酤酒,田啬夫、部佐谨禁御之,有不从令者有罪。"❹即百姓在田舍中居住,禁止卖酒,并且有基层干部监察,如果不从令,那就判有罪。商鞅变法后,秦国的农民被国家管制得非常厉害。

睡虎地秦简和张家山汉简等简牍的出土,使得我们今天可以基本上了解秦汉的土地制度。

"为田开阡陌封疆",过去不甚了了,青川木牍《田律》(或《为

---

❶ 《史记》卷68《商君列传》,第2232页。
❷ 《汉书》卷24上《食货志上》,第1126、1137页。
❸ 参见赵俪生:《有关井田制的一些辨析》,载《历史研究》1980年第4期。
❹ 睡虎地秦墓竹简整理小组编:《睡虎地秦墓竹简》,"秦律十八种释文注释",第22页。

田律》）发现之后，张家山汉简《二年律令·田律》中也发现有类似的规定：

> 田广一步，袤二百四十步为畛，亩二畛，一陌道；百亩为顷，十顷一阡道，道广二丈。恒以秋七月除阡陌之大草；九月大除道□阪险；十月为桥，修波（陂）堤，利津梁。虽非除道之时而有陷败不可行，辄为之。乡部主邑中道，田主田道。道有陷败不可行者，罚其啬夫、吏主者黄金各二两。□□□□□及□土，罚金二两。❶

所谓"为田"就是"做田"的意思，就像"为人"是"做人"的意思一样。"为田开阡陌封疆"就是规划整治土地，进行农田基本建设，以便下一步开垦耕种土地。按照240平方步为一亩（秦汉普遍实行的亩制）、百亩为顷等规定，将土地开出田间道路即阡陌，树立疆界❷，并进行道路除草、修桥、修陂堤等农田基本建设。土地如此整治后，统计土地面积和收租税大为方便。当然，这种统一整齐的土地规划适合于平原，并不是所有地方都完全适用这种规定。

睡虎地秦简《田律》："入顷刍藁，以其受田之数，无垦不垦，顷入刍三石、藁二石。"❸《二年律令·田律》："田不可田者，勿行；当受田者欲受，许之。"❹可见，秦汉确实实行过授田制。

"为田"之后，虽然疆界畛亩已经划分，但是土地很可能是荒地，需要开垦。另外，秦汉时还普遍实行休耕，因此有"无垦不垦""田不可田"的说法。理论上，土地可分为三种：已垦，不可垦，可垦但未

---

❶ 张家山二四七号汉墓竹简整理小组编著：《张家山汉墓竹简［二四七号墓］（释文修订本）》，"二年律令"，第42页。

❷ 青川木牍《为田律》有"以秋八月，修封埒（埒），正疆畔"的规定。

❸ 睡虎地秦墓竹简整理小组编：《睡虎地秦墓竹简》，"秦律十八种释文注释"，第21页。

❹ 张家山二四七号汉墓竹简整理小组编著：《张家山汉墓竹简［二四七号墓］（释文修订本）》，"二年律令"，第41页。

垦。实际上，秦汉的土地也正是如此分的，并且政府要每年测量汇总上报。走马楼汉简《都乡七年垦田租簿》，对全乡土地做了测算，并将土地分为"垦田""可垦不垦""群不可垦"三种类型。《汉书·地理志》也是如此分类："提封田一万万四千五百一十三万六千四百五顷，其一万万二百五十二万八千八百八十九顷，邑居道路，山川林泽，群不可垦，其三千二百二十九万九百四十七顷，可垦不垦，定垦田八百二十七万五百三十六顷。"❶秦汉的土地税中，刍稾（饲草、禾秆）税，不论垦不垦，授田的土地都要交纳，租税则是根据实际耕种土地按比例及产量交纳。❷

"为田开阡陌封疆"即农田基本建设完成之后，下一步应该就是授田。可以说，"为田"是授田的前提。那么，授田之前的土地属于谁？当然属于政府，是国有土地。如果说，"普天之下，莫非王土"，对于西周基本上只有主权宣示的意义，那对于秦汉帝国而言，确实有了土地所有制层面上的意义了。

那么，"为田"之后，授田怎么授？商鞅变法规定，"有军功者，各以率受上爵；……明尊卑爵秩等级，各以差次名田宅，臣妾衣服以家次。"❸《二年律令·户律》则详细规定了如何"各以差次名田宅"。二十等爵位、庶人以及最轻罪的刑徒司寇等按照身份高低，可分别占有不同数量的田宅（见下表）。❹彻侯是二十等爵最高一级，汉武帝登基后，为避讳汉武帝刘彻的名字，改称为"列侯"，可以享用封地的租税，因此在这一套制度中，彻侯没有相应可以占有土地的标准数。当然，这并不表明他们不能占有土地，他们可以通过赐田、购买、继承等多种

---

❶ 《汉书》卷28下《地理志下》，第1640页。提封就是全部的意思。
❷ 晋文：《张家山汉简中的田制等问题》，载《山东师范大学学报》（人文社会科学版）2019年第4期。
❸ 《史记》卷68《商君列传》，第2230页。
❹ 张家山二四七号汉墓竹简整理小组编著：《张家山汉墓竹简［二四七号墓］（释文修订本）》，"二年律令"，第52页。

方式占有土地。就像授田的土地一般是荒地一样，这里的宅一般也是宅基地而不是房屋❶，"宅之大方卅步"，这就是"名田宅制"。❷

张家山《二年律令》授田宅标准

爵位/身份	田（顷）	宅	爵位/身份	田（顷）	宅
彻侯		105	五大夫	25	25
关内侯	95	95	公乘	20	20
大庶长	90	90	公大夫	9	9
驷车庶长	88	88	官大夫	7	7
大上造	86	86	大夫	5	5
少上造	84	84	不更	4	4
右更	82	82	簪褭	3	3
中更	80	80	上造	2	2
左更	78	78	公士	1.5	1.5
右庶长	76	76	公卒、士伍、庶人	1	1
左庶长	74	74	司寇、隐官	0.5	0.5

名，就是名籍、名数，指户口等政府的登记资料。"名田"就是"以名占田"，《史记·平准书》"贾人有市籍者，及其家属，皆无得籍名田，以便农"，司马贞索隐："谓贾人有市籍，不许以名占田也。"❸ "名田宅制"就是依据户籍中户主的身份就可以占有相应的田宅。也就是，你"为户""书名数"，即登记立户，政府就应该授给你以一定的土地和宅基地，《二年律令·户律》："欲为户者，许之。"❹ 相应的，你也要承担

---

❶ 部分通过没收等手段收归政府的已有房屋和土地可能也会授出。
❷ 杨振红、于振波等相关研究众多，兹不赘引。
❸ 《史记》卷30《平准书》，第1430、1431页。
❹ 张家山二四七号汉墓竹简整理小组编著：《张家山汉墓竹简［二四七号墓］》（释文修订本）》，"二年律令"，第52页。下文《二年律令·户律》内容皆本此，不再注出。

政府的赋税、徭役以及兵役。其实，这种制度与罗马公民打仗分土地的制度是非常相似的。

单说土地制度，名田制和授田制是什么关系？《二年律令·户律》规定，"其已前为户而毋田宅，田宅不盈，得以盈。"《二年律令》规定了土地可以买卖和继承，这些都属于"名"下的土地，因此，当你立户了，没有土地，或者所有的土地不足名田宅的标准，这种情况下，可以向政府申请授田。当然，可耕地面积是有限的，政府不一定立刻就授给你土地或者授给你足额的土地。例如，江陵凤凰山汉墓出土的《郑里廪簿》登记的西汉郑里，25户共有土地617亩，户均24.7亩；而四川郫县东汉残碑中16户，至少有1800亩土地，户均112.5亩（其中明确记载的13户有地1025亩，户均78.9亩）。❶再如，里耶秦简中，迁陵152户共有耕地5292亩，户均34.8亩。❷《二年律令·户律》有一条规定："未受田宅者，乡部以其为户先后次次编之，久为右。久等，以爵先后。"意思是，没有授田宅的人，乡部以他立户的先后编次排队，谁先立户排队等待授田宅，授田宅时便先授给他，如果同时立户，那就优待爵位高的人，先授田宅给爵位高的人。

那么，《二年律令·户律》中的"名田宅"标准，是占有土地的最高限制吗？学界的观点基本分为两种：一种说法认为那就是限田的规定；另一种说法认为那只是政府授田的最高标准，实际上还可通过购买、继承等手段获得土地，也就是占田可以超过此数。但是不管孰是孰非，汉初文帝时就没有了占田限制。经过战国和秦末的战乱，汉初人口锐减，相对来说地广人稀。因此，西汉末师丹说汉文帝时："民始充实，未有并兼之害，故不为民田及奴婢为限。"汉武帝时，董仲舒就

---

❶ 秦晖：《郫县汉代残碑与汉代蜀地农村社会》，载《陕西师大学报》（哲学社会学版）1987年第2期。

❷ 晋文：《张家山汉简中的田制等问题》，载《山东师范大学学报》（人文社会科学版）2019年第4期。

提出过"限民名田",而且因为不限民田,土地可以买卖,所以才出现了"富者田连仟伯,贫者亡立锥之地";"邑有人君之尊,里有公侯之富"的现象。❶

关于秦汉授田制或名田制下的土地性质,也有很多讨论和不同看法。❷ 过去说商鞅变法推行了"土地私有制",这说法却也非空穴来风。前面讲过,法家政策的一面是反宗法、抑族权、消解小共同体,使专制皇权能直接延伸到臣民个人,而不至受到自治团体之阻隔。因此,法家在理论上崇奉性恶论,黜亲情而尚权势。出土《秦律》中一方面体现了土地国有制,一方面又为反宗法而大倡个人财产权,给人以极"现代"的感觉。难怪人们会有商鞅推行"私有制"的印象了。而且,根据出土秦汉简牍,在授田后,土地可以继承和买卖,也确实很像土地私有制。

过去有种说法很盛行,那就是商鞅变法后,土地私有导致土地兼并,汉代两级分化,"富者田连仟伯,贫者亡立锥之地",阶级矛盾非常尖锐。汉代确实贫富两级分化非常严重,也确实存在土地兼并。不过土地私有只是土地兼并的一个条件而已,土地私有并不必然导致大规模的土地兼并。如果一户小农安居乐业,那别人是没法兼并他的土地的,除非是强取豪夺,而这也显然不能怪土地私有,只能怪法律对私有财产保护不力。

汉代确实出现了大量的"离土"农民,尤其以时不时出现的大量流民为典型,他们逃离家园,流离失所。那这是土地私有制下,地主兼并土地导致的灾难吗?还是另有原因?首先我们要指出一个常识:"离土"不等于"无地",从古至今,农民"离土离乡"既有无地可耕者,也有(因为横征暴敛、天灾人祸等)有地不能耕、弃地而逃者。早有

---

❶《汉书》卷24上《食货志上》,第1142、1137页。

❷ 参见晋文:《睡虎地秦简与授田制研究的若干问题》,载《历史研究》2018年第1期。

人指出：传统时代流民的前身主要不是无地佃农，而是"破产自耕农"，汉代应该就是如此。

我们先看看汉文帝时晁错是怎么说的：

> 今农夫五口之家，其服役者不下二人，其能耕者不过百亩，百亩之收不过百石。春耕夏耘，秋获冬藏，伐薪樵，治官府，给徭役；春不得避风尘，夏不得避暑热，秋不得避阴雨，冬不得避寒冻，四时之间亡日休息；又私自送往迎来，吊死问疾，养孤长幼在其中。勤苦如此，尚复被水旱之灾，急政暴（虐）[赋]，赋敛不时，朝令而暮改。当具有者半贾而卖，亡者取倍称之息，于是有卖田宅鬻子孙以偿责者矣。❶

晁错非常同情当时的农民，他把农民和苦难归咎于天灾和政府的赋税徭役。特别是"急政暴（虐）[赋]，赋敛不时，朝令而暮改"，农民为了应对，只能以半价把农产品卖掉，或者借高利贷，甚至卖儿鬻女。

"富者田连仟伯，贫者亡立锥之地"，是常被用来形容汉代土地兼并、两级分化的史料，那我们再看看董仲舒在这句话前后是怎么说的：

> 至秦则不然，用商鞅之法，改帝王之制，除井田，民得卖买，富者田连仟伯，贫者亡立锥之地。又颛川泽之利，管山林之饶，荒淫越制，逾侈以相高；邑有人君之尊，里有公侯之富，小民安得不困？又加月为更卒，已复为正，一岁屯戍，一岁力役，三十倍于古；田租口赋，盐铁之利，二十倍于古。或耕豪民之田，见税什伍。故贫民常衣牛马之衣，而食犬彘之食。重以贪暴之吏，刑戮妄加，民愁亡聊，亡逃山林，转为盗贼，赭衣半道，断狱岁以千万数。汉兴，循而未改。❷

---

❶ 《汉书》卷24上《食货志上》，第1132页。
❷ 《汉书》卷24上《食货志上》，第1137页。

董仲舒说这段话时的主语都是秦汉政府,"小民安得不困"的原因,除了"除井田",还有上至皇帝下至有封地的公卿贵戚"颛川泽之利,管山林之饶,荒淫越制,逾侈以相高",更由于力役"三十倍于古","田租口赋,盐铁之利,二十倍于古",才导致贫苦农民"或耕豪民之田,见税什伍";甚至穿的是牛马衣,吃的是猪狗食,贫苦至此,遇到"贪暴之吏,刑戮妄加",逼得没有活路,只能弃田逃亡,入山林当盗贼。

可见,秦汉农民的破产逃亡以及两级分化,除了天灾,主要是政府的赋税徭役太过沉重,加之吏治腐败苛刻所导致。可以说,秦汉的主要社会矛盾不是阶级矛盾,而是官民矛盾。

第四节 贱商制度下的"伪市场经济"

战国秦汉是中国古代第一次市场经济或曰商品经济的高潮。《汉书·食货志》:"(汉初)时民近战国,皆背本趋末"。❶本就是农业,末就是商业。秦汉虽然商品经济发达,但是贱商抑商却是秦汉的"国策"。如何理解这种矛盾呢?

一 贱商、抑商、灭商与"重商"

大家知道,在实行法家统治的秦国、秦朝,"急耕战之赏"❷,以种田与打仗,作为立国强国的根本,"耕战二者,力本"❸,在这种原则和政策下,秦实行重农抑商的政策。商人被打入"另册",户口要登记在"市籍",其职业身份受到了歧视性对待。《史记》记载秦始皇时期:

---

❶ 《汉书》卷24上《食货志上》,第1137页。
❷ 《汉书》卷24上《食货志上》,第1126页。
❸ 《商君书·慎法》。

"三十三年，发诸尝逋亡人、赘婿、贾人略取陆梁地，为桂林、象郡、南海，以适遣戍。"❶商人和赘婿、逃亡过的人都被发配去打仗。汉文帝时晁错说到秦朝的这次战争："先发吏有谪及赘婿、贾人，后以尝有市籍者，又后以大父母、父母尝有市籍者，后入间，取其左。"❷先征发商人，后来只要曾经有市籍就是做过商人的人，以及父母、祖父母有市籍、做过商人，都在征发之列。

到了汉朝，虽然"天下已平"，但仍延续了秦的贱商抑商政策。汉高祖下令"贾人不得衣丝乘车，重租税以困辱之"。❸商人不能穿锦绣等华贵的丝织品，并且征重税，也不能带兵器和骑马❹，就是羞辱商人，让商人困乏。到了孝惠、吕后执政的时候，才"复弛商贾之律"，贱商抑商的法律政令才稍有松弛，但是仍然规定"市井之子孙亦不得仕宦为吏"，商人的子孙不能做官吏。❺汉武帝时期用兵西域，曾征发"天下七科谪"随军出征，像秦始皇征桂林等地一样。所谓"七科谪"，据张晏注解："吏有罪一，亡命二，赘壻（婿）三，贾人四，故有市籍五，父母有市籍六，大父母有籍七：凡七科。"❻四至七科，不是商人就是商人后代，都被征来参军作战。

汉武帝的时候，还不准商人及其亲属占有土地："贾人有市籍者，及其家属，皆无得籍名田，以便农。敢犯令，没入田僮。"❼不过，这一条法令，很可能没能一直贯彻执行，到了汉末哀帝时，拟定的限田内容包括："贾人皆不得名田、为吏，犯者以律论。"而这一限田令根本就

---

❶ 《史记》卷6《秦始皇本纪》，第253页。
❷ 《汉书》卷49《晁错传》，第2284页。
❸ 《史记》卷30《平准书》，第1418页。
❹ "贾人毋得衣锦绣绮縠絺纻罽，操兵，乘骑马。"《汉书》卷1下《高帝纪下》，第65页。
❺ 《史记》卷30《平准书》，第1418页。
❻ 《史记》卷123《大宛列传》，第3176页。
❼ 《史记》卷30《平准书》，第1430页。

没有实行。❶

西汉前期繁荣的工商业以及整体经济,在汉武帝时期遭到了沉重的打击破坏,"外事四夷,内兴功利,役费并兴,而民去本",赋役沉重,迫使农民离开垄亩逃亡,不仅如此,"天下虚耗,人复相食"❷,"自是始征伐四夷,师出三十余年,天下户口减半"❸。在这个过程中,商人阶层自然不能置身事外、幸免于难。

有意思的是,对商人的打击很大程度上正是来自汉武帝任命的出身商人的官员,像负责经济事务的桑弘羊、东郭咸阳、孔仅。桑弘羊是"洛阳贾人之子"。汉武帝时盐铁官营,东郭咸阳、孔仅负责盐铁事务。这二位:"咸阳,齐之大煮盐,孔仅,南阳大冶,皆致生累千金"。他们还多任用商人为吏,"除故盐铁家富者为吏。吏道益杂,不选,而多贾人矣。"❹ 前面讲过,桑弘羊这些人搞的这一套像是"重商主义",所谓"重商主义",是国家要重视对商业的控制,要管制商业,并不是重视商人、对商人友好。所以不难理解,商人出身的官员更了解商人、商业,更懂得如何管制商业和汲取税赋。

对商人和商业毁灭性打击的政策是"告缗":

> 异时算轺车贾人缗钱皆有差,请算如故。诸贾人末作贳贷卖买,居邑稽诸物,及商以取利者,虽无市籍,各以其物自占,率缗钱二千而一算。诸作有租及铸,率缗钱四千一算。非吏比者三老、北边骑士,轺车以一算;商贾人轺车二算;船五丈以上一算。匿不自占,占不悉,戍边一岁,没入缗钱。有能告者,以其半畀之。❺

---

❶ 《汉书》卷11《哀帝纪》,第336页。
❷ 《汉书》卷24上《食货志上》,第1137页。
❸ 《汉书》卷27中之下《五行志中之下》,第1427页。
❹ 《史记》卷30《平准书》,第1428、1429页。
❺ 《史记》卷30《平准书》,第1430页。

缗钱本来只是商人的车船税。❶由于政府用度不足，扩大了征收面，所有商人自行申报财产交税。如果隐匿不申报，或者不如实申报，那就没收财产，戍边一年。为了鼓励举报隐匿不报或不实申报，把被举报者的一半财产给举报者，这就是"告缗"。

"告缗"在酷吏杨可的主持下，不仅商人纷纷破产，"中家以上"普遍也被举报而破产，以后也不敢再致富积蓄，而政府没收了大量的钱物、奴婢和田宅，度过了财政难关：

> 杨可告缗遍天下，中家以上大抵皆遇告。杜周治之，狱少反者。乃分遣御史廷尉正监分曹往，即治郡国缗钱，得民财物以亿计，奴婢以千万数，田大县数百顷，小县百余顷，宅亦如之。于是商贾中家以上大率破，民偷甘食好衣，不事畜藏之产业，而县官有盐铁缗钱之故，用益饶矣。❷

汉武帝之后，经过"昭宣中兴"，经济包括工商业得到了恢复和发展。可是到了西汉末，王莽执政，又开始横征暴敛，搞"五均六筦，王田私属"，又几次改易钱币，结果不仅经济破坏，商业凋零，而且"及莽未诛，而天下户口减半矣"❸，最后天下大乱，新莽覆亡。

二 "法律贱商人，商人已富贵"

汉代贱商、抑商，甚至有时灭商，但吊诡的是，如晁错所言："今法律贱商人，商人已富贵矣；尊农夫，农夫已贫贱矣。"❹汉承秦制，继续实行重农抑商的政策，为什么结果却是"商人富贵""农夫贫贱"？农夫之所以贫贱，前面已经讲过了，那为什么在贱商抑商的政策下，

---

❶ 《汉书》卷6《武帝纪》，第165页。
❷ 《史记》卷30《平准书》，第1435页。
❸ 《汉书》卷24下《食货志下》，第1185页。
❹ 《汉书》卷24上《食货志上》，第1133页。

商人反而富贵了呢？可能主要有以下几方面原因。

（1）战国秦汉是中国古代第一次市场经济或曰商品经济的高潮，从事商业，可以赚取比农业高得多的报酬。《汉书·食货志》载，汉初"时民近战国，皆背本趋末"。❶《商君书·外内》也载："农贫而商富"，"农之用力最苦，……不如商贾技巧之人"。西汉有句谚语："以贫求富，农不如工，工不如商，刺绣文不如倚市门。"❷由于"末利深"❸，汉代有众多人力投入商界。特别是西汉前期，国内统一，政治安定，交通畅达，又开放山泽渔猎矿产，极大地促进了工商业的繁荣。用司马迁的话来说："汉兴，海内为一，开关梁，弛山泽之禁，是以富商大贾周流天下，交易之物莫不通，得其所欲。"❹在这种情况下，西汉涌现出众多巨富商人。司马迁在《史记·货殖列传》中以褒奖口吻写道："请略道当事千里之中，贤人所以富者，令后世得以观择焉。"司马迁称他们为贤者，记载的当时经商致富的典型有：蜀临邛卓氏、程郑都是以冶铸致富；宛孔氏经营冶铸、农业等，"家致富数千斤"；曹邴氏经营冶铁和借贷，"富致巨万"；齐刀闲很会使用奴隶，从事渔盐商业，"起富数千万"，等等，"大者倾郡，中者倾县，下者倾乡里者，不可胜数"。❺

（2）汉代的赋税货币化程度非常高（详后）；而且农民的税赋比较重，使得即使是一般的小农之家也不得不将自己的农产品大批投入市场，以换取货币交纳赋税，因此，赋税的高度货币化制造了巨大的市场空间，这就需要非常多的商人来参与市场活动。汉代虽有"三十税一""十五税一"轻税的说法，那只是田租，而田租在农民全部的税赋中并不占大的比例。汉代的人头税，一般而言，成年人算赋每人120钱，

---

❶ 《汉书》卷24上《食货志上》，第1127页。
❷ 《汉书》卷91《货殖传》，第3687页。
❸ 《汉书》卷72《贡禹传》，第3075页。
❹ 《史记》卷129《货殖列传》，第3261页。
❺ 《史记》卷129《货殖列传》，第3277—3282页。

未成年人23钱,此外还有各种名目的代役钱,数额更高❶,后来的财产税訾算也是货币税。可是,一般情况下汉代粮价约在30~130钱之间波动,一个普通农民家庭需缴纳的货币税赋相当于近半的粮食收入,当然农民还有纺织等副业收入。《盐铁论·未通》载:

> 田虽三十,而以顷亩出税,乐岁粒米狼戾而寡取之,凶年饥馑而必求足。加之以口赋更徭之役,率一人之作,中分其功。农夫悉其所得,或假贷而益之。是以百姓疾耕力作,而饥寒遂及己也。

董仲舒批评汉代的税赋徭役"二十倍于古""三十倍于古"。王莽说:"汉氏减轻田租,三十而税一,常有更赋,罢癃咸出,而豪民侵陵,分田劫假,厥名三十税一,实什税伍也。父子夫妇终年耕芸,所得不足以自存。"❷由于赋税重、赋税的货币化程度高,官府"释其所有,责其所无",❸加之,"赋敛不时",甚至"乡部私求,不可胜供"❹,官吏贪污勒索,农民只得"贱卖货物,以便上求"❺,"当具有者半贾而卖,亡(无)者取倍称之息"(前揭晁错语),甚至借高利贷交税。这种情况,不仅驱使农民将大量的产品甚至是人本身(卖儿鬻女,卖身为奴)投放于市场,而且也迫使相当大的一部分农民"背本趋末",投身于工商业,或作工,或商贩。❻

下面贡禹的这段话特别能说明以上所述农苦商富这"一推一拉"驱使农民"背本趋末"的态势:

---

❶ 据研究,人头税算赋本就是徭役货币化的结果,见臧知非:《"算赋"生成与汉代徭役货币化》,《历史研究》2017年第4期。
❷ 《汉书》卷99中《王莽传中》,第4111页。
❸ 《盐铁论·本议》。
❹ 《汉书》卷72《贡禹传》,第3075页。
❺ 《盐铁论·本议》。
❻ 对于汉代农民为何"背本趋末",参见黄今言:《汉代农民"背本趋末"的历史考察》,载《中国经济史研究》2006年第4期。

> 农夫父子暴露中野，不避寒暑，捽草杷土，手足胼胝，已奉谷租，又出稾税，乡部私求，不可胜供。故民弃本逐末，耕者不能半。贫民虽赐之田，犹贱卖以贾，穷则起为盗贼。何者？末利深而惑于钱也。❶

（3）汉代特别是西汉前期的货币政策多变，也为商人群体提供了巨大的获利空间。《汉书·食货志》载：

> 汉兴，以为秦钱重难用，更令民铸荚钱。黄金一斤。而不轨逐利之民畜积余赢以稽市物，痛腾跃，米至石万钱，马至匹百金。……孝文五年，为钱益多而轻，乃更铸四铢钱，其文为"半两"。除盗铸钱令，使民放铸。❷

每一次货币的更变都提供了投机获利机会，"商贾以币之变，多积货逐利"❸。

特别是汉文帝"弛山泽之禁"，"除盗铸钱令，使民放铸"，相当于国家放弃铸币权，允许自由铸币，造成上至公侯下至庶人都疯狂投入采矿铸币的局面。汉代的制度，国家授田给农民，农民承担各种赋税兵役徭役，农民缴纳的田租等赋税是作为政府收入，而"山川园池市肆租税之入，自天子以至封君汤沐邑，皆各为私奉养，不领于天子之经费"❹，也就是山川园池市肆是皇帝及大大小小的王侯等封君的私产，其租税收入用来奉养他们。这就是日本学者加藤繁较早指出的汉代有国家财政和帝室财政之分。❺"弛山泽之禁"，"除盗铸钱令，使民放铸"，一方面给市场提供了更多的货币，有助于推动市场的繁荣，当

---

❶ 《汉书》卷72《贡禹传》，第3075页。
❷ 《汉书》卷24下《食货志下》，第1152—1153页。
❸ 《汉书》卷24下《食货志下》，第1166页。
❹ 《汉书》卷24上《食货志上》，第1127页。
❺ 加藤繁：《中国经济史考证》上，吴杰译，北京：中华书局，2012年，第25—126页。

然也造成了通货膨胀。汉武帝时,"自孝文更造四铢钱,至是岁四十余年,从建元以来,用少,县官往往即多铜山而铸钱,民亦盗铸,不可胜数。钱益多而轻,物益少而贵。"❶另一方面,"吴、邓钱布天下",吴王"即山铸钱,富埒天子,后卒叛逆",邓通"以铸钱财过王者"。而且,直接推动大量的农民投入铸币业,贾谊说:"今农事弃捐而采铜者日蕃,释其耒耨,冶熔炊炭,奸钱日多,五谷不为多。"❷

汉武帝又改为造三铢钱、白金和五铢钱,规定"盗铸诸金钱罪皆死",但是为了获利,"吏民之犯者不可胜数"。严重到什么程度?班固记载:"自造白金五铢钱后五岁,而赦吏民之坐盗铸金钱死者数十万人。其不发觉相杀者,不可胜计。赦自出者百余万人。"❸可见,至少两百万人铤而走险,盗铸货币。虽如此严厉打击,盗铸钱币在武帝之后仍然屡禁不绝。

(4)汉代皇帝大臣、王公贵戚、民间富豪过着奢侈豪华的生活,他们还豢养了成百上千服侍他们的奴婢,因此,他们对绫罗锦绣、奇珍异宝等奢侈品以及一般消费品的需要,也构成了一个巨大市场。

汉代奢侈成风,汉成帝曾在诏书说:

> 方今世俗奢僭罔极,靡有厌足。公卿列侯亲属近臣,四方所则,未闻修身遵礼,同心忧国者也。或乃奢侈逸豫,务广第宅,治园池,多畜奴婢,被服绮縠,设钟鼓,备女乐,车服嫁娶葬埋过制。吏民慕效,浸以成俗,而欲望百姓俭节,家给人足,岂不难哉!❹

"上有所好,下必甚焉",带头造成奢侈风俗的自然是皇帝,然后才是"公卿列侯亲属近臣"。对于"时天下侈靡趋末,百姓多离农亩",

---

❶ 《汉书》卷24下《食货志下》,第1163页。
❷ 《汉书》卷24下《食货志下》,第1157、1155页。
❸ 《汉书》卷24下《食货志下》,第1168页。
❹ 《汉书》卷10《成帝纪》,第324—325页。

汉武帝问东方朔："吾欲化民，岂有道乎？"东方朔直言相对：

> 今陛下以城中为小，图起建章，左凤阙，右神明，号称千门万户；木土衣绮绣，狗马被缋罽；宫人簪瑇瑁，垂珠玑；设戏车，教驰逐，饰文采，丛珍怪；撞万石之钟，击雷霆之鼓，作俳优，舞郑女。上为淫侈如此，而欲使民独不奢侈失农，事之难者也。❶

在交通不发达的古代，远距离贸易基本上以贵重的奢侈品为主，因为奢侈品的高利润才能覆盖交通的高成本。《盐铁论·力耕》载：

> 美玉珊瑚出于昆山，珠玑犀象出于桂林，此距汉万有余里。计耕桑之功，资财之费，是一物而售百倍其价也，一捃而中万钟之粟也。夫上好珍怪，则淫服下流，贵远方之物，则货财外充。

可见，皇帝以及"公卿列侯亲属近臣"的奢侈性消费，带动了汉代奢侈享乐之风，这种风气向民间弥散，"邑有人君之尊，里有公侯之富"，同时带动若干民众从事于与此相关的工商业之中。

战国秦汉特别是西汉，虽然是中国古代第一次市场经济的高潮，但是古代的市场经济和现代的市场经济，还是有一些本质的区别。现代市场经济中劳动者出卖的是劳动力，而古代的市场经济，劳动者本身也可以变成商品，即有奴隶的买卖。现代市场经济中的市场主体是平等的，但是古代的市场经济，其市场主体是不平等的。像秦汉，就有贬商抑商的政策，这对于现代市场经济是不可能发生的事；另一方面，权贵或其"关系户"倒是可以横行获利，甚至垄断经营。盐铁会上，"文学"就批评：

> 有司之虑远，而权家之利近；令意所禁微，而僭奢之道著。自利害之设，三业之起，贵人之家，云行于涂，毂击于道，攘公法，

---

❶ 《汉书》卷65《东方朔传》，第2858页。

申私利,跨山泽,擅官市,非特巨海鱼盐也;执国家之柄,以行海内……❶

"攘公法,申私利,跨山泽,擅官市","执国家之柄,以行海内",这些做法为现代市场经济所不容。

秦汉一方面贬商抑商,另一方面皇帝、权臣贵戚们的生活又极奢侈浮华,这需要商人向他们提供商品和服务。二者的矛盾不仅使得贬商抑商的政策效果大打折扣,另一方面,会催生出不少铤而走险的"奸商",甚至形成一种恶性循环:商越抑,则商越奸;商越奸,则更抑。因此,为了和真正的市场经济相区别,秦汉的市场经济,或可称之为"伪市场经济"。❷

第五节　千古奇文"货殖列传"

司马迁的《史记·货殖列传》不仅为商贾列传,褒奖他们致富的才能,肯定每一个人追求富贵和享受的欲望;而且对经济活动规律的认识,两千年以下简直是无出其右者,可谓是千古一奇文。

一　熙熙攘攘,为利来往

《史记·货殖列传》的开篇部分,司马迁就说:

> 虞夏以来,耳目欲极声色之好,口欲穷刍豢之味,身安逸乐,而心夸矜埶能之荣使。俗之渐民久矣,虽户说以眇论,终不能化。故善者因之,其次利道之,其次教诲之,其次整齐之,最下者与

---

❶ 《盐铁论·刺权》。
❷ 参阅秦晖、金雁:《田园诗与狂想曲:关中模式与前近代社会的再认识》,山西:山西人民出版社,2023年,第175—180页。

之争。❶

司马迁肯定人们追求耳目声色、美食口欲、身心安逸等物质和精神的享受，并且认为这是人的本能，通过宣传教化是不能改变的，最好是顺应利导。而如果与之相反，要反对克服，那是最差的政策选择。

司马迁接着说：

> 农而食之，虞而出之，工而成之，商而通之。此宁有政教发征期会哉？人各任其能，竭其力，以得所欲。

"虞"指直接从大自然获取人类所需的物质及其从事者，包括渔夫、矿工等。农、虞、工、商各尽其能的社会分工，难道是什么圣人、政教发明安排的吗？不是的。人人各尽其能，各自努力，就出现了这种社会分工，而之所以如此，不过是人人都想满足自己的欲望而已。因此，很多人说，这和一千八百年后英国现代经济学鼻祖亚当·斯密的观点不谋而合。❷

> 故物贱之征贵，贵之征贱，各劝其业，乐其事，若水之趋下，日夜无休时，不召而自来，不求而民出之。岂非道之所符，而自然之验邪？

这段话简直是对市场经济基本规律深刻而准确的描述。商品太贱了，就有可能涨价，反之，太贵了就有可能降价，这背后是供需法则在起作用，商品价格低，则需求增加、供给减少，商品就会涨价，反之，

---

❶ 《史记》卷129《货殖列传》，第3253页。以下所引《史记·货殖列传》，皆本此，不再注出。

❷ 参见李爱军、于淳善：《司马迁的经济思想与亚当·斯密的经济自由主义》，载《东北财经大学学报》2002年第5期；储丽琴：《司马迁与亚当·斯密经济思想比较研究》，载《学术论坛》2005年第7期；景春梅：《论"太史公"与"经济学之父"的不谋而合——司马迁与亚当·斯密经济思想的相似性及其原因探析》，载《江西社会科学》2008第2期。

商品价格高，导致需求减少，供给增加，商品就会降价。而且，价格、价格的波动作为市场信号决定了人们的经济活动，使得人们"各劝其业，乐其事"。司马迁说，就像水往低处流、日夜不停歇一样，这是自然而然的"道"，这就像是"看不见的手"在调节经济一样。

积著之理，务完物，无息币。以物相贸易，腐败而食之货勿留，无敢居贵。论其有余不足，则知贵贱。贵上极则反贱，贱下极则反贵。贵出如粪土，贱取如珠玉。财币欲其行如流水。

这就是"计然之策"的部分内容。计然和范蠡同时辅佐越王勾践，计然提出"旱则资舟，水则资车"，要提前预测市场的供需关系。供需的短缺或过剩，决定了商品的贵贱。商品的价格是波动的，贵极反贱，贱极反贵，贵时要及时大量出售，贱时要大量购入。对于商品流通，不可使商品滞纳（"无息币"），容易腐败的货物更是如此，只有使得财物或货币流通运转起来，"行如流水"，才是比较好的状态。在计然的辅佐下，越国后来富了起来，成了"五霸"之一。范蠡后来用"计然之策"于家，成了巨富"陶朱公"。

故曰："仓廪实而知礼节，衣食足而知荣辱。"礼生于有而废于无。故君子富，好行其德；小人富，以适其力。渊深而鱼生之，山深而兽往之，人富而仁义附焉。富者得执益彰，失执则客无所之，以而不乐，夷狄益甚。谚曰："千金之子，不死于市。"此非空言也。故曰："天下熙熙，皆为利来；天下壤壤，皆为利往。"夫千乘之王，万家之侯，百室之君，尚犹患贫，而况匹夫编户之民乎！

司马迁辨析了贫富与礼节荣辱的关系，认识到社会道德的维持，需要以一定的经济作为基础，如果食不果腹，就很难谈得上礼节荣辱。"天下熙熙，皆为利来；天下壤壤，皆为利往"，司马迁不仅再次肯定了人们获利致富的动机，而且也肯定了这一行为的社会价值，还特别肯定了普通老百姓脱贫致富的愿望。

从"熙熙攘攘，为利来往"出发，司马迁提出各种职业、各色人等的行为目的和动机都是趋利，颇有"理性经济人"的色彩[1]：

> 由此观之，贤人深谋于廊庙，论议朝廷，守信死节隐居岩穴之士设为名高者安归乎？归于富厚也。是以廉吏久，久更富，廉贾归富。富者，人之情性，所不学而俱欲者也。故壮士在军，攻城先登，陷阵却敌，斩将搴旗，前蒙矢石，不避汤火之难者，为重赏使也。其在闾巷少年，攻剽椎埋，劫人作奸，掘冢铸币，任侠并兼，借交报仇，篡逐幽隐，不避法禁，走死地如鹜者，其实皆为财用耳。今夫赵女郑姬，设形容，揳鸣琴，揄长袂，蹑利屣，目挑心招，出不远千里，不择老少者，奔富厚也。游闲公子，饰冠剑，连车骑，亦为富贵容也。弋射渔猎，犯晨夜，冒霜雪，驰坑谷，不避猛兽之害，为得味也。博戏驰逐，斗鸡走狗，作色相矜，必争胜者，重失负也。医方诸食技术之人，焦神极能，为重糈也。吏士舞文弄法，刻章伪书，不避刀锯之诛者，没于赂遗也。农工商贾畜长，固求富益货也。此有知尽能索耳，终不余力而让财矣。

这当然不表明司马迁推崇为贪欲发财而不择手段，而是反映了他的一种观点：求富逐利是人的天性或本能。虽然争名逐利求富中不乏作奸犯科、贪赃枉法之徒，但是司马迁的态度是，"善者因之，其次利道之，其次教诲之，其次整齐之，最下者与之争。"

二 规模经营、专业化与平均利润率

在《货殖列传》中，司马迁举了若干"无秩禄"的庶民农业专业户，通过专业化的规模经营，其收入可以达二十万钱，相当于千户侯所得封地的租税，因此被称为"素封"：

---

[1] 参见董平均：《司马迁天下"皆为利"思想简论——兼与亚当·斯密"经济人"假设比较》，《河北经贸大学学报》2011年第4期。

> 今有无秩禄之奉，爵邑之入，而乐与之比者。命曰"素封"。封者食租税，岁率户二百。千户之君则二十万，朝觐聘享出其中。庶民农工商贾，率亦岁万息二千，百万之家则二十万，而更徭租赋出其中。衣食之欲，恣所好美矣。故曰陆地牧马二百蹄，牛蹄角千，千足羊，泽中千足彘，水居千石鱼陂，山居千章之材。安邑千树枣；燕、秦千树栗；蜀、汉、江陵千树橘；淮北、常山已南，河济之间千树萩；陈、夏千亩漆；齐、鲁千亩桑麻；渭川千亩竹；及名国万家之城，带郭千亩亩钟之田，若千亩卮茜，千畦姜韭：此其人皆与千户侯等。然是富给之资也，不窥市井，不行异邑，坐而待收，身有处士之义而取给焉。若至家贫亲老，妻子软弱，岁时无以祭祀进醵，饮食被服不足以自通，如此不惭耻，则无所比矣。是以无财作力，少有斗智，既饶争时，此其大经也。今治生不待危身取给，则贤人勉焉。是故本富为上，末富次之，奸富最下。无岩处奇士之行，而长贫贱，好语仁义，亦足羞也。

养马50匹、牛160多头、羊250只、猪250头，或者种千棵枣树、栗树、橘树……其年收入大概也有20万钱，和千户侯的租税收入相当。这些不仅仅是算账的数字，而是实有其人。司马迁称赞他们："富给之资也，不窥市井，不行异邑，坐而待收，身有处士之义而取给焉"；并认为以农业致富是最上等的："本富为上，末富次之，奸富最下。"司马迁还说，贫穷令人惭愧耻辱，而贫穷又好说些仁义之类的话，是羞耻的。在这一点上，司马迁和讲安贫乐道的儒家是不同的。

> 凡编户之民，富相什则卑下之，伯则畏惮之，千则役，万则仆，物之理也。夫用贫求富，农不如工，工不如商，刺绣文不如倚市门，此言末业，贫者之资也。通邑大都，酤一岁千酿，醯酱千瓨，浆千甔，屠牛羊彘千皮，贩谷粜千钟，薪稾千车，船长千丈，木千章，竹竿万个，其轺车百乘，牛车千两，木器髹者千枚，铜器千钧，素木铁器若卮茜千石，马蹄躈千，牛千足，羊彘千双，僮手指千，

筋角丹沙千斤，其帛絮细布千钧，文采千匹，榻布皮革千石，漆千斗，糵曲盐豉千荅，鲐鲊千斤，鲰千石，鲍千钧，枣栗千石者三之，狐貂裘千皮，羔羊裘千石，旃席千具，佗果菜千钟，子贷金钱千贯，节驵会，贪贾三之，廉贾五之，此亦比千乘之家，其大率也。佗杂业不中什二，则非吾财也。

司马迁已经发现，"庶民农工商贾，率亦岁万息二千"，"庶民农工商贾"各行各业，乃至放贷的"子钱家"和其他"杂业"，都存在着一个平均利润率：无论哪一行，投资万钱都能获岁利二千，投资百万则岁盈二十万，即"什二"之利，也就是年利润率20%。《史记·苏秦列传》也有这样的说法："周人之俗，治产业，力工商，逐什二以为务。"❶《汉书·贡禹传》也有"商贾求利，东西南北各用智巧，好衣美食，岁有十二之利，而不出租税"❷。

考察市场经济的发达与否，关键是看市场机制是否健全，而这很大程度是通过利润率的平均化来体现的，整个经济在动态平衡中形成平均利润率并借以维持社会分工不致失常。当然，司马迁的表述是理想化的，但是，这段话足以表明汉代市场经济已发达到一定程度上出现利润率平均化的趋势，否则司马迁不可能凭空臆想出那样的论述。同样，我们也不必拘泥于上述数字而断言汉代或西汉的平均利润率或投资回报率是20%。❸

司马迁之所以能写出千古奇文《货殖列传》，不仅因为他聪敏睿智，更重要的是他生活的西汉市场经济曾非常发达，对此，后面将会通过

---

❶ 《史记》卷69《苏秦列传》，第2241页。
❷ 《汉书》卷72《贡禹传》，第3075页。
❸ 《史记》《汉书》中也有"逐什一之利"的记载。范蠡"候时转物，逐什一之利。居无何，则致赀累巨万。天下称陶朱公"，《史记》卷41《越王勾践世家》，第1753页；杨恽"幸有余禄，方籴贱贩贵，逐什一之利，此贾竖之事，污辱之处，恽亲行之"，《汉书》卷66《杨恽传》，第2896页。

时代和地域的纵横对比进一步说明。到了东汉，班固写《汉书》，对司马迁略有非议："其是非颇谬于圣人：论大道则先黄老而后六经；序游侠则退处士而进奸雄；述货殖则崇势利而羞贫贱；此其所弊也。"❶ 班固对于司马迁"述货殖则崇势利而羞贫贱"的观点非常不能接受，这在很大程度上应该是时代原因所造成的。汉武帝后独尊儒术，东汉的儒学之盛是西汉不能比的，但是东汉的市场经济却比西汉低落不少。

第六节　汉唐商品经济之比较

汉与唐是我国古代两个创造了光辉文化的强盛王朝，古来就有"汉唐盛世"之称。从一般社会经济发展水平看来，唐代显然要超过西汉。社会劳务与产品的运动与分配规模，唐也在汉之上。唐代丝绸之路的繁忙，市舶贸易的初兴，南北大运河上的物资交流等等，都是汉代所没有的。这往往会使人们对唐代商品经济发展水平的估价一般也在汉之上。

然而一般经济发展水平与商品货币关系的发展水平未必同步。社会劳务与产品的运动规模也未必等同于市场发达的程度——道理很简单，这种运动可以以等价交换的市场方式来实现，也可以在人身依附关系的基础上以超经济强制方式来实现，更可以在"自由人联合体"中通过科学的计划安排来实现。实际上，唐代的商品经济水平远远不及汉代。❷

一　汉唐货币流通方面的不同

首先，汉唐货币流通方面的差距是十分明显的。汉代货币流通的

---

❶ 裴骃：《史记集解序》，《史记》全书后附"史记集解序"，第1页。
❷ 关于汉唐商品经济的对比，详见秦晖：《汉唐商品经济比较研究》，载《陕西师大学报》（哲学社会科学版）1991年第2期；秦晖：《关于汉唐商品经济之比较——兼答疑者》，载《社会科学辑刊》1993年第5期。此处引文不再标注出处。

发达令人惊叹。西汉一代黄金大量用作"上币",其数量之巨,竟使一些学者怀疑所谓"黄金"可能是黄铜。有人把这个时期称为"事实上的金本位制时代"。尽管这时黄金的货币职能未臻完善——它主要作为价值尺度和贮藏手段而很少作为支付手段使用,但直到明后期大量使用白银之前,我国历史上贵金属大量进入流通领域也只有西汉一朝。东汉以降,黄金退出了流通领域,在唐代它基本上只作为"器饰宝藏"出现。只是到了晚唐,新的贵金属货币——白银才崭露头角,但终唐一代,它的流通量、价值与作用都无法与汉代的黄金相比。

在经济史上,实物货币—贱金属货币—贵金属货币—符号货币(信用货币)依次代表着更发达的货币形态并体现着市场关系的更高水平。在这里,唐比汉要差一个等级。

汉代的主要支付手段铜钱的流通规模更为惊人。西汉时期出现的本位币(标准货币)"五铢钱",它不仅通行于西汉一代,而且直到唐代以前,一直是我国主要的标准货币,历时700余年之久,其在经济史上的地位是不待言的。而且,西汉五铢是我国历史上铸造量最大的一种货币。据《汉书·食货志》载,从武帝至平帝的110多年中,共铸造了"二百八十亿万",当时的"亿"为10万,上数即2800亿,平均每年发行五铢钱达25亿文之多。这个数字之惊人,我们只需做个对比:我国最后一个传统王朝清代,顺治、康熙、雍正三朝92年间铸钱共249亿多文,平均每年不过2亿多,不及西汉1/10。唐代天宝年间铸钱最盛,每年才3.2亿文;开元年间年铸钱约为2.3亿文,也不到汉代百余年平均值的1/10。唐代其余时期铸钱更少。总的来看,汉代货币发行规模是唐代无法企及的。❶

西汉铸钱如此之多,然而除了战乱时期外,没有出现通货膨胀,因此货币史家称五铢钱为"中国历史上最成功的货币"。事实上,与其

---

❶ 详见秦晖:《关于西汉五铢钱的流通数额问题》,载《陕西师大学报》(哲学社会科学版)1988年第2期。

说汉代的钱法"最成功",不如说汉代的货币关系最发达更为恰当。西汉时,金属货币进入社会生活的各个领域。在汉文明的主要区域,终西汉一朝,史籍中几乎看不到以物易物或实物货币的记载,而唐代的货币关系比起魏晋南北朝自然大有发展,出现了开元通宝这样影响颇大的货币,但比起两汉尤其西汉,仍然十分可怜。不但贵金属很少回到流通领域,就是铜钱的地位也十分虚弱,长期不能取代实物货币与以物易物。唐代一直是"钱帛兼行",而且历来学者都认为唐代铜钱在流通中的作用不如实物货币。如黄宗羲认为"唐时民间用布帛处多,用钱处少",彭信威说唐代以绢帛为货币的事"很为普遍","在各种野史中,缣绢的使用,似乎比铜钱还要多"。当代经济史学家李埏也主张当时绢帛在流通中比钱币更占优势。在唐代,行旅所带、日用所需、物价的表示与支付、劳务的报酬,都经常使用绢帛。《唐律疏议》规定罪犯计赃用绢,计功作庸及牛马驼骡车等计庸也用绢。学生用绢帛支付束脩。唐后期银、钱使用渐广,但直到晚唐的元和六年,政府还下令公私交易兼用匹段。

在经济生活的许多领域,唐与汉形成了如下鲜明的对比。

(1)物价。《汉书·食货志》记载:"(元帝初元)二年,齐地饥,谷石三百余,视宣帝时京师谷石五钱,边郡谷斛八钱,丰歉大不侔矣。"类似内容在唐人那里表述为:"贞观之初,率土荒俭,一匹绢才得粟一斗,……自五六年来,频岁丰稔,一匹绢得十余石粟。"❶ 汉代鲤鱼长至三尺者枚直五十,肉百斤七百钱。而唐代据说"开成中,物价至贱,村路卖鱼肉者,俗人买以胡绡半尺"。❷ 这类对比可以说不胜枚举。当然,这决不是说唐代没有用钱表示物价的事,不过与汉代相比,以实物货币表示物价无疑是唐代的特色。

(2)劳务报酬。汉代的《太平经》称:"时以行客,赁作富家,为

---

❶ 《贞观政要》卷6《论奢纵》。
❷ 胡震亨《唐音癸签》引《丰年录》。

其奴使，一岁数千（钱），衣出其中。"崔寔《政论》有"客庸一月千"的记载。居延汉简记西汉时河西屯田上的官吏与劳动者都领取"月奉（俸）钱"，吏士每月 600~2000 文，令史 400 余，田卒、戍卒 300 余，徒、弛刑士 280 余。可见那时从内地到边陲，从自由的"行客"（雇佣劳者）、农奴身份的田卒到身份近似奴隶的刑徒、弛刑士，都以货币形式取得生活资料。而唐代雇佣劳动的报酬形式却多为实物，即"以升斗给役于市"。《唐律疏议》卷 4 规定唐代工价的法定标准："平功庸者，计一人一日为绢三尺，牛马驼骡驴车亦同"，也以实物计算。这方面最鲜明的对比是赋役制度中的代役规定：汉代的更赋是以钱抵役，而唐代的丁庸则是以绢抵役。

（3）地租。我国直至 1949 年前，实物地租仍占绝对优势，因此汉代存在着"或耕豪民之田，见税什伍"的实物租并不奇怪。值得注意的是汉代也存在着定额货币地租，如《九章算术》卷 6《均输》第 24 题："今有假田，初假之年三亩一钱，明年四亩一钱，后年五亩一钱，凡三岁得钱一百，问田几何？"这里的数字是否具有实际意义姑且不论，但汉人能提出这种类型的算题，足证货币地租决非罕见。而隋唐时代史籍中看不到有关货币地租的任何痕迹，敦煌文书中所见的唐代沙洲租佃关系也是纯粹的实物租。至于吐鲁番文书中有若干麹氏高昌及唐初西州"夏田"文书系用银钱作"夏价"者，则与当时当地的特殊条件、主要是对外贸易及西域经济之影响有关（铸币用银而非铜，即为西亚传统而非中国钱制），学者公认为是一种例外。

（4）借贷关系。战国时代，我国的货币借贷已兴起，《管子·轻重丁》："凡称贷之家，出泉三千万，出粟三数千万钟，受息子民三万家。"到了两汉，借贷关系中的货币成分已占绝对优势，以至于高利贷者在汉代被通称为"子钱家"。汉代史籍中所见的借贷关系绝大多数是货币借贷：从贫民为"赋敛不时"而"有者半贾而卖，亡者取倍称之息"，❶

---

❶ 晁错：《论贵粟疏》。

到"列侯封君行从军旅，赍贷子钱"，❶从"负债数百万"的私人到"官负人债数十亿万"的国家，不一而足。最明显的是河西地区出土汉简中有关债务的文书，就我所知共47例，其中除9例不详外，在债务形态可考的38例中纯货币债务达35例之多。此外尚有一例借实物而还货币，一例借实物而以货币计值（可以想见多半也是以货币偿付的），而真正的实物债务仅有一例。换言之，货币借贷几乎成了唯一的借贷形态！

而到唐代，"子钱家"之名消失，借贷关系中实物成分又占明显优势。中国科学院历史研究所编辑的《敦煌资料》第1辑中共收录借贷文书39件，其中借钱契只有6件，其余33件均为借贷麦、粟、豆、生绢、緤、褐等实物。这与同属河西地区的汉代简牍中货币借贷几乎一统天下的状况形成了极为鲜明的对比。唐代官高利贷号为"公廨钱"，给人以主要出贷货币的印象，但实际上王永兴先生所辑《隋唐五代经济史料汇编校注》收录的唐代"官高利贷文书"却提供了相反的佐证：在14件这类文书中就有11件是实物，1件兼贷实物与钱，只有2件是完全的货币贷款。如果说现存文书统计还带有一定的随机性的话，唐代法律中有关借贷的规定就更能说明问题了。例如，唐律规定："诸负债违契不偿：一匹以上违二十日，笞二十；二十匹加一等，罪止杖六十；三十匹加二等，百匹又加三等"；"计庸以当债直：谓计一日三尺之庸，累折酬其债直"❷；"诸公私以财物出举者，任依私契，官不为理。每月收利，不得过六分。……其放财物为粟麦者，亦不得回利为本"；"诸以粟麦出举，还为粟麦者，任依私契，官不为理"；"诸家长在，而子孙弟侄等不得辄以奴婢六畜田宅及余财物私自质举"❸。这里讲的显然都是实物借贷，现存唐代律令中完全没有货币借贷的规定。这与汉律中关于子钱家"取息过律"的条文形成了明显的对比。

---

❶ 《史记》卷129《货殖列传》，第3280页。
❷ 以上见《唐律疏议》卷26。
❸ 以上见仁井田陞《唐令拾遗》杂令33。

此外，汉代多用金钱表示财产多寡，诸如"贫民，赀不满千钱者"，"百金，中人十家之产也"，"豪富吏民赀数巨万"等等。囤积货币成为积累财富的主要方式，"富人藏钱满室，犹无厌足"❶"富贵成，泉金盈"成为风气。而唐代则以绢帛的多少论贫富，富人多以巨量的绢帛囤积而自炫。唐高宗时有巨富邹凤炽，"请市终南山中树，估绢一匹，自云：'山树虽尽，臣绢未竭'"；玄宗时又有富人王元宝，"请以绢一匹，系陛下南山一树，南山树尽，臣缣未穷"。❷汉代官场贿赂多用金钱，唐代则多用绢帛；汉律多以黄金计罚款，唐律多以绢帛计赃值。诸如这类现象，都说明唐代货币关系的发展水平远在汉代之下。

二 汉唐财政的不同

汉唐货币关系发展水平的差异最明显地体现在国家财政上。汉代赋税的货币化程度之高，令人叹为观止，其中主要有：

人头税：包括算赋——成年人每人 120 钱，和口赋——未成年人每人 23 钱。

代役税：成年男子每年服役一月，是为更卒，武帝以后通常都以钱代役，谓之"顾更钱"或"更赋"，其数额向有 2000 钱与 3000 钱二说，现多数人据如淳、张晏所言，主张为 2000 钱。其中如淳并举二数，谓 2000 为代更卒之役，3000 为代戍边之役。果如此，则汉代的代役税实际上要超过成年男子每人每年 2000 之数。

财产税，即赀算，在武帝以后也逐渐成为正式的赋税，其数为"赀万钱，算百二十七"。10 万钱的中人之产就需纳 1270 钱。

汉代赋役的非货币部分主要为田租，其税率在汉代大部分时期仅"三十税一"，是非常轻的。按"五口百亩之家"年产谷 150 石，石价 30 钱计，这项负担价值约 150 钱。

---

❶ 《汉书》卷24下《食货志下》，第1176页。
❷ 《太平广记》卷495《杂录三·邹凤炽》。

综合以上数项，一户标准的"五口百亩之家"按一夫一妇一老二小的人口构成和"中人之产"计，就需交纳 120×2+23×2+2000+1270+150=3706 钱的价值量，其中只有 150 钱是实物，其余 3556 钱即总量的 95% 以上是货币。这当然不准确，实际上当时还有更卒以外的其他徭役（正卒、戍边等）、田租以外的刍稾税及献费之类的杂敛。其中献费是货币，正卒、戍边乃至田租、刍稾也时有折成货币征收。所以总的来说，汉代赋役绝大部分是货币税，应无问题。

而唐代前期的赋役主要是租庸调，其中田租所征"粟麦粳稻，随土地所宜"，户调所征是绢、绫、布、绵、麻等，丁庸则以绢抵役。总之，这是一种典型的实物税制。有人说其时"一钱不征"，未免过于绝对，但征钱很少是无疑的。唐后期的商品经济有所发展，改行两税法，"以钱、谷定税"，货币的地位有了提高。但实际上征钱只实行了不到 30 年，在两税法颁行的大部分时期，货币只是计算赋额的单位之一，实际征收的仍是按时价折纳的实物。换言之，唐后期赋税的实物税性质并未有实质性改变。也许一直到明后期行一条鞭法时，赋税货币化程度才再次达到汉代的水平。

财政收入是如此，支出呢？我国历代财政支出之大者，不外军费、官俸与营造三项。汉代军事所花费的货币为数惊人。武帝的军功在常规货币税外，又大兴"算缗钱"及盐钱之利才得以维持。东汉顺帝时对羌人用兵，致使国家对私人欠债"数十亿万"钱。而唐代的军费却常常用绢帛来支付。如安史之乱爆发时，朝廷仓促扩军，"乃开左藏库，出锦帛召募"。❶ 宪宗时对藩镇用兵，又"出内库缯绢五十万匹供军"。汉代官僚以若干"石"定品级，但实际上领取的主要是或全部是货币支付的月俸。到东汉时商品经济衰落，官俸才改为半钱半米。汉代的封君从食邑上征收的租税也以货币为主。而唐代早期官俸主要是禄米与职分田上的收益，到永徽年间才有了定额的俸钱，然而其中相当一

---

❶ 《旧唐书》卷150《安禄山传》。

部分实际上是用"防阁、庶仆"等劳务支付。开元以后,才全部付给钱币,但到唐末又改发实物。最后,汉代营建费用一般也以货币开支,而唐代则常常用绢帛充任此项支付。如开成元年"左仆射令狐楚请以罢修曲江亭子绢一万三千七百匹,回修尚书省"。❶

财政收支的状况决定了预算和国库的状况。桓谭《新论》谓西汉时"百姓赋敛,一岁为四十余万万。吏俸用其半,余二十万万藏于都内,为禁钱。少府所领园池作务之八十三万万,以给宫室供养、诸赏赐"。这里的国库收支与贮存都用货币结算。但唐代的国家财政,前期是用实物计算,后期则兼用钱、物。因而唐代国库的内容也与汉截然有别。当开、天盛世,"国忠征夫丁租地税,皆变为布帛,用实京库,屡奏帑藏充牣,有逾汉制。……又贱贸天下义仓,易以布帛,于左藏库别造数百间屋,以示羡余。"❷汉之宣、元与唐之开、天,史家并称为盛世,皆以府库充盈著称,但其经济内涵不同如此。事实上,唐以后即使在商品经济相当活跃的宋代,国家财政也是以"贯石匹斤两"这样的复合单位结算,直到清代才又恢复了用单一货币结算。

三 汉唐城市经济的不同

货币关系方面的差异,使汉唐的城市经济面貌也存在着某种区别。唐代长安城,规模之大,设计之精,远在汉代城市之上,但商品经济在城市生活中的地位远比汉代低下。面积广达 84 平方公里的唐长安城实行严格的坊市制,大街两旁坊墙高耸,几乎没有商业活动,作为商业区的东西二市各仅二坊之地,与居民区 108 坊相比仅为后者的 3.7%。如按考古发掘实测,则东西二市总面积不过 1.88 平方公里,仅占全城面积的 2.2%。唐洛阳城的市更只在全城 126 坊之中据有二坊之地,仅为居民区的 1.6%,比隋洛阳的市还小。

---

❶ 《册府元龟》卷484《邦计部・经费》。
❷ 《册府元龟》卷510《邦计部・希旨》。

相比之下，汉长安面积约35平方公里，仅为唐长安的41.7%，商业区却有九市之多。虽然每市面积较小，但以"凡四里为一市"计，九市共占36里，与居民区160里相比，商业区占到居民区的22.5%，远远高出唐代两京。

汉代城市的闾（里）市之别似乎也没有唐代城市的坊市之别那样严格。从班固《西都赋》中"阛城溢郭，旁流百廛，红尘四合，烟云相连"的描写看来，汉长安大街上似乎是有商业的。更值得注意的是，唐长安二市东西对称，形制雷同，是官方严格规划的产物，而汉长安九市格局不一，名称杂乱，"六市在道东，三市在道西"，甚至可能多数在城外，如"直市在富平津西南二五里"，令人想起宋明城市的关厢。可见两种市的风格不同。唐市虽然也反映了商品经济的一定程度的活跃，但主要还是官府行政权力的体现；而汉市虽然也受官府管理，但主要却是随着商品经济的发展而自发形成的。

长安而外，汉代还有不少商业城市，如左思《蜀都赋》中"市廛所会，万商之渊，列隧百重，罗肆巨千，……百室离房，机杼相和"的成都，以及临淄、邯郸等等。由于缺少定量性资料，难以把它们与唐代同类城市相比。但值得一提的是汉代按王符的说法，"天下百郡千县，市邑万数"，似乎平均每县竟有10个以上的市集。这当然是"言其多也"的形容用语，未必实有其数。但汉《张迁碑》中有"黄巾初起，烧平城市，斯县独全"之语，马王堆西汉墓出土帛书《天文气象杂占》中亦有某地"又（有）市邑四"之说，联系王符所言，看来汉代县以下市集的活跃是没有疑问的，这一点似乎尚未引起学术界的注意。❶ 相比之下，唐代则是"诸非州县之所，不得置市"，至少在盛唐时代，县以下是不存在正规市集的。

从一国之都到乡间市邑，汉代的市场网络显然比唐代要发达。当

---

❶ 后来的研究有段渝：《汉代集市考略》，载《文史杂志》1991年第5期；杨毅：《汉代集市聚落演变考订》，载《建筑师》2005年第4期；等等。

然这是指"市场"网络而不是超经济强制下运行的物资集散网络，就后者而言，汉代当然比不上有着更大型城市和更完备的运河等交通系统的唐朝。

在都市商业活动的深度方面，汉与唐相比也有许多值得研究之点。在"封建前期向鼎盛期发展"的思维模式下，过去人们对唐代尤其晚唐城市商业中出现的一些"新生事物"如柜坊、飞钱、邸店等给予了高度评价。尤其是柜坊，日本学者加藤繁首先予以注意时，说它如果顺利发展下去可能会成为银行业的开端。此后的学者们越拔越高，竟至于把它说成是"专营银行业务"的"纯粹的金融机构"，比欧洲佛罗伦萨或奥格斯堡的金融业要早 600~700 年等等。其实就史载而言，柜坊经营的是"僦（出租）柜"业务，即提供保险柜供人租用以锁放钱物。这些"锁在西市"柜坊中的钱物既不能周转生利，柜坊主也不用向钱主付息，相反钱主还要付保管费。与窖存、埋藏相比这种方法只是取用较方便而已，它虽然为商人提供了服务，而且近代银行往往也有这项业务，但仅凭这种业务它是不能变成银行的，因为它与金融市场中信用机构的基本职能——变死钱为活钱，使分散的或呆滞的资金作为借贷资本而周转起来——并无必然联系，正如藏钱满室的富翁与银行家并无必然联系一样。

事实上，银行业或金融信用事业产生的基础是商品经济发达后在价值规律❶的作用下形成一般（平均）利润率，并使之成为借贷利率的天然界限。因为只有这样，以借贷资本从事经营才会有利可图，才能产生吸收游资、形成借贷资本并使其向经营资本转化的内在动力和要求。而这在唐代是无从谈起的。唐代自然经济下并无能够约束借贷利

---

❶ 本节使用的"商品经济中价值规律"这一说法带有当年开课时的用词习惯。其实那时关于"价值规律"的一些表述，如社会必要劳动时间决定价值、价格围绕价值波动等，现代市场经济的经济学通常并不接受，但建基于市场供求关系的价格机制，确实是市场经济，或当时我所说的"商品经济"的基本特征，本节也是在这一意义上使用这个概念。

率的一般利润率可言，因而高利贷利率之高骇人听闻，这种利率只能盘剥那些走投无路而饮鸩止渴的破产穷人，或者躺在特权之上而毫无"经济核算"观念的贵族寄生虫，谁会借这种阎王债作资本去从事经营活动？

但在汉代则不然，下面将要谈到西汉商品经济的发达已初步形成了一般利润率，并在一定程度上制约着借贷利率，因而出现了"民贷以治产业"的现象。这在逻辑上必然产生促使"子钱家"吸收游资、扩大借贷资本并使自己演变成原始银行家的可能性。古希腊-罗马十分发达的金融业就是这样产生的，在汉代史籍中虽尚无此种事例发现，但在逻辑上至少可以说，汉代那些颇得司马迁好评的"率亦岁万息二千"的"子钱家"，比唐代的柜坊主更接近于银行家——自然是古典商品经济中的而不是资本主义诞生时的"银行家"。

四　汉唐商品生产的不同

商品经济的基础并不是商业，而是商品生产，因此对汉唐商品经济的研究自然不能只限于流通领域。

汉代手工业商品生产的发达是人所共知的。就连对唐代商品经济评价极高，认为是由古代向近代的转折的傅筑夫先生也承认，唐代手工业商品生产总的来看，"没有达到第一次高潮（指战国秦汉时期）曾经达到过的水平"。但他认为在农产品的商品化方面唐代已超过汉代。的确，在我国这样一个农业国，考察商品经济的发展不能只盯着城市，只盯着工商业，而这往往正是以往研究的弊病所在。因此这里我们着重比较一下汉唐商品性农业的情况。

在"二十四史"中，《史记》《汉书》中的《货殖（列）传》是仅见的绝唱。"货殖"者，财货增殖也，它不仅包括商业与信贷业，也包括面向市场、以"货殖"为目的的商品生产业。在太史公笔下，古典时代的"企业家"们大显身手，"治生产犹伊尹吕尚之谋，孙吴用兵，商鞅行法"，在各个领域里，"趋时若猛兽鸷鸟之发"，从事激烈的竞争。

他们"大者倾郡，中者倾县，下者倾乡里者，不可胜数"，"千金之家比一都之君，巨万者乃与王者同乐"。那些显赫的列侯封君、军功贵族在他们面前也"低首仰给"，这在我国历史上可以说是空前绝后。像《货殖列传》这样的著作只能见之于汉而不能见之于唐修诸史，这本身就很能说明问题。

然而更重要的，也是迄今人们往往忽略了的一点是，《货殖列传》有关生产领域的叙述中，农业占了极突出的地位。与今日一些人一谈起古代商品生产首先想到手工业不同，司马迁在《史记·货殖列传》中列举那些"岁万息二千"的生产部门时，提到的全属农（林、牧、渔）业部门：

> 陆地牧马二百蹄，牛蹄角千，千足羊，泽中千足彘，水居千石鱼陂，山居千章之材，安邑千树枣，燕、秦千树栗，蜀、汉、江陵千树橘，淮北、常山已南、河济之间千树萩，陈、夏千亩漆，齐、鲁千亩桑麻，渭川千亩竹，及名国万家之城，带郭千亩亩钟之田，若千亩卮茜，千畦姜韭，此其人皆与千户侯等。

在论及"富者必用奇胜"一节中，他提到的第一个、也是生产领域唯一一个例子是"田农拙业，而秦扬以盖一州"。这里所谓"田农"显然属于上述各种商品性种植园业，而决非出租土地收取地租。实际上整篇《货殖列传》所描绘的农业，就是一幅类似古罗马"加图式"农业的专业化、商品化、规模经营的图景。而在隋唐时期的任何文献中是绝对看不到这种图景的。

当然我们绝不至迂腐到把这幅图景看成汉代农业的全貌。与唐代一样，汉代农民绝大多数无疑是个体小农而不是种植园主。但即使汉代的一般小农，其经济的商品化程度也远高于隋唐。《汉书·食货志》中有一笔常为人引用的小农收支账：

> 今一夫挟五口，治田百亩，岁收亩一石半，为粟百五十石，

除十一之税十五石，余百三十五石。食，人月一石半，五人终岁为粟九十石，余有四十五石。石三十，为钱千三百五十，除社闾尝新春秋之祠，用钱三百，余千五十。衣，人率用钱三百，五人终岁用千五百，不足四百五十。不幸疾病死丧之费，及上赋敛，又未与此。此农夫所以常困，有不劝耕之心，而令籴至于甚贵者也。

这里说的是入不敷出的小农而不是"求富益货"的种植业主，生产的是粮食而不是经济作物，但其生产的商品率仍达到30%（45÷150=30%）。而如按维持简单再生产所需的消费量计，则为（1350+450）÷（150×30+450）=36.4%。这个数字意味着什么？我们只需记住：时至1978年，我国农业中粮食生产的商品率也只有20%！

有人可能会说班固描绘的这种卖出粮食买衣穿的农民不典型。也许如此。但无论如何，我们看到战国秦汉时人谈到发展农业的条件时，几乎都要强调市场及价格因素，所谓"市也者，劝也，劝者，所以起本"❶；"重粟之价金三百，若是，则田野大辟，而农夫劝其事矣"❷；"谷贾什倍，农夫夜寝蚤起，不待见使，五谷什倍，……农夫夜寝蚤起，力作而无休止"❸；所谓"二十病农，九十病末"❹；"籴甚贵伤民，甚贱伤农"；"欲民务农，在于贵粟，……农民有钱，粟有所渫"❺等等，不一而足。

而隋唐时人在类似场合谈到的大都是轻徭赋、行均田、抑兼并、兴水利之类，没有谁主张用提高粮价、开辟市场的办法来发展农业。晚唐行两税法时，由于钱重物轻，农民受害甚烈，一时议论纷起。但这些人都不是要求"重粟之价"，而是要求取消货币税！陆贽说："粟可

---

❶《管子·侈靡》。
❷《管子·轻重乙》。
❸《管子·山至数》。
❹《史记》卷129《货殖列传》。
❺《汉书》卷24上《食货志上》。

耕而得，帛可织而成，至钱非官铸不行，是贵民之所无，不如用粟帛为便。"❶白居易说："钱者，桑地不生铜，私家不敢铸，业于农者，何从而得之？""私家无钱垆，平地无铜山，胡为秋夏税，岁岁输铜钱？"❷总之，他们所看到的当时的农民，都处于"树之谷，艺之麻，养有牲，出有车，无求于人"那样一种纯自然经济状态。像白居易那样以体察民情著称的现实主义者，他的这种看法当然不是凭空臆想出来的。也许有人说这些人是反对两税法的保守派，有偏见。可能如此。但是我们不禁要问：汉代长期实行货币税制，也曾有贡禹、张林等人的反对，但他们只是说货币税会诱民"趋末"，助长"奸邪"，干扰物价，以及采铜冶铸劳民伤财等等，从没有人提出过那种要钱只能自铸，"业于农者何从而得之"的指责。这是为什么？显然，结论只能是汉代农民经济的商品化水平远高于唐代农民，对汉人来说，像陆贽、白居易那样提问未免太可笑了！

五　汉唐商品经济的本质区别

商品经济最本质的特征不在于"商人吃香"，也不在于生产者可以拿出多少东西，而在于它是受价值规律或市场法则支配、调节的经济。改革开放初期，20世纪80年代"全民经商"、"倒爷"横行的状况决不说明商品经济发达。相反，它只说明商品经济不发达，"看不见的脚"踩住了"看不见的手"。苏联斯大林时代用行政命令迫使农民义务地按某种"价格"提供了比集体化前多得多的"商品粮"，但这与"商品经济"自然也风马牛不相及。所以，考察商品经济发达与否，关键是看市场机制是否健全，价值规律能否正常调节生产并维持社会分工。而价值规律的调节作用是通过利润率的平均化来体现的，整个经济在动态平衡中形成平均利润率并借以维持社会分工不致失常。那么，这种机制

---

❶ 《皇朝经世文编》卷52《户政二十七钱币上》。

❷ 顾炎武：《日知录·以钱为赋》。

在古代经济中是否存在呢？

《史记·货殖列传》曰："庶民农工商贾，率亦岁万息二千（户），百万之家则二十万，……此其人皆与千户侯等。……子贷金钱千贯，节驵会，贪贾三之，廉贾五之，此亦比千乘之家，其大率也。佗杂业不中什二，则非吾财也。"司马迁已经发现，商品经济中"农工商贾"各业，乃至放贷的子钱家和其他"杂业"，都存在着一个平均利润率：无论搞哪一行，投资万钱总能获岁利二千，投资百万则岁盈20万，即年利润率20%或曰"什二"之利。人为地抬价坑骗（"贪贾"）或压价招徕（"廉贾"）并不能改变这一比率。

为什么会这样？司马迁指出："物贱之征贵，贵之征贱，……若水之趋下，日夜无休时，不召而自来，……岂非道之所符，而自然之验邪？"商品价格围绕某一水平周期性地上下波动，这就如"水之趋下"那样是客观规律，并非人之"廉""贪"所能左右。司马迁自然不可能发现价值这一范畴，但他对价值规律的作用以及由这一规律决定的商品经济中利润率平均化趋势有着相当深刻的感性认识。在中国古代史上，有这种认识的人他是第一个，恐怕也是唯一一个！

相比之下，唐人是怎样看这些问题的呢？被一些学者誉为唐代最优秀的货币理论家的刘秩有如下一番高论："'先王以（货币）守财物，……'是以命之曰衡。衡者，使物一高一下，不得有常，故与之在君，夺之在君，贫之在君，富之在君"，❶在他看来，商品价格"一高一下"是由君主决定的，根本不存在什么"常"即客观规律。这种看法比司马迁的见解糊涂多了。著名经济思想家胡寄窗先生认为唐代商品经济比汉代发达，照理货币理论会有进步，但实际上这一时期的货币理论却既贫乏又保守，他觉得很难理解。其实，如果他能怀疑唐代商品经济是否真比汉代发达，大概对此就不难理解了。

思想家的思想归根结底是他那个时代的社会存在之反映。如果汉

---

❶ 《旧唐书》卷48《食货志上》，第2097页。

代不存在古典商品经济中价值规律调节下的利润率平均化趋势,司马迁天赋再高也想不出"农工商贾率亦岁万息二千"的话。而事实上当时不仅司马迁,其他人也看到了 20% 的平均利润率的存在。《史记·苏秦列传》《汉书·贡禹传》都有"什二之利"或"逐什二以为务"的提法。而在唐代并没有谁提到过一般的或平均的利润率,相反地在经济活动中可以有神通广大的商人,却没有起调节作用的市场机制,商业的偶然性、欺诈性与投机性使得利润率没有什么标准可言。唐代江西商人贩木材到扬州,"利则数倍";河南人从江南贩来江湖之货,一年"获利可倍",如此等等。

当然,所谓平均利润率只是一个相对的概念,并且只能以动态平衡方式体现。利润率的完全平均化只存在于"完全竞争"的"理想市场"之中,任何现实的商品经济包括当代资本主义各国都不可能达到这一理论上的典型状态,更遑论古代的商品经济了。所以司马迁一面讲"农工商贾率亦岁万息二千",一面又声称"用贫求富,农不如工,工不如商",就不是什么难于理解的事了。尽管如此,一个经济系统的性质毕竟是由支配该系统并决定着系统内各元素间特定的联系方式与相互作用机制的运动规律所决定,并表现为一种特有的自组织、自调节机制。许多经济现象如雇佣、租佃、奴隶制、借贷、承包、股份制、商业利润等等可以存在于不同的经济系统中,但在不同的经济规律制约下便具有不同的性质。在汉唐经济的比较中可以看到这一点。

例如,汉唐社会都有许多奴隶,过去在古史分期讨论中,人们对汉代奴隶多少的问题争论不休,其实汉唐奴隶究竟孰多孰少,是很难断定的。然而汉代的奴隶自有其特定的性质,用汉人的话说,"奴婢,职在理财货","奴婢致财,与财货相似,……可通往来,故理财货也"。❶奴隶是一种"与财货相似""可通往来"即可以流通的商品,而且还是一种使用于商品经济("职在理财货")并在使用中可以"致财"即产

---

❶ 王明编:《太平经合校》卷42,北京:中华书局,2014年。

生价值增殖的特殊商品。这样一种古典商品经济中的奴隶概念，在唐代的自然经济中是不存在的。在那里，奴隶制只是自然经济下宗法式人身依附状态的最极端形式而已。

又如，汉唐社会中都有高利贷者，但汉代的借贷资本作为古典生息资本的一种形式，受古典商品经济中平均利润率的一定程度的限制，而唐代的高利贷则完全是自然经济下弱肉强食式的勒索。《货殖列传》中的子钱家与农工商贾一样"岁万息二千"，郑玄在《周礼》注中认为合理的利息率是5%，王莽时的五均赊贷，利息为年率10%~36%，而且明确规定"欲贷以治产业者"，"计所得受息"，直接以产业利润率来限制借贷利息率。而唐代的利息率与汉代相比高得惊人，法定官高利贷（公廊钱）月利40%~70%，相当于年利480%~840%！法定私高利贷月利40%~60%，而现存文契竟有高达100%的。"五十之本，七分生利，一年所输四千二百"，这样的利率真是骇人听闻。吕思勉先生也注意到隋唐借贷利率明显高于秦汉，但这是为什么呢？显然不能说汉代的子钱家比较仁慈而唐代的高利贷者生性狠毒。关键恐怕还在于唐代经济中不存在古典商品经济中平均利润率的调节机制。在欧洲，中世纪前期高利贷利率远远高于希腊-罗马古典时期，就是这个道理。不言而喻，这两种借贷关系也具有不同的经济运行机制所赋予的不同性质。类似的，汉唐的租佃、雇佣等现象也可以放在不同的动态经济系统中去比较。

以上从货币制度、国家财政、城市职能、生产领域经济运行机制与运动规律等方面考察，唐代商品经济的水平都比汉代相差很远。但唐代社会的发展阶段与文明程度当然不能说比汉代还落后，这显然会引出传统史学理论框架所难以容纳的一系列问题。

当然，可能有人会指出这里所谓"汉唐比较"太笼统，因为汉与唐都各有数百年的历程，各自内部经历的经济变化也很大，例如谁能说，东汉末期的商品经济要比两税法以后的晚唐更发达呢？

但问题的关键恰恰也在这里。我们看到，汉唐商品经济的发展与社会文明兴衰之间的相互制约关系是截然相反的：汉初社会进步最快、文明最有生气的时代是以"文景之治"为中心的"汉兴七十余年之间"。这个时期正是古典商品经济在"无为之治"的自由放任政策下几乎不受限制地大发展的时期。武、昭、宣、元四代达到了社会繁荣和文明昌盛的顶点，而商品货币关系也发展到顶峰并开始在武帝中后期及王莽时代的一系列打击下趋于停滞。东汉以后古典商品经济逐渐衰败，自然经济化进程已经开始，"闭门成市"的庄园与《四民月令》式的自给自足经济模式发展起来，黄金退出流通，货币停止铸造。而灿烂的汉文明随之黯然失色，社会日趋萧条破败。董卓乱后，三国两晋，自然经济完全占据了统治地位，秦汉古典文明也就被一个分裂混乱的黑暗时代所取代。

而唐代的发展恰恰相反。唐初"贞观之治"虎虎生气，文明如日中天，而此时是均田制、租庸调，交易用粟帛，官禄赖职分，自然经济高度发达的时期。开、天之际商品货币关系逐渐发展，而社会文明也盛极而危。至安史之乱后商品经济日盛一日，定州何明远式的工商业巨富出现了，"如见钱流地上"的局面形成了，赋税货币化的进程开始了，草市、飞钱等新生事物随着商品经济的发展纷纷出台。然而在这商品经济长足发展的时代，气势恢宏的唐代文明却已成风中残烛。

这就是说，秦汉文明是以古典商品经济为基础的社会文明，随着古典商品经济的衰落与自然经济化，这个文明衰落了。隋唐文明是以中古自然经济为基础的社会文明，随着自然经济的日近黄昏与商品经济的复兴，这个文明也逐渐失去了生气。

第七节　汉代的古典借贷关系——兼与古希腊-罗马的比较

汉帝国和罗马帝国是约略同时出现在欧亚大陆东西两端、幅员辽阔的大帝国。在各自发展的鼎盛时期，连人口规模、黄金储备，两大帝国都极为相近。汉帝国和罗马帝国都处在古典商品经济的发展阶段，那么这东西两大帝国，哪一边的经济相对更为发达呢？以下从借贷和租佃两个方面进行比较。

一 汉代的借贷

《汉书·食货志》中记载的"有者半贾而卖，亡者取倍称之息"是人们常常引用的汉代高利贷史料。通常认为，这种借贷与一直延续到近代农村中的封建高利贷没有什么不同。实际上，在汉代发达的古典商品经济土壤上形成的借贷关系是与封建高利贷异质的。❶

首先让我们从最原始的资料——保存至今的两汉债务文书入手，对当时的借贷关系作一个归纳性分析。现存汉代债务文书在西北边郡出土汉简中保存的不少，其中能反映债务关系诸因素、具有统计价值的，经统计共有 47 例（见下表）。

汉代债务文书中的债务关系

序号	债务方式	债务形态	债 额	身 份		简文出处
				债权人	债务人	
1	借贷	？	？	？	故居延令史	《居延汉简甲乙编》3.2
2	欠付	货币	2330 钱	燧长	亭长	同上 3.4
3	欠付	货币	280 钱	燧长	故燧长	同上 3.6
4	借贷	货币	600 钱	？	燧长	同上 6.17
5	借贷	货币	778 钱	？	燧长	同上 24.13
6	借贷	货币	9500 钱	侯长	里民	同上 35.4

---

❶ 关于汉代的古典借贷关系以及与古希腊–罗马的对比，详见秦晖：《汉代的古典借贷关系》，载《中国经济史研究》1990年第3期。除了部分文中注移作脚注，其余注释部分见该文。

续表

序号	债务方式	债务形态	债 额	身 份 债权人	身 份 债务人	简文出处
7	借贷	实物（以货币计算）	练1匹（价1200钱）	戍卒	令史	同上 35.6
8	借贷	货币	5000钱	?	?	同上 35.12
9	借贷	货币	?	士吏	?	同上 56.2
10	借贷	货币	800钱	（代理）候长	燧长	同上 58.11
11	?	?	?	"官女子"	燧长?	同上 58.15A
12	赊买	货币	?	?	燧长	同上 88.13
13	借贷	货币	560钱	?	?	同上 132.31
14	赊买	货币	1855钱	里民	燧长	同上 123.36
15	借贷	?	?	戍卒	?	同上 143.8
16	欠付	货币	?	?	中使妻	同上 145.1
17	欠付	货币	1500钱	?	燧长	同上 157.5A
18	借贷	货币	500钱	戍卒	弛刑士	同上 157.11
19	借贷	?	?	里民	侯官尉史	同上 158.3
20	借贷	货币	?	?	?	同上 178.8
21	借贷	借实物还货币	150钱	燧长	?	同上 178.8
22	借贷	货币	400钱	戍卒	故尉	同上 190.13
23	赊买	货币	6400钱	?	?	同上 206.28
24	借贷	货币	?	戍卒	燧长	同上 214.34
25	借贷	货币	?	燧长	?	同上 214.60, 178.2
26	赊买	货币	360钱	戍卒	燧长	同上 217.15

续表

序号	债务方式	债务形态	债　额	身　份		简文出处
				债权人	债务人	
27	赔偿	货币	7000 钱	里民	燧长	同上 229.1-2
28	借贷	货币	?	戍卒	燧长	同上 231.28
29	借贷	货币	?	刑徒	侯长	同上 259，1
30	借贷	?	?	戍卒	里民	同上 261.42
31	赊买	货币	353 钱	燧史	戍卒	同上 262.29
32	借贷	?	?	囚徒	侯长	同上 264.16B
33	借贷	货币	?	?	?	同上 279.17
34	借贷	货币	?	戍卒	士吏	同上 279.17
35	借贷	货币	?	戍卒	?	同上 282.4A、4B
36	借贷	货币	300 钱	?	燧长	同上 282.9A、9B
37	借贷	货币	?	戍卒	燧长	同上 285.12
38	借贷	货币	1300 钱	小吏	小吏	同上 312.1、26.9A
39	借贷	货币	3500 钱	小吏	小吏	同上 312.1、26.9A
40	借贷	货币	115 钱	戍卒	小吏	同上 326.22A
41	借贷	?	?	燧长	燧长	同上 405.2
42	借贷	货币	?	官府	?	同上 455.14
43	借贷	?	?	侯官吏	啬夫	同上 506.9A
44	赊买	货币	1450 钱	戍卒	燧长	同上附 22
45	赊买	实物	麦 7.6 石	?	戍卒	1977 年出土，简号 77·J·H·S: 2A

续表

序号	债务方式	债务形态	债 额	身 份 债权人	身 份 债务人	简文出处
46	欠付	货币	80000 钱	甲渠侯	客民	《候粟君所责寇恩事册》
47	借贷	?	?	官府	?	《居延汉简甲编》826

资料来源：中国社科院考古研究所编：《居延汉简甲乙编》上下册，上海：中华书局，1980年。转引自秦晖：《汉代的古典借贷关系》，《中国经济史研究》1990年第3期。

以上47例债务关系的主要特点是：

第一，47例中，除2例债权人为官府外，其余都是私人之间的债务关系。这与河西地区现存唐代债务文书中官高利贷与寺院高利贷所占比例达30%的情形大有区别。这47例债务的成立方式中，赊买占7例，欠付占5例，赔偿占1例，其余34例都以直接借贷方式成立。

第二，债务形态方面，除9例不详外，在可考的38例中纯货币债务达35例之多。此外尚有1例是借实物还货币、1例是借实物而以货币计值（可以想见其多半也是以货币形式偿付的），而真正的实物债务仅有1例。换言之，货币借贷在这里占了绝对优势，甚至几乎可以说是唯一的借贷形态。这是很值得注意的！因为即使晚至解放前，我国农村的债务仍以实物债为主。而汉代在如此边远的地区借贷关系的货币化程度已十分惊人，其中奥妙何在？

第三，就债权人与债务人的身份等级而言，上表给人以前者低于后者的总体印象。47例中除借贷双方或其中一方身份不详而无从比较的18例外，其余29例中借贷双方身份相当的有4例，债权人身份等级高于债务人的有7例（包括私人欠官债的两例在内），另有3例借贷双方分属军、民两系统（侯官吏－啬夫、燧长－亭长、戍卒－里民）而难以比较身份高低，其余15例即半数以上是债权人身份明显低于债务人的，如侯长欠刑徒的债、尉欠戍卒的债以及燧长欠"官女子"的债等等。上表中身份可考的所有35名债务人中只有6人即17%是没有任何职衔名分的戍卒、里民、客民、弛刑士等，而在所有34名身份可考的债权人中这类身份低下者却占了19人，即56%。这种状况是否意味着特权者仗势强"借"民钱以为勒索之法？看来不是，因为从简文看那些身份较高的债务人并非他们的平民债主的长上，而且从这些债主往往再三催讨乃至提起诉讼看来，他们也无所惧于那些欠债的尊者。显然，这种现象与《史记·货殖列传》中描绘的那种列侯封君在"无秩禄之奉、爵邑之入"的素封们面前"低首仰给"的现象一样，都是商品经济的竞争之潮冲毁宗法秩序的结果。

第四，从债额来看，除1例实物债与24例债额不详者外，债额可考的22例中有5例在5000钱以上，7例在1000~5000钱之间，7例在300~1000钱之间，而300钱以下的只有3例。这22笔债款的总额共125053钱，其中有争议的"粟君所责寇恩"一例就占了8万钱。由于这笔债务有争议，其成立的情况较特殊，又不是直接借贷，姑置而不计，则所余21笔债务的债额平均为2145.4钱。考虑到有的简文（如上表中第13例）中的数字并非债款的全部，这一平均值显然是偏小的。那么这种规模的债务意味着什么？从汉简中可知当时当地的物价：土地每亩值30~100钱，牛每头值2500~3000钱，小奴一人值1500钱。可见这些债务平均能买20~70亩地，或买一个小奴隶（有余），或买一头牛（不足）。显然，如此水平的货币债务与自然经济中常见的消费性借贷，如青黄不接时为度荒而举借"升斗之债"的情况不同，它在逻辑上已包含着在经济领域中作为货币经营资本来运转的可能性。

"粟君所责寇恩事"是这批汉简中对债务关系的成立与纠纷过程叙述最详细的一例。建武三年（27年）甲渠候粟君雇颍川昆阳籍客民寇恩运鱼到张掖郡治市场上出售，寇恩向粟君承包的鱼价为40万钱。由于行情不利，寇恩卖鱼之后又把运输用的一头牛也卖了，却总共只拿到32万钱。于是粟君认为他欠了自己8万钱。而寇恩则认为他的一些物品被扣押在粟君处，他在贩运途中还为同行的粟君妻买了粮、肉，加上他的儿子曾受雇于粟君百日，应得的工资加前述开支，已超过了承包鱼价之差额，而粟君还应倒付他余额合 24600 钱。❶ 无论这桩诉讼怎样了结，这种因商务关系而产生的债务，在当时决不会是罕见的。

最后，关于利息问题，由于这批汉简的性质多为诉讼册籍而非契约原件，故多未涉及。只有上表中第 45 例即 1977 年在玉门花海汉代烽燧遗址出土的 77·J·H·S：2A 号简可能是契约原文："元平元年七月庚子，禽寇卒冯时卖橐络六枚杨卿所，约至八月十日与时小麦七石六斗，过月十五日，以日斗计。盖卿任。"这笔债务在约定支付期内是无息的，逾期不偿，则从逾期五日后每日加息七十六分之一。但这是赊买而不是以生息为目的的放贷，"以日斗计"的规定只是对逾期的惩罚，加上它是唯一的一例实物债，与通行的货币借贷肯定有别，所以这一"利息"并不具有典型性。看来对利率问题只能结合文献记载来考察。

以上材料都出土于西北屯戍地区，内地汉简后来虽多有发现，但已公布的材料中尚未见有债务文书。❷ 以边郡的材料论全国，在空间上有以偏概全之嫌，因此我们只有在结合史籍文献的分析后才能对其性质做出判断。但在时间上上述材料却恰可成为与中古借贷关系相对照的极好范例，因为我国现存中世纪债务文书正好也都出自西北边郡（敦

---

❶ 甘肃居延考古队简册整理小组：《"建武三年候粟君所责寇恩事"释文》，载《文物》1978年第1期。

❷ 《汉代的古典借贷关系》一文写作发表之后，公布的居延新简、尹湾汉简等秦汉简牍中有一些借贷的文书。特别是，岳麓秦简中有不少借贷的法律文书，据此研究再次证明，"秦的借贷关系其实是一种古典借贷关系，并非为一种纯粹的'封建高利贷关系'"，见朱德贵、齐丹丹：《岳麓秦简律令文书所见借贷关系探讨》，载《史学月刊》2018年第2期。

煌、吐鲁番）。同一地域上建立的时间坐标，最能反映出债务关系演进的历史轨迹。

二 汉代借贷的特点

结合史籍来看，汉代借贷关系有如下特点：

（1）货币借贷占优势。

在世界各国历史上，最早的借贷关系都是实物借贷。我国在战国时期随着商品经济发展，开始兴起货币借贷，但在借贷关系中比重还不大。《管子·轻重丁》曰："凡称贷之家，出泉三千万，出粟三数千万钟，受子息民三万家。"这里实物借贷的价值比重远远超过货币借贷。但后者毕竟发展更为迅速，到了汉代，史籍所见的实物借贷已很少，❶货币借贷已在当时的借贷关系中占绝对优势。汉代的出贷者通称为"子钱家"（《史记·货殖列传》），就是这种情况的反映。

当时的贫民借债，如晁错所云贫民"有者半贾而卖，亡者取倍称之息"，以应"赋敛"之急索。这显然是钱债，因为汉代之"赋敛"，尤其是"不时"之赋敛，一般都征收货币。这从"半贾而卖"也可看出。中等人家借债，如《后汉书·桓谭传》："富商大贾多放钱货，中家子弟为之保役"，也是钱债。富贵者借债，如《史记·货殖列传》中"列侯封君行从军旅，赍贷子钱"，《汉书·宣元六王传》中"（张）博言负责数百万"，"今遣有司为子高偿责二百万"。国家借债，如《后汉书·顺冲质帝纪》载顺帝时为征羌之役"诏假民有赀者户钱一千"，"官负人责数十亿万"（又见同书《庞参传》）等等，也都是借的货币。

这种情况与隋唐自然经济下的高利贷形成鲜明对比。以唐代为例，

---

❶ 据笔者所见只有一例，即《汉书》卷15《王子侯表》："陵乡侯……贷谷息过律，免。"汉代史籍中有大量政府在灾乱之年向贫民和流民"贷种食""假与粮种"的记载，湖北江陵凤凰山出土"郑里廪簿"所载的发放种子账也属此类。这是救济性质，不仅不收息，往往连本都予赦免（例见《汉书·元帝纪》等）。显然这不能视为一般意义上的借贷关系。

那时"子钱家"之名称已消失,借贷关系中实物成分又占了明显优势。王永兴先生所辑《隋唐五代经济史料汇编校注》收录寺院高利贷文书 4 件,其中实物借贷占 3 件;私高利贷文书 42 件,其中实物借贷占 26 件;唐代官高利贷以"公廨钱"为名,给人以主要出贷货币的印象,但上书收录的唐代官高利贷文书 14 件中却有 11 件贷的是实物,1 件兼贷实物与货币,只有 2 件是纯货币贷款。唐代法律中有关借贷的规定全部以实物借贷为对象,如"诸负债违契不偿:一匹以上违二十日,笞二十;二十匹加一等,罪止杖六十;三十匹加二等,百匹又加三等";"计庸以当债直:谓计一日三尺之庸,累折酬其债直"❶,等等。在整个封建时代,这种状况并无根本变化。

(2)平均利润率对利息率有严重影响,压低了利息率。

世界经济史中的大量事例表明,借贷利息率的高低,与自然经济化的程度成正比:商品货币关系越发达,货币资本的各种形态在各经济领域内自由流动的结果便使利润率平均化,而平均利润率便日益成为利息率的天然界限。而在自然经济下无所谓平均利润,债利在人身依附关系的基础上具有明显的敲诈勒索性质,因而出奇地苛重。希腊-罗马古典时代的借贷利率远远低于它以前的父权制氏族贵族统治时期和它以后的欧洲中世纪前期,就是这个道理。

如前所述,汉代的确存在着从前古典的公社时代遗留下来的高利率,即所谓"倍称之息"。但各种资料表明它只是汉代利率构成中的次要成分。❷总体上看,汉代利率既低于先秦时代,又低于魏晋以降,是近代资本主义利息产生前我国历史上借贷利率的低谷时期。

《史记·货殖列传》曰:"庶民农工商贾,率亦岁万息二千,户

---

❶《唐律疏议》卷26。

❷ 事实上从晁错的行文"有者半贾而卖,亡者取倍称之息"中也可看出这一点。"半贾而卖"自然决非正常的商业价格。"倍称之息"也应当不属于正常的借贷利率。二者皆为"急政暴虐,赋敛不时,朝令而暮当具"所造成的非常后果。

百万之家则二十万，……此其人皆与千户侯等。……子贷金钱千贯，节驵会，贪贾三之，廉贾五之，此亦比千乘之家。其大率也。佗杂业不中什二，则非吾财也。"这是关于汉代商品经济中存在着平均利润率的明确表述，同时也体现了经营利润（"农工商贾"及"他杂业"的商业-产业利润）对借贷利息的制约。"子贷金钱千贯"即100万钱的借贷资本，其生息相当于年收入20万钱的"千乘之家"，年利率为20%，与农工商贾"岁万息二千"的平均利润相当。当然，司马迁的表述是理想化的，即使商品经济最发达、市场机制最健全的现代资本主义国家，各行业的利润率也不可能绝对划一，何况乎汉代？但是显然，这段话足以表明汉代商品经济已发达到在一定程度上出现利润率平均化趋势的程度，否则司马迁是不可能凭空产生那样的思想的。同样，我们不能也不必拘泥于上述数字而断言汉代借贷利率一律为20%，但当时利润率平均化趋势在一定程度上形成了利息率的天然界限并使利息率处于相对较低的水平，则是可以肯定的。事实上其他一些资料也可以证明这一点：

《周礼·地官司徒·泉府》郑玄注曰："贷万泉者，则期出息五百"，"王莽时民贷以治产业者，但计赢所得受息，无过岁什一"。这里所谓"则期出息五百"而未言为"期"多长，但据后引"岁什一"可知郑玄的意思是一年。10000钱的贷款年息500，利率5%。这段话虽是用来注《周礼》的，但西周当然不可能有这样的制度。实际上郑玄与当时的许多儒者一样是从自己所处的时代、社会背景出发来理解经义的，他引王莽时的事为例也证明了这一点。可以说，5%的年利率是当时社会条件下郑玄认为合理的利息率。

郑玄说王莽时民众向官府贷款以投资于"产业"，根据"产业"利润确定利息率，但最多不超过年息10%。此事又见于《汉书·食货志》。它的意义不仅在于又提供了一个利息率的数据，更重要的是依据"产业"利润确定利息率的原则印证了前述司马迁关于平均利润率制约着利息率的思想并非空穴来风。当然，关于王莽时期的利息率还有另一个数字:"赊贷与民,收息百月三"❶,即折合年息36%。著名货币史家彭信威先生认为这是消费贷款的利率,并说政府"对于消费放款与生产放款,实行差别利率,这恐怕是历史上的创举"。❷ 而这两项利率平均起来恰与司马迁说的"什二"之利相等。

汉代史籍中常有"取息过律"而获罪的记载,可见当时对民间利率有法律规定。但其数额没有流传下来。吕思勉先生认为是10%,并据此推断《史记·货殖列传》中吴楚之乱时子钱家无盐氏乘列侯封君从军之费急需贷款而同行多观望之机大举放出"千金贷","其息什之",此利率并非十倍于本金,而是十倍于法定利率,即10%×10=100%,相当于"倍称之息"。❸ 此推断虽无确据,但不无道理。当然,借贷关系一旦在市场的基础上展开,是不能指望其利率会固定在法律的死杠杠上的。从以上情况综合分析,汉代货币贷款的年息大致在司马迁所说的20%左右波动。

而魏晋以降各代的公私借贷利率则大大高于此数。吕思勉先生曾指出:"隋唐之世,官(贷)之取于民者,远过于秦汉时之什二。(同上)"的确,唐代法定的官高利贷(公廨钱)月利为40%~70%,相当于年利480%~840%!法定私高利贷月利40%~60%,而现存文契竟有高达100%的。❹ "五十之本,七分生利,一年所输四千二百"❺,这样的利率真是骇人听闻!为什么汉唐之比会有如此差异呢?显然这不能用汉代的子钱家比较厚道而唐代的高利贷者生性狠毒来解释。关键恐怕还在于唐代的自然经济中不存在古典商品经济中生息资本诸形式之间的相互调节机制,不存在作为利息率天然界限的平均利润率所致。显

---

❶ 《汉书·王莽传》。

❷ 彭信威:《中国货币史》,上海:群联出版社,1954年,第115页。

❸ 吕思勉:《吕思勉读史札记》,上海:上海古籍出版社,1982年,第1156—1157页。

❹ 王永兴:《隋唐五代经济史料汇编校注》,北京:中华书局,1987年,第813、899页。

❺ 《册府元龟》卷506《邦计部·俸禄二》。

然，不同的系统经济运行机制赋予了借贷关系以不同性质，这又表现为——

（3）信贷资本向经营资本转化的趋势。

封建经济中的高利贷与近代金融资本在经济职能上的根本区别在于：后者是产业－商业资本流通过程中的一个环节和调节器，而前者由于其没有平均利润率这一天然界限，与经营资本间便形成了高利率的壁垒，这种利率只能盘剥那些走投无路而饮鸩止渴的破产穷人，或者躺在特权之上而毫无经济核算观念的贵族寄生虫，至于商人与企业主是绝不会借这种利息比利润还高的阎王债作资本去从事经营活动的。

但在汉代则不然，汉代借贷利率在一定程度上被限制在平均利润率界限以内，这便为贷款投资创造了条件。东汉初郑众说：

> 贷者，谓从官借本贾也，故有息，使民弗利，以其所贾之国所出为息也。❶

这里讲的是借贷资本转化为商业资本，它虽出现在《周礼》注中，但决非西周的事。与前引郑玄注一样，必是当时社会上广泛地存在这种现象，经学家们才据以解经的。而前引王莽时"民贷以治产业者，但计赢所得受息"一语，更确凿地证明当时还有把信贷用于"产业"投资的趋势。众所周知，王莽时的一些制度多托言于《周礼》，但经学家们却非常清楚这二者的区别："周时不计其赢所得多少，据本征利；王莽时虽计本多少为定，及其征科，唯据所赢多少。假令万泉岁还，赢万泉征一千，赢五千征五百，余皆据利征什一也。"❷ 这种说法除对"什一"的理解有误❸外，基本上是能成立的。

---

❶ 《周礼·地官司徒·泉府》郑玄注引"郑司农曰"。
❷ 《周礼》"郑注"贾公彦疏。
❸ 所谓"计赢所得受息，无过岁什一"，是指依贷款投入经营后的利润计息，但最多不超过本金的十分之一，而不是利润的十分之一。否则如按司马迁指出的平均利润年率20%计，则借贷利率将最多只有2%，这也未免太低了。

上引资料涉及的是经营者向官方的贷款，私人之间的借贷关系中有没有这种趋势呢？目前还无确证。不过既然利息率与平均利润率之间存在着《史记·货殖列传》中描述的那种关系，则"子钱家"发放资本性贷款的可能性在逻辑上是完全具备的。事实上，汉代借贷关系中盛行按年连续计息的办法（如"岁什一""岁万息二千""岁有什二之利"等说法）也透露了此种信息。相比之下，在自然经济时代，例如唐代，借贷主要为解消费的燃眉之急，或应付季节性消费短缺即所谓"青黄不接"，因此多为按月计息或季节性一次付息（春借秋还等）。唐代文献与现存借贷文契中充满了此类事例。❶ 汉唐计息方式的这种差异显然与借贷资本的运行机制不同有关。

其实，信贷资本向产业、商业资本转化的现象在秦代已开始。云梦睡虎地秦简《秦律十八种·司空》提到了对"作务及贾而负责（债）者"的处理办法。"作务及贾"即手工业作坊主与商人，他们借债显然不是为解决饥寒，而是为了经营资金周转的需要。但这一趋势无疑是在汉代才更为明显。

（4）宗法贵族时代的奴役型借贷关系为古典契约型借贷关系所取代，借贷关系中的超经济强制因素削弱而纯经济因素增强。

我国与世界一些主要文明古国一样，借贷关系是在父权制氏族贵族统治时代出现的，它最初往往是氏族贵族奴役平民的一种形式。在"工商食官"的时代，以及此后的一个时期，一般是氏族显贵（王、诸侯、卿大夫等）成为平民的债主。《管子·问》所谓"贫士之受债于大夫"，《左传》文公十四年所谓"贷于公、有司"，襄公二十九年"出公粟以贷、使大夫皆贷"都是例子，晋文公、郑罕氏、齐陈氏、孟尝君、乐桓子等等皆为著名的放债贵族，他们同时又是宗主、父家长、统治者，借贷双方谈不上平等的纯经济关系。而当古典商品经济打破了公社的躯壳和旧的宗法秩序时，债权人身份便向平民中的富有者转移，同时伴随

---

❶ 参见王永兴：《隋唐五代经济史料汇编校注》，第811—932页。

着氏族显贵的没落。这样债权人与债务人的关系同时又是统治－服从关系的状况便告结束。早在战国末年这种趋势已非常明显，以至于周天子也"九鼎沦没，二南湮尽，贷于百姓，无以偿之，乃上层台以避其责（债），周人谓王所居为逃责（债）台者也"。❶

到了汉代，这种趋势更加明显。贵族向庶民（往往还是法律所"贱"的、有"市籍"的下等公民）借钱、官府向私人告贷，是汉代很突出的现象。尽管相反的情况即贵族、国家充当庶民、私人的债主的事汉代也有，而且这两类现象在魏晋以下各代也存在，但在汉代它们的超经济因素仍明显低于魏晋以后。吴楚七国之乱中列侯封君为筹集军费而告贷于子钱家时，子钱家怕担风险，贵族们于是只能按经济原则支付极高的风险利率才从无盐氏那里得到贷款。反之，贵族向平民放债时也不能凭身份抬高利率。如西汉的旁光侯刘殷就因"取息过律"而获罪❷。王莽时的官贷民钱与顺帝时的官负民债也基本以经济方式进行。像唐代建中年间那样"取僦柜质库法拷索之""一切借四分之一，封其柜窖"❸式的强借民钱，像唐之公廨、宋之青苗那样以"捉钱""抑配"办法强摊官贷的现象，在汉代没有出现过。

汉代以前，我国的借贷契约形式已较完善，汉代有了进一步的发展。当时借贷均削木为券，剖以为二，双方各执其一，还债时"合券"为据。汉代民间借贷的一个特点是无抵押的纯信用借贷成为普遍形式，这本是古典借贷关系平等倾向的体现，但有的学者却以南北朝以后抵押借贷（典质制）的盛行来反证汉代信用事业的不发达。❹其实正如近代银行的无抵押信贷比中世纪的典当业进步一样，古典的无抵押信贷也是继父权制贵族时代抵押制之后的一种进步表现。在世界史上，氏

---

❶ 《晋书》卷26《食货志》引王棱云，第780页。
❷ 《汉书》卷15上《王子侯表上》，第447页。
❸ 《旧唐书》卷12、卷135。
❹ 见彭信威：《中国货币史》，第116页。另一些人为了证明汉代信用事业的发达则多方证明汉代有典质业存在，但其证据正如彭先生所说，是难以成立的。

族贵族统治下产生的原始借贷关系往往是以份地乃至以人质为抵押的，梭伦变法以前的雅典就是如此，我国先秦借贷关系中的"擅强质"现象（详后）也是如此，这种体现对平民的人身奴役的抵押制之被消灭，恰恰是古典商品经济的发展带来的进步之一。

（5）人们对于借贷关系的价值评价有所提高。

前资本主义时代的高利贷一般来说是经济生活中一种破坏性、消极性的力量，因而在社会上受到普遍谴责。只有当商品经济的发展使借贷资本融入整个资本大循环并成为必不可少的环节后，放贷款者－银行家才成为被社会所承认并欢迎的角色。从氏族显贵统治的古风时代向古典商品经济繁荣时代的发展过程中，借贷资本的社会价值地位在某种程度上也经历了一次类似的预演。在古风时代的罗马，社会认为"贷款取利者是比盗贼坏得多的公民"，而到共和中期"贷款取利如果非常公道时"便被视为"很好的"行为，到了帝国初年便出现了辛尼加、小普林尼等对借贷资本的推崇。中国也经历了类似的过程。先秦时代乃至所谓"中世"自然经济时代的舆论普遍敌视或鄙视放贷牟利者，孔子"称贷以益之，非也"的评论就是一个典型。然而在汉代，却出现了推崇子钱家的思想倾向，司马迁表现尤为突出，他把曹邴氏、无盐氏等子钱家视为当代豪杰而为之立传。在他的笔下，这些人"不害于政，不妨于民，取与以时而息财富"；他们在竞争中"必用奇胜""与时俯仰，获其赢利"，比那些"有爵邑俸禄弄法犯奸而富"者高尚得多；他们是"当世千里之中，贤人所以富者，令后世得以观择焉"❶，等等。

尤其值得指出的是，从司马迁对无盐氏乘时取息"什倍"的赞赏可以看出，他并不像一些人那样把利率是否合乎"道德"当作评价他们的标准。这当然不表明司马迁推崇为发财而不择手段的贪欲，而只反映了他的一种观点：在商品经济中利息率、利润率和物价一样不是由

---

❶ 《史记》卷129《货殖列传》，第3281、3277页。

人们的道德水平，而是由某种客观规律决定的，"物贱之征贵、贵之征贱，……若水之趋下，日夜无休时，不召而自来，……岂非道之所符，而自然之验邪？"因此，尽管"贪贾三之，廉贾五之"，而最终整个行业的获利总是在竞争中受平均利润率规律的制约，维持"率亦岁万息二千"的水平。换言之，司马迁是从借贷资本在古典商品经济运动中的职能，而不是从子钱家个人的道德水平出发来评价借贷业的。这在近代以前的整个中国历史上恐怕是罕有其匹的思想。我们当然不能把这种思想仅仅看成太史公天才脑瓜中的发明，很明显，它首先是社会存在的产物。

三 汉代借贷与古希腊-罗马的对比

古罗马时代的拉丁文中有两个表示借贷关系的词汇：usura（意为"勒索""霸占"，转义为"高利贷"）与 credo（意为"信任""信用"，转义为"信贷"）。古风时代与共和早期的罗马人把高利贷当作可憎的 usura 来反对，而共和中期到"罗马和平"时期的人们又把借贷关系当作有益的 credo 来接受。

与罗马类似，汉代 credo 式的借贷关系也是在 usura 式的原始高利贷衰落后发展起来的。前古典的原始高利贷是生息资本的自然形态与最早的形态，它在由古风时代向古典时代过渡时期特别活跃。因为这时商品经济的最初萌芽已刺激起氏族显贵的贪欲，使他们勇于撕下氏族关系的温情面纱而扮演债主的角色，但同时这种弱小的萌芽又无力冲破氏族组织本身以及建基于氏族纽带之上的宗法父权制压迫，因而借贷关系又不能表现为独立个体间的私法关系的形式。这就带来如下特点：1.借贷关系具有奴役性，一般是贵族贷与平民，并非平等的契约关系。希腊-罗马早期的债务奴役制、《十二表法》中债权人对债务人的生杀之权、我国先秦时代所谓"民倍贷以取庸""擅强质""居赀赎责"等制度，都体现了这一特点。2.实物借贷比重大。《管子》所谓"贷粟米、有别券者""秋籴以五、春粜以束"和《左传》昭公三年所载齐国旧贵族小斗出、大斗进的事，都是如此。3. 由于没有平均利润率的制约，利息率大都远远超过生产部门的收益。早期罗马的借贷利息高达40%~50%，我国先秦时更普遍盛行"倍贷"（利率100%）。这种利率可以占有债务人的全部剩余劳动乃至部分必要劳动，同时也阻断了借贷资本与生产过程的联系，使其具有纯消费性质。

原始高利贷是古风时代通过"经济强制"而产生阶级对立的主要因素之一，恩格斯所说的"货币与高利贷已成为压制人民自由的主要手段"❶就是指这一阶段而言。在这种关系发达时，阶级斗争便成为"债权人和债务人之间的斗争"❷。斗争的结果使奴役性的原始高利贷受到打击，同时更重要的是商品经济发展后逐渐形成的一般利润率开始影响利息率，借贷投资也开始出现，这样原始高利贷便逐渐向古典信贷转化。

但在我国，这一过程与古希腊–罗马相比有很大差别。概言之，即从古风时代到古典时代，希腊、罗马通过平民革命摆脱了贵族的宗法压迫与债务奴役，平民因而取得了独立人格。而中国春秋战国时代的改革不是表现为平民运动，而是表现为上层改良。在当时商品经济较发达而债务危机也最严重的齐国，这种改良尤为典型。《管子·问》的"为君应问诸事"中就有一系列关于债务的问题："问邑之贫人债而食者几何家？""问人之贷粟米、有别券者几何家？""贫士之受责于大夫者几何人？"《管子·治国》也说："凡农者，月不足而岁有余者也，而上征暴急无时，则民倍贷以给上之征矣；耕耨者有时而泽不必足，则民倍贷以取庸矣；秋籴以五，春粜以束，是又倍贷也。"齐国的债务问题由此可见一斑。

面对严重的债务危机，统治者把"无什倍之贾，无倍称之民"❸作

---

❶《马克思恩格斯选集》第4卷，第107页。
❷《马克思恩格斯选集》第28卷，第438页。
❸《管子·揆度》。

为治世的标准，并为此采取了一系列措施。《管子·轻重丁》称："峥丘之战，民多称贷，负子息，以给上之急，度上之求。"峥丘之战后，平民大批负债，引起了齐君不安，因为他们是齐国战斗力之所在。于是齐君决心"籍吾国之富商、蓄贾、称贷家，以利吾贫萌"。他遣人"视四方称贷之间，其受息之氓几何千家"。在查清了债务状况后，他把债主们招来，声称愿以宫中"镶枝兰鼓"价万钱者为民"决其子息之数，使无券契之责"。债主们当然不敢让国君破费而代民还债，但是国君坚持要代民偿债，遂免四方之债。又一次，齐君派人分头旌表众债主，债主不知何以受此荣誉，前来询问。齐君故作惊讶曰：听说你们都舍财以赈百姓，真"民之父母也"，难道不该表扬吗？于是这些人只好就梯子下楼，"称贷之家皆折其券而削其书，发其积藏，出其财物，以赈贫病，分其故贷，故国中大给"。❶

《管子》不是史书，而是思想理论著作，以上所述未必就是桓公、管仲做过的事，然而它却反映了那个变革时代各国处理债务危机的一般作法。史籍中诸如晋文公归国而"弃责（债）"❷、齐陈氏反旧贵族之所为——以大斗出、小斗进而招徕民心❸、冯谖代孟君免债于薛并焚其券，结果在政争中受平民拥戴等等，莫不如此。这与希腊-罗马形成了鲜明的对比：希腊-罗马是平民（包括像后来的罗马骑士那样的平民债权人）发动运动来反对贵族债主，而中国却是改革派贵族以债务问题上的"高姿态"来笼络平民去反对那些"贪婪的"债主（包括守旧的贵族债主和"富商蓄贾"等平民债主）。这样就使我国古典化以后的债务关系中保留了比古典希腊-罗马多得多的宗法因素。因此，尽管繁荣时代的希腊-罗马借贷关系中也有 usura 的残余（事实上即使在资本主义社会中它也不能说完全消灭），但秦汉借贷关系中这种残余要严

---

❶ 《管子·轻重丁》。
❷ 《国语·晋语》。
❸ 《左传》昭公三年。

重得多，其表现为：

（1）债务奴役并未消灭。云梦秦简《法律答问》曰："百姓有债，勿敢擅强质；擅强质及和受质者皆赀二甲。"❶ 这是禁止债主强行扣押人质的规定。汉初普赐天下民爵一级，并规定凡有爵者皆不为奴❷。汉代对子钱家征税，并制定利率的法律限制❸，甚至在汉成帝时一度下令"禁绝息贷"❹，以及王莽时代的五均赊贷王田私属等政策，也都有遏制债务奴役的意义。但实际上这些禁令收效不大。尤其在秦代，官债奴即所谓"居赀赎责"❺者曾大量增加。入汉以后"富商大贾多放钱货，中家子弟为之保役，趋走与臣仆等勤"❻ 的现象也很普遍。尤其是古典商品经济带来的两极分化造成"卖田宅、鬻子孙以偿责"的后果。因此，如果说希腊－罗马在平民革命后基本消灭了债务奴役制的话，我国的债务奴役制则在古典商品经济发展后以债务奴隶制的形式保留下来，自然，后者已在很大程度上脱去了前者那种宗法色彩，而成为以"人的商品化"为本质的古典奴隶制的一部分。

（2）由于奴役性的高利贷残余较多，因而 credo 型的古典借贷关系也就达不到希腊－罗马那样的发达水平。这表现在三个方面：一是汉代利息率尽管在中国历史上属低水平，但仍比古典希腊－罗马要高。罗马帝国初年的借贷利率为年息 6%~8%，而汉代达 20% 左右。"倍称之息"的原始高利贷仍时有所见。二是借贷资本向经营资本的转化即信贷投资也远不如希腊－罗马发达，这又造成了汉代信用制度的落后。在雅典与罗马的经济生活中银行业起着重要作用，尤其是帝政初年的罗马，银行业遍布各个城市，除存款、贷款业务外，还从事汇兑、转账支付、

---

❶ 睡虎地秦墓竹简整理小组编：《睡虎地秦墓竹简》，"法律答问释文注释"第127页。

❷ 《汉书·刑法志》。

❸ 《汉书·王子侯表》："旁光侯殷……坐贷子钱不占租，取息过律，会赦，免。"

❹ 居延汉简73.E.J.F.

❺ 《秦律十八种·司空》。

❻ 《后汉书·桓谭传》。

期票贴现、赋税折算等等。而汉代没有出现银行业，"富人藏钱满室，犹无厌足"❶之类的现金囤积便成为一时风气。三是没有形成一般生息资本的形态。在罗马繁荣时期，由于古典商品经济中利息率的平均利润率化，以致于各种投资收益都被视为生息资本的不同形态，例如地租在罗马人那里便被看作是地价的利息，地租率随利息率的波动而波动。但汉代租佃关系虽也表现出古典色彩，却绝没有达到罗马那种地步。

由于我国氏族血缘纽带并未彻底斩断，古典时代仍保留了一定的宗法色彩，所以除原始高利贷与古典信贷之外，汉代的借贷关系中还存在着同宗相济的低利乃至无利借贷。如西汉末的樊重，"赀至巨万，而赈赡宗族，恩加乡闾，……其素所假贷人间数百万，遗令焚削文契。责家闻者皆惭，争往偿之，诸子从敕，竟不肯受"❷。这与因利息率受平均利润率制约而产生的古典信贷性质不同，它的低利乃至无利不是古典色彩的，而是一种前古典的氏族遗风。

但所有这些区别基本上只是发达程度与模式之别，就借贷关系由原始高利贷、古典借贷演进到中世纪高利贷的发展规律而言，我国汉代借贷关系的基本特征是与古典西方相同的。

第八节　古典租佃制——汉代与罗马的比较

"租佃"是史学中极常用的概念。长期以来人们都说："奴隶社会"是奴隶劳动，封建社会是租佃制。而"古史分期"的全部工作便是寻找奴隶制为租佃制所取代的标志。然而，究竟什么叫"租佃制"？看来对这一"符号"所要表达的"语义"在今日还远远不是一致的，于是

---

❶《汉书》卷24下《食货志下》，第1176页。
❷《后汉书》卷32《樊宏传》，第1119页。

关于它的研究便有成为一场没有规则的"语言游戏"(维特根斯坦语)的危险。❶

一 租佃制与古典商品经济

笔者认为所谓租佃制应有广、狭二义。广义的租佃制指独立经营者向别人交纳剩余产品或劳务,不论这种交纳是基于土地所有权、人身权利、政治特权还是宗教特权等等。在这个意义上,租佃制是与剥削者组织生产而向劳动者交付必要产品的制度(雇佣制或奴隶制)相对而言。马克思说,资本主义条件下资本家给工人工资,而中世纪农民给地主地租;资本主义制下无酬劳动似乎也成了有酬劳动,奴隶制下有酬劳动似乎也成了无酬劳动。而租佃制则是有酬劳动与无酬劳动分开的。从这个意义上说,"吃自己饭的"劳动者向剥削者交纳产品或劳务的任何形式,包括我国三代的贡助彻、斯巴达的希洛制、古罗斯的"索贡巡行"制等等,都可以称之为"地租"。也只有在这个意义上我们才可以说中世纪的农奴支付着"劳役地租"。因为很明显,在中世纪共同体等级占有制条件下我们很难绝对地说领主是"土地私有者",而农民则对土地没有任何权利。事实上,这种劳役的基础并不是"无地的"农民耕种了"土地私有者"领主的土地,而是自然经济宗法共同体的人身依附关系,统治与服从关系。

而狭义的租佃制则是建立在土地所有权基础上的经济关系,其实质是土地所有权或土地资本的有息借贷,也可以理解为土地定期使用权的买卖。罗马法把租佃视为一种债权关系,并定义说:"它很类似买卖,并受同一法律规范的调整。"马克思说:"土地的价格不外乎是资本化的地租,什么叫资本化的地租呢?这就是说,我把地租看作是投在购买土地上的资本的利息。"显然,这个意义上的地租只能是商品经济

---

❶ 古典租佃制及汉化与罗马的比较,详见秦晖:《古典租佃制初探——汉代与罗马租佃制的比较研究》,载《中国经济史研究》1992年第4期。相关引文注释见该文。

发展的产物。它的前提是土地之为商品，土地之为货币等价物，土地之为生息资本，而租佃关系的当事人必须是自由人。这种作为自由人的佃户以等价交换方式租赁作为自由财产的土地（亦即购买土地一定时期内的使用权）的制度，只有在商品经济较发达的时代，存在着自由人与自由私有财产的时代才能存在，也就是在古典时代与近代才能存在。而在封建社会，它只有作为农奴化以前的古典私有制遗存，或作为人身依附制度瓦解后的近代自由私有制的历史前提而存在。

可见，广义的租佃制与封建制二者之间并无必然联系，封建制发达的国家未必有发达的租佃制，而租佃制发达的国家未必就是封建国家；而狭义的租佃制即自由租佃制更与封建制在逻辑上是矛盾的。我们过去说鸦片战争前的中国是一个"封建社会"，尽管其实与古语所谓"封建"无关，但即便只是强调其非近代性而言，也不是因为有租佃关系，而是因为命令经济、人身依附与共同体羁绊——私有制关系上的宗法与特权羁绊，因此租佃制也是不自由的。换言之，不是租佃制决定了当时社会的封建性质，而是社会的封建性质决定了那种租佃关系的性质。

由于狭义租佃关系条件下地租不过是生息资本利息的一种形式，地租率与借贷利息率一样受到支配商品经济的"看不见的手"的制约，必然地要低于资本的社会平均利润率，因此这种租佃关系不会妨碍其他形式的资本（例如近代产业资本）的积累。过去有一种似是而非的流行说法，说什么中国资本主义所以难产，就是因为土地"自由私有"，自由买卖与租佃，因此地主、工商业者、高利贷三位一体，积累都投资于购买土地剥削地租，因而资本原始积累搞不起来。而西方则是领主制加村社，土地不能买卖与自由租佃，故工商业积累只能变成产业资本云云。其实历史的事实是：在西方农奴制与地产"僵化"的时代，还根本没有什么资本原始积累，而原始积累的开始正是在农奴制瓦解、租佃制盛行、土地可以买卖的16世纪以后。当时西方并不是没有"以末致财，用本守之"，以工商业利润购买土地的现象，但它并不妨碍原始积累，因为自由租佃制本身具有的使地租率低于平均利润率的机制，就像"一只看不见的手"而自行阻止了工商业者大规模进行土地投资的趋势。而在封建中国"家国一体"的宗法共同体下，恰恰不存在自由租佃制。晋唐之间那种贵族等级占田制下的农奴制自不待言，就是宋元以后，在"土地买卖"的表象背后也根本不是商品交换关系，而是统治与服从关系，土地不是按资分配的，而是按权分配的。最有资格的土地所有者始终是权贵而非富商。"投献""优免""飞洒"风气之盛，表明对权贵来说固然"'福'字从田"，而对非特权者来说却是"'累'字从田"，平民地主的不稳定性远甚于封建性的特许商、专利商。靠纯经济手段购买土地，当平民地主来"用本守之"是根本"守"不住的。由此造成自然经济与人身依附条件下地租率极高而地价相对极低，根本不受平均利润率的限制。地租与其说是地价的利息，勿宁说是"特权即例外权的类存在"。由这种高额地租吸引而发生的"以末致财，用本守之"，与其说是工商业资本通过等价交换方式转为土地资本，毋宁说是工商业资本投靠宗法特权：是以工商业（往往是垄断性、特权性的专利商、特许商）致富，通过权力关系（而非等价交换关系）转化为权贵地主及其附庸以"守之"。显然，在这里阻碍资本原始积累的，与其说是自由租佃，毋宁说是宗法特权。

然而在前封建的古典时代，"以末致财，用本守之"这句司马迁在《史记·货殖列传》中的名言却具有一种完全不同的性质。我们知道，前古典时代由氏族异化而产生的早期文明在氏族团体封闭性的基础上往往形成种姓制。我国西周时代就是"工之子恒为工，商之子恒为商，农之子恒为农"。在古风时代的希腊诸邦如底比斯、克里特诸城，工商业者不能享有公民权（这在当时的实际意义即不能占有份地、不能为农民），"以末致财，用本守之"是对这种传统的否定。所谓用本守之，从《货殖列传》的行文看，主要是指古典商品经济中的农业经营资本即经营"千亩漆""千亩桑麻""千树栗""千树枣""带郭千亩亩钟之田""千亩卮茜、千畦姜韭"之类商品种植园的生产资本，但毫无疑问土地生息资本也会随着商品经济的发展而同步兴起。

古典商品经济的发展，在罗马与汉代都造成了文明史上货币关系发达的第一个高峰。从汉武帝至平帝的一百余年间，发行五铢钱共达2800亿文之多，年均发行量达到唐代最高年份的七倍以上、清代前期平均数的十倍以上，赋税、工资、俸禄、利息、罚款等等都高度货币化了。"庶民农工商贾，率亦岁万息二千，户百万之家则二十万，……此其人皆与千户侯等。……子贷金钱千贯，节驵会，贪贾三之，廉贾五之，此亦比千乘之家，其大率也。佗杂业不中什二，则非吾财也。"这反映了当时在价值规律的作用下已形成资本的社会平均利率。它调节着农、工、商、高利贷乃至其他"杂业"等各行业间的资本流向，这是后来封建时代从未有过的现象。至于古罗马，则古典商品经济与货币关系的发达又高于两汉，不仅贵金属铸币（塞斯退斯、德拉克马、迪那里等）已取代了贱金属货币（阿司），而且已经广泛出现了具有存款、贷款、汇兑、转账、贴现等功能的金融信用业（古典式的"银行"）。罗马物权法中所谓"物"（res）被定义为可以转换为金钱价值的权利客体，并且指出了"物"具有产生"息"（fructus）的功能。在这里"物"实际上已被抽象为生息资本，它也必然使罗马人产生关于社会平均利率的认识。在罗马经济学家如科路美拉等人的论述中，常把等量资金作为生产资本所能产生的利润、作为借贷资本所能产生的利息、作为土地资本所能产生的地租进行比较，并以此作为择优投资的根据，同样是一种"不中什二，则非吾财也"的思维方式。

古典商品经济揭示了"一个伟大的'真理'：人也可以成为商品，如果把人变为奴隶，人力也是可以交换和消费的"。现在不少人认为汉代奴隶没有罗马那么多，因而得出结论说，商品经济在罗马导致了奴隶制，而在汉代导致了租佃制。这是否合乎事实姑且不论，起码他们没有看到：汉代与罗马哪个奴隶更多，固然并非无足轻重，但这都是什么性质的奴隶、在什么样的经济规律制约下的奴隶、在一种怎样的动态经济系统中充当元素的奴隶，却是更重要的问题。罗马法认为：奴隶是 mancipia，即可买卖物，"奴隶劳动体现在其产品之中，而……产品被理解为扣除（奴隶）必要消费后的余额"。汉代人说得更透彻："奴婢，职在理财货"，"奴婢致财，与财货相似，……可通往来，故理财货也"。奴隶是"与财货相似"，"可通往来"即可以流通的商品，而且还是一种本身可以"致财"即产生价值增殖的特殊商品！古典商品经济撕掉了早期文明时代掩盖着人身奴役的氏族家长制宗法外衣，以商品所有者和商品的形式赤裸裸地展示了自由人与奴隶的对立，这就是作为历史必然性的古典奴隶制。至于这种必然性所引起的社会现象已发展到什么程度，这是另一个问题。

二 古罗马的租佃制

然而古典商品经济并不仅仅造成了古典奴隶制，它还把人与财产都从异化了的氏族共同体束缚中解放出来，形成了文明史上第一个"自由人"与"自由私有财产"的时代。作为"自由私有财产"主要成分的土地也卷入了商品经济的自由流通之中。中国自秦以后，罗马自布匿战争以后，土地关系已从"份地永占"发展到自由私有制，西汉田地"人卖买由己，是专地也"。罗马的西塞罗则认为当时的地权已是"不受任何官方或私方干扰的、对不动产的所有权"。在商品经济洪流中，土地流通频率异常地高。汉代"商人并兼农人"，形成了"富无经业，则货无常主"，"田无常主，民无常居"的局面。罗马地产的流通频率更令人叹为观止。共和晚期，米塞努姆地方一个庄园在最多25年内先后属于马略、科尼利亚、卢库路斯和老库里奥四人。西塞罗在图斯库拉努姆的地产在他购买它之前的四分之一世纪里也已经过了苏拉、卡图卢斯和一个自由富人维提乌斯之手，而西塞罗流亡归来后又卖了它，但很快又改变主意，把它赎回。同一地区另一个庄园从自由人索特里库斯·马修斯手中转到 L. 克拉苏手中，此后约50年间又至少换了5个所有主。这种状况从逻辑上说必然伴随着两个现象：第一，土地所有权的流通自由必然伴随着土地使用权的流通自由。

不少罗马农民就是在出卖土地所有权后"在自己的土地上"成为佃户的。第二，地主们既然占有的是活动性很大的地产，就需要剥削可适应其地产消长变化的劳动力，而不能也不必占有固定的人身依附者，否则一旦买进新的地产，靠谁耕种？如果卖出地产，又怎么养活原有的依附者？换言之，"自由地产"需要"自由"的劳动力，这种"自由"可以是主体意义上的，即自由雇工、自由佃农，也可以是客体意义上的，即"与财货相似，可通往来"的自由流通的商品——奴隶，但绝不能是处于宗法纽带之中，累世依附，数目固定的农奴、部曲、私属等等。

因此，古典时代租佃制的发达在逻辑上是必然的。广义的"租佃制"虽在罗马发生极早，王政时代的被保护民就耕种着从主人那里得到的土地，并承担"资助"主人的义务。但狭义的即真正以土地所有权为基础的租佃制则是公元前3世纪后兴起的。加图的《论农业》中就多次谈到租佃制，出租的种类包括种植谷物和豆类的土地、葡萄园、牧场等，收取九分之一至五分之一的实物分成租。公元前2世纪为罗马征服的希腊地区古典商品经济兴起更早，租佃制发达也更早，如提洛岛及其附近的20多个属于阿波罗神庙的地产都是出租的，其中包括橄榄园、无花果树园等等。佃户交纳货币地租，租佃契约为期10年，但这种契约通常都可续订，铭文表明这里的租佃关系自公元前313年直至公元前170年一直延续。这种短期、定额、货币租的形式很快也在意大利流行。五年租期是契约的标准形式，而地租即使实际上以产品支付，也往往是按固定的货币价格来结算的。在定额租制下，遇荒年佃户可以减纳，但地主保留在次年丰收后追回所减数额的权利。到了公元1世纪的"罗马和平"时代，罗马社会的繁荣、古典商品经济的发达都达到顶峰，租佃制同样发展到极点。这个时期的租佃形式也日趋多种多样，除了定额货币租外，还有分成制、实物租。租约有长期的和永佃制的，还广泛存在着转租（一田二主）、包租现象。犹如借债往往需有抵押一样，租佃关系中也盛行押租制，《法学汇纂》中关于押租与租佃保险有一系列的规定。在租地的使用方面，既有使用奴隶劳动的"货殖"型租地农业家，也有大批租进、小批租出、转租牟利的包租人，当然也有大批小佃农，其中既有外来的求佃者，也有失去土地后保留佃种权的原来的小农。在诸行省，小佃农无疑占绝对优势，即使在意大利，也没有什么根据足以证明租地奴隶主居多数。整个来看，这一时期租佃制的特点是：

（1）租佃关系的相对普遍性。国有地几乎全部租与私人，私有地的租佃也很活跃。据小普林尼在公元 98 年的一封书信说，他一般每年可从佃户那里得到 40 万塞斯退斯的租金。从其他信中可知这时他的全部收入为每年 100 万塞斯退斯，其中包含相当一部分商业与债利收入。不难推断，地租收入在他的农业收入中大概已占一半以上。

（2）自由租佃。地权流通率高，活动性大，反映在租佃关系上便是短期租佃占优势，既使实际上租佃关系持续好几代人，也往往采取不断续签短期租约的方式进行，如前述提洛岛的情况。显然这样是难以形成固定的依附关系的。反映这一时期的租佃法有两条原则：其一，佃户"在我们的法律中不属于从属地位"。直到隶农制盛行以后，224年的一个法令仍然说："如非所愿，无论佃户或其子孙在租契期满后都不应被羁留"，并补充说："以往法令中常常有此规定"。显然，3 世纪的法令如是言，反映了"以往"自由租佃制的遗风，尽管实际情况早已面目全非。与佃户退佃自由相应的是地主的划佃自由，不但租佃期满后地主有权收回土地而辞退佃户，甚至在租期内如果地主将土地卖与他人（按罗马法的绝对所有权观念，他原则上是有此权利的），新地主也可以把佃户赶走，因为他并非原租佃契约的一方，不受它的约束（相应地佃户也可不受约束而提前退佃）。这就是第二个原则"出卖终止租佃"。在此情况下佃户如受损失，可对原地主提起诉讼要求赔偿，但无权反对新地主的划佃行为。

（3）租金利息化。正如下文还要提到的，罗马地产普遍不论面积而论价值，地租率不是按产量，也不是按地亩，而是按地价计算的，并且在理论上须以货币支付。这样，商品经济条件下地租是地价的利息这一特点便表现得相当明显。事实上，这一时期的地租率也确实与当时的借贷利息率基本相等，并都被限制于某一水平（实际上就是社会平均利率）以下。相对于前近代社会（无论是我国魏晋至明清还是欧洲典型封建时代）而言，这种地租的租率相当低。这当然不是因为当时的地主比中世纪的地主善良，更不是因为他们认识到"地租只是奴隶制的补充"而对此无所谓，而主要是古典商品经济的内在调节机制所决定的。正是在这种租率的基础上才能存在相当数量的古典式"租地农业家"。

（4）这种租佃制上承早期文明中异化了的氏族社会里的被保护民制，下接古代末期自然经济化以后的人身依附制（隶农制、农奴制等等）。它作为土地商品化的产物，与人身商品化的产物——古典奴隶制——同受古典商品经济运动规律的调节，同兴同衰，并没有"租佃制取代奴隶制"一说。至于谁是谁的"补充"也很难讲，无论如何，现在学者们日益倾向于认为"罗马社会中典型的劳动者是农民，而不是奴隶"。看来，我们应该用系统论中一定规律下诸元素相互作用的观点取代以往那种A支配B、B服从（补充）A的机械论观点。社会形态的演变应该是系统结构与运动方式的改变，而不仅仅是某个"支配因素"的替代。

三 汉代租佃制与古罗马的相似之处

从上述观点看，汉代租佃制有许多与罗马相似之处：

（1）汉代租佃关系也是古典商品经济发达的产物。汉代与罗马一样，盛行着土地作为货币等价物的观念。我们今天看到的汉代记产文书，无论是官立的四川郫县出土计赀残碑、居延户籍简中的记产内容（如著名的公乘礼忠等简），还是私立的记产碑如《隶释》中的《金广延母徐氏记产碑》等，都是把土地与奴隶等折合成为货币价值载入的。这与我国封建时代的地产记录文书（如敦煌、吐鲁番唐宋文书与明清鱼鳞图册、地籍文书等）形成鲜明对比，而与《拉丁铭文集成》（CIL）、《拉丁铭文选辑》（ILS）中收录的绝大部分3世纪以前罗马记产碑类似。显然，这种形态的地产在租佃关系中已具有土地资本的性质。

（2）上述经济条件下，汉代也出现了一个自由租佃制相对活跃的局面。董仲舒曰："（秦）用商鞅之法，改帝王之制，除井田，民得卖买，富者田连仟伯，贫者亡立锥之地。……小民安得不困？又加月为更卒，已复为正，一岁屯戍，一岁力役，三十倍于古；田租口赋，盐铁之利，二十倍于古；或耕豪民之田，见税什伍，故贫民常衣牛马之衣，而食犬彘之食，重以贪暴之吏，刑戮妄加，民愁亡聊，亡逃山林。"❶可见这些佃农是国家编户齐民，是向国家承担公民义务（赋役）的，而不是依附于私人的。在原则上他们可以当兵（正卒、屯戍），还可以当官，如东汉的杨震、郑玄都曾为佃：杨震"少孤贫，独与母居，假地种殖，以给供养"；❷郑玄"年过四十，乃归供养，假田播殖，以娱朝夕"。❸至于国有地的租佃，即"假民公田"，在汉代租佃关系中比重尤大，其承租者有平民中之贫者❹，有平民中之富者，如武帝时通西南夷，"募豪民田南夷，入粟县官，而内受钱于都内"❺。甚至更多的还有官吏贵族，如《盐铁论·园池》中论述的"公家有障假之名而利归权家"的"公田转假"制，史籍中酷吏宁成等就曾干过这种事。可见，这种租佃制只能

---

❶ 《汉书》卷24上《食货志上》，第1137页。

❷ 《后汉书》卷54《杨震列传》，引《续汉书》第1760页。

❸ 《后汉书》卷35《郑玄列传》，第1209页。

❹ 如地节三年诏："流民还归者，假公田，贷种食，且勿算事。"初元元年诏："江湖陂泽园池属少府者，以假贫民，勿租赋。"（见《汉书》宣帝纪、元帝纪）显然，这些贫民、流民都是正常情况下需要交纳租赋的自由民，而非国家农奴。在边境地区，赵充国推行屯田制以前也只是实行"募民实边"基础上的自由假田，位于如今内蒙地区的"北假田官"（《汉书》元帝纪引李斐注："主假贷官田与民，收其假税也。"）与东汉以后盛行的国家军事农奴制屯田显然不同。

❺ 《史记》卷30《平准书》，第1422页。

是自由租佃制，由于佃户并不是特殊身份，也不被视为一种特殊职业，因此佃户没有特殊称呼，亦谓之"民"而已。租地经营方式也多种多样，有自耕者（"耕豪民之田，见税什伍"），有转租者（"公田转假"），还有商品化农业经营者，如宁成在"贳贷陂田"上"役使数千家"，杨震在"假地"上"种蓝"等等。

两汉地租支付手段与罗马一样可以以劳务、产品与货币支付。前者如宁成"贳贷陂田千顷，假贫民，役使数千家"，中者如"耕豪民之田，见税什伍"，后者如《九章算术》卷6第24题："今有假田，初假之年三亩一钱，明年四亩一钱，后年五亩一钱，凡三岁得钱一百，问田几何？"但无论支付形式如何，都是以交换的形式实现经济地租。过去有一种理论，把地租支付形式与人身依附关系强弱简单挂钩。凡以劳务支付的便称之为"劳役地租"，认为最原始、依附性最强，次为"实物地租""货币地租"，依附性依次递减。其实地租规律并不按此顺序演进，而只有经济性地租与依附性地租两种，前者可以劳务支付（如俄国之工役制，宁成一例即可称为古典工役制），后者亦可以实物或货币支付（如我国安徽佃仆制便是交纳定额租的）。问题不在于地租支付形式，而在于租佃关系成立的基础：是商品交换性质的自由经济契约，还是自然经济下的人身依附？

（3）汉与罗马的这种古典租佃关系，都是随着古风时代依附制度（我国的井田制"劳役地租"，希腊的"六一农"债奴制地租以及罗马被保护民的"封建租佃制"［维科语］）瓦解后兴起的，后来又随着中世纪人身依附关系的盛行而衰落。这种以土地使用权商品化为本质的古典租佃关系和以人身商品化为本质的古典奴隶制是随着古典经济的兴衰而平行起落的，正如资本主义性质的地租（级差地租与绝对地租）与雇佣劳动（劳动力商品化）平行兴起一样，不存在一个取代另一个的问题。

我国租佃制兴起于何时？这是个值得讨论的问题。"西周封建论"者认为井田制就是一种"劳役地租"制度。这从广义租佃制说可以成立，虽然，它并不是封建地租。而最没有根据的是"战国封建论"者的主张了。他们立论的基点是把"地主""租佃制"与封建制划等号，因此在汉代以前寻找租佃制达到了捕风捉影的程度。例如郭沫若从《吕氏春秋·审分览·审分》关于"公作则迟，有所匿其力也；分地则速，无所匿迟也"一语中得出结论说，"秦前的地主们已经充分懂得""奴隶制集体耕作"不如"封建制的""分佃的办法"。其实，上述语句不过是说明集体劳动不如个体劳动而已，哪里有什么"分佃"的影子？他又从《韩非子·诡使》中"士卒之逃事伏匿，附托有威之门以避徭赋而上不得者，万数"一语中断言，韩非时代已出现了"万数"即"不计其数"的、"极多"的、"普遍"的佃农。其实，"附托有威之门以避徭赋"与"租佃制"并无必然联系。孙达人在20世纪50年代已举出大量证据证明这些避役的人只是不事生产的"食客"，而绝非农民，更不是佃农。事实上，整个战国时代仍然在实行国家授田、份地永占的制度。

我国的古典租佃制与罗马一样，是在从"份地永占"向土地私有过渡的时代（这一时代同时也是商品化私有奴隶制和奴隶市场活跃的时代）发展起来的。汉时租佃称为"假田"。"假"训为借，即自由农民向地主（国家或私人）"借用"土地，"假"又通贾、价，是用货币、产品或劳务为代价交换来的土地使用权。同罗马一样，这种关系最初是在国有土地上形成，在"份地永占"制下，国家除按一定标准向公民授田外，也可以以一定条件向公民出借土地。罗马在共和中期就是这样的，到格拉古改革前后私有土地变成了自由财产，租佃关系也随之在其中活跃起来。在我国，《史记》中只有假公田的记载，到两汉书中才出现私田租佃的材料。可见租佃制也是从公田发展到私田的。到东汉以后，古典商品经济衰落，边疆地区的"北假"田制为军事农奴制的屯田所代，内地的"假民公田"自安帝以后不复再见，至三国时亦为屯田所代。至于私田租佃，则在"奴的客化、客的奴化"的趋势下演变为自给自足庄园中的徒附、私属、部曲制，"假田"之名也消失了。

租佃关系从国有地扩展到私有地，从公法性质变为纯私法性质。希腊-罗马的公有地出租与汉代之假民公田原来在一定程度上是公民身份的体现，不完全是经济关系，后来受土地买卖的影响，成为纯经济的土地使用权买卖关系了。而到古代末期自然经济化时又从纯经济关系变成了超经济强制的依附关系。罗马帝国前期，小普林尼与科路美拉均提到佃户耕作很糟糕，应该慎用。如果要使用租佃制，则主人应勤于监督，并改定额货币租金为实物分成租。这些话与其如过去有人所说的那样体现了奴隶制向租佃制的转变，毋宁说体现了古代自由租佃制向中古依附关系演变的端倪。这时的自由租佃制已是一种走向没落的关系而不是新生的东西了。

四　汉代租佃制与古罗马的不同之处

但是，秦汉与罗马租佃制也各有其特点。

首先，应该说汉代租佃制远不如罗马发达。前面说过，汉代自由租佃制比起先秦及魏晋南北朝来说要发达，但若与希腊-罗马世界相比，则我们应承认还是不甚发达的。所谓"或耕豪民之田，见税什伍"，也只是说"或"然有之而已。《史记》一书根本未提到私有土地的租佃制，公田租佃亦仅二见，而提到奴婢与雇佣劳动之处却很多。从西汉中期至东汉陆续写成的汉代大部头文献之一《太平经》的现存部分也频频出现"奴婢"与"流客"（雇工），却一次也没有涉及租佃制。另外两部古典时代的经济巨著《管子》（部分篇章写成于西汉）与《盐铁论》也绝口不提私有租佃（后者只提到公田转假），而这两部书对奴婢、雇佣、高利贷等现象均有记述。《史记·货殖列传》中列举致富门路上百项，其中有各种商品化农业经营者、农产品贩子，也有"出租"资本的"子钱家"，唯独没有提到土地出租者。晁错说农民破产后的处境是借高利贷，"卖田宅鬻子孙以偿债"等等，也没有提到沦为佃农的出路。可见汉代虽然毫无疑问有租佃关系，但发达程度甚为可疑，把汉代农村描绘成地主与佃农的世界肯定是不符合实际的。《货殖列传》所描写的那种商品化农业、代田法、区种法所显示的规模经营与集约化农业，郫县残碑中反映的土地关系，都与租佃制格格不入。

前面已说过，关于先秦租佃制的说法大都是曲解史料，而汉代虽然确有租佃制，但过去为了夸大其作用以证明"封建制占主导地位"，也往往牵强附会地解释史料。例如，把所有的"假民公田"都说成是国有土地租佃制，其实正如高敏论证的，其中有相当一部分是国家授田制而非租佃制。又如，据陈汤所说，成帝时"关东富人益众，多规良田，役使贫民"。❶有人以此证明"富人普遍采用"租佃制，有人甚至进一步引伸出"役使"一词当时就是指租佃制。其实，这句话只是说富人霸占大片土地使贫民为之干活，并没有说他们是以什么方式实现这一点。"役使"一词就字面意义来说是"使之服役"，更不能理解为交纳地租。《战国策》注："规，犹谋也。"《康熙字典》谓："《汉书》凡谋皆作规。"又《礼记·王制》有"规田"之制，其说为"九夫为规，四规而当一井"，是一种井田制式的集体耕作制。所以从字面上讲"多规良田"带有谋划、经营之意，并非坐收地租而不问其他的租佃制。

还有一些史料，我们虽然不能说它绝不是指租佃制，但至少把它解释为租佃制仍是可疑的。如王莽指责"汉氏减轻田租，三十而税一，常有更赋，罢癃咸出，而豪民侵陵，分田劫假，厥名三十税一，实什税伍也"，❷今人多从颜师古说，把"分田劫假"与"什税伍"等为一事，认为这是豪民向佃户收什伍之租。其实从原文看来"厥名三十税一，实什税伍也"一话的主语显然是"汉氏"而非"豪民"。"分田劫假"一语较为费解，"分田"当时一般作"依分占田"解，所谓"分田无限"就是这个意思，而"假"即"假民公田"。正如高敏曾指出的，两汉后期的"假民公田"已由租佃型为主变为授田型为主，因此所谓"豪

---

❶ 《汉书》卷70《陈汤传》，第3024页。
❷ 《汉书》卷99中《王莽传中》，第4110—4111页。

民侵陵，分田劫假"似应解释为：豪民侵陵百姓，霸占土地，把国家授与的假田也劫夺了。如汉成帝时，"帝舅红阳侯立使客因南郡太守李尚占垦草田数百顷，颇有民所假少府陂泽"。❶这类事情当时屡见不鲜，故王莽有是言。由于小民的土地，多为豪强所占，而税如故，因此名曰三十税一，实际上等于是什伍而税了。

此外，荀悦的话，"今汉民或百一而税，可谓鲜矣，然豪强富人，占田逾侈，输其赋太半。官收百一之税，民收太半之赋，官家之惠优于三代，豪强之暴酷于亡秦"，❷也是今人论及租佃制时几乎人人必引的史料。但要把"太半之赋"解释为私人地租也有可疑之处，因为这里"输其赋太半"的主语似乎是"豪强"，这就不好理解了。因此后来杜佑在《通典》中改为"浮客输太半之赋"，"人输豪强太半之赋"。我们现在的理解便是从杜佑而来。但杜佑这种改动是否合适，值得研究。事实上说秦汉之时以"赋"称私人地租，且租率高达三分之二，并无其他材料可为佐证。我们也可以作另一种理解，即荀悦这里说的是土地集中程度之高，并不是说地租率的高低（下文紧接着谈论应该实行限田制与井田制，可以为证），由于豪强富人占田逾侈，以至提供田赋总数三分之二的土地都集中于他们之手，而这些田赋也为其所吞。所以说这是一种"适足以资富强"的制度，需要以井田制或至少是限田制来纠正之。

总之，两汉虽有租佃制，但并不像过去所渲染的那样发达。

如前所述，汉代史料中很少谈到租佃制，而罗马繁荣时代的作家如加图、西塞罗、维吉尔、贺拉斯、科路美拉与小普林尼等人的著作中都多次谈论租佃制。我们现在所知的秦汉法律，包括睡虎地、张家山出土的秦汉律简、正史刑法志及沈家本《汉律撫遗》一书所搜集的丰富材料在内，都未见有关于租佃制的条文，而罗马法中关于租佃制

---

❶ 《汉书》卷77《孙宝传》，第3258页。
❷ 荀悦：《前汉纪·孝文皇帝纪》。

的规定之详明令人叹为观止，整个《法学汇纂》的第19卷第2章和《查士丁尼法典》的第4卷第65章以及其他章节的部分条款都是租佃法，其中许多原则至今还在指导资本主义国家的近代租佃关系。自然，罗马法中关于租佃的部分内容是帝国后期隶农制即"束缚性佃户"制时代的东西，但诸如《法学汇纂》第19卷第2章中作为债权关系一部分的租佃法则完全建立在自由契约（locatio conductio）原则上，其渊源可上溯至希腊，而在罗马至少在加图时代它已是"正常的行为"。

我们知道，秦汉时代并没有形成任何关于租佃关系的特有术语，"佃户""地租"之类的概念都是隋唐以来才有的，秦汉时代只有"贫民""假"了土地而交"税"这类泛泛的说法。而罗马时代已经发展了一套关于租佃的专门术语，如 locatio conductio（租佃契约）、colonus（佃农）、vectigal（承租者）、conductor（包租人）、partiarius colonus（分成农）、emphyteusis（永佃权）、adscripaticii（编入佃农）等等。

秦汉考古材料为我们提供了一些原始的商业、信贷、财产登记、赋税交纳等方面的文契籍账，然而至今并未发现任何一件有关租佃制的原始文件，而这种文件在希腊与罗马的铭文中和纸张文书中却是大量存在的。所以今天人们可以对罗马租佃制进行个案的微观分析，而对汉代租佃制则没有这种条件。

罗马的租佃制形态中已经具有了许多我国前近代晚期租佃制高度成熟后才具有的，甚至在那时都尚未具有的现象，如货币地租、定额租、不在地主、一田二主、田骨田皮、包佃制、押租制、永佃制、租佃保险等等，而秦汉的租佃制绝无如此成熟。过去在古史分期讨论中曾有人批评魏晋封建论说："与其说两汉象罗马，不如说两汉更象宋元明清。"其实仅就租佃制而言，罗马倒似乎比两汉"更象"明清，当然确切地说，应该是比起典型封建制来，前封建的古典时代"更象"封建晚期商品经济复兴时代，这是合乎否定之否定规律的。

如前所述，在古典时代国有土地的租佃制是具有代表性的。罗马与汉代的国有地产租佃制都比私有租佃制产生早、发达程度低，但两相比较，罗马国有租地的发展水平显然又远在汉代之上。我们知道古典私有制高度发达的罗马很少有"国营经济"，"国有地如果开发了，一般都是在国家的私人佃户手中"。而汉代的国有地则除了"假"于私人外，还有大量被用于国家经营，如武帝时在"杨可告缗"中被没收的大批田地、奴隶，就是转交水衡、少府、太仆、大农等部门设立田官来经营的。此外，非自由的军屯土地也占了很大比重，东汉尤其如此。因此汉代国有租佃制的发展是不能与罗马相比的。

最后，我们还可以从逻辑分析入手比较一下罗马与汉代租佃关系的发展水平。

我们知道租佃关系得以发展的历史前提是地权与经营相分离，或者地权集中而经营分散或者地权分散而经营集中。罗马与汉代都存在着古典商品经济自由分化条件下的土地集中问题。汉代有"富者田连仟伯，贫者亡立锥之地"之说。罗马也有"大地产毁灭了意大利"，"六个地主占有阿非利加全省土地的一半"之说，单凭这些泛泛之词似难以作定量的比较，但在逻辑上，由于罗马古典商品经济的发展水平远在汉代之上，自由民的竞争、分化也比汉代剧烈，因"民得卖买""田无常主、民无常居""信并兼之法，逐进取之业"而造成的土地集中趋势也应比汉代强烈。从实例来看，如果把西汉郑里廪簿、东汉郫县簿书碑与罗马帝国的若干类似的铭文用现代统计方法加以处理，可得下表：

	东汉郫县残碑	西汉郑里廪簿	罗马					
			Ligure–Baebiani A.B.101	Veleie A.D.110	Volcei A.D.307	Lamasba A.D.220	Magnesia ≈ A.D.310	Hermopolrs ≈ A.D.310
样本包含的单位数	16	25	57	46	36	78	67	198
Gini 系数	0.50	0.223	0.435	0.526	0.394	0.447	0.679	0.856
离散系数	0.920	0.409	1.414	2.003	1.178	1.808	2.992	4.642

Gini 系数与离散系数是显示土地集中程度的两个统计指标。显然这两个指标罗马一般较汉代为高。因此从逻辑推理到抽样分析的结果都告诉我们，两极分化、土地集中的现象在罗马比在汉代更明显（而在这两个社会内，后期又比前期更明显）。

而土地经营方面呢？以往中国学者往往被灌输以这样一种看法：似乎奴隶制生产就是一种"十千维耦"，拥有"上万奴隶"的特大农场，这完全是一种天方夜谭式的神话。实际上，古典商品经济条件下的典型种植园如加图、瓦罗、科路美拉所描绘者，是一种中小型种植园。加图描绘的橄榄园标准模式是 240 犹格（800 多亩），葡萄园为 100 犹格（378 亩），而科路美拉所描绘的葡萄园仅 7 犹格（26 亩）。当代不少西方研究者也认为兴盛时代的罗马富豪与其说拥有一个庞大而连片的地产，不如说最常见的是拥有一系列散在各处的小农庄。而西汉的古典商品化农业，从《史记·货殖列传》中"千亩桑麻""千亩亩钟之田""千亩卮茜、千畦姜韭"和赵过代田法"率十二夫为田一井一屋，故亩五顷"的标准模式看，也在 500 亩~1000 亩规模上下，亦即典型的罗马种植园不大于、很可能还小于两汉的同类经济。显然，地权更集中而经营规模并不大的罗马古典农业更需要租佃制。

另一方面，罗马的商品经济发达，在土地兼并与自由分化中破产的自由民队伍也应该比汉代更庞大（当然汉代破产小农的处境可能比罗马更悲惨），他们出路何在？从理论上说不外五种可能：1. 成为寄生性的"无产者"；2. 成为被雇佣者；3. 成为半自由的依附者；4. 沦为奴隶；5. 成为自由佃农。

有一种传统的说法，认为罗马平民破产后都成了靠社会养活的"无产者"，这实在是个绝大的谬误！按现代一般估计，帝国自由人口约六千万至一亿，意大利人口七百万。而"无产者"有多少？我们仅知道在罗马有 10 万~30 万而已，除了罗马城及后来的君士坦丁堡以外，我们未见到其他意大利城市、更不用说行省城市对"无产者"实行一包到底的大规模供养制的例子。少量的"粮食津贴"（alimenta）绝不可能使大群穷人过上"寄生"生活。至于广大农村地区，更是从来不存在什么社会养活"无产者"的制度。可见，寄生性"无产者"绝不是罗马穷人的主要出路。那么出路何在？罗马法禁止公民为奴，虽然未必能禁得住，但与汉代相比显然不是大的出路。雇工虽然有，但在当时奴隶劳动发达条件下也不可能有很大市场。至于依附民，在帝国中晚期诚然是穷人的主要出路，但在古典时代公民自由的观念下也不会多。因此，当佃农便成为逻辑上最大出路。

而秦汉时代并未废除债权制，自由民沦为奴隶的路是敞开的；由于没有大量外族奴隶竞争，当雇工的路子也较宽；同时又因没有经过雅典、罗马那样的"平民革命"，前古典时代的父权制依附传统仍然残存，自由人权观念较淡，封建依附关系也产生较早，在东汉逐渐成为大潮之前早已有涓涓之流，所以自由贫民破产后沦为自由佃农的可能性是不会比罗马更大的。这样，汉代租佃制发达水平不如罗马便是合乎逻辑的事了。

五　汉代租佃制古典化程度不及古罗马

汉代租佃关系不仅在数量上与罗马有一定距离，在租佃关系的古典化性质方面也较罗马逊色。

如前所述，在古典商品经济基础上发展起来的古典自由租佃制是土地资本的生息形式，地租是地价的利息，而且在"看不见的手"作用下受到古典生息资本各种形式的社会平均利率的制约。在古典时代的罗马，地产皆以货币价值表示。邓肯-琼斯（Richard Duncan-Jones）《罗马帝国经济》一书附"意大利地价"一表，搜罗罗马意大利地产材料117条，有面积记载者仅3条。既然土地被视为货币等价物，人们并不关心一块地产有多少面积，而只关心它值多少钱，则土地租佃便相当于资本借贷，地租自然便成了这笔钱的利息。因此虽然分成制租佃的渊源在罗马可以上溯至加图时代，甚至更早，但是罗马典型的地租计算方法不是以亩数为依据，也不是以产量为依据（分成制），而是以地价为依据，并采取不问产量如何的定额货币租的形式。当时罗马法规定的借贷利率为年息6%，因此法定地租率也为地价的6%。从共和到帝制时代的罗马作家如西塞罗、科路美拉、老普林尼、小普林尼在自己的著作中都证实了此租率。现存的罗马租佃铭文也表明这种租率是确实实行了的，见下表：

铭文出处	年 代	地 点	租金（塞斯退斯）	为地价的%
ILS 6468	A.D.138—161	彼提利亚城	100000	6
ILS 6469	内容同上			
ILS 6271	一世纪	费伦提努姆	4200	6
ILS 6466	?	科罗托III	600	6
AE, 1954.168	A.D.172	卡皮那	300	6

年租率为地价的6%意味着占收成的多大比例？这可以从ILS 5946铭文看出。这个公元前117年立于格努瓦城的铭文称，如果佃户交不出每年1200塞斯退斯的租金，则应强令其偿以谷物收成的二十分之一加上葡萄收成的六分之一。因为这种实物征收是作为对欠交租金的惩罚而定的，所以它应该高于原货币租额。这就是说，在古典条件下，地租率通常并不高。因此如果按科路美拉的算法，在租地上从事商品化农业经营是可以获利的。但是这种低地租率并非因为法律上有强制性规定，相反，古典时代的租佃关系是自由的，它往往只受"租地竞争"与"招佃竞争"所左右。罗马国有地更常带使用定期开标招佃的办法，出租给愿付出最高佃价的投标者。显然，在这里主要的限制因素只能是"看不见的手"——生息资本的社会平均利率。

相形之下，汉代地租作为地价利息并受限于社会平均利率的性质便不很明显。如前所述，汉代公私记产碑体现了与罗马类似的以地产为货币等价物的倾向，而根据前引《九章算术》的材料，汉代毫无疑问也是存在着租率较低的定额货币地租的。有人认为"假税"的租率应为收成的40%~50%，而《九章算术》所云"假税数额过低"，因此不可信。此说似可商榷。所谓40%~50%之说的根据是居延汉简中"田六十五亩，租二十六石"的材料。❶然而这种材料所说的并非"假税"，而是军事屯田上的田租，屯田并非自由租佃制，而如上所述田卒们还领取"月奉钱"。事实上"假税"的数额通常的确很低。《盐铁论》所谓"假税殊名，其实一也"，即是说假地的地租与地税额差不多，均为三十税一。只有这样，"转假"和像宁成那样在假田上从事农业经营才会有利可图。《九章算术》中诚然有少量脱离实际的、仅仅为了练习算术而设定的价格数字，但大部分算题还是以实际情况为基础的，其数字固然"一般偏低"，但并非低得离谱，一般仍属当时实际价格范围内的较低水平。

实际上，早在古典商品经济初兴的战国时期就有这样的记载：周臣向魏王请温囿以与周，谓"尝闻温囿之利，岁八十金，周君得温囿，其以事王者，岁百二十金，是……赢四十金"。❷这里王家园囿向国王的贡纳虽然不同于租佃关系基础上的租金，但也是以货币形式上交土地产品。战国如此，古典商品经济全盛时代的西汉出现货币地租当然是合乎情理的。

总之，从《九章算术》和其他史料来考察，汉代无疑是存在着其地租率处于生息资本社会平均利率这一界限以下的定额货币地租的。当然，其数额是否一定为"初假之年三亩一钱，明年四亩一钱"云云，似不可过于拘泥。但是，与罗马相比，汉代的这种古典型地租并不是很典型的。首先，汉代的人们并不像罗马人那样有关于地租就是地价（土地资本）的利息这样一种明确观念，更没有以租佃立法的形式把这种观念明确表达出来。司马迁发表"农工商贾率亦岁万息二千"等一大套理论的时候，他所讲的"农"是指农业经营资本而不是土地资

---

❶ 按：学界讨论历史上农地的地租率有两种，一种是地租与当年产量（值）之比，另一种是地租与地价之比。

❷ 《战国策·西周策》。

本，也根本没有提到租佃关系。汉代人观念中的地租或者与收成相联系（"见税什伍""与田户中分"），或者与土地面积相联系（"三亩一钱""以顷亩出税"），但尚未见有与地价相联系者。当然没有此种观念不等于没有此种事实。实际上汉代低额货币租的流行与罗马一样不能以道德的及其他的理由来解释，只能是古典商品经济客观规律这只"看不见的手"的结果。但是除了低额货币定额租之外，汉代租佃关系中还始终存在着不受社会平均利率法则制约的实物分成制成分。如董仲舒所说的"或耕豪民之田，见税什伍"，以及东汉马援"与田户中分，以自给也"。并且在东汉从这种分成制租佃中进一步产生了新的人身依附制度，如马援就曾"役属数百家"，"宾客多归附"，开中古荫客制度之先河。诚然如前所述，罗马的租佃关系中也一直存在着实物分成制，但在古典商品经济繁荣时代它只是租佃关系中很次要的成分。而在汉代它的比重则似乎要大得多，尤其是在私人租佃关系中。当然，说它就是"主要的"成分也缺少证据，毕竟到目前为止能确信为分成制的史料也就是上面那两条。

总之，汉代的租佃关系在性质与发展的总趋势上与罗马租佃制是一致的，但又有自己的特点。这些特点归根结底也就是汉代古典商品经济发展的一般水平不如罗马的结果。

过去，人们往往从奴隶制＝"奴隶社会"、租佃制＝封建社会，奴隶制为租佃制所取代的先验框框出发，看到汉代奴隶劳动不如罗马发达，便认为汉代理所当然应该是租佃关系发达的"封建社会"了。他们没有想到，汉代奴隶劳动固然没有发展到罗马的水平（严格地说，应该是没有发展到罗马意大利的水平），然而租佃制更没有发展到罗马的水平。如果说，汉代没有罗马那么多奴隶，便成了"封建社会"，那么汉代没有罗马那么多的佃农，岂不又该是"奴隶社会"了吗？

还有人提出了这样的命题："奴隶社会"是难以划分的，因为"奴隶社会"奴隶不一定多，封建社会奴隶不一定少。确实，如果以奴隶多少来区分"奴隶社会"，诚然困难。但难道以租佃制的盛衰来区分封建社会就更容易吗？列宁曾问道："农业中资本主义（和半资本主义）生产方式的特点是什么？"他回答道："到处都有发达的租佃制。"罗马租佃制比典型中世纪要发达更是不争之事实。可见，"封建社会"租佃制不一定盛，资本主义社会或古代社会租佃制不一定衰，以租佃制的兴衰来划分"社会形态"本来就没什么理由。

问题不在于划分"社会形态"，而在于我们过去借以划分社会形态的方法论值得反思。奴隶制、租佃制与雇佣制、债利剥削等等，作为元素可以存在于不同的社会经济系统中。我们应该把注意力从元素的分析转移到系统整体结构及其运动规律、功能特征上来。

余 论

我们讲了秦汉帝国那一套政治经济制度和观念的由来以及它们在秦汉以后的影响,并从纵(时间上的汉唐对比)横(空间上的秦汉与罗马帝国对比)两个维度来探讨它们的历史地位。

但是我无意从这里得出什么简单的结论。

例如,我不认为汉魏之变导致了不同于秦制的"中世",但也指出了汉唐经济确实有很多的不同。我认为把汉帝国与罗马帝国的经济进行比较是很有意义的,并且倾向于认为两者都有明显的"古典商品经济"特征,但不想得出两者都属于"奴隶社会"的结论。汉以后的魏晋以至隋唐,乃至罗马帝国以后的中古欧洲,都有一个商品货币关系萎缩的过程,但我也不认为这就可以证明中国与欧洲都从"奴隶社会"进入了"封建社会"。我是在"五朵金花"❶时代进入秦汉史研究这个领域的,并且直到今天我也认为,如果古希腊-罗马算是"奴隶社会"的话,那么从实证的角度讲,中国与之最相似的时代确实就是秦汉时代。其他"分期"主张想要证明他们认为的那个时代的中国与罗马帝国属于同一"社会形态"或"发展阶段",从实证来讲都太荒唐了。

但是今天,我认为即便把罗马帝国定义为"奴隶社会",也是一种过时的思维了。更不用说把其他民族也套进这个框框。不过我也不会

---

❶ 指改革前数十年到改革初中国历史学在意识形态指导下集中讨论的"五大问题":古史分期、农民战争、资本主义萌芽、土地制度和民族融合。

走向另一个极端，即从"文化决定论"出发，干脆否定不同"文化"国家间的发展进程有任何可比性。

只不过这种比较应该是多维度的。比如我认为，汉唐经济的差别再大，但它们都受专制帝制或秦制的强烈影响则毫无疑义。而汉代与罗马的经济再怎么相似，由于罗马没有秦制（罗马帝国的"皇帝"只是一个中译，它与中国的皇帝区别大矣），很多看似相似的东西，其实际含义会大相径庭。

比如，罗马奴隶和秦汉的"私奴婢"都很多，他们的地位其实也很相似。但是奴隶（婢）的"对立面"，罗马公民和秦汉的"编户齐民"，就相差犹如霄壤了。这反过来会导致看似相似的"奴隶制"或"农奴制"也隐含了不同的意义。王莽大骂"私奴婢"制"逆天心、悖人伦"，惨无人道，言辞之激烈放在罗马，恐怕斯巴达克也不过如此。但王莽"解放奴隶"之举（把奴隶从"大观园"解放到"劳改营"里），则恐怕不仅奴隶主跳脚，奴隶也要跟他鱼死网破了。

众所周知，罗马法财产权是今天西方私有制之祖，过去甚至流行把"绝对私有权"称为"罗马法意义上的私有权"之说。但是罗马绝不可能像秦律那样，搞到一家子人里父子夫妻各有其财、"借父耰锄，虑有德色；母取箕帚，立而谇语"的程度。罗马氏族法、家庭法对个人财产的限制其实甚多，遗嘱自由等等都是晚至拜占庭时代才实现的。所以近年来意大利罗马法学界有"罗马法集体主义"之说。但是罗马国家是尊重私有财产的，甚至公益投资主要也不是靠征税，而是靠捐献。除了"公敌"宣判以外，罗马国家一般不会对普通公民抄家没产。而秦制尽管可以允许，甚至鼓励儿子对父亲讲"私有"，个人对小共同体讲私有，却绝不会允许你跟朝廷讲什么私有。所谓"公私无异财，人主擅操柄"，"取予皆自我，兼并乃奸回"，就是这个意思。

所以，简单地讲汉代和罗马哪个更保护"私有制"是说不清楚的。不过，这种比较当然有意义。因为它说明了"私有"有个针对什么而言的问题。针对小共同体的"私有"和针对大共同体的"私有"，其区别有时比抽象的"公有"和"私有"还大。而这种区别的意义是逻辑的，而非"文化"的，因此它并不只对某一民族的历史研究有意义。

如果说在经济上，秦汉与罗马有相当类似的发展轨迹，那么在政治发展方面，尽管秦汉与罗马的政治都出现"帝国化"趋势，但秦汉官僚制比罗马发达（后者到拜占庭时代才出现接近秦汉的科层化官僚系统），而罗马则保留了较多的地方自治因素。两者帝国化前后的演进方向似乎完全相反：罗马是由共和国与自治城邦变成大型帝国，以后才变成"封建"；而秦汉则从"封建"变成大帝国，两千年后帝国终结才出现"共和"的尝试。

有趣的是，罗马帝国解体后东西两部分分别走向不同发展道路。其中的东罗马-拜占庭尽管在"文化"上是不少人认为的"西方之根"即所谓"两希文明"（古希腊+希伯来一神教起源的基督教）的源头所在，政治上却越来越变成一个"东方化"的专制帝国——拜占庭帝国。然而，拜占庭的帝国化恰恰与前述的"罗马法集体主义"消亡并行。罗马氏族法、家庭法对个人财产的限制，在帝国晚期至拜占庭时代逐渐消失，无夫权婚姻日益取代有夫权婚姻，财产遗嘱也越来越自由，"罗马法个人主义"与拜占庭中央集权专制官僚制（罗戈塞特制）的形成，罗马"家长共和"和地方自治传统的消失，都有逻辑联系。我觉得这就像秦汉时期以"伪个人主义"消解小共同体来形成大共同体的一元化控制一样。我们是不是可以把它称为拜占庭的"秦汉化"趋势呢？

另一方面，西罗马帝国晚期与东汉以后都出现因内部小共同体认同发展和外部"蛮族入侵"、文化变异导致的长期分裂局面。但是中国再度走向统一，而欧洲-地中海地区从此分裂，至今才重新开始"欧洲一体化"，而且举步维艰。这是制度原因，还是文化（价值观）原因？

其实我觉得也许都不是。或者，我们可以从汉语和拉丁语的差异中得到解答。人们公认，后罗马帝国因拼音化拉丁文的方言化衰变而失去文化统一性，是欧洲分裂的重要原因。而汉语作为"单音节词根语"，不同于字母-单词语言的一大特性，就是它难以拼音化。这种表意形声字的传统在口语方言分裂的背景下可以保持书面语言的统一。而这并不依赖于秦制。其实，周原甲骨的发现，就证明"书同文"并不开始于秦始皇。早周与殷商（周原甲骨与殷墟甲骨）文字的一致性，也许就奠定了后来中华文化认同的一部分基础。实际上，拼音语文中即使口语没有发生分裂，也会因为"音同字异语亦异"而导致文化的疏离：就像塞尔维亚语与克罗地亚语，乌尔都语与印地语，马来语与印尼语，本来都是一种语言，至今互相也能听懂，但是由于采用不同的字母系统：西里尔字母的塞尔维亚语与拉丁字母的克罗地亚语，阿拉伯字母的乌尔都语与梵文天城体字母的印地语，马来语与印尼语虽然都用拉丁字母，但英、荷两个宗主国各用一套正字表，也造成了不同的认同。

我们关于秦汉史的讲义应该结束了。结束时该有个结论，可是我的研究是"正在进行时"，是没有"结论"的。这里就讲点"余论"吧。

我们没有讲出一个"时间轴"式的，或者流水账式的秦汉史，那是因为这样的秦汉史很容易找到，在有限的课时里我不想浪费大家的时间，以及我的时间。

我们为什么要研究历史？以前很长一个时间，我相信历史是有"不以人们意志为转移的客观规律"的。研究历史就是为了掌握这些规律。掌握了就不仅能够解释过去是怎么走到现在的，还能料定现在必然又会走向哪里。这叫"知所从来，知何所去"。所以我刚开这门课的时候，就决定把主要时间放在"周秦之变"和"汉魏之变"上。

但是研究越多，这种想法越动摇。现在我认为，历史的发展，无论过去、现在还是未来，都是不确定的。唯其不确定，人们的努力才有意义。过去的历史发展是有因果可寻的，发现历史中的因果链是历史学家的责任。但是人文的因果不同于物理的因果，就在于前者是概率性的，而不是必然性的。因此对历史的解释不可避免地具有相对性。也正因为此，我们的未来也具有不确定性。历史研究无法使人成为一个算命先生。但历史研究能够使我们增长智慧，鉴往知今，从历史中汲取经验教训，培养正确的价值观，知道什么是我们应该抵制的，什么是值得我们追求的，并且尽量找到用力点，以提高我们追求的成功率。简而言之，就是"追所从来，欲何所去，知所用力"。

最后画个句号：我们站在两千年后回望那段历史，看今朝科技发展日新月异，新的技术手段新的名词层出不穷，很多网络词汇我都落伍看不懂了，表面上看起来那段历史距离我们已很遥远。但是不知道大家发现了没有，中国历史与现实有些骨子里最深层的一些东西并没有变，我们总能在当代看到前朝甚至前前朝的影子，到了某个节点上，总能感觉到似曾相识的一幕，似乎并没有跳出历史循环的怪圈。我想这也许是我们学习秦汉史的意义所在，我们要知道这一切是从何而来，接下来我们努力的方向，使中国要向何处去也就不言而喻了。谢谢大家！

图书在版编目（CIP）数据

秦汉史讲义 / 秦晖著 . -- 太原：山西人民出版社，2024. 9. -- ISBN 978-7-203-13463-3

Ⅰ . K232

中国国家版本馆 CIP 数据核字第 2024D85R13 号

秦汉史讲义

| 著　　者：秦　晖
| 责任编辑：贾　娟
| 复　　审：李　鑫
| 终　　审：梁晋华
| 出 版 者：山西出版传媒集团·山西人民出版社
| 地　　址：太原市建设南路 21 号
| 邮　　编：030012
| 发行营销：0351-4922220　4955996　4956039　4922127（传真）
| 天猫官网：https://sxrmcbs.tmall.com　电话：0351-4922159
| E-m a i l：sxskcb@163.com　　发行部
| 　　　　　sxskcb@126.com　　总编室
| 网　　址：www.sxskcb.com
| 经 销 者：山西出版传媒集团·山西人民出版社
| 承 印 厂：鸿博昊天科技有限公司
| 开　　本：635mm×965mm　1/16
| 印　　张：32.75
| 字　　数：440 千字
| 版　　次：2024 年 11 月　第 1 版
| 印　　次：2024 年 11 月　第 2 次印刷
| 书　　号：ISBN 978-7-203-13463-3
| 定　　价：138.00 元

如有印装质量问题请与本社联系调换